KB117355

이노베이터의 탄생
Creating Innovators

이노베이터의 탄생

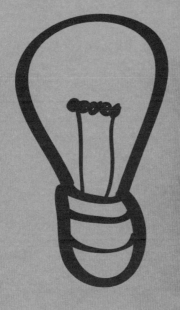

세상을 바꿀 인재는 어떻게 만들어지는가

토니 와그너 지음 | 로버트 A. 콤프턴 영상 제작 | 고기탁 옮김

열린책들

문화예술교육 총서, 아르떼 라이브러리
이 책은 문화체육관광부·한국문화예술교육진흥원과 함께
기획·제작 하였습니다.

일러두기
• 원주는 미주로, 옮긴이주는 각주로 처리했다.

이 책은 실로 꿰매어 제본하는 정통적인 사철 방식으로 만들어졌습니다.
사철 방식으로 제본된 책은 오랫동안 보관해도 손상되지 않습니다.

내게 영감을 주고 이 책의 산파 역할을 해준 PJ와

각자 자신의 방식대로 혁신 중인

훌륭한 세 명의 내 아이들, 댄, 사라, 엘리자에게 이 책을 바친다.

구텐베르크에서 주커버그까지: 15세기와 21세기 기술의 결합

2011년 4월 싱가포르에서 그곳의 교원 노조와 대담을 마친 후 저녁 식사를 하는 자리에서 토니가 자신의 새로운 책 『이노베이터의 탄생』에 관한 이야기를 꺼냈다. 토니의 광범위한 연구와 그에 따른 통찰력은 오늘날의 세대에게 특히 중요할 듯 보였다.

하지만 500년이 넘은 구텐베르크의 인쇄 기술을 이용해서 혁신에 관한 책을 출간하는 것이 한편으로는 아이러니하다는 생각도 들었다. 한동안 대화를 주고받다가 토니와 나는 한 가지 아이디어를 떠올렸다. 스마트폰과 QR코드를 이용해서 영상물이나 오디오, 웹사이트, 그 밖의 온라인 자료들을 능동적으로 이용할 수 있는 혁신적인 책을 만드는 것이었다. 그리고 내가 그 보조 자료들을 만들기로 했다. 이 책에는 스마트폰을 사용하여 그 자리에서 바로 확인할 수 있는 60개의 온라인 링크가 포함되어 있다.

우리의 목표는 15세기 최고의 기술인 활자로 인쇄된 책과 21세기 최고의 기술인 스마트폰 및 QR코드를 결합시켜 이 책의 주제만큼이나 혁신적인 책을 만드는 것이다. 〈구텐베르크에서 주커버그까지〉란 바로 그런 의미를 담고 있다.

여러분은 다른 책을 읽을 때와 마찬가지로 중간에 멈추지 않고 계속해서 이 책을 읽어 나갈 수 있다. 다른 점이 있다면, 이 책에서는 관련 내용을 확장시켜 주는 온라인 콘텐츠를 스마트폰을 통해 바로바로 확인할 수 있다는 것이다.

우리는 스마트폰 연결 어플리케이션으로 마이크로소프트의 태그 기술을 채택했다. QR코드의 한 종류인 마이크로소프트 태그는 인터넷 링크를 이용해 웹에 있는 자료를 활용하는 일종의 바코드다. 이 책은 추가적인 콘텐츠에 접근할 수 있도록 곳곳에 태그를 마련해 두었으며, 콘텐츠는 대체로 영상물이다.

태그 링크는 탄자니아나 과테말라, 또는 미국 전역으로 여러분을 인도해서 책에 언급된 인물들을 만나게 해줄 것이다. 또한 하이테크하이 High Tech High 차터스쿨*이나 MIT, 올린 공과 대학 등 세계에서 가장 혁신적인 교육 기관의 내부도 보여 줄 것이다. 각각의 링크를 둔 이유는 독서로 경험한 내용을 심화하기 위함이다.

* charter school. 공적 자금을 받아 교사, 부모, 지역 단체 등이 설립한 학교.

이 책의 활용법

휴대 전화를 이용해서 마이크로소프트 태그를 읽기 위해서는 먼저 스마트폰에 무료 어플리케이션을 내려받아야 한다. 간단히 스마트폰 브라우저에서 〈http://gettag.mobi〉를 방문하거나, 모바일 앱스토어에서 태그리더Tag Reader 또는 태그앱Tag app을 검색해서 무료로 내려받으면 된다.

이미 일반적인 QR코드 판독 장치가 있는가? 그렇다면 아래의 QR코드를 스캔하면 무료로 마이크로소프트 태그리더를 내려받을 수 있다.

마이크로소프트 태그리더 내려받기

마이크로소프트 태그리더를 내려받았다면 스마트폰으로 아래의 링크를 시험해 보라.

QR코드와 소셜 네트워킹에 관한 콤프턴의 설명

무료 어플리케이션 내려받기
http://gettag.mobi

토니와 함께 이 책을 만드는 작업은 놀라운 경험이었다. 세계 곳곳을 여행하면서 나는 오늘날의 세대를 양육하고, 교육하고, 멘토링하는 흥미로운 방법을 개척하고 있는 사람들을 만날 수 있었다. 내가 그랬듯이 여러분도 토니의 통찰력이 무척 매력적임을 깨닫게 될 거라고 확신한다. 아울러 여기에 링크된 콘텐츠들이 토니의 책을 보다 폭넓게 이해하는 데 유용하게 활용되길 바란다.

로버트 A. 콤프턴

2011년 10월, 워싱턴에서

최근에 있었던 여러 사건과 새로운 의문, 깨달음이 내가 이 책을 쓴 계기가 되었다.

나는 2008년에 출간한 가장 최근의 책『글로벌 성취도 차이*The Global Achievement Gap*』에서 21세기 학생들의 경력과 대학 생활에 필요한 역량, 시민성을 배양하는 데 필요한 새로운 기술을 다뤘다. 더불어, 그러한 기술과 우리 학교에서 가르치고 시험 보는 내용 사이에 갈수록 커다란 차이가 나타나고 있다는 문제도 살펴봤다. 다양한 독자들로부터 쏟아진 책에 대한 긍정적인 반응과 이후에 세계 곳곳에서 들어온 수많은 강연 요청으로 판단하건대 내가 그 책에서 다룬 내용 중 상당 부분이 옳았던 것 같다. 하지만 지금 와서 생각해 보면 이전에 설명한 그 새로운 기술, 즉 내가 〈일곱 가지 생존 기술〉이라고 부르는 것이 반드시 필요하긴 하지만 그 자체만으로는 충분치 않아 보인다.

2008년 이후로 세상은 급변했다. 서구 경제가 비틀거리고 있다. 미국의 실업과 불완전 고용을 합친 비율은 15퍼센트가 넘고, 몇몇 유럽 국가의 상황은 이러한 미국의 상황보다 훨씬 심각하다. 많은 경제학자들은 이를 해소시키기 위해서는 소비자가 소비를 재개하고, 따라서 새로운 일자리가 창출되어야 한다고 말한다. 하지만 대다수의 소비자는 한때 그랬던 것처럼 더 이상 쉽게 돈을 대출받을 수 없는 형편이다. 아울러 이제는 실직에 대한 두려움 때문에 불과 몇 년 전보다 훨씬 더 많은 사람들이 저축에 힘쓴다. 소비를 원동력으로 삼는 우리 경제와 그에 따른 낮은 실업률이 언제, 또는 과연 되살아날 수 있을지 확실치 않게 된 것이다. 한편, 경제학자들과 정책 입안자들은 부채를 줄여야 할지, 아니면 단기적으로 정부의 부채가 증가하더라도 더 많은 경제적 자극을 제공할 것인지를 놓고서 격렬한 논쟁만 일삼고 있다.

그럼에도 대부분의 리더들은 한 가지 사실에 공감한다. 우리 경제의 장기적인 번영과 완전한 경제 회복이 보다 많은 혁신을 창출하는 데 달렸다는 점이다. 새로운 또는 개선된 아이디어나, 재화, 서비스는 부(富)와 새로운 직업을 낳는다. 특히 기업가들은 과학과 기술, 공학 분야에서 혁신을 창출할 수 있도록 보다 많은 젊은이가 필요하다고 말한다. 이른바 STEM(과학Science, 기술Technology, 공학Engineering, 수학Mathematics)으로 지칭되는 분야에 대한 교육이 미국의 미래에 점점 더 지대한 영향을 끼칠 거라고 주장하는 사람도 많다. 공화당이나 민주당, 무소속 의원들은 우리의 젊은이들이 높은 임금과 기술 집약적인 일에 어울리는 준비를 갖추기 위해서는 〈대학 입학이 가능한 수준에서〉 고등학교를 졸업해야 하고, 고등학교 졸업 후에는 되도록이면 STEM 분야에서 2년제나 4년제 대학의 학위를 받아야 한다고 하나같이 입을 모은다. 토머스 프리드먼Thomas Friedman과 마이클 맨들바움Michael Mandelbaum은 그들의 최근 저서 『미국 쇠망론That Used to Be Us』에서 이러한 주장을 더욱 발전시켜 새로운 글로벌 지식 경제에서 혁신가나 기업가의 직업만이 아웃소싱이나 자동화의 영향으로부터 자유로울 거라고 단언한다.

이러한 주장이 세간의 관심을 끌고 있는 가운데 한쪽에서는 대학 교육에 들어가는 비용과 대학생이 학과 수업을 통해 정말 많은 것을 배우고 있는지에 대한 의혹이 점점 증폭되고 있다. 2010년에는 처음으로 학자금 관련 대출 금액이 약 1조 달러에 달하며 신용 카드 대출 금액을 능가했다.[1] 그리고 2011년 초에 발표된 새로운 연구 결과에 따르면 2년 동안 대학 교육을 받은 학생들 중 거의 절반에 달하는 학생들의 학력이 처음 대학에 입학할 당시와 별반 차이가 없고, 3분의 1 이상이 4년간의 교육을 마친 뒤에도 아무런 학력 향상을 보이지 않는 것으로 드러났다.[2] 통계 자료를 살펴보면 대학 졸업생이 고등학교 졸업생보다 훨씬 많은 보수를 받는다. 그렇지만 그 이유가 대학 졸업생이 실질적으로 능력이 좋아서일까? 아니면 단지 산더미처럼 쌓인 이력서에서 대학 졸업장이 잡초를 걸러 내는 수단이 되었기 때문일까?

오늘날의 경제에서 혁신이 차지하는 절대적인 중요성에 관한 전반적인 공감대를 고려하여 나는 젊은이들을 혁신가로 만들기 위해 어떻게 가르칠 것인가에 관한 문제를 살펴보기로 했다. 혁신에 필요한 가장 중요한 능력은 무엇이고 어떻게 가르칠 수 있을까? 나는 의미 있는 STEM 교육이 실질적으로 어떻게 이뤄져야 하는지에 대해서 특히 관심을 갖게 되었다.

미국을 비롯해 세계 곳곳에서 교육 개혁을 둘러싸고 벌어진 최근 논쟁을 살펴봤을 때 내가 생각하기에 가장 시급한 문제는 교육자들이 우리나라의 미래가 달린 학생들의 능력을 어떻게 개발할 수 있을까 하는 점이다. 솔직히 말해서 나는 표준화된 선다형 시험에서 학생이 거둔 성적이 교사의 유능함을 측정하는 최선책이라는 오늘날의 만연한 생각에 경기를 일으킬 지경이다. 나는 교수의 종신 재직권을 탐탁지 않게 여기며,

교사에게는 학생의 학습 능력 개선에 대한 책임이 있다고 굳게 믿고 있다. 하지만 대부분의 정책 입안자나 대다수 학교 운영자는 비판적이고, 창의적으로 생각하고, 효율적으로 의견을 교환하며, 시험에서 단순히 좋은 성적을 올리기보다는 서로 협동할 줄 아는 학생을 양성하기 위해 어떤 식의 교육이 필요한지와 관련해 아무런 생각이 없다. 또한 어떤 교육 방식이 오늘날의 젊은 세대에게 학습 동기를 유발하는지에 대해서도 전혀 모른다. 아울러 정책 입안자들이 학업 성취도를 보여 주는 지표로서 활용하기를 고집하는 시험 제도는 오늘날 가장 중요한 것으로 생각되는 어떠한 능력도 제대로 평가하지 못한다. 교육과 관련한 논란을 잠재우기 위해서는 탁월한 교육 방식과 그에 따른 성과를 보여 주는 확실한 자료들을 분석할 필요가 있다.

『글로벌 성취도 차이』를 출간한 이후로 나는 근심에 싸인 부모들로부터 무수히 많은 이메일을 받았다. 그 부모들은 자녀가 다니는 학교에서 장차 그들의 자녀에게 필요할 기술을 가르치지 않는다는 사실을 알고 나서, 부모 입장에서 무엇을 할 수 있는지 알고 싶어 했다. 이제는 모두 장성해서 각자의 아이를 키우고 있는 세 자녀의 아버지로서 나는 내 나름대로의 경험을 갖고 있지만 이런 경험만으로 다른 부모들에게 조언을 하기에는 부족한 듯 보인다. 어떻게 해야 부모는 자녀들에게 그처럼 중요한 기술과 자질을 길러줄 수 있을까? 나는 고민을 시작했다.

최근 몇 년 동안 내게는 미 육군의 고급 장교뿐 아니라 애플이나 시스코시스템스, 스콜라스틱 같은 지극히 혁신적인 기업들과 함께 일할 수 있는 기회가 있었다. 나는 이 리더들이 세상을 보는 방식과, 그들이 갈수록 빨라지는 변화의 속도에 대처하는 방식에 매료되었다. 그리고 최고의 경영자들이 어떻게 젊은이들의 능력을 개발해서 혁신가로 만드는지 관심을 갖게 되었다. 최근에는 세계 최고의 교육 제도를 보유한 것으로 알려진 핀란드에서 교육계 리더들을 만나고 그곳의 여러 학교들을 방문했다. 핀란드의 교육은 세계에서 가장 혁신적인 경제 기구 중 하나를 만들어 내는 데 일조한 것으로 인정받기도 한다. 나는 핀란드의 성공에서 어떤 교훈을 얻을 수 있는지 살펴보고자 했다.

끝으로, 나는 마크 프렌스키가 〈디지털 원주민〉이라고 일컫는 최초의 세대, 즉 오늘날의 N세대에게 지속적인 관심을 가지고 있었다. 가장 최근에 쓴 책에서 무수히 많은 이십 대들을 인터뷰했음에도 나는 이 세대를 피상적으로만 이해하고 있다는 생각이 들었다. 그 책 이후로 이 세대의 직업윤리(또는 직업윤리의 부재)에 관한 논란이 계속해서 들끓었다. 따라서 나는 그들이 동기를 부여받는 방식이 어떻게 다른지, 어떤 교육 방식과 리더십에 가장 긍정적으로 반응하는지를 보다 잘 이해하고 싶었다.

본질적으로 다른 이 모든 요인과 의문들로부터 새로운 책을 써야겠다는 생각을 하게 되었다. 우선적으로 나는 한 단계 나아가서 불과 몇 년 전까지만 하더라도 아는 것이 거의 없었던 분야인 〈혁신〉에 대해 배우는 학생이 되기로 결심했다. 성공적인 혁신가들은 어떤 능력을 지녔고, 그러한 능력이 우리의 미래에 왜 그토록 중요한지 이해하려고 노력했다. 그 일환으로 지극히 혁신적인 이십 대 젊은이들을 인터뷰했고, 그들이 성장 과정에서 가장 중요한 요인으로 꼽은 그들의 〈생태계〉, 즉 부모와 교육, 멘토링의 영향을 연구했다. 나는 젊은 혁신가를 길러 내는 데 도움이 되는 양육 패턴을 식별하는 게 가능한지 확인하고 싶었다. 또한 젊은 혁신가들이 자신의 성장 과정에서 가장 중요한 역할을 했다고 인정하는 교사들이 어땠는지도 알고 싶었다. 그 교사들의 교육 방식에는 어떤 유사점이 있을까? 혁신 능력을 가르치는 데 탁월한 역할을 수행하는 대학이나 대학원이 존재할까? 만약 존재한다면 그런 대학이나 대학원은 어떻게 다를까? 아울러 나는 젊은 혁신가의 멘토나 경영자가 혁신 능력을 육성하는 최선의 방법으로 꼽는 것들을 배우고자 했다.

나는 사회적인 문제를 해결할 보다 나은 방법을 탐구하는 사회 혁신가나 기업가는 물론이고 신예 기술자와 과학자, 예술가, 음악가, 이외에도 이제 막 회사를 설립한 사람이나 세계에서 가장 혁신적인 기업에서 일하기 시작한 사람처럼 많은 다양한 젊은 혁신가들을 인터뷰했다. 그리고 그들의 부모와 은사, 멘토를 인터뷰했다. 그들이 어떤 수업을 들었는지 알아봤고, 혁신가를 배출하기로 국제적인 명성이 자자한 몇몇 대학과 대학원에서도 인터뷰를 진행했다. 끝으로, 조직적인 혁신 능력을 개발하는 문제에 대처하고 있는 기업과 군대의 리더들을 인터뷰했다. 나는 이 책을 쓰기 위해 총 150명이 넘는 사람들과 인터뷰를 진행했다.

인터뷰는 전적으로 흥미롭게 진행되었지만, 한편으로는 인터뷰의 광범위함과 복잡함 때문에 만만치 않은 도전이기도 했다. 이러한 이유로 나는 이 책에서 분석하는 혁신가들을 두 범주 중 하나에 속하는 스물한 살에서 서른두 살의 젊은이들로 제한했다. 두 범주는 이른바 STEM 분야에서 고도로 혁신적인 일을 하고 있는 집단과, 사회 혁신가나 기업가로서 활동하는 집단이다. 첫 번째 범주에 속한 사람들은 우리의 미래 경제에 대단히 중요한 역할을 하고, 두 번째 범주에 속한 사람들은 우리의 사회 복지와 시민 복지에 무척 중요한 역할을 한다. 아울러 나는 이 두 범주에 속한 혁신가들과 기업가들을 합치기로 했다. 물론 젊은 혁신가들이 하나같이 기업가이거나 또는 그 반대가 아니라는 사실은 충분히 인지하고 있다. 하지만 내가 확인한 바에 의하면 인터뷰에 응한 대다수의 젊은이들은 혁신가가 되는 동시에 기업가가 되길 갈망했고, 아울러 젊은 혁신가와 기업가 사이에는 일정한 공통분모가 존재한다.

내가 인터뷰한 사람들을 어떻게 찾았는지 설명하려면 책 한 권 분량의 지면이 더 필요할 것이다. 이 프로젝트의 조사 과정은 인터넷에서 하이퍼링크를 따라가는 과정과 매우 흡사했다. 나와 함께 일한 학생 연구원들은 그들이 만나거나 관련 기사에서 읽은 젊은이들의 이름을 알려 줬고, 엔젤투자자나 벤처투자자도 내게 다른 사람들을 소개했다. 또한 마틴 뎀시 장군 같은 사람은 직접 나를 찾아오기도 했다. 한 명의 정보원은 또 다른 정보원을 소개시켜 주었고, 그 정보원은 다시 그다음 정보원을 소개시켜 주었다. 내가 〈과학적인〉 표본을 추출했다고 주장하지는 않겠다. 하지만 지난 3년간 알게 된 모든 사실에 근거해서, 우리가 심층 분석한 혁신가들이 충분한 표본이 될 수 있다고 확신한다.

이 책에 소개된 혁신가뿐 아니라 제한된 지면으로 인해 제외되어야 했던 혁신가와 그들의 부모, 은사, 멘토 모두에게 깊이 감사한다. 그들은 대체로 여러 번에 걸쳐 진행된 인터뷰와 그에 따른 이메일 문답을 위해 내게 귀중한 시간을 내주었고, 내가 그들의 사생활과 가족사를 면밀히 살펴볼 수 있도록 허락해 주었다.

여러분은 이 책의 지면을 통해 수많은 혁신가를 만나겠지만, 로버트 콤프턴의 인내력과 수고 덕분에 동영상을 통해서도 그들에 대해 직접 보고 들을 수 있을 것이다. 본인 스스로도 첨단 기술 혁신가이자 기업가이며 엔젤투자자로서 비범한 경력을 보유한 로버트는 최근 교육과 관련한 훌륭한 영상물을 제작하는 데 심혈을 기울여 왔다. 그의 첫 번째 다큐멘터리인 「200만 분2 Million Minutes」은 2008년 당시 모든 대선 후보가 시청했고, CD로 제작되어 2만 장 이상이 팔렸다. 우리는 몇 년 전 웨스트포인트에서 열린 미국 투자 포럼에서 처음 만났고, 최근에는 핀란드의 교육 제도에 관한 다큐멘터리 「핀란드 현상: 세계에서 가장 탁월한 교육 제도의 내면」을 공동으로 제작했다.[3] 로버트에게 이 책에 관한 계획을 들려주자 그는 이 책을 혁신에 관한 단순한 책이 아닌 정말로 혁신적인 형식의 책으로 만들자는 의견을 냈다. 따라서 이 책에서 시종일관 등장하는 QR코드는 휴대 전화나 스마트폰의 카메라와 적절한 소프트웨어를 이용해 스캔하면 내가 소개한 혁신가의 생활이나 학교와 관련한 영상물이 있는 웹페이지로 여러분을 안내할 것이다.

여러분이 부모나 교사(유치원부터 대학에 이르기까지), 멘토, 경영자, 정책 입안자, 혹은 다른 누구든 상관없다. 여러분은 젊은 혁신가들과, 그들이 혁신가로서 능력을 개발하는 데 도움이 된 생활 환경을 글과 영상을 통해 분석하는 과정에서 지극히 많은 것을 배울 수 있다는 사실을 깨닫게 될 것이다. 나는 이 프로젝트를 위해 인터뷰한 사람들로부터 많은 영감을 받았고 그 영감은 앞으로도 계속 남아 있을 것이다. 따라서 여러분도 그들의 이야기를 읽고, 보고, 듣고, 배우고 여러분이 받은 영감을 친구들이나 동료들과 함께 고민하고, 공유하고, 토론해 보길 권한다. 우리의 자녀와 손주 들을 위해서 경제적으로 건강한 미래를 건설하고 지속 가능한 생활 방식을 창조하고자 한다면 우리가 함께할 수 있고, 또 그래야만 하는 많은 것들이 존재한다.

와그너, 왜 이 책을 썼는가

차례

1장
혁신의 첫걸음

미래로 나아가는 데 혁신이 꼭 필요한 이유

국가적으로 우리는 복잡하게 뒤얽힌 경제, 사회 문제와 직면해 있다. 보수가 후한 블루칼라 직종이나 심지어 화이트칼라 직종까지도 이제는 교육 수준이 한층 더 높아졌고 훨씬 저렴한 노동력을 보유한 다른 나라로 차츰 넘어가고 있는 실정이다. 2008년 대대적인 금융위기 이래로 미국에서 실업과 불완전 고용을 합산한 비율은 내가 이 책을 쓰고 있는 현재 시점까지 꾸준히 15퍼센트 이상을 상회하고 있다. 게다가 많은 사람이 구직 활동 자체를 완전히 포기한 상태다. 2010년 미국 통계국 자료에 따르면 오늘날 직업이 있는 미국 성인의 비율은 58.2퍼센트까지 떨어져서 여성이 대거 노동 인구로 편입되기 시작한 이래로 가장 낮은 수준을 보여 준다.[1] 2008년 금융위기는 특히 젊은이들에게 심각한 타격을 주었다. 2010년에 16세에서 29세까지 젊은 성인의 취업률은 55.3퍼센트였고, 2000년에 67.3퍼센트였던 것과 비교하면 커다란 차이를 보였다. 아울러 이 수치는 제2차 세계 대전의 종전 직후 이래로 가장 낮은 수치다.[2]

우리가 당면한 사회 문제는 경제 문제를 수반한다. 수많은 일자리가 해외로 넘어가거나 자동화되었기 때문에 한때는 생산 현장에서 일하면서 시간당 30달러를 벌던 사람들이 이제는 월마트에서 바닥 청소를 하며 시간당 7달러를 받아도 다행이라 생각한다. 가장 최근 조사에 따르면 실질적인 중간 계층에 해당하는 가정의 수입이 10년 만에 거의 11퍼센트나 하락했다.[3] 중산층이 사라지면서 미국에서는 수입 불균형이 갈수록 심화되고 있다. 30세 이하로 구성된 젊은 부부들 중 기록적으로 높은 수치인 37퍼센트 이상이 가난에 시달리고 있으며 여기에는 아프리카계 미국인과 라틴계 미국인, 아메리카 원주민 등이 무작위로 섞여 있다.[4] 나이의 고하와 상관없이 가난한 사람을 모두 합친 총 비율은 이제 미국 전체 인구의 15퍼센트가 넘었으며, 이 같은 비율은 빈곤 평가서가 발표되어 온 52년의 역사상 가장 높은 수치를 보여 준다.[5]

제2차 세계 대전에 힘입어 1940년에 그랬던 것처럼 또 다른 전쟁이 일어난다고 해서 우리 경제가 되살아나고, 사람들이 일자리를 다시 얻게 될 것 같진 않다. 마찬가지로, 과거 몇 차례의 경기 침체에서 그랬던 것처럼 소비가 늘어난다고 해서 우리의 형편이 나아질 것 같지도 않다. 최근 미국 국민들이 흥청망청 돈을 쓰도록 원인을 제공한 손쉬운 대출도 사라졌고, 직장을 다니는 사람들도 언제 실직자 신세가 될지 모른다는 두려움 때문에 이제는 돈을 흥청망청 쓰기보다는 저축에 열을 올린다. 적자 감축은 반드시 필요한 부분이지만 그 자체만으로 경제를 활성화시킬 수는 없을 듯 보인다. 당면한 문제를 해결하기 위해 우리는 소비를 조장하지도, 그렇다고 저축을 장려하지도 못하는 상황에 봉착했다. 우리에게는 다른 해결책이 필요하다.

지난 100년 동안 미국에서 직업과 부를 창출하는 산업의 중심이 농업에서 제조업으로 옮겨 가면서 역사상 유례가 없을 정도로 혁신이 중요한 역할을 맡게 되었다. 오늘날 우리 경제가 경제 성장의 엔진으로, 일자리를 창출하는 근원으로 소비자의 지출에 지나치게 의존한다고 걱정하는 사람들이 많다. 우리 경제는 70퍼센트 이상이 소비자의 지출에 의해 이뤄진다. 대공황이 발생하기 전까지 소비 지향적이었던 우리 경제는 가진 돈도 없으면서 불필요할지도 모를 물건을 구매하느라 돈을 지출하는 사람들로부터 더욱더 많은 동력을 얻었고, 그로 인해 지구촌 전체가 위험에 처했다. 이제 그 같은 경제 구조는 경제적으로나 친환경적인 측면에서 더 이상 지속 불가능할 듯 보인다.

우리에게 가장 시급하게 필요한 것은 21세기 경제 성장을 위한 새로운 엔진이다. 우리가 당면한 경제 문제나 사회 문제를 해결하는 해법은 하나같이 똑같다. 지구를 오염시키지 않으면서 훌륭한 일자리를 제공하는 실용적이고 지속 가능한 경제를 건설하는 것이다. 그리고 그 새로운 경제가 무엇을 토대로 해야 하는지에 대해서도 이미 포괄적인 합의점이 존재한다. 한마디로 혁신이다.

우리는 훨씬 다양한 종류의 문제를 해결할 수 있는 보다 많은 아이디어를 낳는 나라가 되어야 한다. 아울러 지속 가능한 지구촌과 적절한 의료 서비스에 필요한 새로운 기술을 어떻게 개발해 나갈지 방향을 제시하는 나라가 되어야 한다. 다른 나라에서 원하고 필요로 하는 새롭고 보다 나은 재화와 프로세스, 서비스를 창출하는 나라가 되어야 한다. 과잉 생산이나 다른 나라의 자원을 과소비해서는 더 이상 부를 창출할 수 없다. 우리는 혁신을 통해 우리의 경제적 경쟁자들을 능가해야 한다.

하지만 이 책은 경제학 서적이 아니다. 창의적이고 기업가적인 자질을 갖춘 젊은이를 보다 많이 배출하기 위해 어떻게 그들의 능력을 개발할 수 있는지에 관한 책이다. 이 책은 젊은이들이 이 나라와 우리의 지구가 21세기에도 계속해서 번창해 나가는 데 필요한 혁신가가 되도록 그들을 양육하고, 가르치고, 멘토링하는 새로운 과제를 탐구한다.

『미국 쇠망론』에서 토머스 프리드먼과 마이클 맨들바움은 오늘날 우리의 도전 과제를 아래와 같이 정리한다.

시간이 지날수록 세상은, 국민이 상상력과 특별한 재능을 발휘하도록 격려하고 도와줘서 상상하는 것이 실현될 가능성이 높은 나라와, 이와는 반대로 국민의 창조적인 능력을 억압함으로써 새로운 아이디어를 내놓거나 새로운 사업을 시작하거나 자기만의 〈특별한 재능〉을 발전시키는 능력을 전혀 개발하지 못해서, 상상하는 것이 실현될 가능성이 낮은 나라로 점점 더 양분화될 거라고 우리는 확신한다. 미국은 이제까지 세계를 이끄는, 상상하는 것이 실현될 가능성이 높은 나라였지만 이제는 상상하는 것이 한층 더 높은 확률로 실현될 수 있는 사회로 거듭나야 한다. 그래야만 보다 생산적인 기업과 합리적인 보수를 받으면서 일하는 노동자를 기대할 수 있기 때문이다.[6]

프리드먼의 혁신 원칙

혁신 분야에서 미국의 역사적인 주도권을 설명할 때 경제학자들은 미국의 강력한 특허법과 저작권 보호법, 벤처 자금의 동원 가능성, 현대적인 기반 시설, 연구 개발 분야에 대한 정부의 투자, 세계적으로 탁월한 재능을 가진 인재들이 미국에 와서 교육을 받고 정착하도록 유도하는 전통적인 이민 정책 같은 요소를 꼽는 데 주저함이 없다. 때로는 미국이 보유한 훌륭한 대학도 이러한 요소들 중 하나로 꼽히지만, 뒤에서 설명하겠지만, 미국 최고의 연구 대학에 존재하는 수많은 관행과 인센티브 구조는 학생들의 역량을 개발해서 혁신가로 만드는 임무와 관련해 실제로는 문제의 일부로 작용한다. 반면에, 새로운 혁신가를 길러내는 부모의 양육 관행이 해당 요소 중 하나로 꼽히는 경우는, 설령 있다하더라도, 지극히 드물다.

실제로 미국의 전체 인구 중 정말로 혁신적인 사람의 비율은 극히 일부에 불과하다. 그리고 지금까지는 그 정도의 비율만으로도 미국의 경제적 이점을 유지하기에 충분했다. 하지만 혁신 분야에서 미국이 점하고 있던 우세는 급격히 감소하고 있으며, 더불어 경제적 활력도 마찬가지다. 다른 나라들이 미국을 무서운 속도로 따라잡고 있다. 2009년에 미국에서 인증된 특허 중 51퍼센트가 외국 기업에 의해 취득되었다.[7] 정보 기술 혁신 위원회가 제출한 최근 보고서에 따르면 〈미국은 지난 10년 간 국제 경쟁력과 혁신 능력을 개선하는 부문에서 조사된 40개국 중 가장 저조한 진전을 보였다.〉[8] 『블룸버그 비즈니스위크』에서 2010년에 발표한 올해의 가장 혁신적인 기업 순위에는 〈상위 50개 기업 중 아시아 기업이 15개나 포함되었다. 2006년에 고작 5개였던 것에 비하면 놀라운 상승세를 보여 준다. 여기에 더해서 2005년부터 순위를 발표하기 시작한 이래 처음으로 상위 25위에 든 기업 중 과반수가 미국이 아닌 다른 나라에 본사를 두고 있다.〉[9] 오늘날 중국은 자국에 있는 모든 대학에 기업가를 육성하는 데 필요한 것을 가르치도록 의무화하고 있으며, 현재 진행

중인 초중등 과정의 교육 개혁은 표준화된 시험의 비중을 줄이고 창의성을 가르치는 데 주력할 것을 목표로 삼고 있다. 따라서 오늘날 세계에서 국제적인 경쟁력을 계속 유지하고자 한다면 우리는 단지 몇 명이 아닌 훨씬 많은 기업가와 혁신가를 배출해야 한다. 모든 학생들을 대상으로 창의적이고 기업가적인 능력을 개발해야 하는 것이다.

우리의 미래는 물론이고 전 세계 국가와 지구의 미래에서 혁신이 차지하는 중요성을 역설하는 연설이나 논문, 보고서의 숫자가 지난 몇 년 동안 기하급수적으로 늘어났다. 게다가 이러한 목소리는 정치적 성향이 제각각인 다양한 개인과 단체들로부터 나왔다. 아래에 몇 가지 예를 소개한다.

• 2008년 콘퍼런스 보드˚의 보고서에 따르면 〈미국의 경영자들은 창의성과 혁신을 향후 5년 동안 갈수록 중요성이 늘어날 최고의 다섯 가지 능력 중 하나이며, 창의성과 혁신을 독려하고 기업가로서의 능력을 갖추도록 하는 것은 미국의 CEO들이 당면한 가장 중요한 열 가지 도전 과제 중 하나라고 평가한다.〉[10]

• 매킨지 앤 컴퍼니가 발표한 2010년 세계 전망에서는 기업의 임원들 중 84퍼센트가 자사의 성장 전략에서 혁신이 절대적으로 중요한 비중을 차지한다고 말한다.[11]

• 2010년에 〈폭풍전야의 발흥, 재고: 신속하게 접근하는 카테고리 5〉라는 제목으로 국립 과학 아카데미와 국립 공학 한림원, 의학 협회의 의장들에게 제출된 보고서는 〈미국의 세계적인 경쟁력이 경제적인 혼란뿐

˚ The Conference Board. 미국의 비영리 민간 조사 연구 기구.

아니라, 교육과 지식, 혁신, 투자, 산업 기반 시설 분야에서 세계적으로 진행된 빠르고 지속적인 발전에 의해 가속화된 유례없이 심각한 도전에 직면해 있다〉고 단언한다. 또한 〈21세기 초반에 미래의 경쟁력과 혁신 능력, 경제적 활력, 일자리 창출을 확보하기 위한 범국가적인 차원의 즉각적인 대화〉가 필요하다고 주장한다.[12]

• 2011년 4월, 당시 합동 참모 본부 의장인 마이크 멀린 장군의 특별 전략 보좌관으로 일하던 포터 대위와 마크 미클비 대령은 미국 안보의 미래에 관한 논문을 발표했고, 해당 논문은 상당히 많은 세간의 주목을 받았다. 그들은 미국이 펴고 있는 견제 정책을 〈지속성〉 정책으로 바꾸어야 한다고 주장한다. 국가 안보를 강화하기 위해서는 〈미국 젊은이들의 지속적인 발전과 성장을 불러올 교육과 보건, 사회 복지 분야에 지적 자본과 지속 가능한 기반 시설을 최우선적으로 확충해야 한다. (……) 우리는 최첨단 기술과 학문에서 오랫동안 유지해 오던 혁신의 우위를 잃어 가고 있다.〉[13]

• 2011년 연두 국정 연설에서 오바마 대통령은 가장 시급한 미국의 우선 과제와 관련해 자신의 입장을 명백히 밝혔다. 「지금이 바로 우리의 〈스푸트니크 순간Sputnik moment〉, 즉 모두가 힘을 모아야 할 때입니다. (……) 우리는 생물 의학 연구와 정보 기술, 친환경 에너지 기술에 투자할 것입니다. 특히 친환경 에너지 기술에 대한 투자는 미국의 안보를 강화하고, 지구를 보호하고, 미국 국민을 위한 수많은 새로운 일자리를 창출하게 될 것입니다. 미국에서 혁신이란 단순히 생활 방식을 바꾸는 것이 아니라, 우리가 생계를 유지하는 수단입니다. 우리는 다른 나라보다 더 많이 혁신하고, 더 많이 교육하고, 더 많이 개척해야 합니다.」[14]

혁신과 관련해 어쩌면 가장 주목할 만한 조사가 2011년 제너럴 일렉트릭에 의해 행해졌다. 이 조사를 통해 제너럴 일렉트릭은 12개국에서 기업에 근무하는 천여 명의 중견 간부를 인터뷰했다. 인터뷰 결과에 따르면 〈응답자들 중 95퍼센트가 국가 경제의 경쟁력을 갖추는 데 혁신이 주된 지렛대 역할을 한다고 믿었고, 88퍼센트가 혁신이 자국에서 새로운 일자리를 창출하는 최선의 방법이라고 믿었다.〉 하지만 무엇보다 놀라운 결과는 앞으로 가장 중요할 것이라 전망되는 혁신의 유형, 그리고 과거의 혁신과 미래에 있음직한 혁신의 차이에 관한 내용이었다. 응답자 중 상당수인 69퍼센트가 동의한 바에 따르면 〈오늘날에는 혁신이 고차원적인 과학 연구보다 사람들의 창의성으로부터 추진력을 얻는다.〉그리고 77퍼센트가 〈21세기에 가장 위대한 혁신은 이전처럼 최대 이윤을 창출하는 혁신이 아니라 인간의 욕구를 진지하게 검토하는 데 도움이 되는 혁신일 것이다〉라는 점에 동의했다. 응답자 중 90퍼센트는 보다 친환경적인 국가 경제를 건설하는 데 혁신이 가장 중요한 지렛대 역할을 할 거라고 믿었다. 85퍼센트는 혁신을 통해 환경의 질을 개선할 수 있을 거라고 확신했다. 58퍼센트는 기업의 혁신에 도움이 되는 최고의 요소가 팀에 존재하는 창의적인 인재라고 말했다.[15]

혁신을 주창하는 가장 주목할 만한 인물들 중 한 명으로, 국제적 명성을 지닌 발명가 딘 카멘은 말한다. 「우리 나라를 위기에서 구하려면 혁신이 유일한 해법입니다. 가격 경쟁으로는 다른 나라를 따돌릴 수 없어요. 오늘날에는 지적 재산을 통해 부를 창출해야 합니다. 암을 치료하는 알약 같은 경우에는 1온스(약 28그램)에 100만 달러의 가치가 있죠. 이제 진정한 가치는 실현 가능한 것은 물론이고, 자원을 소비하지 않으며 제로섬 게임도 아닌, 아이디어의 창안에 있습니다. 예를 들어, 당신이 암 치료제를 발명했다고 합시다. 나는 오염 물질을 배출하지 않으면서 에너지를 생산하죠. 우리는 제각각 하나의 소중한 아이디어로 시작했습니다. 그리고 이제 두 개로 늘어난 아이디어 덕분에 우리는 둘 다 부를 누리게 됩니다.」

카멘, 무엇이 인간의 정신을 움직이는가

보다 혁신적인 인재에 대한 수요가 점점 증가하고 있는 가운데 각종 연구 결과는 우리 아이들의 창의성이 쇠퇴하고 있음을 보여 준다. 2010년 7월 10일자 『뉴스위크』는 〈창의성의 위기〉라는 표제 기사를 신고, 관련 기사로 1990년 이래로 어린 학생들의 창의적인 능력이 쇠퇴해 왔음을 증명하는 연구 결과를 인용했다. 해당 기사를 쓴 포 브론슨과 애슐리 메리먼은 아래와 같이 말한다.

미국의 창의성 점수가 하락하는 이유를 한마디로 단정 짓기에는 아직 너무 이르다. 그럼에도 한 가지 잠재적인 원인으로 오늘날 아이들이 창의적인 활동에 몰두하는 대신 텔레비전 앞에서 또는 비디오 게임을 하면서 보내는 많은 시간을 들 수 있다. 또 다른 원인으로는 학교 교육이 창의성을 개발해 주지 못하고 있다는 점을 꼽을 수 있다. 실제로 오늘날과 같은 환경에서 창의적인 사람이 된다는 건 제비뽑기나 다를 게 없다. 모든 학생에게 창의성을 길러 주려는 일관성 있는 노력이 부재하기 때문이다.[16]

이 기사는 불길한 경고로 결론을 맺는다. 〈우리의 창의성 점수가 아무런 대책 없이 계속해서 하락하는 한, 창의성을 제고하고자 하는 현재의 국가적인 전략은 그리스 신화에 등장하는 여신이 제 발로 우리를 찾아와 주길 기도하는 것과 별반 다를 게 없다. 오늘날 우리가 직면하고 있는, 그리고 미래에 우리가 직면하게 될 문제들은 우리에게 단지 창조적 자극이 불현듯 찾아와 주길 기대하지만 말고 더 많은 행동을 취하라고 요구한다.〉[17]

누군가의 부모이거나 교사, 멘토, 경영자로서 우리 모두는 서둘러 행동에 나서야 한다.

혁신이란 무엇인가?

최근 들어 혁신은 뜨거운 주제가 되었고, 혁신과 관련해 이미 수많은 책이 출간되었으며 앞으로도 계속해서 출간될 전망이다. 가장 폭넓게 인용되고 있는 책은 존 카오John Kao가 2007년에 발표한 『혁신 국가: 미국은 어떻게 혁신 우위를 잃고 있으며, 그것이 왜 문제이고, 어떻게 해야 예전의 우위를 되찾을 수 있는가Innovation Nation: How America Is Losing Its Innovation Edge, Why It Matters, and What We Can Do to Get It Back』가 있으며, 좀 더 최근에 나온 두 권의 책으로는 피터 심스Peter Sims의 『리틀 벳: 세상을 바꾼 1천 번의 작은 실험Little Bets: How Breakthrough Ideas Emerge from Small Discoveries』과 스티븐 존슨Steven Johnson의 『탁월한 아이디어는 어디서 오는가: 700년 역사에서 찾은 7가지 혁신 키워드Where Good Ideas Come From: The Natural History of Innovation』가 있다. 이러한 책들은, 여기에 언급되지 않은 책들을 포함해서, 내 사고방식의 한 특징처럼 되어 버린 혁신에 대한 정의를 내리고 있다. 하지만 나는 이 책에서 혁신의 정의를 도출하기 위해 영리를 추구하거나 혹은 추구하지 않는 세계의 경영자들이 혁신이란 과연 무엇인가라는 질문에 어떻게 대답하는지 알아보는 편이 훨씬 흥미롭겠다고 생각했다.

〈새로운 혁신과 기업가 정신 연구소〉를 출범시킨 런던 비즈니스 스쿨 학장 앤드루 리커먼 경은 「월스트리트 저널」과의 인터뷰에서 그가 생각하는 혁신의 정의가 무엇인지 질문을 받자 이렇게 대답했다. 「나는 혁신을 기술적인 용어로 정의하지 않습니다. 그보다는 오히려 예술과 관련이 있기 때문이죠. 혁신은 새로운 어떤 것이 (……) 탄생하는 과정, 즉 절차와 관련이 있습니다. 내 개인적으로는 혁신을 하나의 접근법이라고 생각합니다. 그렇지만 우리 연구소에서는 표준적인 정의를 채택합니다. 새로운 재화와 서비스를 통해, 또는 새로운 비즈니스 모델을 통해, 또는 새로운 과정을 통해 가치를 창출하는 참신하고 창의적인 방식이라고 혁신을 정의합니다.」[18]

올린 공과 대학 학장 릭 밀러는 신문에 기고한 논설을 통해 이렇게 말했다. 〈혁신은 가치 있는 독창적인 아이디어와 통찰력을 얻고, 그것을 보완해서 많은 사람들이 수용하고 채택하도록 하는 과정으로 정의될 수있다. 이 정의에 따르면 상위의 혁신이란 지극히 성공적이라서 그 혁신이도입되자마자 거의 모든 사람이 이전까지의 삶이 어땠는지 기억하지 못하게 되는 혁신을 의미한다.〉[19]

P&G에서 대외 업무 부서의 이사로 근무하다가 최근에 은퇴한 엘런 보먼은 얼마 전 인터뷰에서 자신은 혁신을 간단하게 〈창의적으로 문제를 해결하는 것〉이라고 정의한다고 설명했다. 그녀가 말했다. 「문제를 해결하더라도 그 과정에 창의적인 요소가 없다면 진정한 혁신이 아닙니다.

현실 세계의 문제에 적용되지 않는 창의성도 혁신으로 간주될 수 없기는 마찬가지에요. P&G에서 혁신은 우리의 생혈(生血)이나 다름없지만 단순히 혁신 그 자체만을 목표로 삼지는 않아요. 우리가 생각하는 혁신은 현실 세계의 요구를 수용해서 해법으로 나아가는 다리를 놓는 거예요.」

베스트바이 코퍼레이션의 전(前) CEO 브래드 앤더슨도 보먼의 주장에 동의했다. 「창의적으로 문제를 해결하는 사람이 될 필요가 없는 사람은 없습니다.」

나는 애플 대학을 방문해서 조엘 포돌니와 대화를 나눌 기회가 있었다. 조엘 포돌니는 애플의 인적 자원부 부사장이자 애플 대학의 학장이다. 하버드에서 사회 과학 박사 학위를 취득했으며, 하버드와 스탠퍼드의 경영대학원에서 강의를 해오고 있다. 2008년 애플에 입사하기 전까지는 예일 경영대학원 원장으로 있었다. 조엘도 가치 창출의 중요성에 대해 언급했다.

「가치를 창출하는 탁월한 능력이 있거나, 다른 사람이 창출하는 가치를 획득하는 데 탁월한 능력을 보유한 사람은 지속적으로 생존 가능한 기업을 꾸려 나갈 수 있습니다. 가치 창출을 통해 성공하려면 일반적으로 혁신이 필요합니다. 즉 이전까지는 단지 그 분야에 없었을 뿐이던 어떤 것들을 모아서 가치를 보태는 방법을 알아내는 능력이 필요합니다.」

기업에서 중역으로 일하다가 은퇴하고 현재는 젊은 기업가들을 코칭하고 있는 조 카루소는 〈차세대 아이패드를 개발하는 데만 꼭 혁신이 필요한 건 아니다. 고객을 상대하는 방식에도 얼마든지 혁신이 있을 수 있다〉고 주장했다.

시스코 협력 리더십 센터의 인재 관리 부서 최고 책임자이자 부대표인 앤마리 닐은 시스코 시스템스의 경영진이 두 가지 측면에서 혁신을 독려한다고 말했다. 「비즈니스 내적인 측면에서, 혁신은 우리의 주력 상품과 서비스를 보다 완벽하고, 기민하고, 신속하게 제공하는 일과 관련이 있습니다. 반면에 비즈니스 외적인 측면에서는 새로운 비즈니스 모델이나 고투마켓 전략과 관련이 있죠.」

파괴적 혁신에 관한 닐의 설명

앤마리의 의견은 다른 많은 사람들이 인터뷰를 통해 이야기한 것과 일맥상통한다. 영리적인 부문이든 비영리적인 부문이든 본질적으로 무척 다른 두 종류의 혁신, 즉 점진적 혁신과 파괴적 혁신이 존재한다는 것이다. 점진적 혁신은 기존에 존재하는 재화나 절차, 서비스를 탁월하게 개선하는 것이다. 반면에 파괴적 또는 변형적 혁신은 기존에 존재하던 시장을 붕괴시키고 이전의 유력한 기술을 대체하는, 근본적으로 새로운 다른 재화나 서비스를 창출하는 것이다.

클레이턴 크리스텐슨Clayton M. Christensen의 매우 영향력 있는 저서 『혁신 기업의 딜레마The Innovator's Dilemma』에서는 소니의 작고 휴대 가능한 트랜지스터 라디오가 모토롤라가 지배하던 진공관 라디오 시장을 궁극적으로 어떻게 붕괴시켰는지, DEC가 주도하던 미니컴퓨터 시장이 어떻게 IBM 사의 PC로 대체되었는지 등의 사례를 포함해서 다양한 파괴적 혁신의 전개 과정이 소개된다. 최근 몇 년 간 애플은 적어도 세 가지 새로운 제품, 즉 아이팟과 아이폰, 아이패드를 소개하면서 각각의 제품이 속한 분야에서 시장에 근본적인 변화를 가져왔다. 애플 스토어도 첨단 기술 제품의 소매 시장을 바꿔 놓기는 마찬가지였다. 시장에 〈붕괴〉를 가져오는 애플의 일관성 있는 능력은 왜 애플이 세계에서 가장 혁신적인 기업으로서 명성을 구가하고 있는지 그 이유를 설명해 준다.

혁신은 인간의 노력과 관련된 모든 측면에서 일어난다. 마틴 루터 킹 목사는 마하트마 간디의 비폭력 무저항 전략을 미국의 시민 평등권 운동에 성공적으로 적용한 〈파괴적〉 사회 혁신의 예를 보여 주는 대표적인 인물이다. 그는 이런 공로를 인정받아 1964년에 노벨 평화상을 수상했다. 좀 더 최근에는 2006년에 가난한 사람들에게 소액 대출을 해줌으로써 빈곤 퇴치에 기여한 공로를 인정받아 무하마드 유누스Muhammad Yunus와 그라민 은행Grameen Bank이 노벨 평화상을 수상했다. 노벨 평화상 수상자 중 상당수는 역사의 흐름을 바꾼 사회 혁신가였다.

이른바 사회 혁신과 사회 기업가 정신은, 특히 이십 대들 사이에서 빠르게 관심이 증가하고 있는 분야다. 미국의 교육 기부 단체 〈티치 포 아메리카Teach For America〉에 관한 아이디어, 즉 극빈자들이 몰려 있는 학군에서 유능한 젊은이들이 아이들을 가르치도록 유도하는 근본적으로 전혀 새로운 교육 방식은 웬디 콥Wendy Kopp의 1989년도 프린스턴 대학 학사 학위 논문으로부터 발전했다. 2010년에는 아이비리그의 전체 졸업반 학생 중 12퍼센트를 포함해서 4만 6천 명이 티치 포 아메리카에 지원했다. 이 같은 지원자 숫자는 바로 한 해 전보다 32퍼센트나 늘어난 수치였다.[20] 아울러 티치 포 아메리카를 거쳐 간 학생들은 그들 나름대로 계속해서 주목할 만한 새로운 사회 혁신을 만들어 가고 있다. 일례로, 티치 포 아메리카에서의 봉사 기간이 끝난 1994년에 데이브 레빈과 마이크 파인버그는 키프KIPP 즉 〈아는 것이 힘 프로그램Knowledge Is Power Program〉을 설립했고, 이 프로그램은 오늘날 미국에서 가장 큰 차터스쿨 네트워크를 구성하고 있다. 키프는 제대로 된 교육을 받지 못했다면 어쩌면 낙오자가 되었을지도 모를 경제적 약자이자 소수 집단에 속한 학생들을 성공적으로 가르쳐서 국제적인 인정을 받았다.

점진적 또는 파괴적 혁신에 대해 좀 더 살펴봐야 하므로 교육 문제는 잠시 한쪽으로 제쳐 놓자. 이를테면 화석 연료를 소비해서 에너지를 생산하기 때문에 우리는 에너지 사용을 현격히 줄이기 위해 건물 단열재나 창문처럼 일상생활에서 사용하는 제품을 점진적으로 개선해 나가야 한다. 미국의 창호 제작 전문 업체 펠라Pella의 개발 책임자 릭 하스만에게 지속적인 개선은 곧 열정이다. 「해결할 필요가 있는 문제를 찾아내고, 합리적인 의문을 제기하고, 주어진 문제를 해결할 효과적인 방법을 찾아내는 과정에서 혁신이 필요합니다. 단순히 오늘 직면한 문제에 대해서만 해결책을 내놓는 건 소용이 없어요. 내일이 되면 또 다른 문제가 생길 테니까요.」

그렇지만 제품이나 서비스, 프로세스와 같이 중요한 문제들을 개선하더라도 화석 연료에 대한 우리의 의존도를 근본적으로 낮추기에는 충분치 않을 것이다. 개선된 창문이 분명 도움은 되겠지만 여전히 새로운 친환경 에너지 자원, 이를테면 태양열이나 풍력 등이 필요하다. 완전한 전기 자동차는 무엇보다 필요한 파괴적 혁신일 것이다. 〈집카Zipcar〉처럼 자동차를 공유하거나 〈고로코GoLoco〉 같은 카풀 프로그램은 화석 연료의 소비를 줄여야 한다는 필요에 의해 발전한 경제, 사회적 혁신을 보여 주는 또 다른 사례다. (위에 언급된 집카와 고로코의 창업자인 로빈 체이스와 그녀의 남편, 딸에 관한 이야기가 6장에서 소개될 예정이다.) 자전거 함께 타기 프로그램인 〈캐피탈 바이크셰어Capital Bikeshare〉 ─ 미국 수도에서 백여 곳 이상의 대여소를 통해 자전거를 이용할 수 있도록 한 새로운 시도 — 도 최근의 사회적 혁신을 보여 주는 또 다른 예다.

이처럼 혁신의 형태는 다양하다. 수십 명의 이십 대 혁신가들과 인터뷰를 하면서 나는 그들이 보여 주는 혁신의 다양한 방식과 풍부한 상상력에 충격을 받았다. 페이스북에서 유튜브, 트위터에 이르기까지, 새로운 대중 매체를 활용하는 그들의 능숙함과 창의력은 혁신을 둘러싼 전적으로 참신한 사고방식과, 2011년 아랍의 봄을 통해 배웠던 개혁을 주도하고 이끌어 가는 새로운 방식을 보여 준다.

혁신가의 능력은 무엇일까?

바로 이전에 쓴 『글로벌 성취도 차이』에서 나는 오늘날 갈수록 단조로워지는 세상에서 경력과 지속적인 학습, 시민성을 위해 모든 학생에게 필요한 새로운 능력을 설명했다.[21] 나는 이 능력을 〈일곱 가지 생존 기술〉이라고 부른다. 그 일곱 가지는 아래와 같다.

1. 비판적인 사고와 문제 해결 능력

2. 네트워크를 통한 협동과 신망에 의한 통솔 능력

3. 명민함과 적응 능력

4. 독창력과 기업가 정신

5. 정보 취득과 분석 능력

6. 구술과 서면을 통한 효율적인 의사소통 능력

7. 호기심과 상상력

『글로벌 성취도 차이』가 출간된 이래로 나는 영리적이거나 비영리적인, 또는 군사적인 분야의 리더들로부터 실제로 이러한 능력들이 그들이 일하는 분야에서 가장 중요하다는 이야기를 꾸준히 들었다. 하지만 혁신가가 되기 위해 무엇이 필요한지 조사하면서 나는 이 일곱 가지 능력이 필요하긴 하지만 충분하진 않다는 사실을 인식하게 되었다. 호기심과 상상력은 의심의 여지없이 혁신의 원천이다. 다른 능력들도 마찬가지겠지만 이 두 가지 능력이 없이는 어떤 식의 혁신도 불가능할 것이다. 하지만 일곱 가지 능력으로 채워진 이 목록에는 내가 최근에 그 필요성을 깨닫게 된 혁신가의 자질이 빠져 있다. 인내력을 비롯해서 실험하고, 계산된 위험 요소를 감수하는 능력, 실패를 감내하려는 의지, 비판적 사고에 더해 〈생각을 디자인하는〉 능력과 같은 자질이다. 따라서 이제부터 혁신가의 능력을 둘러싼 약간은 새로운 개념을 소개하려고 한다.

1991년 데이비드 켈리에 의해 설립된 아이디오IDEO는 〈공공 부문이나 민간 부문의 조직들이 혁신하고 성장하도록 돕기 위해 인간 중심의 디자인을 토대로 한 접근법을 택하고 있는〉 세계적인 디자인 회사다.[22] 아울러 『패스트컴퍼니Fast Company』와 『비즈니스위크』에 의해 세계에서 가장 혁신적인 기업 중 하나로 인정받았다. 그에 못지않게 중요한 점은, 아이디오의 지도부가 혁신 과정을, 그리고 고도로 혁신적인 어른의 자질과 능력을, 보다 잘 이해할 수 있도록 큰 기여를 했다는 사실일 것이다. 스탠퍼드 대학교의 교수인 데이비드 켈리는 또한 디스쿨d.school로도 알려진 〈하소 플래트너 디자인 연구소Hasso Plattner Institute of Design〉를 설립해서 학생들과 교수진이 팀을 이루어 아이디오에서 〈디자인적 사고〉라고 부르는 것을 다양한 사회 문제에 적용하는 법을 배울 수 있도록 했다. (디스쿨에 대해서는 5장에서 좀 더 자세하게 다룰 예정이다.) 데이비드의 동생이자 아이디오의 상무이사 톰 켈리Tom Kelley는 두 권의 영향력 있는 책을 출간했다. 『유쾌한 이노베이션The Art of Innovation』과 『이노베이터의 10가지 얼굴The Ten Faces of Innovation』이다. 그리고 아이디오의 대표이자 CEO인 팀 브라운Tim Brown은 최근에 『디자인에 집중하라Change by Design』라는 책을 발표했다. 아이디오의 〈디자인적 사고〉 개념은 세상을 바라보는 하나의 방식이며, 아울러 모든 혁신 과정의 토대로 간주된다.

『하버드 비즈니스 리뷰Harvard Business Review』에 발표한 논문에서 팀 브라운은 자신이 〈디자인적 사고〉라고 부르는 것의 다섯 가지 특징을 설명했다. 첫 번째는 공감이다. 공감은 다양한 관점에서 세상을 상상할 수 있는 능력과 사람을 최우선으로 생각하는 태도를 의미한다. 통합적 사고는 하나의 문제를 둘러싼 잠재적인 해법과 관련하여 모든 측면을 고려할 수 있는 능력이다. 낙관적인 태도도 반드시 필요하다. 브라운의 주장에 따르면 디자인적 사고란 당면한 문제가 아무리 까다로워도 해법은 늘 있기 마련이라는 가정에서 시작되기 때문이다. 하지만 이런 해법은 브라운이 실험주의라고 부르는, 당면한 문제와 잠재적인 해법을 새롭고 창의적인 방식으로 탐구하는, 일단의 시행착오 과정을 통해서만 달성될 수 있다. 끝으로, 브라운은 디자인적 사고를 하는 사람이 무엇보다 협동가라고 말한다. 〈점점 더해 가는 재화와 서비스, 경험의 복잡성으로 인해 창의적이고 고독한 천재의 신화는 이제 열정적이고 여러 학문 분야를 두루 섭렵하는 협동가라는 현실로 바뀌었다. 정말로 디자인적 사고를 할 줄 아는 사람들은 여러 학문 분야와 단순히 협동적으로 일하지 않는다. 그들 중 대다수는 한 가지 이상의 분야에 풍부한 경험을 갖고 있다. 아이디오에서는 기술자이자 영업 사원이며 인류학자인 동시에 산업 디자이너 겸 건축가와 심리학자인 사람들을 고용한다.〉[23]

〈혁신가의 DNA〉라는 제목으로 최근 『하버드 비즈니스 리뷰』에 발표된 또 다른 논문에서 (그리고 동일한 제목으로 발표된 최근 저서에서) 제프리 다이어, 할 그리거슨, 클레이턴 크리스텐슨은 특히 창의적인 일부 기업들이 보여 준 창의적이고 때로는 파괴적인 비즈니스 전략의 유래를 밝혀내고자 연구한 6년간의 결과물을 내놓았다. 〈우리는 혁신적인 기업가들을 현미경 위에 올려놓고 그들이 현재 사업의 토대가 된 아이디어를 언제, 어떻게 내놓게 되었는지 살펴보고자 했다. 특히 우리는 그들이 다른 기업의 경영자와 어떻게 다른지 알고 싶었다. 맥도널드와 체인점을 계약한 사람도 기업가라고 할 수는 있겠지만 《아마존》을 설립하려면 완전히 다른 능력이 필요하다.〉[24] 이 저자들은 25명의 혁신적인 기업가가 보여 준 습관을 검토하고, 혁신적인 기업을 설립했거나 획기적인 제품을 개발한 3,000명 이상의 임원과 500명 이상의 일반인을 대상으로 조사를 실시했다.

다이어와 그리거슨, 크리스텐슨은 혁신적인 사람과 그렇지 않은 사람을 구분해 주는 다섯 가지 능력을 발견했다. 연관 짓기와 의문, 관찰, 실험, 네트워킹 능력이다. 그들은 이 다섯 가지 능력을 두 가지 범주, 즉 행동과 사고로 분류한다.

행동

혁신가는 의문을 품음으로써 현상 유지에서 탈피해 새로운 가능성을 발견한다. 그리고 관찰을 통해 고객이나 납품업자, 다른 기업의 활동에서 새로운 행동 방식을 암시하는 미세하고 세부적인 부분을 감지한다. 또한 실험을 통한 새로운 경험을 거침없이 시도하고 세상을 탐구한다. 끝으로, 다양한 배경을 가진 사람들과 네트워크를 형성해서 근본적으로 다양한 관점을 얻는다.

사고

행동의 네 가지 패턴은 혁신가가 그 네 가지를 모두 연관 지어 새로운 통찰력을 개발하는 데 도움이 된다.[25]

혁신가의 능력과 자질에 대한 보다 〈현장스러운〉 관점을 확인하기 위해 나는 구글의 인재 관리 책임자 주디 길버트를 인터뷰했다. 애플과 구글은 세계에서 가장 혁신적인 기업 명단의 1위와 2위를 차지하고 있다.[26] 또한 이 두 기업은 대학 졸업생이 가장 근무하고 싶어하는 최고의 기업들 중 1, 2위를 다툰다. 이런 결과는 혁신을 지향하는 우리 세대의 열정이 어느 정도인지 보여 주는 부수적인 증거이기도 하다.[27] 주디의 업무는 구글에 입사하는 젊은이들을 어떻게 〈육성〉할지 고민하고, 미래에는 회사에 어떤 능력이 필요할지에 대해 회사 차원의 검토가 이뤄지도록 돕는 것이다.

인재를 채용할 때 구글에서 가장 눈여겨보는 능력이 무엇인지 주디에게 설명을 요청했다. 「물론 우리도 지성을 중시합니다. 하지만 지적인 호기심이 더 중요하죠. 지원자는 우리가 그를 채용해서 맡기고자 하는 업무, 즉 코드를 입력하는 일이나 재무 등에 능숙해야 합니다. 하지만 그게 다는 아니에요. 우리는 그들 모두가 리더로서, 자신을 이끌어 줄 누군가를 기다리는 대신 주어진 상황을 스스로 통제해 나갈 수 있는 사람이 되어 주길 바랍니다. 구글에서 성공하는 사람은 행동 지향적인 성향이 있는, 예컨대 고장 난 것을 보면 절대로 그냥 지나치지 못하는 사람이에요. 문제점을 지적할 수 있을 정도로 똑똑하더라도 그 문제에 대해 불평만 늘어놓는다거나, 다른 누군가가 문제를 해결해 줄 때까지 기다리는 사람은 절대 성공할 수 없어요. 구글에서는 〈어떻게 하면 보다 나은 결과를 만들 수 있을까?〉라고 자문할 줄 아는 사람이 성공할 수 있어요. 아울러 우리가 하는 모든 일에서 협력은 매우 중요합니다. 우리는 지극히 다른 전문성을 가진 주변 사람들을 인정하고 그들에게 배울 줄 아는 능력을 높이 삽니다.」

혁신 능력이 배워서 얻어지는 것일까?

위에 인용한 두 개의 논문에서 소개된 능력들의 목록과 구글에서 직원들을 볼 때 중시하는 요소가 서로 관련이 있거나 중복된다는 사실은 놀라운 일이다. 이러한 사실에 근거할 때 혁신가의 DNA가 디자인적 사고의 필수 요소인 일단의 능력으로 간주될 수 있을 듯하다. 다시 말해, 귀를 기울이거나 관찰할 줄 모르고는 다른 사람들과 공감할 수 없다. 통합적 사고는 적절한 의문을 제기하고 연관 짓는 능력에서 비롯된다. 협력작업과 네트워킹 사이에도 밀접한 연관이 있다. 그리고 이 세 개의 명제모두에는 실험 — 근본적으로 낙관적인 태도가 필요하고, 시행착오를 통해서 보다 깊이 이해하고 보다 나은 해법을 찾을 수 있다는 믿음이 필요한 행동 — 의 중요성이 공통적으로 들어 있다.

조사된 내용을 종합하면 성공적인 혁신가에게 가장 필요한 자질을 다음과 같이 정리할 수 있을 것 같다.

• 적절한 의문을 제기하는 습관이자 보다 깊이 이해하고자 하는 욕구로서 호기심

• 자신과 전혀 다른 관점과 전문 지식을 지닌 다른 사람의 이야기를 듣고 그들에게 배움으로써 시작되는 협력 작업

• 종합적 또는 통합적 사고

• 행동과 실험 지향적인 성향

하지만 교육자이며 부모로서 내가 이 목록에서 가장 중요하게 생각하는 부분은 목록에 있는 내용들이 하나같이 내가 길러줄 수 있고, 가르칠 수 있고, 조언해 줄 수 있는 일단의 정신적인 능력과 습관을 제시하고 있다는 점이다! 대체로 우리는 선천적으로 창의적이거나 혁신적인 사람들이 있다고, 그리고 그렇지 않은 사람들이 있다고 가정하는 경향이 있다. 하지만 앞서 언급된 모든 전문가들은 대부분의 사람들이 적절한 환경과 기회만 주어진다면 보다 창의적이고 혁신적으로 바뀔 수 있다고 믿는다. 실제로 주디 길버트의 업무는 구글 직원들이 보다 혁신적인 사람이 되도록 그들의 역량을 끊임없이 개발하는 것이다.

팀 브라운은 다음과 같이 말한다. 「사람들이 일반적으로 생각하는 것과 반대로, 디자인적 사고를 하는 사람이 되기 위해서 굳이 괴상한 신발을 신거나 검은색 터틀넥 스웨터를 입을 필요는 없습니다. 전문직 종사

자들 중 대다수가 일종의 디자인 훈련을 받은 경험이 있긴 하지만 그럼에도 반드시 디자인 스쿨을 나와야만 디자인적 사고를 하는 사람이 되는 건 아닙니다. 내 경험에 비춰 봤을 때 전문적인 디자인 관련 종사자가 아닌 사람들 중에도 디자인적 사고를 할 줄 아는 타고난 재능을 지닌 사람들이 많습니다. 그리고 적당한 교육과 경험만 주어지면 그 재능을 밖으로 이끌어 낼 수 있습니다.」[28]

다이어와 그리거슨, 크리스텐슨도 팀 브라운과 일치된 견해를 내놓는다. 논문의 결론을 내리면서 이들은 다음과 같이 주장한다. 〈혁신적인 기업가 정신은 유전적인 기질이 아니다. 적극적인 노력이다. 《다르게 생각하라》는 애플의 슬로건은 비록 고무적이지만 불완전하다. 우리는 혁신가들이 다르게 생각하기 위해서는 끊임없이 다르게 행동한다는 사실을 발견했다. 혁신가의 DNA를 이해하고, 보완하고, 모방함으로써 기업은 누구나에게 잠재된 창의적인 불씨를 보다 성공적으로 개발할 수 있는 길을 개척하게 될 것이다.〉[29]

결과적으로 DNA라는 말은 적당한 용어가 아닌 것 같다. 비록 어떤 사람들은 비범한 재능을 갖고 태어나기도 하지만 우리를 혁신가로 만들어 주는 주된 요소는 우리가 선천적으로 가지고 태어나는 어떤 것이 아니다. 이 저자들은 우리가 어떻게 행동하도록 배웠는지가 훨씬 중요하다고 입을 모은다. 그렇다. 선천성은 존재한다. 하지만 우리의 주변 환경이 촉진하고 가르치는 것, 즉 후천성도 존재한다.

그렇지만 문제가 있다. 우리 사회에서는 〈다르게 생각하기 위해 다르게 행동하기〉가 대체로 어렵다는 점이다. 그렇게 하기 위해서는 우리 어른들의 행동이 근본적으로 바뀌어야 한다. 다이어와 그리거슨이 한 블로그에서 그들의 연구와 관련한 인터뷰를 했을 때 그리거슨은 창의적인 능력의 상실에 대해 언급했다. 〈네 살짜리 꼬맹이들은 끊임없이 질문을 쏟아 내고 사물의 이치를 궁금해한다. 하지만 그 아이들이 여섯 살만 넘어가면 질문하길 그만둔다. 그들을 가르치는 선생님이 성가신 질문보다는 올바른 답을 더 중시한다는 사실을 금방 배우기 때문이다. 고등학생이 되면서 호기심을 보이는 경우는 더욱 줄어든다. 그리고 그들이 성장해서 직장을 갖게 될 때가 되면 호기심은 이미 사라진 지 오래다. 기업 임원 중 80퍼센트가 새로운 아이디어를 찾는 데 자신의 시간을 20퍼센트 미만으로 할애한다. 물론 그 회사가 애플이나 구글 같은 회사가 아닐 때 이야기다.〉[30]

비단 그리거슨만 이와 같은 견해를 보이는 건 아니다. 최근에 발간된 『엘리먼트*The Element*』와 〈테드 톡스TED Talks〉를 통해 켄 로빈슨 경은 우리가 호기심과 창의성을 포기하게 된, 그가 빈번하게 사용하는 표현을 빌리자면 〈버리도록 교육받은〉 다양한 원인을 설명한다. 창의성을 연구해 온 심리학자 로버트 스텐버그 박사도 동일한 의견을 피력한다. 〈창의성은 습관이다. 문제는 종종 학교에서 창의성을 해로운 습관처럼 대한다는 점이다 (……) 여느 습관과 마찬가지로 창의성도 우리 몸에 익히거나 없앨 수 있다.〉[31]

〈혁신 세대〉는 어떻게 다른가?

이른바 밀레니엄 세대에 관한 서적과 연구가 갈수록 늘어나고 있다. 아울러 이 세대를 둘러싼 논쟁도 갈수록 뜨거워지고 있다. 밀레니엄 세대가 인류 역사상 〈가장 멍청한 세대〉라고 주장하는 저자가 있는 반면,

가장 혁신적인 세대라고 말하는 저자도 있다. 나는 『글로벌 성취도 차이』에서 이런 책들에 대해 충분히 검토했다. 따라서 그 검토 과정을 다시 반복하는 대신 이 밀레니엄 세대의 성장 환경이 우리 때와 다르다고 생각하는 이유들을 간단히 요약한 다음에, 내가 인터뷰한 비즈니스계의 리더들이나 군대의 리더들이 이 세대를 멘토링하고 다루는 문제를 어떻게 보고 있는지에 대한 논의로 돌아가고자 한다.

초등학교 교실에서 시간을 보내 본 적이 있는 사람이라면 누구나 알겠지만 학생들은 하나같이 무한한 상상력과 호기심, 창의성을 가지고 학교생활을 시작한다. 물론, 그리거슨이 지적한 대로 올바른 해답을 아는 것이 사려 깊은 의문을 제기하는 것보다 훨씬 중요하다는 사실을 깨닫기 전까지에 한해서다. 하지만 오늘날의 젊은 세대와 기성세대 사이의 가장 큰 차이점은 그들 대다수가 인터넷을 통해서 또 다른 〈학교〉에 다녔다는 점이다. 그들은 작가 마크 프렌스키가 〈디지털 원주민〉이라고 지칭하는 최초의 세대다. 평균적으로 볼 때 여덟 살부터 열여덟 살까지의 청소년은 이제 교실에서 보내는 시간보다 자신의 컴퓨터 앞에서 보내는 시간이 훨씬 많다.[32] 그리고 오늘날 대부분의 젊은이들은 낮 동안 그들 앞에 서 있는 교사보다 인터넷이 훨씬 더 훌륭한 스승이라고 생각한다.

이 새로운 기술, 즉 인터넷을 활용하는 건 결코 만만치 않은 문제다. 더불어 나는 잠재적으로 인터넷을 잘못 이용하거나 인터넷에 지나치게 의존할 수 있는 가능성이 실질적인 문제이며, 어른들의 감독이 반드시 필요하다고 생각한다. 실제로, 이 책을 만들기 위해 내가 인터뷰한 가장 혁신적인 젊은이들의 부모들 중 일부는 자녀의 컴퓨터 사용을 주의 깊게 감독하고, 〈스크린 타임〉을 제한했다. 그럼에도 인터넷을 통한 이 새로운 형태의 학습은 내가 〈혁신 세대〉라고 부르는 대다수의 우리 젊은이들로 하여금 역사상 어느 세대보다 혁신이나 기업가 정신과 관련해 비범한 잠재 능력과 흥미를 갖도록 하는 결과를 만들었다.

낮 동안의 학교 교실에서와는 다르게 인터넷 상에서는 젊은이들이 자신의 호기심에 따라 행동한다. 바로 이전 책을 위해 진행한 인터뷰에서 나는 많은 젊은이에게 그들이 〈재미로 구글 검색을 하고〉, 하이퍼링크를 따라가면서 어떤 것이 나오는지 확인하길 좋아한다는 이야기를 들었다. 비록 페이스북이나 트위터, 유튜브 같은 매체의 중독성을 걱정하는 젊은이들도 있었지만, 그들은 인터넷을 통해서 뭔가를 창조하고, 소통하고, 협동해서 작업하는 등 학교에서 할 수 있는 것보다 훨씬 많은 것을 배웠다. 인터넷에 사진과 비디오, 음악을 올리고 블로그를 운영하는 것은 대다수 밀레니엄 세대가 후천적으로 갖게 된 제2의 선천성이다. 그들은 또한 텔레비전과 인터넷 덕분에 역사적으로 다른 어떤 세대보다 세계 곳곳에서 발생하는 사건을 보다 빨리, 그리고 생생하게 접한다.

광범위한 사회 문제에 대해 매우 의식적이고 걱정이 많으며, 아울러 그들이 새로운 것을 배우고, 자신을 표현하고, 네트워크를 형성하도록 도와주는 현대의 과학 기술을 능숙하게 사용하기 때문에 대다수 혁신 세대는 세상에 자신의 흔적을 남기고 싶어한다. 그들 중 대다수가 지나치게 야심만만하고 순진한 건 아닐까? 그럴지도 모른다. 게다가 그들은 성마르지 않은가? 당연히 그렇다. 하지만 그들은 우리의 미래다. 나는 우리 기성세대가 이 비범한 젊은이들과 함께 일하는 법을 배워야 한다고 생각한다. 그들을 보살피고, 가르치고, 멘토링하는 법을 배워야 한다고 믿는다. 또한 그들로부터 배워야 한다고 생각한다.

혁신 세대 중 대다수는 지구의 미래에 대해 깊이 걱정하고, 보다 건강한 생활 방식을 추구하며, 돈을 벌기보다는 변화를 만들고자 한다. 하지만 그들은 전통이라는 조류에 역행한다. 그럼에도 대다수 부모들은 여전히 그들의 자녀가 화려한 출셋길을 뒤쫓고, 경제적으로도 그들보다 부유한 삶을 살 거라는 희망에 젖어 있다. 여전히 너무나 많은 교사들과 경영자들이 권위에 복종하면서 전통적인 의미의 〈출세〉를 위해 노력하는 〈구태의연한〉 행동에 대해 혜택을 제공한다. 또한 동기 부여를 위해 당근과 채찍에 의존한다. 그 결과, 혁신 세대의 상당수가 어른의 권위와, 연장자가 특권을 누리는 여러 제도에 대해 회의적인 태도를 보인다. 혁신 세대는 학교를 〈졸업장〉을 따기 위해 그들이 해야 하는 게임으로 여기고, 가능한 한 적은 노력을 들여 그 게임에 임한다. 그들은 기업체의 서열 사다리를 오르고자 하는 욕구도 없을뿐더러 자신이 흥미를 느끼거나 가치가 있다고 생각하는 어떤 것을 실행에 옮기기 위해 20년을 기다릴 생각도 없다. 더욱이 기성세대의 계획표에 맞춰 살거나 실속 없는 일을 참아낼 정도의 인내심도 없다. 그들에게는 시간과 공간이, 그리고 적극적인 육성이 필요한 꿈과 야망이 있을 뿐이다.

문제는 기존의 제도 안에서 일하는 사십에서 오십, 육십 대의 대다수가 젊은 세대의 꿈과 야망을 위해 시간이나 공간을 내주지 않는다는 사실이다. 전통적인 학교와 기업의 리더들은 이 혁신 세대를 위해 무엇을 해야 할지 모른다. 이 젊은이들은 기성세대와 다른 꿈과 다른 포부를 가졌기 때문이다.

이 책에 소개되는 영상물을 제작한 공동 저자 로버트 A. 콤프턴은 첨단 기술 벤처투자자이며 하버드 경영대학원을 졸업했다. 그는 오늘날의 이십 대와 함께 일하면서 느낀 자신의 경험을 다음과 같이 소개한다.

한 무리의 젊은 직원들을 관리하고 그들에게 동기를 부여하는 일은 지극히 암담한 좌절감을 느끼게 한다. 내가 하버드 경영대학원에서 배운 모든 수단과 기술이, 그리고 대학원을 졸업한 이후로 현장에서 배우고 경험한 모든 것이 아무런 쓸모도 없게 된다. 무엇보다 최악인 점은 전통적으로 그 효과가 검증된 동기 부여 요소, 즉 스톡옵션이나 수수료, 보너스 등을 제공하는 게 이 세대에게는 반대의 결과를 낳기 십상이라는 사실이다. 그들은 회사가 자신을 관리한다는 사실에 불쾌감을 표시한다. 우리 회사의 한 젊은 직원에게 상품 개발을 예정보다 빨리 끝내 준 데 대한 성과급으로 주식과 보너스를 지급하겠다고 하자 그 직원이 내게 이렇게 말했다. 「로버트, 나는 단지 동전만 집어넣으면 작동하는 자동판매기가 아니에요.」 〈자동판매기〉가 아니라고? 그렇다면 그 젊은 친구를 〈작동〉하게 만드는 게 뭐지? 그 일은 지금도 나를 혼란스럽게 만든다.

베스트바이 코퍼레이션을 성장시키기 위해 주로 이십 대의 능력과 열정에 의지했던 브래드 앤더슨은, 이 혁신 세대에게는 어떤 것도 동기 부여가 될 수 없다고 주장하는 사람들의 의견에 자신은 동의하지 않는다고 말했다. 로버트 A. 콤프턴과 마찬가지로 앤더슨은 그들에게 동기를 부여하는 것이 따로 있음을 깨달았다. 「그들에게 직업윤리가 없다구요? 전부 다 허튼 소리에요. 문제는 리더십의 부족이죠. 맞아요. 이 세대는 여러 가지 면에서 문제가 많습니다. 하지만 그들은 자신이 전념할 수 있고, 자신의 관심을 끌 수 있는 대상을 찾고 있죠. 그들 중 대다수는 지나치게 몰입하는 측면이 있어요. 그럼에도 그들이 몰입할 수 있게 하기 위해서는 목표가 높아야 해요. 그들을 일단 몰입하게만 만든다면 그에 따른 성과는 상상 이상일 겁니다. 반대로, 그들이 헨리 포드의 자동차 조립 라인 같은 곳에서 일하길 원한다면, 예컨대 정신은 없어도 되고 몸만 필요한 일을 맡기고자 한다면, 그들을 몰입하게 만들 수 없을 겁니다.」

앤마리 닐 역시 이 세대가 다른 식으로 동기를 부여받는다고 생각한다.「첫째로, 그들은 융통성이 매우 많아요. 꼭 해답을 찾아야 해서가 아니라 질문 자체를 즐겨요. 일종의 개인 차별화 전략이라고 할 수 있는 퍼스널 브랜딩personal branding에서는 무엇을 아는지가 중요하지 않아요. 누구를 알고 해답을 얻기 위해 어떤 인맥을 동원할 수 있는지가 중요하죠. 둘째로, 그들은 글로벌한 마인드를 지녔으며 비단 자국 문제에만 한정되지 않는 수많은 정보를 접해요. 끝으로, 그들은 협력 작업을 무척 편안하게 생각해요. 베이비붐 세대의 사회화 과정에서는 개인적인 성취가 중요했어요. 하지만 이 세대에게 개인적인 성취는 상대적으로 덜 중요해요. 그들은 〈우리〉라는 표현을 무척 자주 사용하죠.」

다른 방식으로 동기를 얻는 세대에 관한 닐의 이야기

키스 밀러는 3M의 친환경 주도와 지속 가능성 부서 책임자로 일하고 있으며, 3M은 세계에서 가장 혁신적인 제조 업체들 중 하나로 오랫동안 인식되어 왔다. 키스 밀러는 두 명의 이십 대 자녀를 둔 아버지이기도 하다.「나는 집과 직장에서 이 세대에게 동기를 부여하는 문제와 매일같이 씨름합니다. 우리 아이들은 둘 다 성적이 좋았지만 배우는 과정을 훨씬 중요하게 생각했습니다. 단지 좋은 점수를 받기 위해서 하는 일에는 가치를 느끼지 못했어요. 5점을 더 받는 게 무슨 대수냐는 식이죠. 우리 세대에는 비록 하고 싶지 않더라도 출세에 필요한 일들을 했어요.」

그가 이야기를 이어 갔다. 「우리 회사에 근무하는 젊은 직원들은 자신이 하는 일에서 의미를 찾고 싶어 합니다. 지속 가능성에 대해 관심을 갖고, 관련해서 자신이 무엇을 할 수 있는지 알고자 하는 젊은이들이 무척 많아요. 3M에 입사해서 지금까지 지켜본 바에 의하면 3M에서는 대체로 회사에 충분한 시간을 투자한 다음에야 좋은 프로젝트를 얻을 수 있었습니다. 자신의 능력을 먼저 입증해야만 했지요. 문제는 그런 직원을 회사에 중요하고 파급력도 있는 프로젝트와 연결해 주는 것입니다.」

캠브리아 컨설팅Cambria Consulting의 상무 이사이자 공동 경영자인 엘렌 쿠마타는 『포춘』지가 선정한 100대 기업의 고위직 임원들과 긴밀하게 협력한다. 그녀가 말한다. 「대기업들은 밀레니엄 세대와 관련해서 무척 예민한 반응을 보입니다. 밀레니엄 세대는 일하는 방식이 달라요. 그리고 개인적인 성취에도 그다지 큰 관심이 없습니다. 그들은 〈출세〉에 연연하지 않고, 다양한 업무를 맡으려고도 하지 않아요. 그들에게 정말 중요한 문제는 조직이 과연 자신의 장점을 살려 줄 수 있는가 하는 거예요.」

하버드의 〈과학 기술과 기업가 정신 센터Technology and Entrepreneurship Center〉 공동 창업자이자 전무 이사인 폴 보티노는 엘렌이 언급한 밀레니엄 세대의 몇몇 장점과 그들을 관리하는 어려움에 대해서 설명했다. 「이 세대에게는 불복종하려는 기질이 있어요. 중앙 집권적인 권위를 바라보는 시각이 달라졌죠. 의사소통을 할 때도 그들은 자신의 주장을 고수하고, 여러 사람 앞에서 자신의 주장을 당당하게 밝힐 줄 알아요. 〈저건 저거고 이건 이거며, 저건 옳고……〉라고 말할 수 있는 능력을 가졌어요.」

제너럴 다이내믹스General Dynamics의 고위 임원 레슬리 앤더슨은 최근에 내게 말하길 그녀의 회사에서 일하는 이십 대 직원들을 어떻게 계속 회사에 잡아 둘 것인가 하는 문제가 가장 큰 난제라고 말했다. 「그들은 내가 상상도 못했던 질문을 던져요. 자신이 회사에 어떻게 보탬이 되고 있는지, 자신이 맡은 업무가 어떤 의미가 있는지 알고 싶어 합니다. 그리고 만약 그런 질문에 만족스런 대답을 얻지 못하면 회사를 떠나죠.」

밀레니엄 세대의 이 같은 특징은 군대를 이끄는 리더들에게도 특별한 난제를 초래한다. 마틴 뎀시 장군은 미군의 합동 참모 본부 의장이다. 나와 처음 만났을 때 그는 미 육군의 모든 훈련 프로그램을 책임지고 있었다. 「우리는 이 세대가 〈전쟁터에서〉 돌아왔을 때 그들을 잃게 될 위기에 봉착해 있습니다. 이전 세대와는 달리 그들에게 장기근속을 하도록 설득하기가 쉽지 않습니다. 20년간의 군 생활을 마치고 은퇴하면 월급의 절반을 지급한다고 해도 말이죠. 그들은 우리가 그들에게 했던 말을 굳게 믿고 있습니다. 〈원하는 것이라면 무엇이든 되어라〉라는 말이죠. 그들은 계속해서 자신을 개발하길 원하고, 따라서 그들을 군대에 붙잡아 두려면 지속적으로 그들의 능력을 개발해 줘야 합니다.」

이 세대가 사회의 일원으로서 자신의 자리를 지키고, 효율적으로 행동하게 만드는 건 기업이나 군대만의 문제가 아니다. 우리 모두의 문제다. 밀레니엄 세대가 우리 모두의 미래인 까닭이다. 그들은 보다 건강하고, 안전하고, 지속 가능한 생활 방식을 창조할 수 있거니와 또 그렇게 해야 한다. 그들 중에는 인정하지 않으려는 사람도 있겠지만 성공적인 삶을 위해서는 그들도 우리가 필요하다. 기성세대의 전문 지식과 지도, 멘토링, 지원이 필요하다. 그럼에도 우리는 새로운 방식으로 우리의 도움을 제공해야 한다. 혁신 세대를 적극적으로 독려해서 그들이 혁신을 토대로 한 경제와 생활 방식, 즉 무분별하고 소모적인 행동 대신에 창의적인 성인으로서 〈행동〉하는 습관과 즐거움을 배양하는 것을 창조하도록 하려면 우리의 학교와 직장, 양육 습관까지도 모두 바꿔야 한다.

과거에는 의도적이라고 하기보다 우연에 의해서 혁신가가 배출되었다. 기업가나 혁신가가 학교나 직장, 심지어 부모가 어떻게 자신의 재능을 개발해 줬는지, 또는 열정을 격려해 줬는지 언급하는 경우도 좀처럼 드물었다. 지난 50년간 세계에서 가장 혁신적인 기업가들 중 세 명, 즉 즉석 폴라로이드 사진기를 발명한 에드윈 랜드, 빌 게이츠, 페이스북의 설립자이자 CEO인 마크 주커버그가 자신의 아이디어를 실행에 옮기기 위해 하버드를 중퇴해야 했다. 이 밖에 애플의 스티브 잡스와 델 컴퓨터의 마이클 델, 거대 소프트웨어 기업 오라클의 설립자 래리 앨리슨, 발명가 딘 카멘 등도 유명한 첨단 기술 대학을 중퇴해야 했다.

그렇다면 우리가 모든 젊은이들을 상대로 인내와 공감, 강력한 도덕적 토대처럼 반드시 필요한 성격적 특성과 더불어서 기업가나 혁신가로서의 재능을 의도적으로 개발한다면, 즉 그들의 분석 능력은 물론이고 독창력과 호기심, 상상력, 창의력, 협동 능력 등을 길러 준다면 어떤 의미가 있을까? 그리고 이런 자질을 길러 주기 위해 부모는 무엇을 할 수 있을까? 유능한 교사들과 대학 교수들은 어떻게 하고 있으며, 그들은 이러한 특징을 가르치기 위해 학교가, 또는 대학이 어떻게 바뀌어야 하는지와 관련해 우리에게 어떤 이야기를 들려줄까? 마지막으로, 혁신적인 기업가가 되길 갈망하는 젊은이들에게 적절한 조언을 들려주는 사람들로부터 우리는 무엇을 배울 수 있을까? 이러한 질문이 바로 이 책을 움직이는 원동력이다.

어떻게 혁신가로 육성할까?

만약 우리 모두가 보다 많은 젊은이들을 혁신가로 만들기 위해 그들의 능력을 개발할 필요성에 동의한다면, 그리고 혁신가의 특징 중 대부분이 가르치고 배울 수 있는 것이라는 사실에 동의한다면 이제 문제는 우리가 어떻게 하고 있는가 하는 것이 된다. 부모나 교사, 멘토, 경영자로서 우리는 어디에서부터 시작해야 할까?

최근에 나는 올린 공대 — 아주 매력적인 신설 공과 대학이며 이 책의 뒤에서 보다 자세하게 소개될 예정이다 — 에서 개최된 토론회에 참석했다. 그 대학의 평의원들을 비롯해서 토론회에 초대된 비즈니스와 교육계의 리더들에게 릭 밀러 학장은 어떻게 혁신가를 지원해 줄 환경을 구축할지에 대한 논의를 요청했다. 우리 그룹에 속한 사회자가 그 문제를 꺼내 들자 회의실에 정적이 드리워졌다. 그리고 마침내 IBM의 한 중역이 정적을 깨고 입을 열었다. 「엄격한 관료주의적 구조, 단절, 고도의 스트레스를 유발하는 근무 환경처럼 차라리 혁신을 억누르는 요소들을 거론하는 편이 쉬울 것 같군요.」 다른 사람들도 창의성을 죽이는 방법에 관해 이야기하는 건 쉽지만 젊은이들의 혁신 능력을 개발하는 최선의 방법을 찾아내는 건 훨씬 어렵다는 데 동의했다.

이 책에 필요한 조사를 해나가는 과정에서 나는 현재 하버드 경영대학원에서 경영학 교수와 연구 책임자로 있는 테레사 아마빌의 저서를 탐독했다. 아마빌 박사의 첫 번째 직업은 화학자였다. 이후에 대학원으로 복귀해서 스탠퍼드에서 심리학 박사 학위를 취득했고 그다음에 하버드에서 MBA를 취득했다. 지난 35년 동안 그녀는 창의성이나 생산성, 혁신과 관련된 주제를 연구하는 데 집중했다. 또한 두 권의 책을 집필했고 수십 건의 논문을 발표했다.

그녀가 발표한 가장 영향력 있는 논문 중 하나는 「창의성을 죽이는 법」이다. 이 논문이 훌륭한 이유는 호기심을 유발하는 제목 때문이 아니라 비즈니스 세계에서 창의성을 이해하는 데 필요한 토대를 설명하고, 창의성을 죽이거나 살리기도 하는 관리 관행에 대해 설명하기 때문이다. 나는 아마빌이 제시하는 토대(아래 그림 참조)가 몇 가지 이유에서 감탄하지 않을 수 없다고 생각한다. 이 토대는 창의력이 세 가지 요소, 즉 전문성, 창의적 사고 능력, 동기 부여의 상호 작용에 의한 결과물임을 보여준다. 하지만 내가 보기에는 이 토대가 혁신의 근본적인 요소를 이해하는 데도 마찬가지로 유용한 듯하다. 세 개의 원이 만나는 중앙에 있는 창의성이라는 단어를 혁신으로 대체해서 무엇이 젊은 혁신가들의 능력을 개발하는 최선의 길인지 이해하는 실질적인 출발점으로 삼을 수 있다.[33]

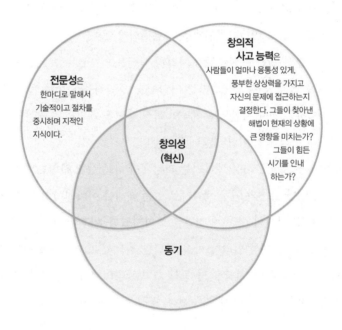

전문성: 아무것도 없는 상태에서 혁신을 창조할 수는 없는 노릇이다. 따라서 반드시 전문성, 즉 지식이 필요하다. 이 밖에도 얼마나 풍부한 지식이 필요하고, 언제 필요하며, 지식을 쌓는 최선의 방법이 무엇인지도 중요하지만 이러한 문제에 대해서는 다음에 다시 살펴볼 예정이다.

창의적 사고 능력: 실질적인 혁신을 이끌어 내기 위해서는 반드시 지식이 필요하지만 지식 그 자체로는 충분치 않다. 아마빌이 〈창의적 사고 능력〉 — 이 책에서 그리고 브라운, 다이어, 그리거슨, 크리스텐슨이 말하는 소위 합리적인 의문을 제기하고, 인맥을 형성하고, 강조하고, 공감하고, 협동하고, 실험하는 혁신가의 능력 — 이라고 명명한 것도 필요하다. 마지막으로, 동기도 필요하다.

아마빌의 연구가 흥미롭고, 심지어 파괴력을 갖는 이유가 바로 여기에 있다. 그녀는 전문성이나 그 밖의 다른 능력보다 동기 부여가 훨씬 중요하다고 생각한다. 「전문성과 창의적 사고는 이를테면 개개인이 보유한 원자재, 즉 천연자원이죠. 하지만 세 번째 요소인 동기가 사람들의 실질적인 행동을 결정해요.」 아마빌은 동기를 외적인 것과 내적인 것으로 구분하면서 다음과 같이 말한다.

모든 형태의 동기가 창의성에 똑같은 영향을 끼치는 건 아니다. 실제로는 두 가지 다른 형태의 동기가 있다고 생각된다. 외적인 동기와 내적인 동기가 그것이다. 그리고 창의성과 관련해서는 내적인 동기가 훨씬 중요하다. (……) 외적인 동기는 그 동기가 당근이든 채찍이든 간에 외부로부터 온다. 만약 어떤 과학자의 보스가 그 과학자에게 혈액 응고와 관련한 프로젝트를 성공시키면 금전적으로 보상하겠다고 약속하거나, 실패하는 경우 해고하겠다고 위협하는 경우 해당 과학자에게는 해답을 찾기 위한 동기가 생길 것이다. (……) 돈이 꼭 사람들로 하여금 창의적으로 행동하지 못하게 하는 건 아니다. 하지만 많은 경우에, 특히 사람들이 돈을 받음으로써 뇌물을 받는다거나 통제를 받는다는 생각을 하게 되는 경우에는 도움이 되지 않는다. 무엇보다 돈 자체만 가지고서는 피고용인들이 자신의 일에 보다 열정을 갖도록 만들 수 없다.

반면에, 열정과 흥미, 즉 어떤 일을 하고자 하는 내적인 욕구는 전적으로 내적인 동기다. 예를 들어서 앞서 언급한 그 과학자가 혈액 응고제와 관련한 연구에 강렬한 흥미를 느끼거나, 개인적인 도전 의식이 있거나, 누구도 풀 수 없었던 문제를 해결하고 싶은 동인을 가진 경우라면 그 과학자에게는 본질적으로 확실한 동기가 있을 것이다. (……) 사람들은 외적인 압력에 의해서가 아니라 대체로 일 자체에 대한 흥미나 만족, 도전 의식에 의해 동기를 느낄 때 가장 혁신적으로 행동할 것이다.[34]

그렇다면 내적인 동기란 무엇이고 어떻게 해야 내적인 동기를 촉진할 수 있을까? 아마빌이 제시한 것처럼 단순히 〈열정과 흥미〉만 있으면 되는 것일까? 나는 그렇게 생각하지 않는다. 그동안 내가 진행했던 연구와 교육자이자 부모로서의 경험에 의하면 내적인 동기에는 상호 연관성을 가진 세 가지 요소가 존재한다. 놀이와 열정, 그리고 목표가 그것이다. 부모나 교사, 멘토, 기업가가 이 세 가지 특성을 독려하는가 하지 않는가, 그리고 어느 정도까지 독려하는가는 젊은 혁신가들의 인생에 커다란 차이를 만들 수 있다.

놀이

연구 결과에 따르면 인간에게는 날 때부터 새로운 가능성을 탐구하고, 실험하고, 상상하려는, 한마디로 말해서 혁신을 추구하는 내적인 욕구가 있다. 『아기들은 어떻게 배울까? *The Scientist in the Crib*』와 『우리 아이의 머릿속 *The Philosophical Baby*』, 이외에도 수많은 책을 출간한 저자 앨리슨 고프닉 Alison Gopnik은 UC버클리(캘리포니아 대학교 버클리 캠퍼스) 심리학과 교수이며, 아동의 학습과 인지 발달 연구 분야의 세계적인 권위자로 손꼽힌다. 그녀의 최근 조사와 그녀가 참고한 다른 인지 과학자들의 연구는 〈갓난아이나 지극히 어린 아이들이 우리가 그동안 생각해 왔던 수준 이상으로 인지하고, 관찰하고, 탐구하고, 상상하고, 학습한다는 사실을 보여 준다.〉[35] 그녀는 다음과 같이 설명한다.

우리는 아주 어린 아이들도 일찍부터 가능성을 생각하고, 가능성을 현실과 구분하며, 심지어 세상을 바꾸기 위해 가능성을 이용할 줄 안다는 사실을 알아냈다. 아이들은 다양한 미래 세상을 상상할 수 있으며, 그렇게 상상한 내용을 토대로 해서 계획을 세울 수 있다. 마찬가지로 과거의 세상에 대해서도 다양한 모습을 상상할 수 있으며, 과거에는 어떤 가능성이 있었는지 따져 볼 줄 안다. 아울러 가장 놀라운 사실은 전적으로 상상에 의한 세상을, 지극히 엉뚱하지만 놀라운 허구의 세계를 만들어 낼 수 있다는 점이다.

사회적인 통념은 지식과 상상력, 또는 과학과 공상을 전혀 다른 것, 심지어 정반대인 것으로 간주한다. 하지만 새로운 견해에 따르면, 아이들로 하여금 세상에 대해 많은 것을 배우게 하는 능력과 동일한 능력이 한편으로는 그 아이들로 하여금 세상을 변화시키고, 새로운 세상을 창조하고, 전혀 존재하지 않을 것 같은 대안적인 세계를 상상하게 해준다. 아이들의 뇌는 세상의 인과론을, 세상이 돌아가는 이치를 보여 주는 지도를 만들어 낸다. 그리고 그 인과론은 아이들이 새로운 가능성을 상상하도록 도와줄 뿐 아니라 다른 세상을 상상하고 마치 다른 세상에 있는 것처럼 행동하게 한다.[36]

아이들은 어떻게 이런 능력을 습득할까? 한마디로 말하자면 놀이를 통해서다.

구글의 창업자 래리 페이지와 세르게이 브린, 아마존의 창업자이자 CEO인 제프 베조스, 위키피디아를 만든 지미 웨일스, 요리 연구가 줄리아 차일드, 래퍼 션 P. 디디 콤스는 어떤 공통점을 가지고 있을까? 앞서 인용한 그리거슨의 연구를 통해 혁신적인 사람들의 비범한 공통점이 밝혀졌다. 그들은 하나같이 몬테소리 학교를 다녔고, 그곳에서는 놀이를 통해 학습이 이뤄졌다. 어린아이의 인지 발달에서 놀이가 차지하는 중요성을 연구하는 과정은 수십 년이 걸린다. 20세기에 마리아 몬테소리와 레프 비고츠키, 장 피아제를 비롯한 여러 사람들이 어린아이가 놀이를 통해 배우는 방식에 관한 혁신적인 연구를 진행했다. 그리고 몬테소리는 놀이의 중요성에 대한 자신의 이해를 학교 교육 과정에 적용했다. 오늘날 몬테소리 학교는 전 세계 곳곳에서 찾아볼 수 있다.

더욱이 놀이를 통해 배우는 건 단지 유아나 어린아이만이 아니다. MIT를 졸업하고 현재는 세계적으로 잘 알려진 미디어 융합 기술 연구소인 〈MIT 미디어 랩Media Lab〉에서 학생들을 가르치는 주스트 본센이 이제는 MIT의 유명한 전통처럼 된 일단의 짓궂은 장난들이 갖는 의미에 대해 설명했다.

「혁신이야말로 인성의 핵심이에요. 우리 인간은 호기심이 많고 놀기를 좋아하는 동물입니다. 적어도 그러한 특성이 우리 인간에게서 제거되기 전까지는 말이죠. 여기 MIT에서 전통처럼 행해지는 짓궂은 장난을 보세요. 출입구라고는 들어서 여는 좁은 뚜껑문밖에 없는 15층 높이의 돔 지붕에 경찰차를 올려놓으려면 (MIT 학생들의 가장 유명한 장난들 중 하나이다) 어떻게 해야 했을까요? 이런 장난은 공학적으로 정말 놀라운 묘기라고 할 수 있습니다. 학생들은 이 장난을 위해서 가짜 경찰차를 만들고, 들키지 않게 조심하면서 그 자동차를 돔 지붕 아래로 옮겨야 했어요. 진짜 도전은 그런 다음에 그 자동차를 돔 꼭대기로 옮겨 놓고, 들키거나 다치지 않은 채 지붕에서 내려오는 거죠. 여기에 더해서 경비원들의 움직임도 주시하면서 그들의 주의를 딴 곳으로 돌려야 했어요. 이런 장난을 성공시키려면 복잡한 시스템은 물론이고 탁월한 리더십과 팀워크가 필요합니다.

이런 식의 장난은 창의적인 놀이가 제공하는 문화적인 특성을 강화해 줘요. 아무런 예산 없이 단시간에 어떤 일을 해내거나 주변 환경에 도전하는 겁니다. 명예롭기도 하지만 어려움도 많죠. 그런 장난을 하는 학생들은 허락을 구하거나 용서를 구하지 않아요.」

그 학생들은 놀이를 하고 있었다. 즉 재미 삼아서 장난을 쳤을 뿐이다. 이처럼 놀이는 우리 인간의 본성 중 일부인 동시에 내적인 동기를 제공한다.

MIT의 장난과 시도, 창의성

열정

열정은 어떤 일을 하기 위한 동기로서 우리 모두에게 익숙한 요소다. 탐구하려는, 새로운 것을 배우려는, 어떤 것을 보다 깊이 이해하려는 열정도 있고, 난해한 어떤 기술을 통달하려는 열정도 있다. 우리는 주변의 다른 사람들에게서 열정을 발견하기도 하고 우리 스스로 직접 열정을 체험하기도 한다.

맬컴 글래드웰Malcolm Gladwell은 자신의 최근 저서 『아웃라이어Outliers』에서 어떤 일에 정통해지기 위해서, 아마빌이 설명한 토대에 근거해서 말하자면 전문성을 얻기 위해서, 1만 시간 동안 기울이는 노력의 중요성을 설명한다. 그리고 유명한 혁신가들 — 그의 표현을 빌리자면 아웃라이어 — 이 비약적인 발전을 이룰 수 있었던 배경을 소개한다. 그럼에도 그는 동기 부여에 관해서는 언급하지 않는다. 무엇이 젊은 빌 게이츠나 스티브 잡스, 또는 보다 최근 인물인 마크 주커버그로 하여금 1만 시간을 넘게 투자해서 젊은 나이에 정통한 수준의 전문 지식을 갖추도록 만들었을까? 그들 중 누구에게도 매일 밤늦게까지 컴퓨터 코드 작성하는 법을 공부하도록 엄포를 놓거나 구슬린 〈호랑이 엄마〉 — 『타이거 마더』의 저자 에이미 추아가 어머니로서의 자신을 묘사한 표현이다 — 는 없었다. 그들이 갖고 있었던 건 바로 열정이었다.

스미스소니언에서 진행된 구술 인터뷰에서 젊은 기업가들을 위해 조언을 해달라고 부탁하자 스티브 잡스가 말했다. 「수많은 사람들이 나를 찾아와서 〈나도 기업가가 되고 싶어요〉라고 말합니다. 내가 〈정말 좋은 생각이군요. 당신은 어떤 아이디어를 갖고 있죠?〉라고 물으면, 그들은 하나같이 이렇게 대답합니다. 〈아직까지 구체적인 아이디어는 없어요.〉 그러면 나는 이렇게 말해 주죠. 〈당신이 진정 열정을 느끼는 어떤 일을 찾기 전까지는 가서 식당 웨이터 보조 같은 다른 일자리부터 구하는 편이 나을 것 같군요. 기업가가 되려면 엄청난 노력이 필요합니다.〉 나는 성공한 기업가와 그렇지 못한 기업가를 나누는 가장 중요한 요소 중 하나가 순수한 인내심이라고 확신합니다. (……) 따라서 열정을 쏟을 수 있는 어떤 아이디어나 문제, 또는 자신이 개선하고 싶은 어떤 대상이 필요합니다. 그렇지 않으면 자신이 하고자 하는 일에서 절대로 인내심을 발휘하지 못할 것입니다.」[37]

이 책을 위해 수십 명의 혁신가와 그들의 부모, 교사, 멘토 등과 오랜 시간 대화를 나누면서 최소 150명 이상을 상대로 진행한 인터뷰에서 열정은 가장 자주 언급되는 화두였다.

목표

『드라이브Drive』의 저자 대니얼 핑크Daniel Pink는 인간의 본질적인 동기로서 자율성과 능통함, 목표의 중요성을 이야기한다. 그는 순식간에 왔다가 사라지거나 주로 감정에 의해 움직이는 어떤 것을 연상시킨다는 이유로 열정이란 말을 믿지 않는다. 어쩌면 우리는 열정과 관련한 모든 긍정적인 예로부터 열정을 추구하다가 심각한 문제를 겪는 사례들을 끄집어낼 수 있을지도 모른다.

하지만 내 생각에 핑크의 주장은 일부만 맞다. 사랑에서든 일에서든 순수한 열정은 어려운 일을 헤쳐 나가고 인내하는 데 필요한 동기를 유지하기에 그 자체로는 충분치 않다. 내가 조사하면서 관찰한 바에 따르면 젊은 혁신가들은 거의 모두가 청소년기에 무언가를 배우거나 행동하려는 열정을 개발하고, 그 열정이 학습과 탐구를 통해서 보다 심오하고, 지속 가능하며, 신뢰할 만한 어떤 것, 즉 목표로 발전한다.

목표 의식은 다양한 형태로 나타날 수 있다. 그럼에도 내가 진행했던 인터뷰와 『혁신가의 DNA』의 저자들이 진행했던 인터뷰에서 가장 빈번하게 등장한 것은 어떻게 해서든지 〈변화를 만들어 내려는〉 열망이었다.

우리는 조사 과정 내내 혁신가들이 그들의 동기를 설명하면서 사용하는 표현에 일관성이 있다는 사실에 놀라움을 금치 못했다. 제프 베조스는 역사를 만들길 원하고, 스티브 잡스는 우주에 자신의 흔적을 남기길 원하며, 인터넷 전화 스카이프의 공동 창업자 니클라스 젠스트룀은 세상을 더 나은 곳으로 만든다는 의미에서 파괴적이 되길 원한다. (……) 변화를 사명으로 받아들이면 위험을 무릅쓰고, 시행착오를 감수하기가 훨씬 쉬워진다.[38]

나는 인터뷰를 진행한 젊은 혁신가들의 삶을 통해서 그들이 놀이를 열정과 목표로 발전시켜 나가는 과정에서 보여 주는 일관된 연관성과 발전을 지향하는 불꽃을 발견했다. 이 젊은이들은 놀이를 무척 즐겼다. 하지만 그들의 놀이는 대다수 다른 젊은이들의 놀이보다 훨씬 덜 체계적인 경우가 많았고, 따라서 그들에게는 위험을 감수한 채 실패를 마다하지 않으면서 탐구하고, 실험하고, 시행착오를 통해 깨달음을 얻을 수 있는 기회가 있었다. 어린 시절에 즐기는 이런 식의 보다 창의적인 놀이를 통해 젊은 혁신가들은 대체로 청소년기에 자신의 열정을 발견했다. 그렇지만 그 열정을 추구해 나가는 과정에서 관심사에 변화가 생겼고, 놀라운 방향 전환이 이뤄졌다. 그들은 새로운 열정을 발전시켜 나갔고, 이 열정은 시간의 흐름에 따라 보다 심오하고 성숙한 목표 의식, 즉 여러 사람이 참여하는 일종의 어른들의 놀이로 발전했다.

놀이를 열정과 목표로 발전시켜 나가는 이 여정을 통해서 젊은 혁신가들은, 거의 대부분의 경우에 내적인 동기를 촉진하는 방식으로, 아마빌이 〈창의적인 사고 능력〉이라고 부른 것을 배웠고, 〈전문성〉을 갖춰 나갔다. 아울러 그들은 일정한 위험을 감수하고 인내할 필요가 있음을 배웠다. 〈남보다 먼저 실패하고 더 자주 실패하라〉는 아이디오의 모토가 왜 그토록 중요한지 배웠다. 배움의 과정에서 실패가 어떤 영향을 끼쳤는지 묻는 말에 올린 공대의 한 학생은 말했다. 「저는 실패에 대해 생각하지 않아요. 실패는 반복을 의미할 뿐이에요.」

하지만 이들 젊은 혁신가들이 이 모든 것을 혼자의 힘으로만 배운 건 아니었다. 그들은 부모나 교사, 멘토로부터 도움을 받았다. 혁신가로 발전해 나가는 과정에서 거의 언제나 최소한 한 명 이상의, 보통은 여러 명의 어른들로부터 도움을 받았다. 이들 부모와 교사, 멘토가 했던 그토록 도움이 된 일이 무엇인지 들으면 여러분은 놀랄 것이다. 이 어른들은, 각자 자신만의 온화한 방식으로, 부모나 교사, 멘토로서의 역할을 수행하면서 대체로 남들과 다르고 덜 인습적인 방법을 택한다. 그들이 다르게 행동했기 때문에 그들에게 영향을 받은 젊은 혁신가들도 다르게 생각할 수 있었다.

2장에서는 어떤 요소들이 혁신가를 만드는지 심층적으로 살펴본다. 그 과정의 일부로 비범한 젊은이들을 길러 내는 데 가장 중요한 양육과 교육, 멘토링 관행을 탐구한다. 혁신가를 길러 내는 과정에서 무엇이 중요한지에 대한 이해를 돕기 위해 내가 제시했던 토대가 과연 유효한지도 살펴볼 필요가 있을 것이다.

2장
젊은 혁신가의 초상

　자, 그렇다면 애플이 최초로 선보인 아이폰의 제품 담당 책임자로 성장할 젊은 혁신가는 어떻게 〈만들어지는〉 것일까? 그런 자녀가 있다면 여러분은 어떻게 양육하겠는가? 당신이라면 그런 학생들에게 무엇을 어떻게 가르치겠는가? 젊은 혁신가의 인생에서 새로운 것을 창조하는 능력을 개발하는 데 가장 중요한 영향을 미치는 것이 무엇일까? 아울러 젊은 혁신가의 모습을 자세히 살펴봄으로써 우리는 무엇을 배울 수 있을까? 이제부터는 이러한 의문 중 몇 가지를 살펴볼 예정이다.

혁신가에 대한 소개

　커크 펠프스는 고등학교와 대학교를 중퇴했다. 스탠퍼드에 들어가서 과학에 대한 자신의 열정을 따르고자 고등학교 2학년 말에 필립스 엑서터 아카데미Phillips Exeter Academy(뉴햄프셔 주에 위치한 명문 사립 기숙 학교)를 중퇴했고, 학사와 석사 학위를 취득하는 데 필요한 마지막 몇 과목만을 남겨둔 채 애플의 첫 번째 아이폰을 만들고자 스탠퍼드를 중퇴했다. 스물아홉 살이 된 지금은 미국에서 전력이 생산되고 판매되는 방식을 바꾸고자 하는 신생 기업 선런SunRun에서 일하고 있다.

그가 얼마 전 나와 대화를 나누면서 자신이 받은 학교 교육을 떠올리며 말했다. 「무엇을 공부하는지는 그다지 중요하지 않아요. 그보다는 자신이 흥미를 느끼는 대상을 찾아낼 줄 아는 게 훨씬 중요하죠. (……) 저에게는 계기가 있었고 따라서 제 주변에 어떤 흥미로운 기회들이 있는지 알아내고, 그 기회들을 이용해서 다음 단계로 나아가자는 생각을 했습니다. 그 과정은 제가 우주에서 인공위성을 조종한다고 상상하는 것과 비슷해요. 저는 일정한 속도를 유지하면서 비행합니다. 행성을 발견하면 그 행성 주변을 몇 차례 선회하고는 또 다른 곳으로 떠납니다. 행성을 살피면서 어떤 것을 선택할지 결정하는 것은 통합 — 개인적인 수준의 통합 — 과 밀접한 관계가 있어요. 예컨대 제가 무엇을 좋아하는가, 제 연장통에 어떤 연장을 추가하고 싶은가, 흥미롭고 새로운 방향으로 나아가기 위해 현재의 속도와 방향을 어떻게 활용할 수 있는가 등의 문제를 모두 고려해야 하죠.

부모님이 저를 지원해 준 방식도 비슷해요. 그분들은 〈지금 너에게는 분명한 관심사가 있으니 방향과 속도, 둘 다 있는 셈이란다. 그게 중요한 거야〉라고 말씀하시죠.」

커크의 부모인 코드 펠프스와 레아 펠프스는 자녀의 교육과 관련해서 늘 치밀했다. 하지만 그들의 개입은 단순히 자녀의 여름 캠프와 학교를 선택하고 일 년에 두세 번 자녀의 교사와 상담이나 하는 그런 차원이 아니었다. 그들은 자녀 양육과 관련해서 증거에 근거한 일종의 시행착오식 접근법을 택했다.

커크를 만난 지 몇 개월이 지난 어느 주말 오후에 코드 펠프스를 만났다. 그는 〈커크는 우리의 네 아이들 중 장남이고, 우리가 저지른 모든 실수를 직접 경험했다〉고 설명했다. (커크의 아버지는 휴렛패커드의 정보 기술 부서에서 근무했으며, 현재는 의료 서비스를 제공하는 신생 기업에서 일한다.)

「우리는 아이들로 하여금 자신이 관심 있는 환경을 최대한 많이 경험하게 해주려고 노력했어요. 다양한 기회로 채워진 뷔페를 여행하는 것과 거의 비슷하죠. 이거 먹어봐, 마음에 들지 않으면 아마 이쪽에 이건 마음에 들 거야.」

내가 물었다. 「커크는 그 뷔페에서 어떤 것들을 골랐나요?」

「어릴 때 축구에 빠진 것도 그중 하나입니다. 커크는 축구에 상당한 관심을 보였고, 어느 정도 실력도 있는 게 분명했어요. 나는 내가 가진 두 가지 목적에 부합하는 흥미로운 방법이 있음을 깨달았어요. 그 두 가지 목적 중 하나는 우리 아이들을 특권이 보장된 울타리에서 벗어나게 하는 것이었죠. 그래서 커크를 집 근처의 교외 축구 리그에 등록시키는 대신에 주로 육체노동자들이 거주하고, 주민 대다수가 스페인어를 사용하는 마을에 데려가서 그곳의 리그에서 축구를 하도록 했어요. 그 덕분에 커크는 제한적이긴 하지만 다른 문화와 접할 수 있는 기회도 얻게 되었죠. 나는 커크가 속한 팀이 잘하는 팀인지, 또는 커크가 주전으로 뛸 수 있는지 같은 문제는 상관하지 않았어요. 단지 우리 아이가 스포츠에 대한 자신의 흥미를 개발하고, 그동안 알고 지내던 사람들과 다른 사람들을 경험하길 원했죠.」

「커크의 초등학교 생활은 어땠나요?」

「당연하지만 우리는 우리 아이들을 위해 최고의 학교와 교사들을 원했고, 그렇기 때문에 사립 학교를 선택했죠. 하지만 사립 학교가 커크에게 필요한 많은 것을 채워 주겠지만 한편으로는 실질적인 한계가 있다는 사실을 곧 깨달았어요. 그래서 나는 흰 칠판을 사서 우리 가족이 〈숙제의 방〉이라고 부른 방에 걸어 놓았습니다. 그 방에는 커다란 테이블이 있어서 네 명의 아이들이 모두 둘러앉아 공부를 할 수 있었지요. 나는 내가 통찰력 있는, 어쩌면 학교에서 가르치는 것보다 훨씬 더 잘 가르칠 수 있는 교사일 거라고 생각했지만 그건 말 그대로 나만의 몽상에 불과했습니다. 교사 역할에 충실하고자 했지만 괜한 아이들만 울리기 일쑤였죠. 결국 내가 형편없는 교사임을 깨닫고 일주일 만에 교사로서의 역할을 포기했어요.

나는 늘 실험 중이었죠. 학교에서 무엇을 가르치는지 알았지만 어떻게 해야 학교에서 가르치는 것보다 더 잘 가르칠 수 있을지, 어떤 부분을 더 늘리고 보강해야 할지 몰랐어요. 줄곧 엉터리 교사였던 셈이죠.

대학 시절부터 나는 줄곧 미국의 역사에 관심이 많았습니다. 미국 역사에 등장한 두 번의 부흥기인 1850년대와 1960년대에 마냥 매료되었죠. 커크가 어릴 때 나는 『모비딕』과 『로빈슨 크루소』, 잭 케루악, 앨프리드 히치콕, 지미 헨드릭스에 심취해 있었습니다. 그래서 아이들에게 그런 책과 그 안에 담긴 의미들을 설명해 줬어요. 지미 헨드릭스의 연주도 들려줬죠.

대략 9년 전쯤으로 기억하는데 우리 가족 모두가 뉴욕에 간 적이 있었어요. 나는 그 여행이 아이들을 위해서도 아주 좋은 기회라고 생각했죠. 아이들을 엄마의 가족이 이탈리아에서 이주해 올 때 처음 도착했던 엘리스 섬Ellis Island에 데려가고 싶었어요. 세계무역센터가 있던 자리도 방문할 예정이었지요. 뉴욕 양키스와 메츠의 야구 경기도 보고, 「오클라호마」와 「레 미제라블」 같은 뮤지컬도 관람할 작정이었죠. 나는 역사 선생님으로서 아이들에게 미국인이라는 게 어떤 의미인지 이해하도록 도와줄 수 있겠다고 생각했죠.

하지만 그 여행을 준비하면서 나는 아이들을 고문했습니다. 아이들에게 『레 미제라블』을 읽도록 강요하고, 오클라호마의 랜드러시*에 대한 설명을 늘어놓고, 미국의 인종 차별 철폐 정책을 설명했죠. 뉴욕 여행이 흥미진진한 여행이 될 수 있도록 아이들을 준비시키기 위해 내 나름대로는 최선을 다했어요.」

「그래서 결과적으로 여행은 어땠나요?」

「엘리스 섬은 완전히 성공적이었고, 세계무역센터는 그저 그랬습니다. 뉴욕 메츠와 양키스의 경기는 정말 흥미진진했죠. 아이들은 〈오클라호마〉를 보면서 지겨워했고, 〈레 미제라블〉을 볼 때도 마찬가지였습니다. 나는 장 발장에게 한껏 매료되었지만 아이들은 전혀 아니었어요!

결과가 좋은 것도, 좋지 않은 것도 있었는데 돌이켜 보면 워낙에 내가 그런 식으로 부모 노릇을 했던 것 같아요. 블랙박스의 작동 원리를 알아내려고 할 때도 사람들은 자신이 할 수 있는 일만 할 뿐이고, 때때로 우

---

* Oklahoma land rush. 1889년 미 의회의 결정에 따라 오클라호마의 국유지를 사람들에게 무상으로 나눠 준 일.

리는 막다른 골목에 봉착해서 왔던 길을 되돌아가기도 하잖아요.

우리 집에는 놀라울 정도로 창의적인 사람들에 관한 책이 굉장히 많았어요. 커크는 그런 책들을 섭렵했죠. 커크가 읽은 책 중에는 칼텍Caltech(캘리포니아 공과 대학)의 물리학 교수 리처드 파인만에 관한 두어 권의 책, 창의성에 관한 『우뇌로 그림 그리기Drawing on the Right Side of the Brain』, 그 밖의 『예술과 물리학Art and Physics』, 진땀을 빼게 만드는 퍼즐과 문제 해결을 둘러싼 사고방식을 다룬 『수학과 상상력Mathematics and the Imagination』, 내가 읽던 『베오울프Beowulf』, 『붓다의 가르침Teaching of the Buddha』 등이 있었어요. 커크는 내가 주는 책을 가리지 않고 거의 다 읽었습니다. 걸을 때도 손에는 항상 책이 들려 있을 정도였죠.

숙제와 관련해서 실질적으로 문제가 있거나, 숙제를 하는 데 문제가 있는 아이는 아무도 없었어요. 어른이 굳이 감독할 필요가 없었죠.」

「그렇다면 커크를 엑서터 아카데미에 보내기로 결정한 계기가 무엇인가요?」

「그 결정 역시 옳은 일을 하기 위한 것이었지만 우리로서는 어렵게 내린 결정이었어요. 커크가 맏이였기 때문이죠. 알고 지내던 한 교사가 학교에서 운영하는 과학 프로그램을 집요하게 권유했어요. 그들은 엄청나게 많은 돈과 자원을 들여서 과학실로 사용할 새로운 건물을 짓고 있었죠. 당시 커크는 과학에 무척 많은 관심을 갖고 있었어요. 여름마다 스탠퍼드의 대학 실험실에서 일을 도왔죠. 실험용 비커를 닦거나 그 밖의 사소한 일을 도왔을 뿐이지만 커크는 매우 만족했고, 과학에 대한 흥미도 더욱 늘어났어요. 커크가 과학에 관심이 많았기 때문에 우리는 학문적인 면에서 엑서터 아카데미가 훌륭한 선택이라고 생각했어요. 하지만 한편으로는 무척 가슴이 아팠어요. 커크가 엑서터에 들어가면 부모로서 우리의 역할이 끝나는 건 아닌지, 커크의 성장에 더 이상 실질적으로 도움을 줄 수 없게 되는 건 아닌지 전전긍긍했죠.

이 문제를 여러 각도에서 검토한 끝에 우리는 커크를 엑서터에 보내도 되겠다고 생각했어요. 하지만 나머지 가족들도 함께 가지 못할 이유가 없다고 생각했죠. 당시에 나는 일 때문에 출장이 잦았고, 내가 근무하던 회사의 상사도 내가 어디에 거주하든 그다지 중요하지 않다고 말했기 때문에 커크가 엑서터 아카데미에 입학하면서 우리 가족은 1년 동안 뉴햄프셔 주의 엑서터에서 살기로 했어요.

우리는 엑서터 아카데미 근처에 있는 집을 임대했고, 일 년 동안 온 가족이 함께 뉴햄프셔에서 생활했습니다. 커크의 동생들도 그 지역에 있는 학교에 다녔어요. 커크는 주말마다 집에 왔기 때문에 통학생이나 거의 다를 게 없었지만 엄연히 통학생은 아니었고 집에서 두세 블록 떨어진 기숙사에서 생활했죠.

엑서터 아카데미를 가까이서 자세히 지켜보기 시작하면서 우리는 사립 학교와 관련한 이야기들이 꼭 사실만은 아닐 수도 있다는 점을 인식하게 되었어요. 그리고 그 학교의 시스템이 과연 적절한지, 커크가 정말로 본인에게 흥미 있는 어떤 것을 발견하도록 학교가 만족스럽게 도와주고 있는지 의문이 들기 시작했죠. 다른 무엇보다 과학에 대한 학교의 접근 방식이 그다지 창의적이지 않았어요. 오히려 지나치게 틀에 박혀 있었죠.

모든 수업에는 정해진 방향이 있었고 학교는 학생들로 하여금 그 방향을 따르게 했어요. 그들은 하크니스 방식, 즉 커다란 타원형의 테이블에 학생들과 교사가 함께 앉아서 수업하는 소크라테스식 교육 방식을 고수했죠.[1] 하지만 수업의 목표를 고민하는 측면에서는 그다지 창의성이 없었어요. 설령 하크니스 방식을 통해 만족할 만한 토론이 진행되더라도 끝에 가서 도출되는 수업의 결론은 그다지 새로울 게 없었죠.」

코드의 아내이며 커크의 어머니인 레아 펠프스가 인터뷰에 합류해서 커크가 2학년 말에 엑서터 아카데미를 중퇴하고 스탠퍼드에 입학한 이유를 설명했다. 「커크는 혁신적인 부분이 충분히 고려되지 않는 진정한 이유가, 그리고 자신이 원하는 만큼 빨리 나아갈 수 없는 이유가 학교의 지극히 틀에 박힌 교과 과정 때문이라고 생각했어요. 당시에 커크는 이미 자신에게 필요한 교과 과정을 모두 수료하고 앞으로 나아갈 준비가 끝난 상태였어요. 더 이상 학교생활에 별다른 흥미를 느끼지 못했죠.」

그에 앞서 나눴던 대화에서 커크는 약간 다른 이야기를 했다. 「그때 저는 생화학 분야에 관심이 많았어요. 제 자신이 과학자가 되고 싶어한다고 생각했죠. 엑서터에서 제가 들을 수 있는 모든 수업을 수강했고, 두 개의 학교 대표 스포츠 팀에도 소속되어 있었지만 그다지 성에 차지 않았어요. 한편 엑서터에는 고등학생 과학도를 위해 준비된 믿기지 않을 정도로 방대한 자원이 있어요. 그래서 저는 남는 시간을 이용해서 과학 수업을 하나 더 수강하고 싶었지만 학교에서 허락해 주지 않았어요. 저는 화가 났고, 학교의 처사가 부당하다고 생각했죠. 그래서 스탠퍼드에 지원했고 입학 허가가 나서 고등학교를 관뒀어요.」

레아가 말했다. 「엑서터 아카데미에서는 몹시 못마땅하게 생각했어요. 사사건건 커크의 앞을 막으려고 들었죠. 그들은 커크가 학교를 중퇴하길 원치 않았어요. 커크의 중퇴를 그들에 대한 비판으로 받아들였기 때문이죠. 한편으로는 엑서터 아카데미의 교육 방식을 답답하게 느끼는 학생이 있다는 사실을 대학에서 알게 되는 걸 원치 않았기 때문이기도 해요. 그들은 〈커크가 스탠퍼드에 들어가는 일은 절대로 없을 겁니다〉라고 말했어요.」

하지만 엑서터 아카데미에서 2학년 과정을 수료한 커크는 고등학교 졸업장이 없이도 스탠퍼드의 입학 허가를 받아 학사와 석사 과정을 동시에 수강할 수 있었다. 이후에 커크는 학사와 석사 학위 취득에 필요한 두 강좌만을 남겨 놓고 스탠퍼드도 중퇴했다.

내가 그동안 만나 왔던, 명문 교육 기관에 자녀를 입학시킨 대다수의 중산층 부모와 달리 커크의 부모는 커크가 고등학교와 대학교를 중퇴하기로 한 자유로우면서도 당장의 모험적인 결정을 지지해 주었다. 나는 코드와 레아 부부에게 혹시 부모로서 〈정상적인 범주에 어긋나게〉 행동하고 있다는 생각이 들지는 않았는지 질문하면서 〈내가 아는 대부분의 부모라면 그런 자녀에게 불평은 그만두고, 본격적으로 달려들어서 학교를 마치기 위해 필요한 것을 하라고 말해 줬을 것 같군요〉라고 덧붙였다.

레아가 대답했다. 「우리가 남들과 다르게 행동한다는 생각은 늘 하고 있었어요. 우리는 항상 일찍 잠자리에 들었어요. 아이들이 중학교 1학년이나 2학년이 될 때까지 항상 규칙적으로 일찍 잠자리에 들도록 했어요. 또한 학교에 가지 않을 때는 밖에서 하고 싶은 일을 하면서 많은 시간을 보내도록 했어요. 아이들은 지루함을 느낀 후에야 스스로 지루함에서 벗어나는 방법을 터득할 수 있는데, 그 모든 과정이 집 밖에서 일어나는 경우가 많아요. 다른 엄마들은 일정표를 만들어서 자녀의 모든 활동을 그 일정표에 맞추려고 했어요. 하지만 우리 아이들은 만들기를 하거나, 공을 차거나, 나무에 오르면서 밖에서 많은 시간을 보냈죠. 다른 집 아이들은 우리 아이들을 보고 놀라기 일쑤였어요. 〈넌 아직도 밖에서 노는구나!〉 그 아이들 중 대다수는 집 안에서 보모와 함께, 또는 컴퓨터를 하면서 시간을 보냈죠. 내가 기억하기로 동네 아이들은 우리 집이 굉장히 다르다고 생각했어요.

우리가 남들과 달랐던 또 다른 점은 우리 아이들에게 하루에 한 시간씩 의무적으로 자율 독서 시간을 갖도록 한 것이었죠. 이제 그 아이들은 자기 자신의 아이들에게도 똑같이 할 거라고 말해요. 그 시간이 정말 좋았던 까닭이죠. 우리는 아이들의 숙제가 아무리 많아도 그 시간만큼은 반드시 지키도록 했어요. 그리고 독서를 하는 그 한 시간 동안은 언제나 조용했고, 아이들은 학교 공부와 전혀 상관없는 책을 읽었죠.」

코드가 설명했다. 「우리가 이처럼 자율 독서 시간을 정해 둔 이유는 선생님이 늘 이것을 외우고, 저 문제를 풀라고 지시하는 학교의 중압감에서 벗어날 수 있도록 대안을 만들어 주고 싶었기 때문입니다. 자신의 마음에 드는 어떤 것을 고를 수 있다면, 자신의 속도에 맞춰 나아갈 수 있다면 얘기는 달라집니다.」

갑자기 나는 궁금해졌다. 「텔레비전은 어떤가요?」

코드가 웃으며 대답했다. 「나는 일요일 아침마다 아이들에게 스페인어 채널에서 중계하는 축구를 보도록 했어요. 하지만 그다지 성공적인 실험은 아니었죠.」

레아는 말했다. 「금요일 밤에는 우리끼리 〈TGIF(Thank God, It's Friday)〉라고 부르는 시간을 가졌어요. 해가 지고 나면 우리는 팝콘을 준비하고 온가족이 소파에 앉아서 다함께 두세 편의 오락 프로그램을 시청했죠.

어머니로서 나는 야외에서 하고 싶은 것을 하면서, 돈을 주고 산 수많은 장난감이 없어도, 스스로 즐기는 법을 깨닫는 시간과 규칙적인 독서를 병행하는 것이 아이들의 발전에 매우 중요하다고 믿습니다. 아이들에게 레고를 사주는 것도 중요해요. 하지만 나는 부모들이 생각할 줄 모르는 장난감이나, 우리의 아이들을 컴퓨터 앞에 수동적으로 앉아 있도록 만드는 플레이스테이션이나 엑스박스 같은 멋진 최신 장난감을 전부 치워 버리고 〈밖에 나가서 놀아라!〉라고 말해야 한다고 생각해요. 물론 우리는 운이 좋았고 그 덕분에 아이들이 밖에서 놀 수 있는 곳에 살았어요. 우리 아이들은 그렇지 않았지만 밖에서 놀 수 있는 기회가 없는 아이들도 많아요.」

레아의 이야기가 계속 이어졌다. 「주말에는 야외로 나가서 친구들과 테니스를 치거나 골프를 즐기는 부모들도 많았어요. 하지만 우리는 아이들과 함께 있는 것을 더 좋아했어요. 그것도 우리가 남들과 다른 점 중 하나군요. 자녀와 함께 많은 시간을 보내는 게 무료하다고 생각하는 부모들이 많은 듯 보였죠. 하지만 우리는 그렇지 않았어요.

부모들은 최선을 다한다는 생각으로 자녀를 〈적절한〉 활동에 등록시키고, 〈최고〉의 학교에 보내요. 하지만 내가 볼 때 많은 부모들이 자녀와 많은 시간을 보내야 한다는 점을 놓치고 있어요. 중요한 건 아이들이 말을 할 때 그들의 말을 들어줄 어른이 있어야 하고, 그 아이들이 누군가를 찾아 두리번거릴 때 그들과 눈을 맞춰 줄 어른이 있어야 한다는 사실이죠. 우리 부부는 아이들과 함께 보내는 시간을 희생이라고 생각하지 않았어요. 다만 우리 아이들이 무척 흥미로운 존재라고 생각했고 그래서 아이들과 많은 시간을 함께 했어요. 자녀와 함께 보내는 시간을 과소평가하는 사람도 많아요. 아이들이 어릴 때 나는 사업을 시작했고, 한동안은 퇴근 후에 아이들과 시간을 보내는 〈귀중한 시간quality time〉 개념을 믿었어요. 퇴근해서 집에 가면 부모는 아이들과 45분의 〈귀중한 시간〉을 가지려고 하겠지만, 이전부터 아이들과 충분한 시간을 함께해 온 부모가 아니라면 아이들은 부모가 〈귀중한 시간〉을 만들 수 있도록 시간을 내주지 않을 거예요.」

놀이

〈무엇을 공부하는지는 그다지 중요하지 않으며, 그보다는 자신이 흥미를 느끼는 대상을 찾아낼 줄 아는 게 훨씬 중요하다〉는 사실을 커크는 어떻게 알게 되었을까? 나는 커크의 부모가 놀이를 어린 시절에 꼭 필요한 요소로 여긴다는 사실에 충격을 받았다. 레아와 코드는 독서하는 시간과 텔레비전 보는 시간, 잠자리에 드는 시간과 관련해 아이들에게 엄격한 체계와 분명한 규칙을 정해 주었다. 하지만 아이들의 놀이 시간을 새로운 발견과 탐구, 실험을 위한 자유로운 기회로 활용하는 것에 대해서는 철석같은 믿음이 있었다. 또한 하루에 한 시간씩 독서하는 체계를 고수하면서도 어떤 책을 읽을지에 대해서는 아이들이 직접 선택하도록 했다. 학교 공부와 관련된 책이 아니기만 하면 되었다.

대다수의 이웃들과 다르게 레아는 아이들의 방과 후 시간을 보충 수업이나 레슨으로 채우지 않기로 했다. 그보다는 아이들에게 아무런 감독 없이 밖에서 노는 시간을 많이 주려고 했다. 레아는 아이들이 스스로 즐기는 법을 배워야 한다고 믿었다. 이를테면 상상할 수 있는 모든 것을 만들 수 있는 레고 블록과 상상력이 전혀 필요 없는 비디오 게임 사이에서 어떤 장난감을 선택하는지도 자유로운 형태의 놀이를 중시하는 부모의 믿음을 보여 준다.

코드는 아이들에게 다양하고 새로운 것들을 보여 줌으로써 아이들의 〈놀이〉에 도움을 주었다. 그가 썼던 표현을 빌리자면, 그는 자신의 영토라고 할 수 있는 집 근처 교외의 축구 리그를 선택하는 대신에 커크가 다른 문화와 언어를 접할 수 있도록, 주민 대다수가 라틴 아메리카계 노동자인 마을에 있는 축구 프로그램을 선택했다. 또한 커크가 읽고 탐구할 수 있도록 광범위하고 다양한 책을 제공했다. 코드가 뉴욕 여행을 위해 아이들을 준비시킨 방식 역시 그가 얼마나 계획적이고 체계적으로 아이들이 새로운 관념과 경험을 접하게 했는지 보여 준다. 코드는 아이들 앞에 다양한 기회로 가득 차려진 〈뷔페〉를 차려 놓는 것에 대해 이야기했다. 그 뷔페는 단지 아이들을 즐겁게 해주기 위해서가 아니었다. 아이들이, 그리고 아이들의 아버지로서 자신이, 아이들의 관심을 끄는 것이 무엇인지, 코드의 표현처럼 아이들의 〈블랙박스〉 안에 무엇이 들었는지, 알아내는 데 도움이 되도록 하기 위함이었다. 다시 말해서, 아이들에게 진정으로 그리고 본질적으로 흥미를 제공하고 동기를 부여하는 것이 무엇인지 알아내기 위함이었다.

하지만 분명한 건 코드와 레아가 방해받기 싫어서 아이들에게 〈딴 데 가서 놀아라〉고 말한 것이 아니라는 사실이다. 아이들이 밖에 나가서 놀도록 장려한 행동은 아이들을 멋대로 하게 내버려 두거나 아이들에게 무관심한 것과는 전혀 상관이 없었다. 오히려 그들은 아이들과 함께 있는 시간을 굉장히 좋아했고 가족이 함께 즐기는 시간을 소중히 여겼다.

부모의 입장에서는 자녀에게 자율적으로, 감독받지 않고 노는 시간을 늘려 주는 것이 일종의 위험을 감수하는 행동이다. 많은 부모들이 사고가 생길 수 있는 잠재적인 가능성에 대해 걱정한다. 아이들이 너무 높은 나무에 올라갔다가 떨어져서 이가 깨지거나 팔이 부러질 수도 있다. 또는 막대기를 갖고 놀다가 눈을 찔릴 수도 있다. 최악의 경우에는 누군가가 나타나서 아이들을 납치할 수도 있다. 세 명의 자녀를 둔 아버지로서, 그리고 이제는 두 명의 손주를 둔 할아버지로서 나는 그 같은 두려움에 깊이 공감한다. 하지만 내가 생각하기에 우리가 코드와 레아 부부로부터 배워야 할 점은, 자녀에게 보다 많은 자유 시간을 제공함으로써 얻는 잠재적인 이점이 그 같은 위험을 충분히 감수할 가치가 있다는 사실이다. 커크는 자신의 관심사가 무엇인지, 그리고 그 관심사를 어떻게 추구해 나갈지 배웠을 뿐 아니라, 내 생각에, 자신감도 배웠다. 그는 어쩌면 혁신가의 가장 중요한 자질 중 하나인 자신의 본능을 믿고 따르는 법을 배웠다.

자신감은 단지 놀이를 통해서만 생긴 것이 아니었다. 코드와 레아 부부가 아이들에게 자신감을 심어 줬기 때문이기도 하다. 나는 펠프스 부부에게 커크의 미래에 대해 어떻게 생각하는지 물었다. 다시 말해, 현재 위험성이 높은 신생 기업에서 일한다는 사실이 걱정되지 않는지 물어봤다.

「남편과 나는 동부에서 자랐어요. 남편은 뉴욕 주 라이에서, 나는 코네티컷 주 그리니치에서 자랐죠. 이곳 서부는 사고방식이 매우 달라요. 이곳에서는 창의적으로 행동할 수 있는 훨씬 많은 방법이, 성공에 도달할 수 있는 수많은 길이 있죠.

몇 년 전 커크는 내게 〈아시다시피 여기 서부에서는 파이를 만들어요. 하지만 동부에서는 파이를 단지 여러 조각으로 자르기만 하죠. 저는 파이 자르는 일에는 흥미가 없어요. 제가 원하는 건 언제나 파이를 만드는 일이에요〉라고 말하더군요.」

열정에서 목표로

커크는 단순히 파이를 여러 조각으로 나누는 일이 아닌 〈파이를 만드는 일〉이 자신의 소명이라는 사실을 어디에서 어떻게 알게 되었을까? 어린 시절 가졌던 과학에 대한 그의 열정이 어떤 변화를 거쳐 지금 하고 있는 일로 발전했을까? 커크에게 스탠퍼드로 진학한 이유가 무엇이고, 그곳의 생활은 어땠는지, 자신을 명백한 길로 이끌어 준 〈결정적인 경험〉이 뭐라고 생각하는지 물었다.

「부모님은 제가 학교에 얽매이지 않고 지적인 관심사와 관련된 일을 하도록 적극적으로 권하셨어요. 고등학교를 다닐 때 저는 지나칠 정도로 진지했어요. 하지만 당시에는 제가 원하는 것이 그런 것이었고, 따라서 부모님은 제가 창의성을 발휘해서 학교라는 환경에 얽매이지 않고 생각할 수 있도록 도와주셨죠. 저에게 맞춰서 학교를 바꾸거나, 학교 밖에서 다른 기회를 찾아 주고자 하셨어요. 제가 엑서터 아카데미에서 과학 수업을 하나 더 수강하고자 했을 때 부모님은 전적으로 제 생각을 지지해 주셨어요. 그렇지만 저의 관심사가 무엇인지에 대해서는 별로 상관하지 않으셨어요. 그보다는 제가 스스로 제 자신의 관심사를 찾아가는 과정에 훨씬 많은 관심을 보이셨죠.

일반적으로 창조와 관련해서 생각할 때 어린 아이들은 제일 먼저 탐험가와 과학자를 떠올립니다. 어렸을 때 저는 단순히 뭔가를 창조하고 싶었어요. 뭔가를 창조해 낸다는 생각이 그냥 좋았어요. 그리고 뭔가를 창조해 내려면 과학자가 되어야 한다고 생각했죠. 저는 제 자신을 과학자로 여겼고, 과학과 관련해서 최대한 많은 것을 배우기 위해 초등학교와 중학교 생활을 모두 투자했죠. 하지만 대학에 들어가서 제가 진정 과학자가 될 사람이 아니라는 사실을 깨달았어요. 혼자서 여러 가지 문제를 고민하고 실험을 계획하는 과학자의 고독한 이미지는 그다지 저의 관심을 잡아끌지 못했죠. 저는 〈모두 함께 힘을 모아서 뭔가를 만들어 내자〉

라는 협력적인 이미지를 좋아했고, 스탠퍼드 생활을 시작하자마자 공학자가 바로 그런 이미지라는 사실을 깨달았어요.

저는 제 자신이 어떤 공학자가 되고 싶은지 몰랐어요. 그래서 컴퓨터 공학을 골랐죠. 컴퓨터 공학이 수많은 문제를 풀어 가기 위해 활용할 수 있는 가장 포괄적인 도구처럼 생각되었기 때문이었어요. 하지만 실제로는 잠재적인 기계 공학자이자 전기 공학자였어요. 제가 구글에 입사해서 컴퓨터 코드를 작성하고 싶어 하게 될 거라고는 정말 상상도 할 수 없었죠. 아무도 들여다보지 않을뿐더러 관심조차 없는 서버에 컴퓨터 코드를 입력하는 작업이 그다지 매력적으로 보이지 않았어요. 저는 사람들이 직접 손에 쥘 수 있고, 사용할 수 있는 어떤 재화를 만들어 내고 싶었습니다.

이 문제와 관련해서 저는 제 자신을 개발할 방법을 찾고 있었어요. 그래서 로봇 공학을 공부하기 시작했죠. 스탠퍼드 컴퓨터 공학부 실험실과 이탈리아에서 수술용 로봇을 연구했어요.

석사 학위를 받기 위해 저는 거의 모든 기계 공학과 전기 공학 강의를 들었고, 그 과정에서 〈스마트 프로덕트 디자인Smart Product Design〉이라고 불리는 임베디드 시스템* 설계 시퀀스 프로그램을 찾아냈어요. 그리고 그 프로그램은 저의 학교 경력에서, 제가 믿고 있는 바로는 저의 〈프로젝트 경력〉에서 전환점이 되었죠. 스마트 프로덕트 디자인이란 기본적으로 로봇을 제작한다는 의미입니다.

그 프로그램은 기계 공학자에게 전기 공학과 소프트웨어 공학을 가르쳐서 임베디드 시스템을 만들어 낼 수 있도록 하기 위해 고안되었어요.

---

* embedded systems. 기계 또는 전자 장치에 두뇌 역할을 하는 마이크로프로세서를 장착해 설계함으로써 효과적인 제어를 할 수 있도록 하는 시스템을 의미한다.

임베디드 시스템이란 보통 사람들이 책상에 놓고 사용하는 일반적인 컴퓨터가 아닙니다. 자동차나 비행기, 전기 칫솔 등 본질적으로 컴퓨터지만 특정 용도에 적합한 물리적 형태를 취하는 것들이죠.

해당 과정은 스탠퍼드 공학 교과 과정들 중 가장 오랜 시간이 걸릴 뿐 아니라 정말 어려운 프로그램이죠. 지적으로 굉장히 심오하기 때문이 아니라 엄청나게 많은 헌신이 필요한 과정이기 때문이에요. 정말로 원하는 사람들이나 도전할 수 있는 프로그램이죠.

제가 보기에 그 프로그램은 달랐어요. 프로그램 내용 때문이 아니라 사람들이 일하는 방식 때문이었죠. 그 당시까지 저는 스탠퍼드에서 공학을, 특히 컴퓨터 공학을 공부하면서 혼자 일하는 것에 익숙했어요. 하지만 아무리 이런저런 코드를 작성하더라도 공학이란 분야가 현실 세계를 떠나서 생각할 수 있는 게 아니잖아요. 그리고 그 현실 세계의 공학에서는 무엇보다 팀이 중요하죠. 어떤 것을 세상에 내놓기 위해서는 정치적인 문제나 사회적인 문제, 기술적인 문제 등 다양한 문제를 어떻게 동시에 풀어 나갈 것인가 하는 게 중요해요.

저는 어떤 조직에 들어가든 그 조직에서 가장 깊은 통찰력을 지녔다거나 가장 똑똑한 사람이었던 적이 한 번도 없었어요. 다만 제가 제 자신의 가치를 보태고 싶은 분야가 상호 작용과 관련된 분야임을 깨달았죠. 박사 학위 따위에는 전혀 관심이 없었어요. 어떤 한 분야를 정말로 깊이 알기 위해서 5년이란 세월을 허비하고 싶지 않았기 때문이죠. 저는 상대적으로 소외된 분야에 가치를 보탤 수 있는 방법을 찾고 싶었어요. 실제로 공학 분야에서 이 말은 시스템 통합자라고도 불리는 통합 공학자를 의미해요. 그리고 통합 공학자란 여러 개로 나뉜 조각들을 통합해서 새로운 제품을 만들어 내는 사람을 의미하죠. 이 프로그램을 제가 그토록 마음에 들어 한 이유는 다양한 분야의 전문 지식이 필요한 문제의 해법을 찾기 위해 팀을 구성하고, 일단의 다양한 도구를 모두 합쳐야 했기 때문이에요.

그리고 그 프로그램을 통해 얻은 경험도 중요하지만, 돌이켜 보면 그 이후의 과정이 오늘날 제가 이 길을 선택하기까지 훨씬 중요한 역할을 한 것 같아요. 이듬해에 저는 그 프로그램의 조교로 일해 달라는 요청을 받았는데 그 경험 덕분에 제 자신만의 비전을 만들 수 있었어요. 아울러 그 계기를 통해 애플에서 나라는 존재도 알게 되었죠.

저는 사람들이 불명확한 문제를 이해하도록 도와주고, 그들이 잠재적으로 문제를 풀 수 있도록 토대를 만들어 주는 일이 정말로 좋았어요. 이 통합 프로젝트 프로그램에서 조교로 일함으로써 학교라는 환경 안에서 현실 세계의 공학 분야에 가장 근접한 경험을 할 수 있었죠. 애플에서 근무하면서 제가 채용한 인재들도 모두 이 프로그램에서 조교로 근무한 경험이 있는 사람들이었어요.」

1장에서 우리는 창조와 혁신에 대한 욕구의 본질적인 측면으로서 내적인 동기의 중요성을 살펴봤다. 그리고 나는 어린 시절의 놀이에서 청소년기의 열정으로, 성인이 되어서는 목표 의식으로 변해 가는 발전의 불꽃이 내적인 동기를 발전시키는 데 매우 중요하다고 설명했다. 커크는 어렸을 때 세상과 자신의 최대 관심사가 무엇인지 놀이를 통해 탐험하고 찾아내도록 교육받았다. 그 과정에서 그는 과학에 대한, 새로운 어떤 것을 창조하는 데 대한 열정을 키웠다. 하지만 내 생각에 무엇보다 중요한 것은 당시에 그의 부모가, 내가 봐왔던 어른스러운 자녀를 둔 대다수 부모들의 처신과 달리, 커크가 커서 과학자가 될 거라고 단정한 채 그가 정해진 방향으로 나가도록 종용하지 않았다는 점이다. 커크의 부모는 탐험을 계속해 나가도록 커크를 격려했다. 커크가 자신의 부모에 대해 이야기한 것을 그대로 인용하자면 다음과 같다. 「그분들은 제 관심사가 무엇인지에 대해서는 별로 상관하지 않으셨어요. 그보다는 스스로 제 자신의 관심사를 찾아가는 과정에 훨씬 많은 관심을 보이셨죠.」

나는 자신의 관심사를 추구하도록 북돋운 이 끊임없는 격려 덕분에 커크의 열정이 대학 생활을 통해 진화할 수 있었다고 생각한다. 커크는 자신의 열정을 진정으로 자극하는 대상이 과학이 아님을 깨닫고 컴퓨터 공학을 공부했으나 나중에 가서 그마저도 자신에게 맞지 않음을 알게 되었다. 마지막에 가서야 스마트 프로덕트 디자인이라고 하는 주목할 만한 프로그램을 통해 새로운 열정, 즉 구체적인 어떤 성과를 만들어 내기 위해 다른 사람들과 협력해서 작업하는 것에 대한 열정을 깨닫는다. 그리고 내가 보기에, 그의 열정이 심오한 목표 의식으로 성장할 수 있었던 건 조교로 일한 경험 덕분이었던 것 같다.

같은 맥락에서 커크의 내적인 목표 의식과 동기는 애플에서 근무함으로써 계속해서 발전했고 심오해졌다. 커크가 들려준 애플과 관련한 이야기에서 가장 흥미를 끈 부분은 자신의 능력을 개발해 나가는 목표 지향적인 사람들의 특징과, 의도적으로 갈등을 유발함으로써 혁신에 대한 요구를 새로운 제품의 설계와 생산으로 승화시켜 가는 기업의 특징에 관한 설명이었다. 이 뒤에 이어지는 이야기는, 내 생각에 세계에서 가장 혁신적인 기업 중 한 곳의 문화를, 그리고 그러한 환경 속에서 커크가 성공하는 데 필요했던 능력을, 그에게 부과된 책임이 그를 어떻게 성장시켰는지를 보여 준다.

「스마트 디자인Smart Design 프로그램의 동문 덕분에 애플 최초의 아이폰 팀에서 일할 수 있는 기회가 찾아왔어요. 그 프로그램은 일종의 강력한 교점을, 즉 세상에 긍정적인 영향을 줄 인재들을 육성하거나 교육하는 데 능숙한 사람들의 네트워크를 만들어 냈어요. 스탠퍼드의 학생들이 너나 할 것 없이 이 프로그램을 수강하려는 이유는 새로운 어떤 것을 창조하길 원하기 때문입니다. 여러 사람과 그룹으로 일하면서 지금 당장 뭔가를 만들어 내고자 하죠.

스마트 프로덕트 디자인 프로그램을 들은 스탠퍼드 학생들과 애플 직원들의 공통점은 그들 모두가 불합리할 정도로 희생을 감수했다는 점이에요. 그들 모두가 믿기지 않을 정도로 정말 열심히 일하는 이유는 그에 따른 일련의 보상 때문이 아닙니다. 자신이 하고 있는 일의 가치를 믿기 때문이죠.

애플은 저와 계약한 바로 당일 날 제게 항공권을 건네주더군요. 저는 입사한 첫날을 오사카에서 보내야 했어요. 애플에 입사한 그해가 저물어 갈 무렵 중국과 일본을 왕래하면서 쌓인 마일리지는 30만 점이 되었고 몸무게는 약 4.5킬로그램이 줄었죠. 참고로, 예전에는 저도 꽤 마른 편이었어요.

정말 고된 일이었죠. 우리 팀은 대부분의 사람들은 마다할 정도의 희생을 감수했어요. 제가 화초를 길렀다면 그 화초는 금방 죽고 말았을 겁니다. 개를 길렀다면 그 개도 도망갔을 거예요. 여자 친구가 있었다면 저를 차버렸겠죠. 나머지 팀원들도 사정이 비슷했어요. 하지만 그 모든 희생은 당시에 우리가 원해서 한 거예요.

만약 그러한 희생을 무릅쓰는 팀을 이끌고 있다면 당신은 팀원들이 왜 그런 식으로 행동하는지 이해하고, 그들이 무엇을 두려워하는지에 초점을 맞춰 그들을 지원해 줘야 합니다. 지금에 와서 저는 제 자신의 성격에서 그런 측면, 즉 정치적인 측면과 사교적인 측면을 개발하는 데 보다 일찍부터 많은 관심을 기울였으면 좋았을 텐데 하고 생각합니다. 하지만 문제는 엑서터 같은 학교들이 그런 능력을 개발하는 데 그다지 유용하지 않다는 사실입니다.

제품 담당 책임자의 임무는 현장에서 생산에 직접 참여하는 일이 아니에요. 어떤 장애물이 있는지 파악해서 팀원들이 그 장애물을 이해하고, 냉정을 유지하고, 감정을 억제하고, 정확한 균형을 유지할 수 있도록 문제를 규명하는 거예요. 그런 과정을 용이하게 만들기 위해서는 제품 담당 책임자로, 여러 가지 언어를 구사할 줄 아는 사람이, 다시 말해서 다양한 분야에 대해 알고자 하고 그것들이 어떻게 다시 하나로 합쳐지는지 알고자 하는 사람이 필요해요.

제가 제품 담당 책임자로서 애플에서 업무를 수행할 수 있었던 유일한 이유는 광학 공학자와 기계 공학자, 전기 공학자, 그리고 이를테면 산업 디자이너나 포장 기술자 같은 펌웨어 전문가와 의사소통을 할 줄 알았기 때문입니다. 저는 그들이 하는 일에 대해 충분히 알고 있어서 그들과 전문적인 대화를 나눌 수 있었고 갈등 상황이 닥쳤을 때 그들의 입장을 대변해 줄 수 있었죠.

생산을 잘 하기 위해서는 갈등 해소가 중요해요. 혁신적인 기업이라고 생각되지만 그럼에도 생산이 원활치 못한 기업들이 많아요. 그런 기업들은 새로운 제품을 만들어 내려면 장애물을 없애야 한다고 생각합니다. 하지만 압박감이 없으면, 단순화와 혁신을 위해 깊이 생각하도록 만드는 강제 작용도 사라져요.

애플은 바로 이런 점에서 세계의 다른 어떤 기업보다 뛰어나죠. 창의성은 사람들이 일반적으로 생각하는 것보다 훨씬 유용해요. 애플이 성공한 이유는 단순히 새로운 제품을 개념화하는 능력이 다른 누구보다 뛰어나서가 아니에요. 갈등을 빚어내는 게 전부라고 할 수 있는 공학 공정과 디자인 공정을 보유하고 있기 때문이죠.」

「갈등이란 것이 어떤 의미인지 예를 들어 줄 수 있나요?」

「디자인이나 공학과 관련해서 아이폰의 모든 요소는 갈등과 관련이 있어요. 디자인을 예로 들어서 설명할게요. 아이폰은 공정 초기부터 매우 중요하게 간주된 치수를 바탕으로 생산되었어요. 그 치수는 단말기 테두리와 디스플레이 창 테두리의 간격이죠. 디스플레이 창이 거의 단말기 전면을 덮고 있기 때문에 단말기 전체가 하나의 디스플레이 장치처럼 보이는 겁니다. 아이폰을 매력적으로 보이게 만들죠.

단말기 테두리를 디스플레이 창에 최대한 근접하게 맞추는 일은 지극히 어려운 문제였어요. 기존에 생긴 단말기 테두리의 미세 균열로 인해 유리가 깨지기 일쑤였죠. 디스플레이 창을 단말기의 테두리 부분까지 확대하려면 튼튼한 디스플레이 창이 필요했어요. 그리고 디스플레이 창을 보다 튼튼하게 만들려면 테두리 부분을 거의 완벽할 정도로 깨끗하게 절단해야 했어요. 애플에서 저의 첫 번째 임무는 유리 절단면을 보다 깨끗하게 만들 수 있는 방법을 찾아내기 위해 디스플레이 납품업자와 함께 일하는 것이었어요.

그들에게 우리가 함께 일할 필요가 있다고 설명하자 우리를 마치 미쳤다는 듯 쳐다보더군요. 이전까지는 아무도 그들에게 그런 요구를 한 적이 없었던 거예요. 일본의 디스플레이 제조업자는 그들의 기술에 대해 자부심이 대단했어요. 세계 최고의 공학자 대열에 들 정도의 실력을 갖췄음에도 모욕을 당했다고 생각했죠. 〈이런 요구를 하는 이유가 뭡니까? 당신이 상관할 바가 아니잖소.〉

하지만 애플은 모든 납품업자의 일에 상관하는 것을 업으로 삼고 있죠. 애플의 제품이 실현 가능한 최첨단을 늘 유지하는 이유는 애플이 납품업자들의 말을 곧이곧대로 받아들이지 않기 때문입니다. 애플 직원은 〈당신이 할 수 있는 최선이 무엇입니까?〉라고 먼저 질문을 던진 다음에 언제나 이렇게 말합니다. 〈당신이 생각하는 그 최선보다 스물다섯 배 더 낮게 만들어 봅시다. 그렇게 하려면 어떻게 해야 하는지 우리가 생각하는 방법을 이제 설명하겠습니다.〉

납품업자를 밀어붙여서 더 노력하도록 만드는 유일한 방법은 저 같은 젊은 풋내기에게 권한을 줘서 〈이렇게 하면, 또는 저렇게 하면 어떨까요?〉라고 말하고 다니게 하는 겁니다. 제가 이 이야기를 하는 이유는 이 이야기가 아이폰에서 거의 빈틈을 찾아볼 수 없는 이음새를 구현하는 문제가 지극히 높은 수준의 목표, 즉 경영자 수준의 목표에서 비롯되기 때문입니다. 그리고 이런 목표는 어김없이 갈등을 초래하죠. 따라서 이런 목표를 추진하는 첫 번째 단계는 동종 업계의 다른 누구보다 디스플레이의 생산 및 공급 과정에 대해 많이 아는 것입니다.

하지만 단말기의 테두리와 거의 일치하는 디스플레이를 만들어 내고자 하는 목표는 또 다른 문제를 초래했어요. 전화기를 떨어뜨렸을 때 발생하는 충격이 문제였죠. 따라서 이제 갈등은 유리를 보호할 수 있을 정도로 충분히 튼튼한 단말기를 어떻게 개발할 것인가 하는 것이 된 거죠. 해법은 단말기 모서리를 스테인리스로 두르는 거였어요.

기술 분야에 종사하는 다른 기업들은 절대 그 같은 부품을 만들지 않을 거예요. 그 부품 하나가 일반적으로 사용되는 전화기보다 더 비싸기 때문이죠. 그리고 그런 부품을 대량으로 생산할 수 없을 거라고 믿기 때문이죠. 하지만 애플은 이렇게 말했어요. 〈웃기지 마시오. 우리는 한 부대 분량의 CNC 기계를 사들이고, 그 기계의 장점을 이용해서 아무도 만들 수 없는 제품을 만들 것이오.〉 (CNC 기계란 컴퓨터 프로그램을 이용해서 일련의 기계 작동을 자동으로 실행하는 공작 기계를 의미한다.) 애플은 6개월에 걸쳐 그들에게 필요한 유형의 CNC 밀링 기계를 전 세계에서 사들였어요. 또한 이 CNC 기계를 갖춤으로써 애플은 이음새나 돌출된 버튼 하나 없이 매끈한 본체를 가진 맥 노트북처럼 아직까지 다른 누구도 생산하지 못한 유니바디 제품을 생산할 수 있게 되었죠.

애플에는 거대한 꿈이 있고, 그들은 전략적인 능력을 사들여서 다른 누구도 흉내 낼 수 없는 제품을 생산할 수 있게 되었습니다. 당신이 기술 분야의 어떤 기업 책임자 자리에 앉아 있다고 상상해 보세요. 당신의 임무 중 하나는 어떤 방법이 더 싸게 먹히는지 알고, 계속해서 저렴한 방법을 고수하는 겁니다. 대부분의 스마트폰이 플라스틱으로 만들어진 것도 바로 그런 이유 때문이죠. 애플에서 책임자의 임무는 무엇이 더 멋진지, 최고의 제품을 만들려면 어떻게 해야 하는지, 그런 제품을 어떻게 저렴하게 만드는지 아는 것입니다.

물론 아이폰에는 엄청나게 많은 공학적 요소와 디자인적 요소가 들어 있습니다. 하지만 그런 요소들을 활성화시키는 건 자신의 임무가 단순한 원가 절감이 아니라 훌륭한 제품을 만들어 내는 것이라고 생각하는 한 명의 책임자입니다. 우리 팀이 최초로 전면이 유리인 제품을 개발한 것은 전적으로 애플에서 터무니없을 정도로 막대한 양의 노력과 시간, 돈을 기꺼이 투자해서 유리를 절단하고, 코팅하고, 강화하는 방법을 알아내고자 했기 때문입니다.

애플이란 조직에서 일하는 모든 직원들은 훌륭한 제품을 생산해야 한다는 애플의 핵심 가치에 대해 잘 알고 있어요. 그리고 무엇이 애플 제품의 우수함을 결정짓는지에 대한 믿음이 있어요. 모든 갈등과 갈등 해소 역시 바로 그 비전에서 시작되죠. 예를 들어, 공학 부분을 담당하는 부서에서 일반 전화기의 단말기 값보다 더 비쌀뿐더러 경영진이 내켜 하지도 않는 스테인리스 부품을 사용해야 한다고 주장하는 경우에요. 하지만 애플에는 특유의 갈등 해소 과정이 존재하기 때문에 의사 결정 방식과 직원들이 함께 일하는 방식을 통해서 조직의 비전이 관철될 수 있어요.」

혁신가의 육성

커크의 젊은 시절에서 전환점은, 그가 이야기했듯이, 스마트 프로덕트 디자인 프로그램이었다. 이 프로그램을 수강하면서 쌓은 경험은 그가 목표 의식을 개발하고, 새로운 기술을 익히고, 애플에서 일자리를 얻고, 그곳에서 성공하는 데 도움이 되었다. 나는 이 프로그램에 대해서 보다 많이 알고 싶었다. 하지만 중요한 건 그 프로그램 자체가 아니라 그 프로그램에서 학생들을 가르친 인물이며 그 인물이 커크의 인생에, 그리고 수많은 다른 젊은 혁신가의 인생에, 진정한 변화를 가져왔음을 알게 되었다. 커크는 에드 캐리어 교수를 자신의 은사이자 멘토라고 말했다.

「우리가 수강했던 스마트 디자인 프로그램과 관련한 농담이 하나 있었죠. 에드 교수님이 화성에 가고자 하는 경우 그는 하늘을 향해서 배트맨을 호출할 때 사용하는 것과 똑같은 조명을 비추고, 그러면 세계 각지로부터 그의 동문들이 모여들어서 6개월 뒤면 그가 화성에 도착할 수 있다는 거죠. 에드 교수님이 스탠퍼드 최고의 교수라는 사실에는 반론의 여지가 없어요. 에드 교수님과 그의 강의는 저의 대학 생활에서 중요한 부분을 차지합니다.

에드 교수님은 스탠퍼드에서도 흥미로운 인물이에요. 연구 교수도 아니죠. 연구 대학에서는 에드 교수님과 같은 사람을 경시하는 경향이 있어요. 직업 학교에나 어울리는 사람이라고 생각하죠. 에드 교수님은 강의를 통해 물건을 어떻게 만들 것인지 실질적인 방법을 다뤘고, 이는 학문적인 내용과는 전혀 상관이 없었죠. 하지만 그는 연구 교수들보다 훨씬 많은 가치를 창출합니다. 실리콘 밸리에서 주목할 만한 기업 중 어떤 기업이든 이름을 대보세요. 두 단계의 연결 고리만 거치면 스탠퍼드의 에드 교수 프로그램으로 귀결된다는 사실을 금방 깨닫게 될 겁니다. 테슬라 모터스부터 애플 팀의 많은 사람들에 이르기까지 그 리스트는 끝없이 이어지죠. 그 사람들은 하나같이 실리콘 밸리에서 제품 생산을 이끌어 가는 사람들입니다. 에드 교수님은 20년째 그 강의를 통해 학생들을 가르치고 있어요. 하지만 해마다 그 프로그램의 운영에 필요한 기금을 마련하는 데 어려움을 겪어요. 프로그램 유지에 필요한 기금 마련을 위해 교수님이 직접 이리저리 동문들을 찾아다니죠.

에드 캐리어는 스탠퍼드 기계 공학 디자인 학부 스마트 프로덕트 디자인 연구소의 책임자다. 그의 직함은 자문 교수다. 1975년 일리노이 공과대학에서 교육학 학사 학위를 취득했고, 이후에 1986년까지 산업 분야에서 실무 경험을 쌓다가 그해 스탠퍼드로 와서 1992년에 기계 공학 박사 학위를 취득했다. 그의 현장 경험은 무척 다양하다. 화력 발전소와 원자력 발전소에 쓰이는 냉각수 처리 시설을 설계했고, 나사NASA의 하청을 받아 혹한용 발열 장갑의 전기 제어기를 설계하기도 했다. 또한 8년 동안 자동차 산업 분야에 종사하면서 디트로이트에서 전자 엔진 제어 시스템에 관한 일을 하기도 했으며, 지금도 설계와 관련해 활발한 자문 활동을 하고 있다.

그의 설명에 따르면 〈스마트 프로덕트 디자인 연구소는 거의 대부분이 석사 학위를 갖고 있는 학생들이 기계 공학과 전자 공학, 컴퓨터 공학의 교차점에 있는 기계 전자 공학이라는 분야에 대해 배우는 곳이다.〉

「내 강의를 듣는 대다수의 학생들은 전자 공학과 소프트웨어에 대해 배울 필요가 있는 기계 공학도입니다. 컴퓨터 공학에 대한 배경지식도 있으면서 컴퓨터 공학을 비교적 덜 인습적인 방식으로 적용하는, 즉 임베디드 시스템이나 제품을 만들어 내는 데 관심이 있는, 예컨대 커크 같은 학생을 만나는 경우는 좀처럼 드물어요.」

「수업은 어떤 식으로 진행되죠?」

「내 목표는 학생들에게 권한을 부여하는 겁니다. 나는 학생들이 그들에게 주어진 일단의 소재에 대한 통제권이 자기 자신에게 있으며, 그 소재를 이용해서 다양한 시도가 가능하다고 생각하길 바랍니다. 우리 연구소는 강의를 실시하고 수강생도 늘 넘쳐나지만 진정한 배움은 학생들이 우리 연구실에 들어와서부터 시작됩니다. 연구실에 들어오면 회로를 설계하고, 소프트웨어를 개발하고, 그 소프트웨어가 작동하도록 만드는 일과 관련해 그들이 그동안 듣거나 읽어 온 것을 실질적으로 적용해야 하기 때문입니다. 그리고 무엇보다도, 그 모든 조각들을 하나로 통합해야 하기 때문이죠. 나는 어떤 소재를 대하든 직접 다뤄 보고, 응용해 보는 방식을 선호합니다.

통합 부분은 실질적으로 석사 과정 스마트 프로덕트 디자인 시퀀스의 핵심적인 3개 과정 중 일부인 오픈엔드 팀 프로젝트를 통해 진행됩니다. 이 프로젝트는 단계가 올라갈수록 복잡해지고, 강의에서 차지하는 비중도 점점 더 늘어납니다. 학생들은 많이 배우면 배울수록 보다 난이도가 높은 과제를 맡을 수 있지요.」

「학생들이 어떤 프로젝트를 수행하는지 예를 들어 주실 수 있나요?」

「이 스마트 프로덕트 디자인 시퀀스 중 3학기 째가 되면 학생들은 멀티프로세서, 즉 다중 처리기를 활용할 준비가 갖춰지고, 상호 작용 도구와 행위 도구 간의 무선 커뮤니케이션에 보다 집중하게 됩니다. 지난 학기의 프로젝트 주제는 〈세상에서 가장 위험한 직업〉이었어요. 그리고 드러난 결과에 따르면 1인당 위험률을 기준으로 했을 때 게잡이가 믿기지 않을 정도로 위험한 직업으로 밝혀졌죠.

학생들은 게잡이 어선과 어선을 조종할 수 있는 무선 제어 장치를 만들었습니다. 그리고 연구소 바로 옆에 있는 연못에는 〈게잡이 통발〉을 넣어 뒀죠. 각각의 통발에는 전파 식별 장치가 부착되어 있고, 통발이 있는 위치에 도착한 어선은 전파 식별기를 판독해서 각각의 통발에 얼마나 많은 게가 들어 있는지 알아내야 했습니다. 통발에 게가 얼마나 들어 있는지 확인한 어선은 통발 속의 게를 수확하고, 항구로 돌아와서 수확물을 하역하는 작업까지 마쳐야 했지요.

이긴다고 해서 점수에 반영되는 일은 절대 없지만 그럼에도 각각의 팀에게는 언제나 경쟁에 대한 선택권이 있어요. 이 수업에서는 어선에 물이 차는 경우, 다시 말해 각각의 어선에 설치된 물 감지 센서에 물이 찬 것으로 감지되는 경우 곧바로 귀항해서 수리를 해야 합니다. 팀 이름을 그린피스라고 지은 한 팀이 있었어요. 그 학생들은 얼마나 많은 게를 잡는지를 놓고서 어떤 경쟁도 하지 않기로 결정했죠. 그 대신에, 배가 통발이 있는 곳에 도착해서 게를 수확하고 나면 그 배에 설치된 물 감지 센서에 물이 차도록 하는 방법을 고안해서 수확한 게를 전부 놔주고 〈수리〉를 위해 귀항해야 하도록 만들었어요. 통발을 열어서 게를 전부 풀어 줘야 했기 때문에 풀어 준 게를 다른 어선이 수확할 수도 없었죠. 그 학생들은 게를 보호하고 있었던 겁니다.」

나는 감탄하여 말했다. 「정말 재미있는 수업 같군요! 학생들이 수업을 진심으로 즐길 수 있을 것 같아요.」

「아주 오래 전에 나는 깨달은 바가 있었어요. 프로젝트에 기발한 요소를 보태면 동기가 배가된다는 사실이죠. 산업적인 요소와 직립적으로 관련이 있는 과제를 제시하면 학생들은 그다지 재미를 느끼지 못합니다. 곧장 그 과제를 지루하게 여기죠. 설령 그 과제가 우리가 준비했던 게임들과 교육적으로 동일한 모든 내용을 포함하고 있더라도 마찬가지죠. 그런 과제는 학생들의 호응을 불러일으키지 못하고 그들을 매료시키지도 못합니다.

우리는 해마다 다른 프로젝트를 준비합니다. 학생일 때 이미 이 수업을 수강했던 코치들로 구성한 팀도 있어요. 우리는 다 같이 모여서 그 해의 프로젝트에 대한 초안을 만들기 위해 4~6일 동안 브레인스토밍을 합니다. 먼저 우리에게 필요한 프로젝트의 목표와 원칙을 정하고, 어떤 요소가 재미를 더할지 자문합니다. 새로운 기술을 접목시킬 수 있는 재미있는 방법을 찾는 거죠.

학생들이 일 년 전에 했던 것과 동일한 프로젝트를 수행하지 않는 게 중요합니다. 당연하지만, 그렇게 하면 이를테면 올해의 프로젝트가 작년에 했던 프로젝트보다 훨씬 어려웠다는 식으로 떠벌리게 되죠.」

나는 수강생 중 여학생의 비율이 어떻게 되는지 물었다.

「그다지 높지 않아요. 그래도 학교 전체의 프로젝트와 비교하면 훨씬 높은 편이죠. 아마도 우리 프로그램이 학생들에게 많은 권한을 부여한다는 명성을 얻었기 때문인 것 같습니다.」

「권한 부여라는 말을 이미 여러 번 언급하셨는데 그 말이 어떤 의미인지, 왜 중요한지에 대해 좀 더 자세하게 말씀해 주시겠습니까?」

에드 교수는 대답하기 전에 잠시 움직임을 멈추고 생각을 정리했다. 「그 질문에 대답하려면 정말 내 학창 시절의 경험까지 거슬러 올라가야겠군요. 나는 교수님이 내게 제시한 다양한 문제들 — 강의에서 배운 내용에 기초해서 시험에 출제된 문제들 — 을 어떻게 해결해야 하는지 그 방법에 대해 배웠다고 생각했어요. 하지만 과연 내가 어떤 것을 아주 처음부터 기획할 수 있을지에 대해서는 확신이 없었죠. 현실 세계에서 우리는 많은 문제와 마주치고 우리가 아는 한도 내에서 해결해 나가야 합니다. 그리고 그 방법과 관련해서 상당히 많은 부분을 나는 스스로 깨우쳤어요.

내가 생각하는 권한 부여란 학생들이 이전까지는 한 번도 접해 본 적 없는 생소한 문제에 대해, 이전에는 한 번도 사용해 본 적이 없는 요소들을 의도적으로 이용해서, 그들이 배운 것을 적용해 볼 수 있도록 해준다는 의미입니다.」

「교수님의 프로그램은 다른 대다수 강의에 비해 훨씬 여러 분야의 학문과 관련이 있고 실용적입니다. 스탠퍼드의 학문 지향적인 환경에서 그런 식으로 가르치는 데 따른 어려움에 대해 말해주실 수 있는지요?」

「다른 사람들이 내 강의를 어떻게 보는가 하는 건 중요한 문제가 아닙니다. 스마트 프로덕트 디자인 프로그램을 수강한 학생들은 스탠퍼드에서 박사 과정을 진행할 때 각자의 실험실에서 이 강의를 수강하지 않은 다른 학생들이 하지 못하는 일을 할 수 있기 때문입니다. 그들은 어떤 일에 뛰어들 때 상대적으로 과감해요.」

「그럼 어떻게 보면 그 학생들이 교수님의 보호막 역할을 해주는 셈이군요. 그들은 교수님의 프로그램이 성과가 있음을 보여 주는 생생한 증거니까요.」

「그렇습니다.」

「강의실 바같에선 어떤 어려움이 있나요?」

「나는 자문 교수에요. 꽤 오랫동안 이 학교의 유일한 자문 교수였죠. 종신 재직권도 없고, 1년 단위로 계약합니다.」

「그렇다면 종신 재직권이 보장된 교수들에 비해 급여도 훨씬 적겠군요?」

「만약에 돈을 원했다면 분명히 다른 일을 하고 있을 겁니다. 내가 지금 하고 있는 일은 전통적인 관점에서 봤을 때 학문적인 것과는 거리가 멀어요. 동료 교수들의 연구 프로젝트에 참여한 적은 많지만 정작 나는 연구 프로그램이 없어요. 학생들을 가르치고, 내 강의를 참신하면서도 최첨단 과학 기술에 뒤처지지 않도록 유지하는 데 집중할 뿐입니다. 학생들로 하여금 그들이 최신 정보를 배운다고 느끼게 해주고 싶어요.」

「무엇이 최신인지 알아내기 위해, 그리고 최첨단 기술에 뒤처지지 않기 위해 교수님이 하고 있는 작업이 전부 연구로 간주되는 게 아닌가요?」

「그렇지 않습니다. 나는 연구에 대해 충분히 이해하고 있고 예전에 직접 연구를 이끌어 본 적도 있지만 연구는 내가 가장 재미있다고, 또는 보람이 있다고 느끼는 분야가 아니에요. 일장일단이 있겠지요. 나는 놀랍도록 똑똑한 학생들과 함께 일합니다. 그동안 몇 번에 걸쳐 스탠퍼드를 떠나기도 했었지만 디자인 그룹에서 함께 일하는 동료들과, 이곳 학생들의 비범한 재능에 이끌려 항상 되돌아오게 되더군요.」

에드 교수에게 잠시 생각할 시간을 주었다. 「교수님처럼 가르치는 방식에 보다 많은 보상이나 유인을 창출하려면 대학이 어떻게 해야 할까요?」

「스탠퍼드나 MIT, 조지아 공대, 미시건 대학 같은 리서치 원Research One 대학들은 (리서치 원은 카네기 재단의 대학 등급제를 의미한다) 공통적으로 박사 과정 연구를 매우 중요하게 여깁니다. 여기 스탠퍼드만 하더라도 최소한 절반 이상의 학생들이 대학원생입니다. 따라서 이 대학의 종신 교수로 재직하려면 연구자로서는 세계 최고여야 하지만 교사로서는 단지 훌륭한 수준이면 충분합니다. 분명한 건 연구에 더 중점을 둔다는 사실이죠. 세계 최고의 교사지만 단지 훌륭한 수준의 연구자는 여기에서 종신 교수가 될 수 없어요.」

「그처럼 연구에 역점을 둠으로써 학부 프로그램에는 어떤 영향이 있을까요?」

「리서치 원 대학의 학부 교육과 관련해서 내가 걱정하는 이유는 그런 대학들이 실용성을 지향하는 석사 과정보다는 지나칠 정도로 박사 과정에 초점을 맞춰 학생들을 가르치는 경향이 있기 때문입니다. 적용의 문제는 상대적으로 뒷전이죠. 어떤 학생이 어떤 과정까지 이수할지는 아무도 모르는 일입니다. 따라서 학생들에게 보다 폭넓은 교육을 제공하지 않는 건 교육적으로 부적절한 처사라고 생각합니다. 교수는 똑같은 교재를 놓고서도 적용의 문제를 강조할 수도 있고, 이론적인 문제를 강조할 수도 있습니다. 교수의 입장에서는 교수 자신의 관점을 통해, 다시 말해 이론적으로 학생들을 가르치는 편이 훨씬 수월한 경우가 많죠.」

에드 교수의 설명에 마음이 불편해진 나는 어쩔 수 없이 끼어들고 말았다. 「하지만 우리 나라의 미래를 봤을 때 우리에게 필요한 건 보다 많은 박사가 아니라 교수님이 배출하고 있는 그런 학생들이라는 사실은 누구라도 금방 알 수 있을 텐데요.」

「나는 편견이 있습니다. 석사 과정을 공부하는 학생들이 공학 분야에서 가장 커다란 영향력을 발휘한다고 생각하는 거죠. 스탠퍼드의 석사 과정에는 많은 학생들이 있어요. 그들이 스탠퍼드에서 공부하는 이유는 자기 자신의 기업을 설립하는 데 필요한 기술을 배우기 위해서입니다. 스탠퍼드는 기업가로 성장하고자 하는 학생들에게 매력적인 학교입니다. 그리고 내가 가르치는 것 같은 기술적인 프로그램뿐 아니라 기업가 정신과 관련된 프로그램을 제공함으로써 그런 학생들을 지원합니다. 새로운 재화를 창출하면서 느끼는 짜릿함이 수많은 학생들을 이곳으로 이끄는 거죠.」

「커크에 대한 이야기를 들려주실 수 있나요? 학생인 커크를 움직인 동기는 무엇인가요?」

「한마디로 뛰어난 학생이었죠. 내 수업을 들은 학생들 중에서도 뛰어났고, 나중에 조교가 되어서도 뛰어났죠. 매우 열정적이고 영리한 학생이었어요. 자신이 배우고 있는 것뿐 아니라 배운 것을 활용해서 할 수 있는 것에 대해서 무척 재미를 느꼈어요. 자신이 진출하고자 하는 분야에 대해 일찍부터 꽤 확고한 생각을 가지고 있었어요. 나는 커크가 애플에서 근무할 때 그가 자신의 일을 직업으로 대하는 게 아니라 자신의 미래를 위한 하나의 교육적인 경험으로 생각한다는 인상을 받았죠.

그럼에도 나는 학위 과정을 마치도록 커크를 설득했어요. 어쩌면 그는 학위가 불필요할 정도로 충분히 많이 배웠을지도 모르지만 사람 일은 모르잖아요. 어쩌면 〈우리는 학위도 없는 그런 사람을 고용할 수 없소〉라고 말하는 인사 담당자를 만나게 될지도 모르죠.」

혁신가의 동기 부여

에드 교수의 이야기는 젊은이들을 혁신가로 교육하는 데 필요한 본질적인 요소에 대해서 우리에게 많은 것을 알려 준다. 이를테면, 학생들이 실제 문제를 해결하고 전문 지식을 보여 줘야 하는 실천 지향적인 프로젝트의 가치, 하나의 문제를 해결하기 위해 여러 학문 분야에서 학문적인 내용을 이끌어 낼 줄 아는 것의 중요성, 팀을 이뤄서 일할 줄 아는 것의 중요성 등이다. 하지만 무엇보다 내 호기심을 자극한 것은 그가 언급한 두 개의 단어였다. 바로 권한 부여와 기발함이다.

나는 몇 학년을 가르치든 상관없이 학생들에게 권한을 주고 싶다고 이야기하는 교사를 좀처럼 만나본 적이 없으며, 특히 석사 과정을 가르치는 누군가로부터 그런 이야기를 들을 줄은 정말 몰랐다. 하지만 에드 교수가 자신이 받은 교육 과정에서 부족했던 점을, 이를테면 그를 가르친 교수들에게 시험에 통과하는 데 필요한 지식은 배웠지만 어떤 것도 혼자 알아서 할 줄 몰랐던 점을 설명해 준 덕분에 내가 보는 견지에서는 학생들에게 권한을 부여하는 목적이 충분히 그럴듯했다. 학술적인 내용은 그 자체로는 그다지 유용하지 않다. 혁신의 세계에서 무엇보다 중요한 것은 새로운 상황이나 새로운 문제에 직면해서 학술적인 내용을 적용하는 법을 아는 것이다. 내가 감명을 받은 건 학생들에게 권한을 부여할 때 에드 교수가 두 가지를 행하기 때문이다. 보다 복잡한 문제들을 혁신적으로 해결하는 과정에서 학생들에게 경험을 제공함으로써, 그들에게 기술을 가르치고 자신감을 길러 주는 것이다. 그는 자신에게 배운 학생들이 박사 학위 과정을 이수해 나가는 과정에서 〈상대적으로 더 과감하게 달려든다〉고 말했다. 확실히 우리는 커크를 통해 그 같은 과감함을 발견할 수 있었다.

그렇지만 기발함은 무슨 말일까? 내가 기억하기에 다른 누군가도 이 말을 사용했었다. 그럼에도 생각해 보면 그다지 놀랄 일도 아니다. 기발함은, 어쨌든, 어른들이 즐기는 일종의 놀이다. 그리고 MIT 학생들이, 주스트가 1장에서 이야기했듯이, 짓궂은 장난을 치는 그들의 전통을 왜 그토록 좋아하는지도 같은 맥락에서 이해할 수 있다. 그들에게도 종잡을 수 없는 기발함이 있는 것이다. 이처럼 놀이 요소는 어린 아이들이 놀이를 통해 배우는 것처럼 어른들의 학습 과정에서도 매우 중요한 듯 보인다. 따라서 놀이는 하나의 독립된 내적인 동기인 동시에 열정과 목표 의식을 구성하는 한 요소가 될 수 있다.

또한 커크가 에드 교수의 수업을 〈진심으로 원해야만 수업을 따라갈 수 있는〉 어떤 것으로 묘사한다는 점도 놀라웠다. 에드 교수의 강의를 듣는 학생들은 좋은 점수를 받고자 하는 욕구가 동기를 부여하는 주된 요소가 아닌 듯싶었다. 그들에게 동기를 부여한 것은 그들이 팀의 일원이라는 사실이었다. 그리고 그들이 흥미로운 어떤 문제를 해결해야 할 뿐 아니라 그 문제의 해결을 위해 새롭게 뭔가를 배우고, 그동안 배운 다양한 자료들을 통합할 필요가 있다는 사실이었다. 물론 그 과정이 재미있는 까닭도 있다. 그동안 확인한 내용을 정리해 보면 그 학생들은 내가 대부분의 강의에서 만난 학생들보다 내적인 동기 부여가 훨씬 더 강한 듯했다.

에드 교수와 나눈 대화의 또 다른 주제는 놀랍고도 혼란스러웠다. 그 주제란 그가 리서치 원 대학이 무엇을 중시하거나, 또는 중시하지 않는지와 관련해서 언급한 부분이었다. 나는 이 책을 만드는 데 필요한 작업을 시작할 때 스탠퍼드나 MIT, 하버드 같은 미국의 주요 연구 대학과 그 대학원들이 미국의 혁신과 부를 창출하는 진정한 요람이며, 따라서 전 세계의 부러움을 사고 있다는 틀에 박힌 믿음을 가지고 있었다. 그리고 지금은 커크의 경험담을 통해서 의심의 씨앗을 심은 꼴이 되었다.

커크는 자신이 스탠퍼드에서 수강한 많은 학문적 강좌에 대해서는 한마디도 하지 않았다. 그가 꼽은 최고의 교수이자 가장 중요한 멘토는 그 대학에서 아웃라이어였다. 스탠퍼드에서 박사 학위를 취득하고 설계자로서 수십 년의 실무 경험을 가진 에드 캐리어 교수는 1992년 이래로 스탠퍼드와 일 년 단위로 계약을 해왔으며, 정교수로 진급하거나 종신 재직권을 얻을 기회도 없고, 자신의 연구를 위해 매년 유명한 동문들을 찾아가 직접 기금을 모아야 한다. 스탠퍼드가 새로운 것을 만들고 창조할 인재보다는 박사를 대량으로 양산하는 데 온통 정신이 팔려 있다는 그의 설명은 나를 뒤흔들어 놓았다.

목표 의식의 확대

최근에 커크와 나눈 대화에서 나는 그가 애플을 그만둔 이유가 무엇이고, 이후로 어떤 일을 하고 있는지 물었다. 그리고 이제는 그가 단지 자신이 무엇을 배울 수 있는지 — 언제나 그에게 열정을 불러일으켜 온 질문 — 가 아니라 어떤 기여를 할 수 있는지의 차원에서 자신과 관련된 모든 일을 돌아보고 있음을 알게 되었다. 내 느낌에 그는 보다 심오한 차원의 목표 의식을 개발하고 있는 듯 보였다.

「저는 2008년 여름에 애플을 그만뒀어요. 제품 개발과 관련해서 애플에서 많은 것을 배웠고, 그렇게 배운 것들을 새로운 분야에 적용할 생각에 마음이 들떠 있었죠. 계속해서 많은 것을 배우고 싶은 건 누구나 똑같아요.

제가 태어난 시기와 장소는 지금 생각해도 저에게 무척 중요하고 다양한 배움의 기회를 제공했어요. 한 직장에서 십 년 넘게 근무하는 건 그다지 좋은 생각 같지 않아요. 내가 가진 연장들을 가지고 어떤 일을 하고 싶은지 아직 잘 모르더라도, 일단은 내 연장통에 많은 연장을 채워 두고 싶어요.

저는 작은 창업 투자 회사인 〈파운데이션 캐피탈〉에 입사했어요. 그 회사의 창립 멤버들이 모두 예전의 〈실천가〉, 즉 창업 투자 회사를 설립하기 이전에는 실제 회사에서 오랫동안 근무한 경험을 가진 사람들이었기 때문입니다. 그들이야말로 제가 뭔가를 배우고 싶어 했던 바로 그런 사람들이었죠. 하지만 저는 늘 그 회사가 제 경력의 중간 지점이라고 생각하고 있었어요. 파운데이션 캐피탈에서의 제 일은 회사를 위해서 새로운 투자 기회를 찾아내고 투자자들에게 조언과 지원을 제공하는 한편 새로운 할 일을 찾는 것이었죠.

선런은 파운데이션 캐피탈이 투자한 신규 기업 중 하나예요. 저는 그 회사 직원들과 면담하는 과정에서 훌륭한 팀과 흥미진진한 시장 기회를 발견했어요.」 커크는 2010년 여름, 고위 제품 담당 책임자의 지위로 그 작은 회사에 합류했다.

「선런에는 에너지 서비스를 구매하는 것과 관련해서, 비록 지극히 희박하긴 하지만, 고객들의 생각을 바꿀 수 있는 기회가 있어요. 이 회사는 가정용 태양열 에너지 기업으로서 태양열 집열판을 보유하고, 설치하고, 안전하게 유지 및 관리하기 때문에 각 가정에서는 그들이 사용한 전력에 대해 저렴하고 세심하게 관리된 월 사용료만 지불하면 됩니다. 우리는 이 서비스를 태양열 전력 서비스라고 명명하고, 20년 안에 미국 가정에 에너지를 공급하는 최대의 에너지 공급자가 되는 것을 목표로 하고 있어요. 대체로 각 가정에서는 전체 전기 요금 중 10퍼센트에서 15퍼센트를 즉시 절약하게 될 것이고, 시간이 지남에 따라 공공요금이 계속해서 인상되면서 절약되는 돈은 더욱 늘어날 거예요.

우리는 소비자들의 의견에 항상 귀를 기울이는데, 다시 말해 고객에 대해서 알아 가고, 고객을 행복하게 만드는 방법에 대해서 알아 가는 일에 말 그대로 집착하고 있는데, 돈을 절약하기 위해 택한 최선의 방법이 지구의 환경에도 최선이라는 사실에 무척 만족한다는 고객의 이야기를 자주 듣습니다. 우리는 새로운 유형의 환경론자 — 딱히 완고한 환경론자라고 하기보다는 환경을 생각해서 현명한 결정을 내렸기 때문에 — 를 배출하고 있는 셈이죠.

선런에서 저는 재생 가능한 에너지와 관련해 근본적으로 보다 나은 고객 체험의 기회를 설계하고, 실현하는 업무에 집중하고 있습니다.」

성찰

커크의 이야기는 어떻게 한 젊은이가 고도로 혁신적인 몇몇 회사에서 주목할 만한 공헌을 하게 되었는지 살펴볼 수 있는 매력적인 사례를 보여 준다. 그의 부모 코드와 레아 펠프스는 교외에 사는 그들의 이웃들과 특별히 다른 점이 없었다. 하지만 우리가 알게 되었듯이 자식의 양육과 관련한 그들의 철학, 즉 아이들과 함께 보내는 시간과, 시행착오를 통한 깨달음에 교육의 주안점을 둔 점, 자녀의 학습 과정에 대한 관심, 자녀에게 부여한 체계와 자유의 독특한 조합은 커크가 혁신 능력을 개발하는 과정에서 필수적인 요소로 작용했다. 특히 내가 보기에 커크에게 자신감을 키워 주고, 배우고 탐구하고자 하는 내적인 동기를 부여하는 데 중점을 둔 것이 무엇보다 결정적이었다. 그들에게 배움은 이를테면 좋은 학교에 들어가거나 직장을 얻는 것과 같이 어떤 목적을 위한 하나의 수단이 아니라 목적 그 자체였다.

또한 커크가 고등학교 졸업장을 포기하고 엑서터 아카데미를 중퇴하기로 결정했을 때처럼, 그리고 나중에는 학사와 석사 학위를 완전히 끝마치지 않고 스탠퍼드를 중퇴하기로 결정했을 때처럼 자녀의 결정이 상궤에서 벗어나거나 모험적인 경우에도 자녀의 결정에 대해 그들이 보여 준 무조건적인 지지에 나는 깊은 감명을 받았다. 나중에야 알게 되었지만, 커크의 남동생은 뛰어난 재능을 지닌 운동선수다. 그가 최고 수준의 스포츠 팀을 보유한 디비전 1 대학에 들어갈 수 있는 가능성이 높다는 이유로 사립 학교를 관두고 공립 고등학교에 들어가고자 했을 때 그의 부모는 아들의 결정에 대해서 전폭적인 지지를 보여 줬다. 프로 선수가 되고자 하는 그의 목표에도 전폭적인 지지를 보여 줬음은 물론이다. 그는 오늘날 프로 선수로 활동하고 있다. 끝으로 나는 그들이, 코드가 내게 보낸 이메일에서 〈기여〉라고 언급했는데, 자신이 받은 것을 사회에 돌려주는 일의 중요성을 강조한다는 사실에 놀랐다.

커크가 받은 교육 과정을 살펴보면 명문 사립 고등학교에서 공부할 수 있었던 기회는 그의 혁신 능력을 개발하는 데 중요한 역할을 한 것 같지 않다. 이와 관련해서 코드가 〈모든 수업에는 정해진 방향이 있었고 학교는 학생들로 하여금 그 방향을 따르게 했어요. (……) 끝에 가서 도출되는 수업의 결말은 그다지 새로운 게 없었죠〉라고 했던 말을 기억할 것이다. 그럼에도 엑서터 아카데미에서 겪은 경험과 관련해 커크와 커크의 부모가 가졌던 불만은 내 입장에서 전혀 놀라울 게 없다. 나 역시도 미국에서 최고로 손꼽히는 몇몇 공립 고등학교와 사립 고등학교에서 연구를 진행하거나 학생들을 가르쳐 봤기 때문이다. 바로 이전에 발표한 『글로벌 성취도 차이』에서 나는 미국의 대다수 명문 고등학교에서 배우거나 가르치는 방식이 명문이라는 그 학교의 명성에 비해 많이 모자란다는 사실을 입증했다.

커크의 대학 생활은 훨씬 애매했다. 일반적으로 고등학생은 〈대학에 들어갈 준비를 갖춘 상태〉로 고등학교를 졸업해야 하고, 보다 많은 젊은 이들을 대학에 보내는 것이 그 젊은이들의 개인적인 미래와 우리 나라의 미래를 위해 매우 중요하다고 믿는 사람들이 굉장히 많다. 여기에 더해서 빌 게이츠와 그 밖의 CEO들은 미국이 다양한 분야의 사업에서 다른 나라들과 경쟁할 수 있는 유리한 고지를 점하려면 보다 많은 학생들이 대학에서 STEM 과목, 즉 과학, 기술, 공학, 수학 분야의 강좌를 수강해야 한다고 주장한다. 그럼에도 빌 게이츠는 물론이고 마크 주커버그나 스티브 잡스, 마이클 델, 딘 카멘, 마이크로소프트의 공동 창립자 폴 앨런을 비롯한 재기 넘치는 수많은 혁신가들은 커크가 그랬던 것처럼 자신의 새로운 아이디어를 좇기 위해 대학을 중퇴해야 했다. 미국 독립 혁명의 영웅 헨리 러트거스의 표현을 빌리자면, 학교 교육은 오히려 그들의 교육에 방해가 되었다. 스티브 잡스는 그가 대학에서 수강했던 수업 중에서 애플 최초의 매킨토시 컴퓨터의 디자인에 가장 큰 영향을 끼친 수업은 STEM과 전혀 관련이 없는 습자(習字) 관련 수업이었다고 말했다.[2]

테레사 아마빌이 주창한 개개인의 창의적인 능력을 개발하는 세 가지 요소를 다시금 참고하자면 커크의 이야기는 그의 경우에서 세 가지 요소들 중 전문성이 가장 덜 중요했음을 암시한다. 이 장의 도입부에서 〈당신이 무엇을 배우든 그것은 중요치 않습니다〉라고 말했던 것처럼 커크 자신은 지식의 전문성에 대해 그다지 중요하게 생각하지 않는다. 그럼에도 이런 이야기가, 학문적인 내용을 포함해서, 지식과 전문성이 중요하지 않다고 암시하는 건 아니다. 에드 캐리어 교수의 강의도 학문적인 내용을 다뤘음은 물론이고, 커크 역시 스탠퍼드에서 학문적인 내용과 관련된 무수히 많은 다른 수업을 수강해야 했음은 의심의 여지가 없다. 그런 수업을 통해 얻은 지식은 커크에게 지속적인 배움과 문제 해결을 위한 토대를 제공했다. 다만 해당 지식을 적용하고, 이를테면 유리가 절단되는 원리처럼 새로운 것을 배워 가는 능력이 커크 본인에게는 학문적인 내용보다 훨씬 중요했을 뿐이다.

커크의 이야기를 통해서 나는 학생들에게 단순히 보다 많은 STEM 관련 수업을 들으라고 주장하는 것이 과연 현명한 일인지에 대해 의문을 갖게 되었다. 아마빌이 창의적인 사고 능력이라고 부르고, 커크가 인간관계와 정치적인 능력이라고 말하는 어떤 것은 커크가 애플에 기여하는 과정에서 그가 습득했던 학문적인 전문성보다 훨씬 중요한 역할을 한 듯 보였다. 그리고 다른 무엇보다 그의 내적인 동기와 목표 의식이 중요했던 것 같다. 커크가 수강했던 모든 과목 중 그의 발전에 가장 커다란 영향을 끼친 건 에드 캐리어 교수의 강의였다.

혁신 문화의 창출

에드 교수의 수업에서는 내적인 동기와 창의적인 사고 능력이 단순한 기술적인 지식보다 훨씬 중요하다. 더불어, 그의 수업에서 배우는 학문적인 내용은 전후 관계상 유기적으로 연결된 것이지 단절된 것이 아닌 것이다. 즉 어떤 문제를 해결하기 위한 수단이며 도구일 뿐 독립적인 목표가 아니다. 해당 수업의 학기 말 〈시험〉은 학문적인 내용을 얼마나 잘 외우고 있는지에 대한 평가가 아니다. 그보다는 학생들이 주어진 문제를 해결하기 위해 그동안 배운 학문적인 지식을 얼마나 잘 활용했는지를 평가한다. 여기에 더해서, 에드 교수의 수업은 문제 해결을 위해 팀워크를 강조하고 여러 학문 분야의 지식을 활용하도록 주문한다. 따라서 그의 수업에는 대학에서 대부분의 학생들이 수강하는 학문적인 STEM 과목과는 지극히 차별화된 다른 문화가 존재한다.

대부분의 보수적인 고등학교와 대학교의 학문적인 강의에는 에드 교수의 강의와 서로 대립되는 세 가지의 본질적이고 공통된 문화적 특징이 나타난다. 첫째로, 학문적인 강의는 개인적인 경쟁과 성취에 대해서 보상하는 반면, 에드 교수의 강의는 팀워크에 중점을 둔다. 둘째로, 전통적이고 학문적인 강의가 지극히 세부적이고 전문적인 내용을 주제로 커뮤니케이션과 시험을 위주로 계획된 반면, 에드 교수의 강의는 문제 위주로 다양한 학문적 접근법을 채택한다. 셋째로, 전통적인 강의가 학점이나 GPA 점수처럼 외적인 유인에 지나칠 정도로 많이 의존하는 반면, 에드 교수의 강의는 탐구나 권한 부여, 놀이 같은 내적인 유인에, 다시 말해 에드 교수가 기발함이라고 부르는 어떤 것에 의존한다.

한편 커크 역시 팀워크와 다양한 학문적 접근을 통한 문제 해결, 내적인 동인, 그리고 위험을 감수하는 데 필요한 신뢰를 제공하는 일종의 권한 부여 등을 애플의 문화에서 가장 본질적인 요소로 꼽았다. 혁신적인 기업에서 일할 수 있도록 학생들에게 최선의 준비를 갖춰 주는 강의가 그 학생들이 실제 일터에서 직면하게 될 문화와 가장 유사한 강의 문화를 창출할 거라는 점은 상식적으로도 얼마든지 유추 가능하다. 커크는 〈이 같은 통합 프로젝트야말로 학문적인 환경에서 실제 세상의 공학에 가장 가깝게 접근할 수 있는 강의〉라고 말했다.

강의나 학교의 혁신 문화와 관련한 이러한 생각을 내가 혁신가의 능력을 개발하는 하나의 사고방식으로 정해 놓은 테레사 아마빌의 세 가지 창의성 요소인 전문성과 창의적 사고 능력, 그리고 동기와 어떻게 결합시킬 수 있을까? 우리는 1장에서 봤던 테레사 아마빌의 세 개의 원이 교차하는 그림을 다시 떠올릴 필요가 있다. 어떤 한 교실이나 학교의 문화 ― 가치와 믿음, 그리고 행동 ― 가 이 세 개의 혁신 요건을 둘러싸고 있으며, 따라서 전문성과 창의적인 사고 능력을 습득하고 동기를 개발하는 방식에 지대한 영향을 끼친다고 가정하면 어떨까? 문화에 대한 개념을 고찰하고, 젊은이들의 능력을 개발해서 그들을 혁신가로 육성하기 위한 변화된 토대는 아래 그림처럼 보일 터이다.

그렇다면 젊은이들의 혁신 능력을 개발하는 과정에서 대학은 대체 얼마나 중요할까? 단순히 학생들로 하여금 대학에서 보다 많은 STEM 과목들을 수강하도록 해야 할까? 아니면, 그들이 에드 캐리어 교수가 가르치는 방식처럼 다른 종류의 교육을 받도록 해야 할까?

커크의 경우와 달리, 도시 근교의 부유한 지역에서 성장하거나 사립학교에 갈 정도로 부유하지 못한 젊은 혁신가들의 발전 과정에는 어떤 유사점과 차이점이 있을까? 출신 배경이 다양한 부모들 사이에도 자녀가 발전하도록 도와주는 방식에서 과연 유사한 어떤 패턴이 있을까?

다음 장에서는 바로 이러한 의문들을 살펴보고자 하며, 아울러 STEM 분야의 혁신가 네 명의 삶을 추가로 소개할 예정이다.

3장
STEM 분야의 혁신가들

샤나 텔러만

샤나 텔러만은 예술가다. 어릴 때부터 줄곧 예술가였다. 그녀의 아버지 케니스 텔러만은 다음과 같이 말했다. 「샤나는 내 사무실 한쪽에 앉아서 종이 티슈로 사람 모양의 인형을 만들곤 했습니다. 한번은 아이와 함께 숲으로 하이킹을 갔어요. 샤나는 집에 돌아오자 숲에서 산책하던 느낌을 그대로 살려서 신발 상자 안에다 자신이 봤던 풍경을 재현했죠. 일곱 살인가 여덟 살인가 그랬어요.」 당시에는 그녀는 물론이고 그녀의 부모도 그 작품이 그녀가 만든 최초의 3D 작품이 될 거라는 생각은 거의 하지 못했다. 2006년 스물네 살의 나이에 샤나는 심옵스 스튜디오Sim Ops Studios를 설립하고, 3D 디자인을 위한 웹 플랫폼인 와일드 포켓Wild Pockets을 개발했다. 2010년 가을에 그녀의 회사는 디자이너와 엔지니어로 구성된 그녀의 팀과 함께 오토데스크Autodesk로 흡수되었고 이 회사에서 그녀는 현재 생산라인 관리자로 일하고 있다. 오토데스크는 전 세계적으로 3D 디자인과 3D 엔지니어링, 엔터테인먼트 소프트웨어를 선도하고 있다. 한편 와일드 포켓 프로그램은 게임 디자인과 관련된 한 웹사이트에 오픈 소스로 계속해서 남아 있으며, 해당 사이트에서 제공되는 툴은 누구나 무료로 이용할 수 있다.[1]

샤나 텔러만

최근에 나눈 대화에서 샤나가 말했다. 「3D 디자인의 대중화는 심옵스 스튜디오를 시작할 당시 저의 목표였어요. 하지만 이제 전보다 넓은 영역에 걸쳐 일할 수 있게 되었죠. 단순히 디지털 세상에서만 영향력을 갖는 게 아니라 현실 세계에서도 영향력을 갖게 되었다는 뜻이에요. 우리는 불필요한 낭비는 줄이고 엄청난 비용을 절약하면서 환경을 파괴하지 않는 동시에 효율적인 건물이나 공장을 설계하는 방법을 연구해요. 오토데스크에서 우리가 개발하는 제품은 건축가나 엔지니어가 휴대용 장비만 챙겨 현장에 나가고, 반쯤 완성된 방에서 클라우드 기능을 이용해 훨씬 더 강력한 서버에 설치된 시뮬레이션 소프트웨어와 디지털 디자인을 꺼내 들고, 다양한 부품들이 합쳐져서 최종적으로 어떤 모습이 될 것인지 보여 줄 수 있도록 도와줍니다.」

샤나는 소아과 의사인 케니스 텔러만과 주(州) 공인 간호사이자 학교의 건강 관리 프로그램과 정책에 관심이 많은 도나 베스런스의 장녀로 태어나 메릴랜드 주 볼티모어에서 성장했다. 도나가 말했다. 「우리는 아이들을 볼티모어 시의 공립 학교에는 보내지 않기로 일찍부터 결정을 굳혔어요. (당시 볼티모어의 공립 학교 시스템은 학생들의 중퇴율이 극도로 높았으며, 미국을 통틀어 도시에 있는 학군들 중 최악의 골칫거리 학군으로 간주되었다.) 샤나는 중학교 2학년까지 유대인 학교에 다녔어요. 그리고 고등학교를 알아보기 시작하면서 우리에게 말했죠. 〈유대인 학교를 다니다 보니 가치관이 없는 학교에는 가고 싶지 않아요.〉 샤나의 친구들은 인근 지역의 이런저런 명문 사립 학교에 지원하고 있었는데 유일하게 샤나만이 자신의 가치관과 일치한다는 이유로 퀘이커교도 학교인 볼티모어 프랜즈에 지원했어요.」

케니스가 거들고 나섰다. 「프랜즈 스쿨은 또한 샤나가 미술에 대한 흥미를 키워 나가는 데 도움이 되었죠. 미술 선생님 중 한 분은 샤나에게 특별한 관심을 보였어요.」

샤나가 동의하며 말했다. 「고등학교에서는 미술을 전공으로 선택할 수 있었다는 점이 무엇보다 좋았어요. 덕분에 저는 일주일에 거의 하루도 빠짐없이 미술 수업을 들을 수 있었죠. 저를 담당한 선생님은 학생들의 개성을 진심으로 존중해 주셨고, 결과적으로 저는 제가 가장 흥미를 느꼈던 미술 분야에서 실력을 키울 수 있었죠. 저는 수없이 많은 날을 이 작고 다락방처럼 생긴 스튜디오에 올라가서 멋진 그림자가 생기는 따뜻한 방 안의 온기를 느끼며 그림 그리는 일에 몰두했어요. 한 시간이나 한 시간 반 동안 조용히 그림을 그리면서 무아지경에 빠지는 게 하루 중 최고의 휴식이었죠.」

샤나는 대학에 지원하는 문제가 고등학교를 다니면서 겪은 가장 힘든 경험이었다고 말했다. 「볼티모어에 사는 대다수의 중산층 백인 소녀들이 하나같이 제가 가고 싶어 했던 모든 학교에 지원했어요. 더구나 그 애들은 사립 학교에 다녔거나, 운동을 했거나, 열심히 공부한 아이들이었죠.

어쩌면 저에게는 미술 말고는 저만의 독특하거나 다른 사람과 차별되는 그 어떤 것도 없었어요. 그리고 대부분의 대학은 미술을 그다지 변별적인 요소로 생각하지 않아요. 저는 펜실베이니아 주립 대학으로 마음을 굳히고 와일드카드 삼아서 예일대에도 지원했어요. 그 두 학교에는 제가 정말로 원한다고 생각하는 미술 과정이 있었거든요. 하지만 전 그 두 학교로부터 모두 불합격 통보를 받았고 완전히 낙심했죠. 정말 열심히 노력했음에도 내 실력이 충분치 못한 것 같다는 생각이 들었어요. 반면에 〈포트폴리오 데이〉*에 카네기 멜론 대학에서 제 작품을 검토하고는 곧바로 그 대학 미술학부에 입학할 수 있도록 실질적인 입학 허가를 해줬어요. 또한 그 대학의 축구팀에 들어갈 수 있도록 해주고 장학금까지 제공했죠. 그 당시만 하더라도 카네기 멜론 대학이 가슴 두근거릴 정도로 마음에 들지는 않았지만 결정은 쉬웠어요.」

나는 샤나의 부모에게 대학에서 미술을 전공하기로 한 딸의 결정에 대해서 어떻게 생각했는지 물었다.

케니스가 대답했다. 「우리 부부는 미술에 전혀 소질이 없어요. 내가 사람을 그리면 막대기처럼 보일 정도에요. 우리는 아이들이 아주 어릴 때부터 재능을 발견했고 아이들이 관심을 키워 나가도록 응원했죠. (그들 부부에게는 샤나보다 열 살 아래인 레이첼이라는 둘째 딸이 있는데 그녀 역시 뛰어난 예술가다.) 우리 집에는 남는 방이 하나 있었고 아이들의 놀이방으로 사용되고 있었는데 우리는 그 방을 스튜디오로 꾸몄어요. 샤나는 그 방에 들어가 문을 닫으면 활기를 띠었어요. 그 방에서 나올 때는 목탄이나 물감을 잔뜩 뒤집어 쓴 모습이었죠. 샤나는 자신이 정말 좋아하는 일을

* 미술을 전공하는 고등학생을 대상으로 여러 대학의 입학 담당관이 학생들의 포트폴리오를 심사하고 미대에 입학 자격을 주는 기간.

하고 있는 게 분명했어요. 우리는 기본적으로 샤나에게 자신이 가고 싶은 대학을 스스로 선택하도록 했어요. 샤나라면 자신이 하고 싶은 일이 무엇인지 알아낼 거라는 믿음이 있었고, 게다가 본인 스스로 결정하도록 하면 샤나가 한층 더 행복해할 거라는 믿음이 있었기 때문이죠. 그림을 그려서는 생활비를 벌기도 어렵다는 말은 입 밖에도 꺼내지 않았어요.」

도나가 거들었다. 「물론 생각은 했어요. 그렇지만 조용히 기다렸죠. 아이들이 생각할 수 있는 범위를 생각하면 얇은 외줄을 타는 거나 다름없었어요. 한편 샤나에게는 스스로 생활비를 벌어서 자신을 건사해야 한다는 생각이 있었어요. 그래, 너의 열정을 따르렴. 하지만 여기에 변수가 있어. 네 방은 네 스스로 정리하고, 여름마다 일하고, 지역 사회와 국가에서 필요로 하는 사람이 되어야 한다는 거야. 이런 식의 부모 노릇에는 확실한 로드맵이 없어요. 우리는 〈오, 너는 예술적인 재능을 가졌구나. 정말 잘됐어〉라고 말한 적이 한 번도 없어요. 어떤 일에 재능이 있다고 해서 꼭 그 일을 하고 싶은 건 아니잖아요.」

도나가 계속 말했다. 「우리는 미술에 대한 샤나의 관심이 지금 그 아이가 하고 있는 일로 이어질 거라고는 상상도 하지 못했어요. 그렇게 되기까지는 샤나가 투철한 사회적 양심을 지녔다는 사실이 커다란 역할을 했어요. 샤나가 사업을 시작한 동기는 사업 그 자체와는 전혀 상관이 없어요. 그녀가 9·11 사태 이후에 대학원에서 처음으로 개발한 프로그램은 구급 대원들의 훈련을 도와주고 그들이 맡은 바 임무를 보다 효과적으로 수행하도록 도와주는, 한마디로 놀라운 프로그램이었어요. 샤나는 자신이 회사를 설립해서 CEO가 될 거라는 생각을 하지 않았어요. 하지만 그녀에게는 비전이 있었고 그 비전을 실현하기 위해서는 다른 방도가 없었죠.」

미술 전공에서 CEO가 되기까지

샤나가 미술 전공으로 시작해서 신규 기업의 CEO가 되기까지 자신의 여정에 대해 설명해 주었다.

「카네기 멜론 대학에서 4학년이 되었을 때 저는 랜디 포시 교수님의 〈가상 세계의 구현〉이라는 강의를 들었어요. 그 강의는 제가 그동안 들었던 강의들 중에서 단연 최고였어요. 그 수업을 통해 저는 새로운 눈을 뜨게 되었고, 직업과 관련해서 인생의 진로와 사고 방향을, 제가 하고 있던 모든 것을 전면적으로 수정하는 계기가 되었어요. 현재는 제시 셸 교수님이 그 강의를 맡고 있어요. 그분 또한 훌륭한 교수님이시죠. 그에 대해 설명하자면 제가 심옵스 스튜디오로 분리시킨 프로젝트의 고문인 동시에 심옵스 스튜디오의 공동 설립자죠. 랜디와 제시 교수님은 수많은 학생들에게 엄청나게 많은 영향을 끼쳤어요.

그 강의는 일종의 신병 훈련소 체험이라고 할 수 있었어요. 각각의 팀은 2주에서 3주 안에 다양한 프로젝트 — 헤드셋이나 센서가 달린 장갑, 고글 등을 착용한 채 360도를 보거나 3차원으로 된 공간에 머물면서 유저가 몰입할 수 있도록 만들어진 소규모의 세계나 게임 같은 가상 현실을 만드는 체험 — 를 완성해야 했어요. 각각의 프로젝트가 끝날 때마다 학생들은 해당 강의를 듣는 모든 학생들에게 자신의 작품을 보여 주고 그들의 평가를 들었죠. 학기 말에는 캠퍼스의 모든 학생들이 볼 수 있도록 훨씬 큰 규모로 전시회가 열렸어요. 그리고 해당 전시회 기간에는 관련 업계의 손님들이 전국에서 우리 학교를 찾아와 학생들의 선별된 작품을 구경했죠. 그 강의를 듣는 한 학기 동안 저는 다섯 건의 프로젝트를 수행했는데 그 중에서 세 개의 프로젝트가 학기 말 전시회에 선정되었어요.

그 수업에서 가장 저의 마음을 끌고 제 관심사를 바꾼 부분은 협력 작업이었어요. 저는 컴퓨터 공학자나 미술가, 음향 디자이너, 입체 모형 제작자 등 제각각 다른 경력을 가진 사람들과 함께 일하는 게 정말로 좋았어요. 하나의 아이디어를 도출하고 실행하는 과정에서 팀이 순조롭게 굴러가고, 무척 빡빡하게 짜인 개발 일정이 진행되는 동안 우리는 계속해서 팀에 동기를 불어넣어야 했어요. 학기 말에 열리는 전시회도 대단히 멋진 경험이었지만 저는 그 과정에서 겪는 모든 경험, 즉 빡빡한 일정에 따라 진행되는 작업과 시각적인 경험, 다양한 사람들을 진심으로 좋아하게 되었어요. 저를 이끌어 준 건 바로 그런 것들이었죠.」

샤나를 가르친 랜디 포시 교수는 1999년 당시 컴퓨터 공학과 교수였는데, 드라마학과의 돈 마리넬리 교수와 협력해서 카네기 멜론 대학에 엔터테인먼트 테크놀로지 센터를 공동으로 설립했다. 그리고 그곳에 여러 분야의 학문을 포괄적으로 다루는 독특한 석사 학위 과정을 신설했다.[2] (랜디 교수는 췌장암으로 2008년에 47세의 나이로 숨을 거뒀다. 그의 〈마지막 강의〉는 유튜브에서 1,300만 건 이상의 조회수를 기록했고 책으로도 발간되어 베스트셀러가 되었다.)[3] 2002년부터 엔터테인먼트 테크놀로지 센터에서 강의를 해오고 있는 제시 셸 교수가 그 석사 학위 과정의 유래에 대해 설명해 주었다. 「그 과정은 미술 학부와 컴퓨터 공학 학부에 의해서 공동으로 설립되었지만 둘 중 어느 학부와도 관련이 없어요. 그 과정을 시작한 건 인습 타파주의자라고 할 수 있는 두 사람이었는데 그들은 현상을 유지하는 일 따위에는 전혀 관심이 없었죠. 그들은 대학과 거래를 했어요. 〈우리를 방해하지 마시오, 그러면 우리 밥값은 우리가 알아서 하겠소.〉」

랜디 포시의 마지막 강의

랜디 교수의 강의를 듣고 너무나 감명을 받은 샤나는 랜디 교수가 고안한 석사 과정에 지원하기로 결심했고 합격했다. 샤나가 계속해서 자신의 이야기를 들려줬다.

「대학원에서는 모든 일이 프로젝트 중심으로 움직였어요. 석사 과정이 진행되는 2년 동안 매 학기마다 하나의 프로젝트를 수행해야 했죠. 수업이나 시험 같은 건 없었어요. 각각의 팀들은 일반적으로 현실 세계의 고객이나 해결해야 할 문제를 배당받았어요. 학점은 프로젝트를 시작할 때 하는 프레젠테이션 과정과 중간 과정, 그리고 해당 석사 과정을 듣는 모든 학생들에게 각 팀에서 수행한 프로젝트를 소개하고 그들의 평가를 듣는 마지막 과정, 이렇게 세 단계를 통해 결정되었죠.

2003년 2학기에 착수한 제 프로젝트의 제목은 독극물 위험 지대였어요. 그 프로젝트의 목표는 비디오 게임 기술을 이용해서 구급 대원들이 시뮬레이션 환경에서 훈련을 할 수 있도록 돕는 것이었죠. 그 프로젝트를 시작하면서 저는 뉴욕 소방서의 토니 무솔피티라는 사람을 알게 되었어요. 그는 구급 대원들에게 위험 물질에 대해 교육하는 일을 담당하고 있었죠. 우리가 만든 초기 모형을 그에게 보여 주자 그가 이렇게 말했어요. 〈괜찮군요. 하지만 우리에게 정말 필요한 것이 무엇인지 말해 줄게요.〉

9·11 사태가 발생했을 때 뉴욕 소방서는 매우 많은 대원들, 특히 경력이 많은 대원들을 잃었고, 따라서 그들에게는 젊은 대원들을 보다 빨리 훈련시킬 방법이 필요했어요. 그 즈음에 그들은 단순한 화재 사건뿐 아니라 더 큰 위협에 대처하기 위한 교육을 해야 했어요. 직접 해보는 진짜 훈련이 단연 최선의 훈련 방법이었지만 그렇게 하자면 비용도 많이 들고 시간도 많이 필요했죠. 비디오나 책, 파워포인트 같은 대안은 그다지 만족스럽지 않았어요. 우리는 비디오 게임이 보다 훌륭한 대안이 될 수 있겠다는 생각을 했어요. 실제 상황과 매우 유사한 체험을 할 수 있고 비용도 저렴했거든요. 토니는 시뮬레이션이 진행되는 과정에서 특정 상황과 위험 요소를 선택하거나 바꿀 수 있길 원했고, 대원들이 협력해서 상황을 분석하고 필요할 경우 주어진 상황을 되짚어 볼 수 있길 원했어요. 우리는 그 학기가 끝나기 전에 해당 프로그램의 원형을 완성했죠. 처음에 토니는 호의 차원에서 한두 시간씩 시간을 내줬지만 우리가 만든 프로그램을 본 다음부터는 우리 프로젝트에 대해서 많은 열정을 갖게 되었지요.

프로젝트가 중단되는 건 학기가 끝날 때면 흔히 볼 수 있는 일이죠. 그해 여름에 저는 일렉트로닉 아츠Electronic Arts에 들어가서 심스Sims 2 게임을 만들었어요. 그 회사에 계속 근무하면서 석사 과정을 이수할 수도 있었지만 저는 학교로 돌아가고 싶었죠. 지금 생각하면 정말 잘한 일인 것 같아요. 그리고 교수님들은 제가 2년차 두 학기 동안 계속해서 독극물 프로젝트를 개발할 수 있도록 배려해 주셨죠. 우리가 하던 일에 많은 관심이 몰렸어요. 그리고 제가 대학원을 졸업하자 대학에서는 저를 채용해서 제 프로젝트에 필요한 기금을 마련할 수 있는지 알아보도록 했죠. 저는 기금 조성을 위해 무수히 많은 편지를 썼지만 결국엔 헛수고였어요. 거액의 기금을 받을 수 있는 가능성이 거의 없었기 때문이죠. 특히 저의 경험이 거의 전무하다는 점을 고려하면 더욱 그랬어요.

그 당시에 저는 카네기 멜론 대학의 MBA 수업을 청강했어요. 프로젝트를 준비하고 관리하는 일에 대해 좀 더 알 필요가 있다고 생각했고, 우리가 개발해 온 프로젝트의 사업화와 관련해서도 좀 더 많은 생각을 하기 시작했죠. 그리고 그곳에서 한 소규모 투자 그룹을 알게 되었어요. 그 그룹의 한 분이 우리에게 회사 설립을 권유했고, 저는 2006년 1월에 심옵스 스튜디오라는 법인을 설립했어요. 저는 회사를 차리는 일이나 기업가로서 어떤 마음가짐을 가져야 하는지에 대해 아는 것이 전혀 없었어요. 심지어 실리콘 밸리라는 곳이 있는지도 몰랐죠. 처음에 우리 회사는 아이디어 파운드리Idea Foundry, 즉 아이디어 제조 공장이란 이름의 피츠버그 경제 개발 기금으로부터 투자를 받았어요. 2년 뒤에는 실리콘 밸리의 경험 많은 투자자들을 알게 되었죠. 그리고 그 투자자들이 직접적인 도움을 줄 수 있도록 제가 샌프란시스코로 이사한다는 조건으로 그들에게서 추가 투자를 받기로 했어요. 덕분에 저는 그 투자 건이 마무리될 때까지 6개월 동안이나 샌프란시스코에 있는 친구 집의 소파에서 지내야 했죠.」

그 뒤로 샤나는 대공황 이래 최악의 경제 상황 속에서도 장장 5년 동안 그 신생 기업을 잘 꾸려 나가기 위해 노력했다. 샤나의 팀이 대부분의 응급부서에는 충분한 예산이 없어서 그녀의 회사에서 개발되는 소프트웨어를 구입할 수 없다는 사실을 깨닫기까지는 그리 오래 걸리지 않았다. 이에 샤나의 비전은 다른 제품으로 진화하기에 이르렀다. 교사와 비영리 조직들을 포함해서 누구나 합리적인 비용으로, 그다지 많은 전문 지식이 없이도 사용할 수 있는 3차원 환경을 개발하는 것이었다. 엔터테인먼트 테크놀로지 센터에서 샤나를 가르친 제시 셸 교수는 — 그는 샤나와 함께 심옵스 스튜디오를 공동으로 설립하고 그의 회사인 셸 게임스Schell Games는 심옵스 스튜디오의 인큐베이터 역할을 했다 — 샤나가 그토록 어려운 상황에서도 자신의 회사를 이끌어 갈 수 있었던 원동력에 대해 다음과 같이 설명했다. 「그녀에게는 저돌적으로 달려들어 필요한 것을 알아내는, 굽힐 줄 모르는 성격이 있어요. 미리 겁부터 내는 법도 없죠. 정말 믿을 수 없을 정도로 끈기가 있어요.」

오토데스크에서 그녀의 회사를 인수한 2010년 가을까지 샤나는 거의 350만 달러에 달하는 투자 금액을 유치해서 소진했다. 여전히 피츠버그에서 일하고 있던 그녀와 아홉 명의 팀원들은 제품을 생산하고 그 효과도 증명했지만 여전히 수입 모델을 만들지 못하고 있던 상태였다. 그리고 그 때 오토데스크가 등장했다. 심옵스 스튜디오가 인수되고 다섯 달이 지났을 무렵 나는 오토데스크의 신규 사업과 기술부 책임자인 마이크 헤일리와 대화를 나누었다.

헤일리가 말했다. 「샤나의 회사가 우리 레이더망에 포착된 건 2년 전이었습니다. 그녀와 처음 만났을 때 나는 그녀에게서 깊은 인상을 받았습니다. 그녀의 기술적인 능력 때문이라고 하기보단 넓은 사고의 폭 때문이었죠. 하지만 당시 우리의 관심은 다른 기업들에게 쏠려 있었고, 그 기업들에게 한 차례의 막대한 자금 지원을 막 마친 상태였습니다. 그로부터 2년 뒤에 우리는 현금 유동성 확보를 위해 청부 사업을 진행하고 있었는데 그동안 관심을 가지고 있던 기업들과 그다지 재미를 보지 못했어요. 그래서 나는 피츠버그로 가서 심옵스의 모든 팀원들을 면담했고 그들에게서 깊은 인상을 받았습니다. 그들은 엔지니어링 능력과 디자인 능력을 고루 갖추고 있었어요.」

나는 샤나가 오토데스크의 기업 문화에 어떻게 적응했는지, 그녀의 장단점이 무엇인지, 마이크 자신은 샤나에게 어떤 기대를 갖고 있었는지 물었다.

「혁신적인 환경을 구축하는 데 가장 중요한 측면은 실패를 두려워하지 않는 것입니다. 샤나는 창의성을 중시하고, 실패 앞에서 의연합니다. 통찰력도 뛰어나고 리더십에 필요한 다양한 자질을 두루 갖췄어요. 그녀가 좀 더 성장해야 할 부분이 있다면 팀의 발전과 원활한 업무 처리에 필요한 올바른 절차를 만드는 일이에요. 업무적인 측면에서 그녀에게 가장 부족한 부분이죠. 그럼에도 샤나는 여기에서 5개월 동안 많은 것을 배웠어요. 정말 스펀지 같았죠. 하지만 몇 년 뒤에는 여기에서 배울 수 있는 게 거의 남아 있지 않게 되겠죠. 그러면 자신감을 얻게 될 테고, 자신이 매달리고 싶은 다른 일들도 생길 겁니다. 그렇지만 추측컨대 그 일들도 기업가적인 것과는 거리가 멀 겁니다. 그녀에게 그런 성향은, 즉 외골수적인 열정은 없는 것 같아요. 그보다는 무척 창의적인 쪽에 가깝죠. 어쩌면 대기업의 중역이 돼서 대규모 사업 부서를 이끌거나, 또는 작은 기업의 CEO가 될지도 모르겠군요.」

오토데스크 안에서 자신의 미래를 묻는 내 질문과 관련하여 샤나는 원하는 바가 명확했다.

「지금까지 제 인생에서 최고의 경험은 여러 사람들과 하나의 아이디어를 도출해서 그들과 함께 일하고 있는 바로 이 순간이에요. 그 기분은 이루 말할 수 없을 정도죠! 함께 계획하고, 공유하고, 함께 기뻐하죠. 그로부터 얻는 성취감에는 중독성이 있어요. 학교 공부는 물론이고 미술도 대부분 혼자서 했던 까닭에 랜디 교수님의 수업을 듣기 전까지는 알지 못했던 성취감이죠. 심지어 고등학교에서 수행했던 그룹 프로젝트도 계획 단계부터 함께하지 않는다는 점에서 랜디 교수님의 수업과는 달랐어요.

저는 대기업에서 일하면 어떤 기분이 들지 잘 몰랐어요. 신중했죠. 벽을 느끼진 않을까? 방해는 없을까? 어떤 결정을 내리기까지 너무 많은 시간이 걸리지는 않을까? 이런 생각들을 했어요. 하지만 오토데스크에 있으면서 가장 좋은 점은 예전처럼 신생 기업에서 일하는 것 같다는 것이에요. 다른 점이라면 우리 회사에는 없던 인력 관리팀이 있었다는 것뿐이죠. 저는 회사에 중요하면서도 무척 흥미로운 목표를 가지고 함께 일하고 있는 모든 팀 — 사업팀이나 엔지니어링팀 할 것 없이 — 을 좋아해요. 모든 일은 지극히 현명한 인재들과 함께 팀워크로 이뤄져요. 이같은 협동적인 측면은 제가 다녔던 대학원의 분위기와 똑같아요. 혼자서는 상상할 수도 없는 것들을 만들어 가죠. 저는 제 자신을 혁신할 수 있는 이곳에 머물면서 저의 경력을 발전시켜 나가려고 해요. 혁신이 더뎌진다면 그 때 가서 다른 회사를 찾아보거나 다시 회사를 설립할 겁니다.」

나는 혁신이 그녀에게 왜 그토록 중요한지 물어봤다.

「제게 혁신은 이 세상에서 의미가 있는, 사람들에게 영향을 주는, 사람들이 흥미로워하는 일을 한다는 의미에요. 저는 두 종류의 기업이 존재한다고 생각해요. 하나는 기능은 잘하지만 걸음 속도가 느린 구태의연한 기업이죠. 그런 기업들은 그들이 하는 일에 대해 잘 알고, 적당히 기능을 수행하는 시스템을 갖췄고, 그 방식이 먹힌다는 이유로 특정 방식만을 고집해요. 또 하나는 끊임없이 공격적인 태도를 견지하는 기업이에요. 애플의 경영 방식을 보면 언제나 신생 기업 같아요. 애플은 빠르게 원형을 개발하고 그 과정을 반복함으로써 계속해서 혁신해 나갑니다. 항상 미래를 생각하죠. 맞아요. 성공적인 기업을 만들려면 이윤을 창출해야 돼요. 하지만 진정한 성공이란 그 이윤을 지속적인 혁신에 재투자하는 것을 의미해요.」

커크와 샤나의 경험에서 유사점

샤나의 이야기와 커크의 이야기에 유사점이 많다는 건 내가 볼 때 놀라운 일이다. 그 두 사람의 부모는 하나같이 그들의 자녀가 경력의 측면에서 미래가 어떻게 될지 걱정하기보다는 자신의 열정을 추구하도록 권하는 데 적극적이었다. 그렇게 하는 과정에서 그들은 아이들의 내적인 동기를 개발하고 있었다. 또한 그들의 자녀가 미성년자임에도 자신의 학교 교육과 관련해 스스로 중요한 결정을 내리도록 허락했다. 그들은 아이들의 판단을 믿었다. 마지막으로, 아이들로 하여금 자신이 받은 것을 어떻게 사회에 〈환원〉할지 생각하도록 격려했다.

샤나와 커크가 프로젝트를 중심으로 하는 실천 지향적이고, 다양한 학문을 다루며, 팀워크가 필요하고, 위험 부담을 장려하는 변형된 강의를 수강했다는 점도 놀랍기는 마찬가지다. 그 두 사람에게는 다른 학생들과 협동해서 실질적인 산물을 만들어 낼 수 있었던 기회가 그들이 받은 교육 중 가장 흥미롭고 동기를 부여한 부분이었다. 이전까지 한 번도 경험해 보지 못한 대단한 어떤 것이었다. 그 교과 과정은 그들의 열정을 보다 심오한 목표 의식으로 발전시켰다. 앞 장의 마지막 부분에서 소개했듯이 혁신가의 자질이 어떻게 개발되는지 보여 주는 모델에 따르면 이러한 교과 과정의 문화는 그들의 창의적인 사고 능력과 전문성뿐 아니라 내적인 동기를 계속해서 발전시켜 나갔다. 그리고 그 각각의 변형된 강의를 진행한 사람들은 전통적인 학문의 틀에 맞지 않는 인습타파론자였다.

샤나와 커크는 모두 혁신적인 대기업과 소규모 신생 기업에서 일한 경험이 있다. 그들은 투철한 기업가적 기질을 가졌으며 이 세상에 변화를 만들어 내고자 한 혁신가였다.

끝으로, 펠프스 부부와 텔러만 부부는 모두 안정적인 중산층이다. 그렇다면 다른 문화적 또는 사회경제적 배경을 가진 부모들의 자녀는 어떨까? 그 부모들도 자녀 양육과 관련하여 비슷한 가치관을 갖고 있을까? 젊은 혁신가에게 변화를 유발하는 이 같은 패턴의, 본질적으로 다른 대학 강의가 여전히 효과가 있을까? 이 장의 나머지 부분에서 우리는 이십대 초반의 두 혁신가와 이제 삼십 대 초반이 된 세 번째 혁신가이자 기업가를 만나게 될 것이다. 이 세 명은 커크나 샤나와는 상당히 다른 유년기와 청소년기를 보냈다.

조디 우

조디 우는 2009년에 MIT를 졸업하면서 기계 공학 학사 학위를 받았다. 그리고 탄자니아에서 자신의 사업을 시작하기 위해 UC 버클리에서 제시한 전액 장학금을 거절했다. 현재는 스물넷의 나이로 〈자전거를 혁신적인 수송 수단으로 변신시키자〉는 모토를 내건 글로벌 사이클 솔루션스Global Cycle Solutions의 대표 이사와 CEO를 맡고 있다.[4]

MIT 근처의 레스토랑에서 커피를 마시면서 조디가 말했다. 「부모님은 제가 태어나기 7년 전인 1980년에 타이완에서 미국으로 이민을 오셨어요. 미국에 친척도 있었고 부모님은 미국이 아이들에게 기회의 땅이 되어 줄 거라고 생각하셨죠.

저는 조지아 주 코니어스에서 자랐어요. 내내 그곳에서 살면서 공립 학교에 다녔죠. 부모님은 작은 중국 음식점을 운영하셨어요. 그리고 제가 열여섯 살 되던 해에 그 식당을 다른 사람한테 매각하셨는데 그 전까지는 제게 그 식당이 우주의 중심이었죠. 그 식당의 한쪽 테이블에 앉아서 숙제를 하던 생각이 지금도 생생해요. 저는 아주 어릴 때부터 그 식당에서 일을 했어요. 부모님 일을 거드는 정도였죠. 고등학교는 록데일 마그넷 과학 기술 스쿨에 다녔는데 그곳은 록데일 카운티 고등학교와 교실을 함께 썼어요. 저는 수학과 과학은 전부 마그넷 스쿨 수업을 듣고 나머지 과목은 록데일 카운티 고등학교 수업을 들었어요.

처음에는 마그넷 스쿨에 가고 싶지 않았어요. 다른 친구들처럼 일반 고등학교에 가고 싶었기 때문이죠. 하지만 아버지께서는 〈다녀 보고 싫으면 언제든지 그만두면 된단다〉라고 말씀하셨죠.」

「그럼 그 학교에 계속 다니게 된 이유가 뭔가요?」

「교과 과정이 학문적으로 흥미롭다는 점 때문이었어요. 모든 수업에는 직접 프로젝트를 진행해 보는 연구 과정이 들어 있었죠. 스스로 자신의 프로젝트를 정하고 주제도 직접 선택해야 했어요. 저는 〈뇌세포를 연구하고 싶어요〉라고 말할 수도 있었고, 그에 필요한 연구 자금이 어디에서 나오는지에 대해 걱정할 필요도 없었어요. 마그넷 스쿨은 조지아 공대와 결연 관계를 맺고 있었고 그 덕분에 우리는 종종 조지아 공대에 가서 청강을 할 수 있었다는 점에서도 특별했죠.」

중학교 3학년 때 조디의 과학 프로젝트는 지오데식 돔*에서 유리 섬유와 목재를 사용했을 때 각각의 효과를 관찰하는 것이었다. 「저는 처음으로 참여한 그 프로젝트를 정말로 좋아했어요. 강도를 시험하려면 돔 위에 추를 쌓아 올려야 하는데, 구조물이 붕괴되면서 그 추들이 함께 무너져 내리는 모습을 지켜보는 게 좋았어요.」 고등학교 1학년 때 그녀가 수행한 프로젝트는 수력 발전용 댐에 사용되는 날개바퀴의 디자인을 테스트하는 것이었다. 고등학교 2학년 때는 방사선이 뇌세포에 끼치는 영향을 연구하는 프로젝트를 진행했다.

「저는 고등학교 2학년 때 맡았던 프로젝트를 정말 좋아했는데, 그 프로젝트가 인명을 구하는 엄청난 결과를 가져올 거라고 믿었기 때문이죠. 하지만 살아 있는 뇌세포를 실험 대상으로 사용할 수 없다는 사실을 깨달았죠. 뇌세포가 죽고 나면 저로서는 그 뇌세포가 왜 죽었는지 알 도리가 없었어요. 게다가 조사한 내용과 연구 결과가 상반되는 경우도 무척 잦았어요. 누가 옳은지 알 수가 없었죠.

저는 세계 과학 경시대회에도 참가했어요. 그동안 수행했던 프로젝트 중 하나를 가지고 인텔 사이언스 페어Intel Science Fair에서 준결승까지 진출한 250명 중 한 명이 되었죠. 그리고 우리 학교에는 수학부도 있었어요.

---

* 되도록 같은 길이의 직선 부재를 써서 구면(球面) 분할을 한 트러스 구조에 의한 돔 형식의 하나.

지도 교사인 척 가너 선생님은 수학부를 일반적인 스포츠 팀처럼 여기셨죠. 우리에게는 팀 로고도 있었고, 다른 학교를 방문해서 그 학교의 수학부와 경쟁하고, 우승을 차지하기도 했어요. 괴짜들을 위한 단순한 모임에서 벗어나 나름 재미있는 경험이었죠. 아울러 그 선생님은 고등학교 시절 제게 가장 커다란 영향을 끼친 분이었어요. 수학에 대한 애정도 굉장히 많았고, 이를테면 수학의 역사와 같은 수학을 바라보는 다른 관점도 제시해 주셨죠. 여기에 더해서 저는 그 선생님께 어떤 이야기도 터놓고 할 수 있었어요.」

척 가너는 17년 경력의 베테랑 교사이다. 나는 그와 면담하면서 수학부에 대해, 그리고 조디를 어떻게 기억하는지에 대해 물었다.

「수학부는 일주일에 세 시간씩 연습하고, 해마다 13개의 대회에 참가하는데 각각의 대회는 보통 하루 온종일이 걸리고, 그 중 세 개의 대회는 밤새워 진행됩니다. 그밖에도 아메리카 지역 수학 위크라는 것이 있죠. 그리고 이 모든 대회에 참가하는 지원금으로 학교로부터 1년에 875달러를 받습니다.」

내가 웃으며 말했다. 「돈 벌려고 하는 건 아닌 게 확실하군요. 그렇게 해서 얻는 건 무엇인가요?」

「내가 수학부의 지도 교사로 일하는 이유는 두 가지 정도가 있습니다. 첫째로, 학업 성취도가 높은 학생들에게 수학을 가르칠 수 있다는 점입니다. 우리는 정상적인 교과 과정에서 배울 수 없는 주제를 공부하면서 재미를 발견합니다. 사람들은 누구나 그런 주제를 어린 학생들이 이해할 수 없을 거라고 생각하죠. 둘째로, 수학부의 학생들이 정말 멋진 아이들이라는 점도 한몫을 합니다. 나는 교실 바깥에서 그 아이들을 알아 가는 과정이 너무나 즐겁습니다. 경시대회에 참가하기 위해 한 시간씩 버스를 타고 이동하는 경우가 자주 있는데 우리는 단지 대화만으로 그 시간을 보내죠. 그 아이들은 워낙 재기발랄하고 유머가 넘쳐서 같이 어울리다 보면 시간 가는 줄 모릅니다. 보호자가 우리와 동행하는 경우도 있는데 내가 자기와 대화를 나누지 않았다고 더러는 내게 불평을 늘어놓기도 합니다. 하지만 나는 버스 뒤편에 앉아서 아이들과 이야기를 나누거나, 그때그때 봐가며 수학을 가르치거나, 그 밖의 다른 일을 하는 편이 더 좋아요. 그 아이들에 비하면 내가 수학에 관해 얼마나 아는 게 적은지 놀랄 따름입니다. 더구나 나는 박사 학위도 있는데 말이죠. 그들의 사고 방식과 문제를 풀어 가는 방식 모두 놀라울 따름이에요.」

「조디는 어땠나요?」

「조디는 내가 그동안 가르쳐 온 가장 체계적인 학생들 중에서도 단연 손에 꼽힙니다. 다른 사람을 험담한 적이 한 번도 없을 정도로 아주 착한 학생이기도 했고요. 그녀는 화를 내거나 낙담한 모습을 보이지 않으려고 무척 애썼어요. 그런 모습이 신선했죠. 경쟁심이 강하고 공부를 잘하는 아이들 틈바구니에 있으면서도, 남을 성가시게 하거나 남에게 불쾌감을 주는 사람과는 거리가 멀었습니다. 그런 아이들의 관심은 오직 한 가지 뿐이었죠. 〈너는 평점이 얼마야? 시험에서 몇 점 받았어?〉와 같은 문제입니다. 하지만 조디는 그런 것과는 거리가 멀었어요.」

그럼에도 조디는 MIT에 지원해서 합격했는데 그곳에서 기계 공학을 공부하고 싶었기 때문이다. 나는 그녀에게 MIT에서 보낸 4년 중 가장 기억에 남는 경험이 무엇인지 물었다.

「한번은 신입생 세미나가 있었는데 그 세미나를 통해 토목 공학 회사인 파슨스Parsons에서 인턴으로 일할 수 있는 기회를 얻었어요. 그 덕분에 약간의 직장 경험을 쌓을 수 있었죠. 2학년 여름 방학 때는 사회적으로

덕망이 있는 대기업에서 인턴으로 일했어요. (조디는 그 회사의 실명이 언급되는 걸 원치 않았다.) 하지만 심각한 수준에 달한 그 회사의 비능률에 놀라지 않을 수 없었어요. 어떤 직원들은 밤을 새워서 일하는 반면에 할 일이 없는 다른 직원들은 페이스북이나 하고 있었죠. 똑같은 업무를 수행하는 사람이 세 명씩이나 되었어요. 그 경험 때문에 저는 엔지니어가 되고 싶은 마음이 싹 사라졌어요. 그런 회사에서 30년씩이나 일하고 싶지 않았고, 사회에 영향을 줄 수 없는 일을 하기도 싫었어요. 어쨌든 두 개의 시스템을 연결하는 파이프를 설계하는 일이 그렇게 영향력 있는 일은 아니잖아요. 재미도 없었어요.」

변화를 불러온 대학 경험

「에이미 스미스 교수님이 창설한 일련의 교과 과정인 D-랩을 듣고 나서 모든 것이 달라졌어요. 에이미 교수님은 보츠나와에서 3년 동안 평화봉사단으로 근무했고, 그 이후로 국제적인 개발 사업을 진행하고 자신의 엔지니어링 기술을 제3국의 상황에 알맞게 적용하는 일에 지속적인 관심을 가져 왔어요. 제가 살펴본 바로 그 교과 과정은 세 개의 교과 과정으로 구성되어 있었어요. 〈D-랩 1〉 강의는 개발이란 뜻이었고 〈D-랩 2〉는 디자인, 〈D-랩 3〉은 유포를 의미했어요. 제가 이 교과 과정을 마음에 들어 한 이유는 해당 과정을 통해서, 이를테면 기술이 낙후된 지역 사회에 커다란 영향을 줄 수 있는 어떤 장치를 개발하는 것처럼, 이 세상에 변화를 만들어 내고자 하는 저의 열망을 그동안 배운 엔지니어링 기술과 결합시킬 수 있었기 때문이에요.」

나는 D-랩의 유래와 목적이 궁금해서 에이미 교수와 인터뷰를 진행했다.[5] 「내가 MIT의 학부생이었을 때 필요성을 느꼈던 과목을 가르치기 위한 노력에서 시작되었습니다. 그 노력은 내가 이곳의 대학원생이던 90년대부터 시작되었고 내가 이 교과 과정을 가르치기 시작한 건 11년 전부터죠. 후원자들을 모집하기까지 정말 오랜 시간이 걸렸지만 결국 여기저기서 약간씩의 보조금을 지원받을 수 있었어요. 우리는 공식적인 센터나 연구소가 아닐뿐더러 어떤 학과와도 관련이 없어요. MIT 같은 구조에서 우리 존재를 규정하는 건 사실상 불가능하죠.」

「그럼 교수님은 종신 재직권이 있는 것도 아니고 앞으로도 얻게 될 가능성은 그다지 없겠군요?」

「아, 없어요. MIT에서는 내가 실무 교수에 지원하길 원합니다. 하지만 실무 교수는 종신 재직권이 보장되는 자리는 아닙니다. 그리고 내가 교수 임용을 위해 지원할 시간이 정말로 부족하기도 합니다. 교수 임용에 지원하려면 과거로 거슬러 올라가서 지난 12년 동안의 연구 실적을 증명해야 하는데 그건 악몽이나 다름없어요. 내 연구 실적을 다른 누군가에게 설명해야 될 거라고는 상상도 해본 적이 없거든요. 게다가 내 자신과 우리 연구에 관한 논문이 발표된 적은 많지만 내가 직접 우리 연구에 관한 논문을 발표한 적도 없습니다.」 (나중에 알게 된 사실이지만 에이미 교수는 겸손을 떨었을 뿐이다. 2010년에 『타임』은 그녀를 세계에서 가장 영향력 있는 100인 중 한 명으로 거명했다.)[6]

「D-랩에 대해서 좀 더 자세히 설명해주세요.」

「D-랩의 철학은 경험주의에 바탕을 두고 있어요. 실제 인물에 대한 실제 프로젝트를 수행하고 자신의 프로젝트에 대해 실질적인 피드백을 받죠. 너무나 많은 경우에 학생들은 자신의 작업에 대해서 의미 있는 피드백을 받지 못해요. 주제와 관련해서는 하루에 2달러도 안 되는 돈으로 살아가는 사람들에게 초점을 맞춥니다. 또한 우리는 제3세계에서 우리와 함께 일하는 사람들의 능력을 개발하고, 그들에게 자신이 혁신가라는 믿음을 길러 줘야 한다고 생각하며, 우리 학생들이 그 지역의 고유한 지식을 존중해야 한다고 생각합니다.」

에이미 스미스와 D-랩

「조디는 어떤 학생이었나요?」

「그녀는 겉으로 드러내지 않지만 강한 의지를 지녔어요. 늘 미소를 짓기 때문에 대화를 나누면서도 진정한 속내를 알 수가 없죠. 하지만 그녀는 어떤 행동이 필요한지 고민하고, 그 행동을 취하기 위한 방법을 찾아내요. 그녀를 처음 봤을 때부터 D-랩이 지향하는 전형적인 학생상이 될 거라고 생각했냐고요? 전혀요. 그녀는 자기주장이 강하거나 얄밉게 행동하지 않아요. 그렇지만 완고한 면이 있죠. 색다른 유형의 기업가라고 할 수 있죠. 예컨대 조디는 묵묵히 자기 할 일을 해내면 그만이지 자기가 그 일을 해낼 거라고 세상에 떠벌릴 필요는 없다고 생각할 거예요.」

D-랩 과정을 공부하던 학생에서 탄자니아에서 회사를 출범시키기까지의 과정에 대해 조디의 설명을 들었다.

「에이미 교수님의 프로그램 중 가장 중요한 부분은 첫 학기에 국제 개발과 관련한 수업을 듣고, 1월에 개발 도상국을 방문하는 것이에요. 그 점이 정말 마음에 와 닿았어요. 개발 도상국에 가서 가치 있는 일을 하고 싶다는 생각을 늘 갖고 있었기 때문이죠. 저는 탄자니아로 갔어요. 그리고 그곳에서의 경험은 제가 진정으로 눈을 뜬 계기가 되었죠. 탄자니아에 갈 때까지만 해도 우리는 이런 생각을 가지고 있었죠. 〈나는 3주 만에 세상을 바꾸게 될 거야. 이 기술은 지금 내가 가는 곳을 완전히 바꿔 놓고 그곳의 모든 사람들에게 도움을 주겠지.〉

그 여행의 시작은 좌절 그 자체였어요. 우리는 미국적인 허상에서 도무지 벗어날 줄을 몰랐죠. 하지만 마지막 주에 우연히 버나드 키위아라는 분을 만났어요. 당시에 저는 1학기 때 에이미 교수님이 소개했던 기계들 중 하나를 가져갔었어요. 페달을 돌려서 작동하는 옥수수 탈립기였는데 과테말라에서 처음 개발된 기계였죠. 버나드는 탄자니아 출신의 자전거 수리공이었고, 에이미 교수님이 운영하는 또 다른 프로그램 중 하나로 2007년에 처음 개최된 국제 디자인 개발 회담International Development Design Summit에도 참가했더군요. 그 회담에서는 전 세계에서 모인 참가자들이 개발 도상국에서 사용할 수 있는 새로운 기술을 공동으로 개발하고 설계해요. 그는 그 프로그램에 참가한 뒤로 자신이 발명한 모든 기술을 보여 줬어요. 자전거의 핸들을 쇠톱을 고정하는 뼈대로 활용한 기술이나 페달을 돌려서 동력을 얻는 연마기 같은 것들이었죠. 하나같이 독특한 발명품이었어요. 저는 개발 사업이 실질적인 성과로 이어질 수 있음을 깨닫고 에이미 교수님이 그동안 해온 일에 동참해야겠다는 생각을 하게 되었죠.

하지만 세상을 구원할 거라는 생각으로 제가 가져갔던 옥수수 탈립기는 그곳에서 그다지 쓸모가 없다는 사실을 깨달았어요. 부피가 클 뿐 아니라 가격도 너무 비쌌죠. 아무도 그 기계를 사려고 하지 않았어요. 자전거를 분해해서 만든 그 기계는 탈립기와 그 위에 얹어 놓은 안장으로 구성되었어요. 옥수수 탈립기 자체는 25달러에 불과했지만 자전거를 분해해서 부품으로 사용하는 과정에서 200달러짜리 장치가 되어버렸죠. 그래서 생각했어요. 〈그 25달러짜리 탈립기를 분리하고 여기에다 탈립기보다 비싼 이 기계의 속성을 포함시키면 어떨까?〉 그러고는 깨달았죠. 우리는 애초부터 자전거를 분해하지 말았어야 했던 거예요. 자전거를 활용해야 했죠! 새로 만든 기계는 자전거가 부속품이 아닌 중심적인 기반이 되었고, 부피도 줄었어요. 〈이제 내게는 자전거 뒤에 실을 수 있는 기계가 있고, 게다가 그 기계가 자전거에 실려 있으므로 이동하기도 편리해. 따라서 지역 주민들이 사용하는 데 문제가 없겠지. 주민들끼리 돌려가면서 쓸 수도 있을 거야. 아울러 옥수수를 수확하는 시기가 아닐 때는 그냥 자전거로도 사용할 수 있어.〉

그래서 저는 D-랩 2 강의가 시작될 때 그 문제를 디자인 과제로 제시했어요. 그 과제는 해당 학기에 수행할 프로젝트 중 하나로 채택되었고 덕분에 그 학기 동안 제게는 디자인 팀이 생겼죠.

그해 여름에 저는 새롭게 개발한 옥수수 탈립기의 디자인 원형을 가지고 다시 탄자니아로 갔어요. 비록 원형을 개발하는 단계였고 정말로 미숙한 디자인이었지만 당시에 그곳 주민들이 사용하고 있던 기계보다 훨썬 효율적이었죠. 우리는 옥수수 탈립기가 장착된 자전거를 대여해 주기 시작했고, 그에 따라 우리 사업의 이윤에도 변화가 생겼죠. 뒤이어 가을에 수강한 주스트 본센 교수님의 〈개발 사업〉 강의에서 저는 다른 학생들에게 사업 아이디어를 제시했어요. 자전거를 대여해 준 기간 동안 옥수수 탈립기가 어떻게 제 몫을 해낼 수 있었는지 설명했어요. 주스트 본센 교수님은 제게 사업 계획서를 써보라고 진지하게 조언했어요. 그분은 진심으로 그 프로젝트의 가치를 믿어 주었죠.」

탄자니아에서 조디 우

주스트 본센은 MIT의 미디어 랩 교수이다. 미디어 랩 프로그램에 대해서는 이 책의 뒷부분에서 좀 더 자세하게 다룰 예정이다. 그는 조디가 수강했던 자신의 강의에 대해 다음과 같이 설명했다.

「우리는 어떻게 하면 최선의 아이디어를 수렴하고 그 아이디어를 시장에 적용할 수 있을지 그 방법을 알아내기 위해서 개발 사업 강의를 만들었습니다. 조디는 자전거 페달을 돌려 동력을 얻는 옥수수 탈립기를 설계했어요. 우리 강의에서는 강의 초반에 모든 학생들이 각자의 아이디어를 제시합니다. 나는 조디가 정말 좋은 아이디어를 냈다고 생각했어요. 그 이후로 몇 주 동안 나는 그녀의 계획을 세밀하게 관찰했고 그 자전거에 다른 주변 장치들을 추가하는 건 어떨까 하고 생각했습니다.」

조디가 말했다. 「주스트 교수님은 우리에게 10만 달러의 상금이 걸린 도전에 참가해 보도록 권했어요. 우리 팀은 우리가 속한 분야에서 1위를 차지했고 2만 달러의 상금도 받았는데, 우리는 주스트 교수님의 수업을 듣는 학생들 중에서 MBA나 사업 경험이 없는 유일한 팀이었어요.[7] 한 번의 상은 또 다른 상으로 이어졌고 결국 우리는 총 3만 달러의 상금을 획득했죠.

4학년이 되던 해 봄에 주스트 교수님의 소개로 저는 MIT 동문이자 엔젤투자자인 세미온 두카츠를 만났어요. 제가 UC 버클리에 막 합격했을 때였죠. 그런데 우리 팀을 만난 자리에서 세미온은 적극적인 관심을 보이면서 이렇게 말했어요. 〈그냥 그 일을 해봐요. 현장에서 일할 때 가장 많은 것을 배울 수 있어요.〉 세미온은 저에게 투자자를 소개시켜 줬고 그 투자자는 우리가 글로벌 사이클 솔루션스를 시작할 수 있도록 5만 달러를 투자했죠. 저는 조언을 구하기 위해 아버지한테 갔고 아버지도 그 일을 해보라고 말씀하셨죠. 그러고는 우리가 투자자로부터 받은 금액과 동일한 5만 달러를 별도로 주시면서 이렇게 말씀하셨어요. 〈내 딸에게 투자를 하지 않는다면 아버지로서 잘못하는 일이겠지.〉 나중에 알았지만 그 돈은 우리에게 주시려고 아버지가 다른 사람한테서 빌린 돈이었어요.」

조디의 아버지인 마셜 우에게 그녀의 회사에 투자하기로 결정한 배경에 대해 물었다.

「나는 탄자니아에서 사업을 하려는 시도가 그다지 좋은 생각이 아니라고 생각해요. 현지 사람들의 방식대로 일을 처리해야 할뿐더러 때로는 정당하지 못한 거래도 해야 하죠. 한마디로 위험해요. 조디에게도 그런 일에는 개입하지 말라고 말했어요. 하지만 뭔가를 배울 수 있는 좋은 기회이기도 하죠. 조디는 젊고, 학교에서 배울 수 없는 것을 배우고 있어요. 이 경험을 통해 조디는 인생을 살아가는 데 필요한 것들을 배울 겁니다.

결과적으로 조디에게 득이 될 거예요.」

나는 재차 같은 질문을 던졌다. 「그녀의 사업에 투자하기로 한 이유는 무엇이죠?」

「조디에게는 지원이 필요해요. 자신의 뒤에는 가족이 있다는 사실을 알 필요가 있죠. 혼자가 아니라는 사실도요. 조디는 아직 어리고, 자신만의 교훈을 배울 필요가 있어요.」

「투자한 돈은 되찾을 여지가 있다고 보시나요?」

「한 푼도 못 받을 겁니다. 하지만 돈을 벌기 위해서 조디의 사업에 투자한 건 아니에요. 단지 조디에게 힘이 되어 주려고 한 겁니다. 자식을 도와주고 적정선의 지원을 해주는 것이 중국의 전통입니다. 나는 은퇴를 대비해서 투자할 필요가 없어요. 게다가 손재주도 좋아요. 잡다한 것들을 잘 고치죠. 뭐든지 고쳐요. 나이가 들면 나는 그런 일을 할 겁니다. 내가 살아가는 데는 그다지 많은 돈이 필요치 않아요.」(8년 전 중국 음식점을 팔고 난 뒤에 조디의 아버지는 냉난방 시설 수리 기사가 되기 위해 직업 학교에 입학했다.)

부모의 지원이 중요한 이유

2009년에 MIT를 졸업하고 나서 조디는 탄자니아로 이주해서 자신의 회사를 설립했다. 「저는 제 자신을 훈련받고 있는 CEO라고 칭했어요. 세미온이 저의 조언자 역할을 해줬죠. 제가 사업 경험이 전혀 없었거든요.」

세미온 두카츠는 연쇄 창업가이자 엔젤투자자이며 글로벌 사이클 솔루션스의 이사회 의장이다. 나는 그에게 조디의 사업에 동참하는 이유를 물었다.

「제3세계를 위해 비용도 적게 들고 실질적인 도움을 주고자 하는 운동이 있어요. 그렇다고 구체적인 어떤 농기구를 제공하는 일은 아니에요. 그보다는 기업가 정신을 일깨우는 문제와 관련 있는 운동이죠. 아프리카의 경제를 육성하는 유일한 방법이기도 하구요. 하지만 내 입장에서 엔젤투자는 사업이 아닌 사람에 관한 것입니다. 흥분을 공유하고, 도움이 되고, 생산적인 상태를 유지하고, 즐기는 것이죠. 그렇지만 이 외에도 다른 요소들이, 이를테면 사업을 제시하고, 마케팅하고, 자금을 조달할 방법 등이 필요하다는 사실을 인지해야 합니다. 그런 점에서 내 역할은 오히려 촉진제에 가깝죠.」

「조디는 어떤 부분에서 도움이 필요했나요?」

「젊은 기업가들에게 중요한 문제는 열정을 발견하고 한 가지 일에만 몰입하는 겁니다. 조디는 〈아니오〉라고 말하거나 집중력을 유지해야 할 때, 누군가를 채용하거나 해고해야 할 때 도움이 필요했어요.」

2011년 4월에 조디와 나는 스카이프를 이용해서 그동안 밀린 이야기를 나눴다. 조디가 말했다. 「식구가 5명에서 14명으로 늘어났고 탄자니아의 네 곳에 영업 사원을 배치했어요. 새로운 제품도 개발했는데 오토바이의 동력을 이용하는 휴대 전화 충전기예요. 그동안 옥수수 탈립기는 개당 60달러에 600개를 판매했고, 자전거로 충전하는 휴대 전화 충전기는 개당 8달러에 1,200개를, 오토바이로 충전하는 휴대 전화 충전기(그녀의 회사에서 연구 개발 부서 수석 엔지니어로 있는 버나드 키위아의 발명품)는 개당 3달러에 총 800개를 판매했죠. 우리 회사는 2년 만에 매출이 15만 달러를 넘어섰어요. 지금 이 순간에도 매출이 계속해서 늘어나고 있으면 좋겠어요. 이 정도 시점에 손익 분기점에 도달하면 좋겠다고 생각했었는데 말이죠. 그렇지만 비즈니스와 관련된 모든 일이 힘들었어요. 현지 생산은 늘 지연되기 일쑤죠. 이곳 어디에서도 신속하게 일을 처리하려는 압박감 같은 것은 찾아볼 수가 없어요. 작년에는 15퍼센트에 달하는 환율 변동이 회사의 이윤을 갉아먹었죠. 두 달 동안 하루에 여덟 시간씩 전기가 끊기는가 하면 한 달 동안 물 공급이 끊기기도 했어요. 제가 살고 있는 집에서도 샤워와 설거지에 쓸 물을 제한해야 했죠.

우리는 비즈니스 모델을 새로 만들었고 자산 규모도 늘렸어요. 지금은 아래에서 위로, 그리고 위에서 아래로의 복합적인 전략을 시도하고 있어요. 금융 기업 같은 조직들과 협력 방안을 모색하는 중이죠. 물론 보조금을 지원받기 위한 노력도 계속하고 있어요. 저는 우리가 농산부장관 같은 사람과 이야기를 나누게 될 거라고는 생각도 못했어요. 우리는 사업의 견인력을 갖게 되었고 이제는 규모를 확장할 참이에요.」

약간의 차이점과 많은 유사성

조디는 커크나 샤나와는 무척 다른 문화적 배경과 성장 환경을 가졌다. 그럼에도 그들이 혁신가로 발전하는 데 영향을 준 요소들의 유사성은 차이점보다 훨씬 중요한 듯하다. 커크나 샤나와 마찬가지로 조디에게는 자식들이 경력을 걱정하기보다는 자신의 꿈을 따르는 것이 더 중요하다고 생각한, 그리고 그들이 직업적인 모험을 감수하고 시행착오를 통해 배울 수 있도록 허락해 준, 심지어 그렇게 하도록 격려해 준 부모가 있었다. 조디의 아버지에게 이런 원칙은 매우 중요했고, 따라서 그는 투자한 금액을 돈으로는 되돌려 받을 수 없을 거라고 생각하면서도 딸이 회사를 설립하는 데 도움을 주기 위해 기꺼이 상당한 액수의 돈을 빌렸다.

다시 한 번 우리는 협동이 필요하고, 프로젝트를 바탕으로 하며, 다양한 학문을 접목시킨 학습 방법으로 젊은이들의 성장 과정에 깊은 영향을 끼치는 아웃라이어 교사의 중요성을 발견한다. 만약 에드 캐리어나 랜드 포시, 에이미 스미스 같은 사람이 없었다면 커크나 샤나, 조디의 인생이 어떻게 달라졌을 것인지 궁금하지 않을 수 없다. 이외에 몇몇 어른들도 조디에게 중요한 영향을 끼쳤다. 고등학교 때 수학 교사인 척 가너를 비롯해 주스트 본센, 세미온 두카츠 등이다. 많은 사람이 조디를 지원했다.

우리끼리 대화를 나눌 때 조디는 어린 시절의 놀이 경험에 대해서는 상대적으로 말을 아꼈다. 커크나 샤나와는 다른 모습이었다. 따라서 나는 조디가 내적인 동기를 개발하는 과정에서 놀이와 열정, 목표 의식이 얼마나 중요한 역할을 했는지 궁금해졌고 그녀에게 이메일을 보냈다. 여기에 그녀가 보낸 답장을 소개한다.

놀이를 통해 열정과 목표 의식을 갖게 된다는 건 실제로 맞는 말 같아요. 〈놀이〉라는 측면에서 저는 레고 빌리지나 건축용 장난감인 케이넥스 롤러 코스터로 뭔가를 만들거나, 조각 그림을 맞추는 직소 퍼즐을 맞췄다가 헤쳤다가를 끝없이 반복했죠. 이후에 대학에 가서는 기계 공학과 사랑에 빠져서(〈열정〉) 기계 작업장에 가서 이런저런 것들을 만들었죠. 〈목표 의식〉이라면 사람들에게 도움이 되는 물건을 만들어 내는 거죠.

하지만 제 입장에서 놀라운 부분은 부모님의 습관이 제 몸에 똑같이 배어 있다는 점이에요. 어떤 일을 시작할 때 주저하지 않는 대담함이나, 관대함, 받은 것보다 더 많이 돌려주려는 마음, 직원들로부터 신의를 이끌어 내는 행동, 겸손함, 에너지, 무엇보다 돈에 대한 신중함, 즉 한 푼도 낭비하지 않고 매우 적은 돈이라도 신중하게 사용하는 태도 등이죠. 해가 지날수록 저는 성장했고 다양한 환경에서 더 많은 일을 할 수 있다는 사실을 깨달았어요. 제가 공학을 선택한 이유는 세상 만물이 움직이는 원리를 알고 싶었기 때문이에요. 그리고 제가 가진 지식을 실제로 적용하기 위해서 글로벌 사이클 솔루션스 사업을 시작했죠. 한편으로는 제가 그 사업을 하지 않으면 관련된 아이디어와 구상한 것들이 모두 사장될 거라는 사실을 알고 있었기 때문이기도 해요.

조디의 이야기는 그녀의 부모가, 커크와 샤나의 부모처럼, 그들의 자녀에게 명확한 가치관을 심어 준 게 얼마나 중요했는지 보여 준다. 무엇보다 〈사회에 돌려주는 일〉의 중요성은 이들 세 가족들이 공통적으로 갖고 있는 중요한 믿음이다. 혁신을 추구하면서도 〈재미〉를 쫓는 건 이세 젊은 혁신가들의 인생에서 호소력 짙은 주제다. 혁신은 일종의 어른들의 놀이다. 하지만 세상에 어떤 변화를 만들어 내겠다는 보다 진지한 목표 역시 비슷하게 중요하다. 이들 세 사람은 다른 사람을 돕는 한편 자기만족을 추구한다. 세상에 도움이 되고, 더 나아가서는 사람들이 자신의 능력을 발휘하도록 힘을 부여하는 존재가 되고자 하는 열망은 이제까지 우리가 만나 온 교수나 교사들이 공통적으로 갖고 있는 본질적인 가치관이기도 하다.

과학이나 기술, 공학, 수학 분야에서 무엇이 젊은 혁신가들을 가르치는 최선의 방법인지에 관한 문제로 돌아가기 전에 미국에 온 지 얼마 되지 않은 한 젊은 혁신가에 대해 살펴보자. 미국이 취업할 목적을 가진 이민자의 숫자를 엄격하게 제한하는 오늘날 다른 나라 출신의 훌륭하고 똑똑한 인재들이 미국에 어떤 기여를 할 수 있는지 알아야 한다.

데이비드 센제

다섯 형제 중 막내인 데이비드 센제는 시에라리온에서 태어나 그곳에서 자랐으며, 그의 어머니 엘리자베스는 교육부장관의 보좌관이고 그의 아버지 폴은 유엔 아동 기금인 유니세프의 프로그램 평가자로 일한다. 2006년에 국제 적십자 대학교Red Cross United World College 노르웨이 플레케 캠퍼스 부속 고등학교를 졸업할 당시에 이미 데이비드는 그 학교에 다니는 다른 세 명의 학생들과 함께 〈글로벌 미니멈〉이라는 자신의 첫 NGO 단체를 발족시킨 상태였다. 일 년 뒤에 그들은 말라리아 예방을 위해 시에라리온에서 방충망을 배포하는 보다 효율적인 방법을 개척했다.[8] 하버드 대학 2학년에 재학 중이던 2007년에는 동기생 네 명과 함께 또 다른 사회적 기업을 출범시켰다. 레보네 솔루션스LeBone Solutions라는 이름의 그 기업은 흙 속의 미생물을 이용해서 전기를 생산하는 방법을 연구했고, 2008년 월드 뱅크 라이팅 아프리카World Bank Lighting Africa 대회에서 20만 달러의 상금을 거머쥐었다.[9] 데이비드가 공학 학사 학위를 취득하기 몇 달 전인 2010년 봄에 하버드 대학의 학장 드루 파우스트는 빌 게이츠가 하버드 대학에 강의하러 왔을 때 청중에게 그를 소개할 학생으로 데이비드를 선택했다.

데이비드 센제

　데이비드와 내가 처음 만난 건 그의 하버드 졸업식을 며칠 앞둔 시점이었다. 그에게 시에라리온에서 어떻게 살았는지 물었다.

　「학교가 끝나고 집에 돌아가는 길에는 항상 아버지 사무실을 거쳤어요. 그곳에는 에어컨 바람도 나오고 먹을 것도 있었기 때문에 매일같이 들렀죠. 저는 항상 뭔가를 읽고 있었어요. UN에서 발표한 아동의 권리에 관한 협약이나 그 밖에도 유니세프의 다른 보고서들을 읽은 기억이 나는군요. 열네 살인가 열다섯 살 때 나는 〈청소년 포럼 네트워크〉라고 하는 단체에 가입했어요. 우리는 매주 일요일마다 만나서 이를테면 〈소년 병사 출신을 어떻게 사회에 융합시킬 것인가〉와 같은 다양한 주제를 가지고 토론했어요. 소년 병사 출신들이 거주하는 수용소에도 방문하고, 아프리카 아동의 날에는 대규모 행진을 계획하기도 했죠. 한편 저는 남아프리카 공화국에 있는 단체와 비슷하지만 대상이 청소년인 진실 화해 위원회를 조직하는 데 가담하고, 국회에서 아동의 권리 헌장이 통과되도록 하기 위한 운동에도 참가했어요.

　아버지는 BBC 잡지를 구독하셨어요. 하지만 매달 그 잡지가 배달될 때마다 가장 먼저 열어 본 사람은 바로 저였죠. 물론 아버지는 제가 학교 공부를 잘 하길 원하셨지만 유니세프 보고서같이 학교 공부와 상관없는 다양한 것들도 읽어 보도록 주셨어요. 아버지가 통계학자이셨던 덕분에 저는 시에라리온에 관한 자료들을 접할 수 있었고, 아버지가 설문지를 만드시거나 보고서를 읽으실 때도 아버지 옆에서 같이 지켜보곤 했죠. 이런 식으로 시에라리온의 문제들에 대해 알게 되었죠. 아버지의 친구나 직장 동료 중에는 똑똑한 분들이 많았는데 아버지는 저를 데리고 다니시면서 그분들과 자연스럽게 어울릴 수 있도록 해주셨어요. 그 덕분에 저는 자신감이 생겼고 저보다 뛰어난 사람들 앞에서도 주눅 들지 않게 되었죠.

제 생각에도 저는 특별한 기회들을 누렸고, 저도 다른 사람에게 영향을 줄 수 있다는 사실을 배웠어요. 당시에 저는 아이들을 치료하는 의사가 되고 싶었어요.」

데이비드의 아버지 폴이 말했다. 「데이비드는 항상 궁금한 게 많았어요. 수줍음을 타지도 않았기 때문에 무수히 많은 질문을 쏟아 냈죠. 우리 부부는 동네 도서관에 데이비드를 회원으로 등록시켰고 그 아이가 책을 빌려서 집에 가져오면 나는 이렇게 묻고는 했어요. 〈그 책 다 읽었니? 무슨 내용이야?〉 데이비드는 어른들을 찾아다니며 질문을 퍼부었어요. 데이비드에게 질문 공세를 당했던 사람들은 내게 〈자네도 데이비드와 대화를 나누려면 자네의 분야에 대해 잘 알고 있어야 할 거야〉라고 말하곤 했죠.」

데이비드가 내게 설명했다. 「오늘날의 저를 만들어 준 건 학교 교육이나 수업이 아닙니다. 제게 가장 큰 영향을 끼친 건 고등학교에서의 마지막 2년을 국제 학교인 UWC(United World College)에 다녔던 경험이었어요. 제가 노르웨이의 국제 학교 프로그램을 선택한 이유는 그 프로그램이 그동안 제가 경험했던 어떤 것들과도 매우 다를 거라는 사실을 알았기 때문이에요. 그 학교는 그 도시에 있는 적십자 본부와 연계되어 있었고 우리는 거의 매일같이 그곳에서 일종의 자원봉사를 할 수 있었어요.

노르웨이 UWC의 모토는 지역 사회에 대한 봉사와 참여, 국제적인 이해였어요.

　그곳에서 공부하는 동안 저는 우루과이와 카자흐스탄, 보스니아, 알바니아, 에티오피아, 덴마크, 페루에서 온 학생들과 함께 방을 썼어요. 그리고 이스라엘과 팔레스타인에서 온 학생들과 같은 교실에서 다함께 인권에 관한 수업을 들었죠. 이런 경험들은 협상이나 학문적인 담론을 바라보는 관점을 바꿔 주죠. 방과 후에는 다같이 학교를 청소하고 저학년들에게 개인 교습을 했어요. 거기에 있는 동안 룸메이트와 저는 글로벌 미니멈이라는 단체를 결성했고 우리의 첫 번째 프로젝트는 시에라리온의 지역 학교들에 용품을 지원하기 위해 600달러를 모으는 것이었죠.」(글로벌 미니멈의 중심 사업이자 말라리아 예방을 위해 방충망을 배포하는 건 좀더 나중, 데이비드가 대학교 1학년이 되었을 때 일이다.)

　「UWC를 다니면 다른 사람으로 거듭나게 됩니다. 그곳을 졸업한 학생들은 세계 곳곳에서 모두 사회 운동가로 활약하죠. 사람은 자고로 이런 학교를 다녀야 해요.」

　「하버드에서는 어땠나요?」

　「하버드 입학이 결정된 그해 여름에 저는 인공 보철물 은행을 설립해서 사람들이 길거리에서 구걸하는 대신에 자신에게 더 이상 맞지 않는 기구를 서로 교환할 수 있도록 해야겠다는 생각을 갖고 있었어요. 그리고 구글에서 하버드와 테크놀로지를 연관 검색해서 하버드의 테크놀로지와 기업가 정신 센터라는 곳을 찾아냈죠. 곧바로 그 센터의 책임자인 폴 보티노 교수님에게 전화해서 20분 동안 이야기를 나눴어요. 그분은 제 이야기를 듣고 이메일로 보다 자세한 내용을 보내 달라고 요청했죠. 결과적으로 그 아이디어는 여러 가지 이유로 인해 더 이상 진척되지 못했어요. 하지만 현재 저는 대학원에 가서 인공 보철물 설계를 공부할 계획을 갖고 있습니다.

하버드에는 제가 모든 걸 공유할 수 있는 사람이 두 명이 있어요. 폴 교수님도 그중 한 명이죠. 학기가 시작한 첫 주에 제가 폴 교수님의 방에 찾아가서 대화를 시작한 그 순간부터 우리는 온통 기업가 정신과 아이디어에 관한 이야기를 나눴어요. 우리 대화는 한 번도 5분 만에 끝난 적이 없어요. 언제나 최소 30분 이상씩 걸렸고 폴 교수님은 늘 제게 질문을 던지면서 아이디어를 주셨어요. 그분과의 대화는 모든 걸 바꿔 놓았죠. 저는 의미 있는 일을 하고, 뭔가를 창조하고, 아이디어를 개발하는 사람이 되고 싶어졌죠.」

폴 보티노 교수가 멘토로서 자신의 목표를 설명했다. 「나는 학생들이 부담 없이 나를 찾게 만들려고 노력하고, 그들이 의문을 품거나 기회를 활용하도록 도와줌으로써 그들 자신이 주체임을 알려 주려고 노력합니다. 점점 더 많은 학생들이 단순히 내용만 전달하는 교육은 실효성이 없을뿐더러 학생들 사이에서 인정을 받지도 못한다고 말합니다. 데이비드 같은 학생들은 교육이란 각각의 점들을 잇기 위해 자신이 가진 지식을 적용하는 거라고 생각해요.」

멘토의 중요성에 대해 설명하는 센제

「폴 교수님은 에어로졸화한 포도당과 백신으로 이름을 떨친 생체 공학자 데이비드 에드워즈 교수님에게 저를 소개시켜 줬어요. 그는 혁신과 관련된 새로운 조직을 발족시키고자 하버드와 프랑스 파리에 아이디어 전환 연구소Idea Translation Lab를 설립했죠.[10] 저는 하버드에 입학한 둘째 주부터 그 연구소에서 일하기 시작했어요. 하버드에 입학하기 바로 전까지는 삼촌이자 시에라리온의 외과 의사인 보이마 박사와 일하고 있었죠. 그리고 그때 엑스레이 같은 판독 장치가 없어서 임산부가 죽는 광경을 목격했어요. 심지어는 수술실에 조명도 설치되어 있지 않았죠. 제가 의료 장비를 개발하는 팀을 구성하자고 제안하자 데이비드 에드워즈 교수가 말했어요. 〈괜찮은 생각일세. 단, 나는 자네가 그와 관련한 일을 우리 연구소에 들어와서 했으면 하네.〉 저는 그곳에서 일하는 조건으로 장학금을 받았고 그 덕분에 아르바이트를 할 필요도 없었어요.

폴 교수님 외에 하버드에서 제가 모든 정보를 공유할 수 있는 나머지 한 사람은 학생처장으로 일하다가 지금은 신입생들의 조언자로 오랫동안 일해 오고 있는 해리 루이스에요. 오리엔테이션 기간 중에 그는 저를 초대해서 보스턴 레드삭스 경기에 데려가 주었고, 하버드 대학이 어떻게 돌아가는지에 대해서도, 예컨대 하버드 대학은 분산된 조직이고 원하는 게 있으면 적극적으로 달려들어 쟁취해야 한다는 등의 조언을 해줬어요.」

해리 루이스는 데이비드에 대해 다음과 같이 회상했다. 「데이비드는 보기 드물게 자신감이 충만했습니다. 하지만 자신의 능력을 개발할 줄 몰랐어요. 고향인 시에라리온의 복지에 대해 관심이 많았죠. 다른 사람을 험담하는 경우도 없었고요.」

데이비드가 자신이 시에라리온에서 말라리아를 예방하는 데 관심을 갖게 된 경위를 설명했다.

「고등학교에 다닐 때 저는 삼촌이 있는 동네를 방문했는데, 삼촌은 자신이 사용할 유일한 방충망을 제게 줬어요. 하지만 저는 삼촌이 하나밖에 없는 방충망을 제게 줬다는 생각에 잠이 오질 않았어요. 다음 날 저는 삼촌과 이야기를 나눴고 국가적으로 말라리아가 얼마나 심각한 문제인지 인식하기 시작했어요. 물론 그와 관련한 자료를 이전에도 접한 적은 있었지만 그 일을 계기로 훨씬 더 명확하게 깨달았죠. 대학교 1학년 때는 세계적인 보건 문제를 다루는 강의를 수강하면서 말라리아에 관한 보고서를 작성했어요. 그 보고서 작성을 마친 뒤에는 고등학교 때 친구들 두 명과 함께 기금을 모았어요. 그 돈으로 1,500장의 방충망을 구입했죠. 2년 뒤에는 4,500장의 방충망을 배포할 수 있었고, 올해 여름에는 1만 1,000장을 받아서 나눠 줄 예정이에요. 프라이스워터하우스-쿠퍼스PricewaterhouseCoopers에서는 우리에게 소정의 지원금도 제공하고 직원들도 파견에서 방충망 배포하는 일을 도와줄 예정이죠.

마을에 방충망을 배포하기 전에 우리는 마을의 족장을 찾아가서 만남을 가져요. 그리고 우리와 함께 일하는 자원봉사자들은 모두 그 지방 사투리인 멘데어를 배우기 위해 노력하죠. 우리는 그동안 유니세프에서 해 왔듯이 그냥 임산부와 아이들에게 방충망을 나눠 주는 대신, 각 가정을 방문하고 침실의 개수에 맞춰 충분히 많은 방충망을 나눠 줘요. 나중에 다시 추가 방문을 하기도 해요. 우리가 나눠 준 방충망이 제대로 사용되는 비율은 3년을 통틀어 90퍼센트에 육박합니다. 2006년에 여러 단체들로 구성된 한 협회에서 방충망 캠페인을 벌인 적이 있는데, 6개월 뒤에 방충망 사용 실태를 확인하자 제대로 사용되는 비율이 40퍼센트에 불과했죠.」

「또 다른 사회적 기업을 시작하는 일에는 어떻게 관여하게 되었죠?」

「하버드 대학 2학년 때였어요. 당시 저는 아이디어 전환 연구소에서 에드워즈 교수님과 함께 일하고 있었죠. 우리는 생물학을 이용해서 2012년 런던 올림픽에서 사용할 조명을 설계하자는 막연한 아이디어를 생각해 냈어요. 그런데 제가 속한 팀에는 아프리카 출신의 학생들이 세 명이나 더 있었고, 우리는 수많은 사람들이 전기의 혜택을 누리지 못하고 있는 아프리카에서도 할 수 있는 일을 굳이 런던에서 할 필요가 있는지를 놓고 이야기를 나눴어요. 개인적인 이유도 있었죠. 그 당시에 내 누이는 제왕 절개 수술을 받아야 했는데 수술이 진행되는 중간에 전기 공급이 끊겨서 촛불에 의존해서 수술을 받아야 했죠. 결국 의사는 실수로 갓난아이의 이마와 등에 칼로 상처를 내고 말았지요.

우리는 한 양동이 분량의 흙으로 시작해서 커다란 플라스틱 용기로 바꿔 가며 숫자를 엄청나게 많이 늘려 갔어요. 그러고는 그 아이디어를 가지고 탄자니아로 갔어요. 지금은 여러 개의 양동이에 흙을 담고 그것을 이용해 전기를 생산해서 독서가 가능할 정도의 LED 조명 한 개를 밝힐 수 있답니다. 필요한 건 단지 흙뿐이고 한 달에 한 번만 흙에 물을 뿌려 주면 돼요. 5년 동안의 전기료로 35달러에서 40달러 정도의 비용밖에 들지 않죠. 우리 동료 중 한 사람이 나미비아에서 이 사업을 진행하기 시작했고, 우리는 다음 달에 개최되는 월드 사이언스 페스티벌에서 이 같은 성과를 공표할 예정입니다. 우리가 『포퓰러 메카닉스*Popular Mechanics*』에서 선정하는 올해의 혁신가에 선정되기도 했어요.」

데이비드 에드워즈 교수가 말했다. 「데이비드와 그의 동료들은 이 아이디어를 가지고 월드 뱅크 라이트 아프리카 대회에 참가했어요. 아무런 기대도 없었어요. 그러다가 자신들이 최종 무대까지 진출하게 되었다는 소리를 들었고, 자신들이 그동안 주장하고 있던 것을 진짜로 배워야 할 상황이 되었죠. 학생들이 자신의 꿈을 실현하기 위해 알아야 할 것을 배우지 못했다는 사실 때문에 꿈을 꾸는 데 제한을 받아서는 안 됩니다. 오히려 혁신가들은 자신이 배우지 못한 분야로 이끌어 주는 꿈에 대해서 가장 흥미를 느끼죠. 데이비드에게는 자기 자신만의 영감이 있었고 자신의 열정을 따름으로써 자신만의 독특한 학습 능력을 발견했어요.」

학교 수업이 데이비드에게 가르쳐 주지 않은 것

졸업식 며칠 전에 나는 데이비드에게 하버드에서 보낸 지난 4년을 어떻게 생각하는지 물었다.

「저는 내가 하고 싶었던 것은 전부 다 했어요. 축구와 미식축구도 해봤고, 기타도 배웠고, 여행도 해봤고, 똑똑한 사람들도 많이 만났어요. 니콜라스 네그로폰테라는 분도 만났죠. MIT에서 미디어 랩을 창설하고 아이 한 명당 노트북 한 대씩 갖기 프로젝트를 시작한 분이에요. 제가 멘토로 생각하는 분이기도 하고, 시에라리온에 보내라고 여러 대의 노트북을 보내 주신 분이기도 하죠.」

「하버드의 수업은 어땠나요?」

「수업을 들으면서 한 일은 전혀 생각나는 게 없어요. 스페인어 수업만 빼고요. 스페인어는 할 줄 알아요. 학점에 대해서는 걱정하지 말라는 조언을 좀 더 일찍 들었으면 좋았을 것 같아요. 3학년 때 네 개의 과학 수업을 들었는데 결과가 형편없었어요. 하지만 곧 그에 대한 걱정을 접어야 했어요. 바로 그해 여름에 시에라리온을 방문하기로 되어 있는 사람들을 준비시키는 일이 훨씬 더 걱정스러웠기 때문이죠. 하버드 대학의 최고 장점은 학교 밖에서, 교실 밖에서 이뤄지는 교육입니다. 다양한 자원이나 멘토, 기회, 친구 등을 생각하면 정말 놀라울 따름이에요.」

하버드에 관한 센제의 이야기

「어떤 요소가 있었다면 그 강의들을 보다 가치 있고 유용하게 만들었을까요?」

「지금도 학생들을 세상 밖으로 나가서 실천하도록 권장하는 강의는 있어요. 에이저 교수의 리더십 강의도 있고, 아이디어 전환 연구소 강의도 있고, 인권에 관한 강의도 있죠. 하지만 세상에 정말로 필요한 강의들이 더 많이 생겨야 해요. 그런 강의들의 결과는 비즈니스로, 사회적 행동으로 나타나게 될 거에요.」

폴 센제가 데이비드의 헤어스타일 문제 ― 데이비드는 어깨까지 늘어지는 레게 머리를 하고 있다 ― 로, 그리고 끝없이 추락하는 학점 문제로 자신과 아들 사이에 벌어졌던 논쟁에 대해 들려줬다. 「데이비드의 성적이 계속해서 떨어졌어요. 물론 배움이 학점보다 훨씬 중요합니다. 하지만 그동안 데이비드는 줄곧 A학점만 받는 학생이었어요. 나는 데이비드에게 〈C학점은 받지 않았으면 좋겠구나〉라고 말하고는 했죠. 그런데 지난주에 하버드 졸업식 직후에 우리는 공개 행사 기간에 맞춰 곧바로 MIT를 방문했고, 그곳에서 네그로폰테 박사를 만났어요. 데이비드가 우리에게 학교를 안내해 주도록 그분에게 부탁했고 그분은 〈기꺼이〉 응해 주셨죠. 나중에 데이비드가 우리에게 말하더군요. 〈만약 하루 종일 공부만 했다면 어쩌면 우등으로 졸업할 수 있었을지도 모르겠어요. 하지만 정말 그렇게 했으면 제가 네그로폰테 교수 같은 분을 만날 일도 없었을 테고 아버지나 어머니도 그분을 만날 일 같은 건 없었겠죠.〉 우리가 데이비드의 낮은 학점을 인정하고 받아들이기까지는 2년이 걸렸어요. 그럼에도 〈데이비드, 네가 옳구나〉라고는 말해줄 수 없었어요. 어쨌거나 부모는 자식에게 조언을 해줘야 하는 입장이잖아요.」

나는 데이비드에게 앞으로의 계획에 대해 물었다.

「내년부터 MIT의 미디어 랩에서 생명 공학을 공부할 생각입니다. 대학원 공부는 그것으로 끝이 되겠죠. 미디어 랩에는 학점도 없고, 구조화된 프로그램도 없으며, 필수 과목도 없어요. 단지 사람들에게 필요한 뭔가를 창조하고 만드는 게 전부죠. 의미도 없는 우스꽝스런 수업 대신 제가 정말로 받고 싶은 교육이, 수강하고 싶은 강의가, 배우고 싶은 기술이 바로 그런 거예요. 팔이나 다리를 잃은 사람들을 위해서 저는 보다 진보된 인공 보철 기구를 만드는 일에 전념할 겁니다. 다른 아이디어도 갖고 있어요. 저는 세상에 의미가 있는, 시에라리온에 유용한 멋진 보건 의료 기술을 개발하고 싶어요.

얼마 전에는 시에라리온에 2에이커(약 8,000제곱미터)의 부동산을 매입해뒀어요. 언젠가는 그곳에 학교를 지을 계획이에요. 아이들이 와서 그곳이 학교라고 느끼지 못하는 장소이자 매일같이 오고 싶은 장소, 이 세상의 한 구성원으로서 하루 종일 자신의 존재감을 느끼고 자기의 미래는 자신이 결정할 수 있음을 배우고, 자신이 다른 사람에게 영향을 끼칠 수 있으며 동시에 자신이 남들과 전혀 다르지 않음을 배울 수 있는 장소를 만들고 싶었어요.

지난주에 친구 한 명이 우리가 강가의 조약돌 같은 존재라고 말하더군요. 조류와 물결에 따라 이리저리 굴러다니는 존재라고요. 저는 반사적으로 〈아니, 나는 조약돌이 아냐. 강물 그 자체지〉라고 반박했어요. 저는 제가 어디로 향해 가는지 알아요. 물결의 존재에 대해서도 알고, 물살에 이끌려 다니는 조약돌의 존재에 대해서도 알고 있죠. 하지만 우리는 강물이기 때문에 오히려 그 모든 것에 영향을 줄 수 있는 존재예요. 제가 만들려고 하는 학교는 학생들이 스스로를 강물이라고 느끼는 그런 곳이 될 거예요. 자신의 존재 의미를 알고, 자신이 변화를 만들어 낼 수도 있음을 아는 그런 곳 말이에요. 인간은 조류나 물결에 의해 이리저리 휘둘려 굴러다니는 무력한 조약돌 같은 존재가 아닙니다. 모든 것을 꿰뚫어 볼 줄 아는 존재죠.」

또 다른 세상에서의 놀이와 열정 그리고 목표 의식

데이비드의 이야기와 앞에서 소개된 다른 사람들의 이야기 사이에는 흥미로운 차이점이 존재한다. 예를 들어 데이비드는 학점과 자신의 헤어스타일을 놓고 아버지와 논쟁을 벌였지만 다른 세 명의 사례에서는, 내가 아는 한, 그런 문제가 없었다는 것이다. 또한 데이비드는 자신이 성장하는 과정에서 아버지가 〈지나치게 엄격〉하게 느껴진 적이 종종 있었다고 말했다. 내 생각에 이런 차이는 데이비드의 아버지가 보다 전통적이고 가부장적인 문화적 배경을 갖고 있는 데서 비롯된 것 같다.

하지만 데이비드의 부모가 데이비드로 하여금 자신의 열정을 따르고, 세상을 탐험하고 체험하도록 권장한 방식에서 보여 준 다른 부모들과의 유사점이 위에서 언급된 차이점보다 훨씬 중요한 듯하다. 데이비드의 아버지 폴이 데이비드가 청소년 포럼 네트워크에 가입했던 일을 매우 자랑스러워했다는 점과, 데이비드가 다양한 아이디어와 책을 접할 수 있도록 해준 점 — 데이비드의 결정을 존중한 행동 — 이, 내 생각에는 부자지간에 있었던 의견 충돌보다 훨씬 중요한 의미가 있다. 데이비드의 부모도 우리가 지금까지 만나 본 다른 부모들과 마찬가지로 자녀에게 확고한 가치관을 심어 줬다. 폴 센제가 내게 말했다. 「나는 데이비드가 자신의 고국에 도움이 되고자 계속해서 시에라리온에 오는 것에 대해 걱정하지 않아요. 이미 어쨌거나 갈수록 더 많은 방충망을 가지고 해마다 고국을 찾고 있잖아요.」

데이비드의 삶에는 놀이와 열정, 목표 의식이 서로 잘 짜여져 내적인 동기의 핵심을 구성한다. 하지만 그 방식에 있어서는 앞에서 살펴본 다른 세 젊은 혁신가들의 내적인 동기와는 다소 차이가 있다. 데이비드가 성장 과정에서 한 놀이의 대부분은 주변 세상에 대해 깊이 인지하고 걱정하는 진지한 놀이였다. 일찍부터 데이비드는 자신의 조국에서 어린아이들이 겪는 고통과 관련된 강력한 열정을 느꼈다. 아마도 수많은 소년 병사들이 서로를 향해 총을 겨누는 내전의 한복판에서 자랐기 때문이었을 것이다. 나는 그가 대학에 들어가기 전까지는 전통적인 의미의 놀이를 즐기는 데 그다지 많은 시간을 할애하지 않았다는 인상을 받았다. 대학에 들어가고 난 다음에야 그는 생전 처음으로 악기를 배우고, 축구와 미식축구를 하면서 놀이를 즐겼다. 또한 어릴 때부터 데이비드는 자신의 동포들은 물론이고 아프리카 전역에서 지극히 가난한 삶을 살아가는 다른 사람들의 고통을 덜어 주어야 한다는 투철한 목표 의식을 가지고 있었다.

목표 의식에 관한 센제의 설명

데이비드의 학교 이야기와 커크와 샤나, 조디의 학교 이야기에서 가장 놀라운 유사성은 데이비드도 아이디어 전환 연구소라는, 협동이 필요하고, 실천 지향적이며, 다양한 학문 분야를 아우르고, 문제 해결을 위주로 하는 교육적 환경을 경험했을 뿐 아니라 폴 보티노 교수의 코칭을 통해 다른 세 명의 젊은이들이 그들이 거명한 멘토들 덕분에 그랬던 것처럼 도전에 맞서고 지원을 받았다는 점이다. 실제로 데이비드는 자신이 하버드에서 어떤 강의 — 〈세상에 가치가 있는, 그리고 사업이나 사회적 행동으로 이어질 수 있는 강의〉 — 를 수강하고 싶었는지 설명하면서 자신의 생각을 막힘없이 이야기했고, 유용한 어떤 것들을 고안하는 데 주안점을 둔, 게다가 학점도 없고 필수 과목도 없으며 〈매일같이 오고 싶은 장소, 이 세상의 한 구성원으로서 하루 종일 자신의 존재감을 느낄 수 있는〉 학교를 설립하겠다는 자신의 비전과도 들어맞는 대학원에 들어간 과정을 설명할 때 신이 나 보였다. 달리 말하자면 그 모든 것이 권한 부여와 관련이 있다. 이 네 가지 이야기에 등장하는 주목할 만한 유사성들을 통해서 우리는 어떤 교육 환경과 학습 환경이 젊은이들의 혁신 능력을 개발해 주는지, 어떻게 해야 전문성과 창의적 사고 능력, 동기가 최선의 형태로 개발되는지 보다 잘 이해할 수 있을 것이다.

이 장의 마지막 이야기는 놀랄만한 유사성을 일부 보여 주기도 하지만 한편으로는 STEM 분야의 젊은 혁신가와 기업가를 육성하는 또 다른 환경을 구축하는 데 도움이 된다는 점에서 흥미로운 차이를 보여 준다. 제이먼 실스는 경제적으로 불우한 환경에서 성장했으며, 지금까지 만나 본 네 명의 젊은 혁신가들보다 훨씬 많은 장애를 극복해야 했다.

제이먼 실스

제이먼 실스는 아프리카계 미국인이며, 멤피스에서 교사로 일하는 어머니 어닐 실스의 슬하에서 자랐다. 2009년에 처음으로 인터뷰를 가졌을 때 그는 막 서른을 넘긴 나이였다. 당시 그가 들려준 자신의 이야기를 아래에 소개한다.

「여덟 살 때 저는 텔레비전에서 마이클 조던이 농구하는 모습을 보고 있었어요. 게임의 승패를 결정짓는 슛을 날리려고 마이클이 공중으로 몸을 날린 순간 그가 신은 신발이 제 눈에 들어왔어요. 그리고 저도 그 신발을 갖고 싶었어요. 마이클 조던과 똑같은 신발을 사달라고 조르니까 어머니는 제가 A학점을 받으면 사주겠다고 말씀하셨죠.

이후로 저는 신발을 그리기 시작했고 새로운 신발이 나올 때마다 수집에 열을 올렸죠. 저는 패션 광이었죠. 열정은 집착으로 발전했어요. 열다섯 살에 신발 가게에서 일하기 시작했고 그 덕분에 남들보다 먼저 할

인된 가격에 신발을 구할 수 있었어요. 신발 가게에서는 반품된 신발들을 잘라서 폐기하는 일을 제게 맡겼고 그 덕분에 신발이 어떻게 만들어졌는지 확인할 수 있었죠. 저는 제조 업체에서 배포한 제품 설명서를 읽고 고객들을 대했어요. 나중에는 친구들을 위해 종이 위에다 신발을 직접 디자인했고 친구들도 매우 좋아했어요. 그럼에도 어머니는 제가 패션에 지나치게 집착한다고 종종 걱정을 하셨어요. 하지만 저는 착한 아이였고 학교 성적도 좋았기 때문에 심각하게 걱정하지는 않으셨어요. 어머니가 교사였기 때문에 저는 한 번도 나쁜 짓을 하겠다거나 대학을 가지 않겠다고 생각해 본 적이 없어요. 그래도 어머니는 가끔씩 〈도대체 얼마나 많은 신발을 사려고 그러니?〉라고 불만을 나타내셨고, 저는 〈엄마, 적어도 마약을 사는 건 아니잖아요〉라고 대꾸했죠.」

제이먼 실스

「하지만 실제로 이런 일을 해서 먹고살 수 있다는 사실은 몰랐어요. 저는 멤피스에 있는 공립 고등학교인 〈보건과 엔지니어링〉 학교를 다녔는데 그곳의 선생님들은 언제나 우리에게 의사나 컴퓨터 공학자가 될 것을 권유했어요. 다행스럽게도 저는 재능 있는 아프리카계 미국인 학생들의 성공을 지원하는 〈멤피스 챌린지〉란 프로그램을 통해서 고등학교 1학년 때 멘토를 만났어요. 그리고 그 멘토에게 면접은 어떻게 보고, 옷은 어떻게 적절하게 입어야 하는지, 대학수능시험SAT은 어떻게 봐야 하는지 등을 배웠어요. 그 프로그램을 통해서 여름 방학 때 인턴으로 일할 수 있는 기회도 얻었어요. 저는 19개의 대학에 입학 지원서를 제출해서 모두 합격했고 최종적으로 세 개의 대학으로 범위를 좁혔어요. 에모리 대학교와 노터데임 대학교, 워싱턴 대학교였죠. 제 멘토는 정말 대단한 분이었어요. 세 군데 대학의 입학 담당자들에게 일괄적으로 전화를 걸어서 최선의 장학금 조건을 이끌어 냈어요.

저는 워싱턴 대학에서 첫해에 컴퓨터 공학을 전공했지만 곧 싫증을 느꼈어요. 그래서 그래픽과 광고 디자인을 복수 전공하기로 결정했죠. 물론 그렇게 할 경우 학교를 일 년 더 다녀야 했지만 상관하지 않았어요. 마침내 신발 디자인과 관련된 것들을 배우기 시작했지만 디자인과 교수님들은 그다지 도움이 되지 않았어요. 그들은 걸핏하면 〈정말 신발 디자이너가 되고 싶은 겐가?〉라고 묻고는 했어요. 그러고는 복수 전공을 포기하도록 저를 설득했어요. 심지어 일부 디자인과 교수님들한테는 제가 실패하길 바라고 있다는 느낌도 받았어요. 하지만 졸업생 디자인 프로젝트로 저는 생산 라인과 제품 디자인, 회사 로고 등을 모두 갖춘 완전한 하나의 신발 기업을 디자인했어요. 우리 발표회에 참석한 모든 학생과 학부모에게 기립 박수를 받았죠. 그렇게 되자 교수님들도 도리가 없었어요. 내게 A학점을 줄 수밖에 없었죠.

대학을 다니면서 맞은 세 번의 여름 방학 때마다 저는 멤피스로 돌아가서 그곳의 자동차 관련 소매 업체인 오토존AutoZone이란 회사에서 인턴으로 그래픽 디자인 일을 했어요. 그 회사의 디자이너 커트 미어는 제 멘토였고, 저에게 웹 디자인과 그래픽 디자인, 리서치를 진행하는 방법 등을 가르쳐 주었죠. 그의 입장에서는, 제 생각에, 재미 삼아서 한 일이었겠지만 제게는 말할 수 없이 소중한 경험이었어요. 대학생일 때 한번은 나이키의 디자이너와 전화로 이야기를 나눈 적이 있었어요. 저는 그 사람의 작품을 높이 평가하고 있었는데 그가 제 포트폴리오를 자기에게 보내 보라고 권했어요. 그 뒤로 6개월 동안 그는 아무런 이야기가 없었고 마지막으로 제가 전화를 걸자 싹 무시해 버리더군요. 그리고 일 년 뒤에 나이키 카탈로그에서 제가 디자인했던 작품 중 하나를 발견했죠.

대학교를 졸업할 때 저는 세인트루이스에서 일자리 제안을 많이 받았어요. 하지만 고향으로 돌아가서 오토존에서 제안한 그래픽 디자인 일을 수락하기로 결심했죠. 하지만 출근하기로 한 첫날 회사에 찾아가니 이렇게 말하더군요. 〈무슨 일자리 제안이요?〉 제가 출근하기 바로 전 주 금요일에 디자인 부서 전체가 없어졌어요.

그 사건 이후에도 일자리 제안은 많이 받았어요. 물론 신발 회사들로부터 받은 불합격 통지서도 수북하게 쌓였죠. 한동안은 나이키 물류 창고에서, 그 뒤에는 페덱스FedEx와 챔프스Champs에서 일했어요. 관리직도 제안을 받았지만 제가 하고 싶은 일에 방해가 될까 봐 꺼려졌어요. 여가 시간은 모두 그림을 그리거나 온라인 디자인 대회에 참가하는 데 할애했어요. 실제 생활이 온라인에 있었던 셈이죠. 밤늦게까지 일하다가 아침에 제도용 책상에서 눈을 뜬 적도 많아요. 그럴 때면 얼굴에 눌린 자국이 선명했죠.

그 즈음에 신발 회사를 시작하려고 하는 두 명의 젊은 흑인 친구들을 만났어요. 그들에게는 디자이너가 필요했죠. 저는 그들에게 저의 작품을 보여 주고 마침내 디자이너로 채용되었죠. 꿈이 실현되는 순간이었어요. 하지만 우리 회사의 대표는 길거리 도박사 같은 성향을 갖고 있었어요. 명성과 명예를 원했고 자신이 신발 산업계의 거물인줄 알았어요. 그의 이기심과 경험 부족, 변덕이 결국 우리 회사를 죽였어요. 우리 회사가 파산했다는 소식을 들었을 때 저는 우리 제품을 생산할 예정이던 중국의 한 신발 공장에 있었죠.

저는 어떻게 해야 할지 몰랐어요. 제 평생의 꿈이 사라졌고 그 꿈을 계속해서 이어갈 수 있을지도 불확실했어요. 그래서 중국에 한동안 더 머물기로 했어요. 달리 어떻게 해야 할지 몰랐기 때문이죠. 그 신발 공장을 운영하던 부부는 저를 가족처럼 대해 줬고, 제가 그들이 일하는 모습을 구경하면서 새로운 것을 배우고 이런저런 시도를 할 수 있도록 배려해 줬어요. 그렇지만 공장 안으로 들어가면 저는 극심한 두통을 느꼈어요. 제가 본 사람들은 그 안에서 일하면서 마스크도 착용하지 않더군요. 유독성 가스가 그들을 죽이고 있었어요! 게다가 공장에서 배출되는 폐기물의 양도 엄청나게 많았고요. 저는 생각하기 시작했어요. 신발을 생산하는 보다 현명한 방법이 분명 있을 터였죠. 아울러 신발을 보다 튼튼하게 만들어서 고작 2년 만에 신발의 밑창이 분리되는 일이 없도록 만드는 방법도 분명 있을 터였어요.

여기저기 기웃거리면서 2주 정도를 보내다가 유독성 가스도 덜 배출하면서 고품질의 신발을 만들 수 있는 방법을 찾아냈어요. 접착제를 사용하는 대신 바느질을 이용해서 완벽하게 친환경적인 테니스화를 만드는 거죠. 그렇게 만들면 재료를 보다 효율적으로 사용할 수 있고 자연히 폐기물도 적게 발생하죠. 그뿐만 아니라 바느질을 하면 신발이 훨씬 튼튼해져요. 생산비용도 적게 들고요!

직접적인 경험을 통해서 저 스스로 소매업에서부터 제품 디자인, 생산, 물류에 이르기까지 신발 사업의 모든 것을 배웠다는 생각이 들기 시작했어요. 이제는 직접 회사를 설립할 수 있겠다는 생각이 들었죠. 더불어 일련의 친환경적인 테니스화와 안전화를 디자인하기 시작했어요. 앞서 파산했던 그 회사 출신 중 한 명과 제일 먼저 제휴를 맺었고, 그 밖의 다른 동업자와 투자자도 모집했어요. 지금은 총 여섯 명의 동업자들이 제휴한 상태에요. 그들 중 세 사람은 별도로 자신의 회사를 경영하면서 우리에게 신생 기업을 운영하는 데 필요한 모든 것을 가르쳐 줍니다.

제 꿈은 세상에서 가장 큰 신발 회사 중 하나를 운영하고 세계 최초로 완벽하게 친환경적인 신발 공장을 건설하는 것입니다. 또한 저에게 도움을 준 멤피스 챌린지 프로그램에서 젊은 아프리카계 미국인들에게 기업가 정신과 생활 기능을 가르치고 싶은 마음도 있어요. 무엇보다도, 위험한 환경에 노출되어 있는 청소년들과 함께 많은 일을 하고 싶어요. 그들이 얼마나 뒤처져 있는지 안다면 정말 놀랄 겁니다. 그들은 고등학교 1학년이 되도록 읽지도 못하고 간단한 수학도 할 줄 몰라요. 가정이나 학교도 그들의 성장에 필요한 토양을 제공하지 못하죠. 학교에서는 단지 학문을 가르칠 뿐 진정한 배움의 기회를 제공하지 못해요. 이런 아이들에게는 멍청하다거나 꿈도 야망도 없다는 꼬리표가 따라붙지만 실제로는 똑똑한 아이들이에요.」

인내와 멘토의 중요성

이제 서른두 살인 제이먼은 내가 이 책에서 살펴본 다른 혁신가들보다 나이가 약간 더 많다. 그가 2009년에 이 프로젝트를 시작할 때 처음으로 인터뷰한 사람이었기 때문에 나는 우리가 마지막으로 이야기를 나눈 이후로 그가 어떻게 지냈는지 궁금했다. 2011년 여름에 다시 만났을 때 그는 신발 사업과 관련해서는 자신의 사업 구상과 잠재적인 제품들을 끊임없이 발전시켜 나가고 있으며, 개인적으로는 프리랜서로 집에서 다양한 디자인 작업을 하면서 지낸다고 말했다. 최근에 제이먼은 꼬박 일 년을 고심해서 혁신적인 새로운 디자인의 안전화를 개발했다. 그 안전화는 무게가 기존 제품보다 75퍼센트나 가벼우면서 발도 편안한데, 기존에 사용되던 신발 끈 대신에 와이어로 신발을 조이는 방식을 채택하고 있기 때문이다. 페덱스가 이 새로운 안전화에 대해 현장 테스트를 진행했으며 직원들의 반응도 굉장히 좋았다. 하지만 그들이 모두 신발을 구매한다고 가정하면 제이먼은 최소 주문 수량인 6천 켤레의 안전화를 생산하기 위해 30만 달러의 자금이 필요한 상황이다.

자신의 최신 발명품을 소개하는 실스

제이먼은 또한 지난 삼 년 동안 여름마다 환경이 열악한 도심 지역의 소수 집단 청소년들을 위한 8주짜리 교육 과정인 멤피스 청소년 리더십 프로그램Memphis Youth Leadership Program에서 상담사로 일하기도 했다. 「기업가 정신과 비즈니스 기술을 가르치면서 제 자신도 달라졌어요. 어떻게 사업을 시작할지와 관련해 제 자신의 조언을 받아들이기 시작한 거죠. 이런 마음가짐은 제가 여러 사람 앞에서 강연할 때도 도움이 됐어요. 열다섯 살짜리 스무 명이 모인 집단은 제가 앞에 나서서 강연해 봤던 군중들 가운데 가장 무자비합니다. 하지만 그들이 첫날과 비교해서 마지막 날 달라진 모습을 보는 건 무척 고무적인 일이었죠.」

멤피스 청소년 리더십 프로그램에서 함께 일하는 친구의 권유로 제이먼은 비즈니스 컨설턴트이자 감리교회 목사인 제임스 러빈과 만났다. 제임스는 미시시피 고등 교육 기관의 평의원들로 구성된 미시시피 주 이사회에서 오랫동안 봉사해 오고 있었으며 제이먼을 무척 돕고 싶어 했다. 그는 제이먼에게 미시시피 대학의 기업가 정신 센터로부터 후원받는 혁신적인 MBA 프로그램에 지원해 보라고 설득했다. 마침내 2011년에 제이먼은 입학 허가를 받았고, 지금은 MBA 과정을 들으면서 자신에게 필요한 구체적인 비즈니스 기술을 배우고 있다. 기업가 정신 센터는 제이먼 회사의 지분 5퍼센트를 받는 대신, 그에게 회사의 사무실로 쓸 수 있는 공간을 제공함과 동시에 일단의 교수진과 MBA 학생들로 하여금 제이먼을 도와 시장 조사와 영업 전략을 수립하고, 기존에 있던 비즈니스 계획도 보완하도록 하고 있다. 지금은 제임스 러빈도 제이먼의 사업 파트너 중 한 명이 되었다.

2011년 여름에 제이먼은 버려진 직물 공장과 그 주변 지역을 회사의 물류창고와 R&D 센터로 사용할 수 있도록 합의를 이끌어 냈다. 현재는 유기질 신발을 만들어 내고자 암바리삼(황마와 비슷한 열대 식물 중 하나)과 면 합성물, 대나무를 이용해서 새로운 물질을 개발하기 위해 세 개의 대학, 즉 미시시피 주립 대학과 남부 미시시피 대학, 배턴루지 남부 대학으로 이뤄진 컨소시엄과 함께 일한다. 또한 완전히 새로운 방식으로 신발을 생산하는 방법도 구상 중이다. 그는 도요타가 따로따로 조립하는 낡은 방법에서 탈피하고 모듈을 이용한 새로운 공정을 도입함으로써 자동차 조립 방식에 어떻게 혁명을 일으켰는지 다룬 영화를 보다가 이 아이디어를 얻었다고 한다. 「중국에서 신발을 생산하는 방식은 지극히 노동 집약적입니다. 신발 하나를 생산해 내려면 서른 쌍의 손이 필요하죠.

하지만 저는 제각각 분리되어 있는 수많은 부품 대신 복합적인 부품을 이용해서 한 사람이 한 개의 신발을 만들어 낼 수 있는 방법을 알아냈어요.」 제이먼은 이 아이디어에 대해 이야기하면서 특히 흥분을 감추지 못했다. 그렇게 될 경우 중국이 아닌 미국에서 생산된 신발을 합리적인 가격으로 미국에서 판매할 수 있게 될 것이기 때문이었다. 그는 〈일상 속의 영웅들을 위한 신발〉이란 표어를 회사의 새로운 슬로건으로 내걸었다.

나는 제이먼에게 자신의 목표를 추구하면서 겪은 수많은 부침을 통해 배우게 된 중요한 교훈에는 어떤 것들이 있는지 물었다.

「최고의 교훈은 인내입니다. 예전에는 무척 안달복달하는 성격이었어요. 또한 믿음을 잃지 않고 중심을 유지하는 것도 중요했죠. 지난 일을 애석해할 시간 같은 건 없어요. 저는 좋은 급여 조건을 제시했던 그 많은 일자리를 모두 거절했어요. 사람들은 제가 대학을 졸업했으면서도 왜 스포츠 용품을 판매하는 일에 종사하는지 궁금해했어요. 그런 사람들에게 저는 이렇게 말해 주었죠. 〈신경 쓰지 마세요. 내 일은 내가 알아서 합니다.〉 이런 일을 오랫동안 하다 보면 학교로 되돌아가기가 정말 어려워요. 그래서 다시 학교를 다니는 것에도 만족합니다. 대기업의 CEO가 되기 위해 필요한 기술을 배우고 있는 중이거든요.

그럼에도 지금은 훨씬 마음이 편해요. 개인적인 차원을 초월하는 일을 하고 있기 때문이죠. 미국인을 위해 일자리를 창출하고, 즉 제조업을 다시 미국으로 가져오고 환경에도 도움이 되는 일을 하고 있잖아요.」

제이먼의 모친 어닐 실스는 정규직으로 일하면서 혼자 아들을 키우느라 바쁜 나날을 보냈다. 그럼에도 우리가 만난 다른 부모들과 마찬가지로 아들의 열정을 개발하는 데 결정적인 역할을 했다. 그녀는 제이먼이 마이클 조던의 농구화에 흠뻑 빠져 있던 때를 아직도 생생하게 기억한다.

「제이먼이 일곱 살 때 이모가 점토를 선물해 줬어요. 제이먼은 그 점토로 동물을 비롯해서 온갖 것들을 만들었죠. 그러고 나서는 신발을, 마이클 조던의 농구화를 만들고 싶다고 말했어요. 하지만 조던의 농구화와 똑같이 만들려면 다른 색깔의 점토가 필요했어요. 나는 필요한 색을 구하기 위해서 온 동네를 헤매고 다녔죠. 마침내 필요한 색을 구해다 주자 제이먼이 조던의 농구화를 만들었는데 텔레비전에서 본 것과 정말 똑같았어요. 나는 두 손을 들고 말았어요. 나중에 제이먼이 신발 디자이너가 되고 싶다고 말하더군요. 나는 좋은 생각이라고, 하지만 신발 디자이너가 되기 위해서는 배워야 할 것들이 아주 많아서 단지 신발을 그리기만 해서는 안 된다고 말해 줬어요. 한편으로는 아이들이 자라면서 거치는 과정 중 일부일 거라는 생각도 들었어요. 그러다 제이먼이 원하던 신발을 마침내 내가 사줬을 때였어요. 제이먼은 자리에 앉아서 한참 동안 그 신발을 바라만 보더군요. 그러더니 자신의 낡은 신발을 가져와서는 어떻게 만들어졌는지 보려고 분해하기 시작했어요. 내 생각에 제이먼이 초등학교 6학년일 때였죠. 그 뒤로는 흔들리지 않고 자신의 꿈을 키워 나갔죠.」

혁신가를 키우는 것

「나는 제이먼을 독립적으로 생각하고, 자부심이 강하고, 자신을 포용할 줄 알고, 또래 집단으로부터 받는 사회적인 압력에 굴하지 않는 사람이 되도록 가르치려고 노력했어요. 가장 힘든 부분은 아버지가 없다고 해서 기죽을 필요도 없으며, 다른 아이들과 똑같아질 필요도 없다는 점을 제이먼에게 이해시키는 것이었죠.

대학 교수들은 제이먼에게 용기를 주는 존재가 아니었어요. 마치 그들은 〈아니, 자네는 신발 디자이너로서 성공하지 못할 걸세. 광고 업계로 진출하게〉라고 말하는 것 같았어요. 그래서 나는 제이먼에게 〈괜찮아. 어쩌면 그것도 배울만한 가치가 있는 기술 중 하나겠지. 하지만 네가 신발을 디자인하고 싶다면 미래에 네가 할 일은 그게 될 거야〉라고 말해 줬어요. 제이먼의 진정한 열정은 신발에 있었어요.」

어닐에게 제이먼이 자신의 열정을 따르는 것이 왜 중요하다고 생각했는지 물었다. 「만약 당신이 어떤 일을 하면서 행복하지 않다면 그 일은 하나의 직업일 뿐이지 천직이 아니에요. 결코 당신을 행복하게 만들어 줄 수 없죠. 저의 할아버지는 출판사를 경영하셨고 매우 창의적인 분이셨어요. 목사이기도 하셨는데 자신의 설교 내용을 책으로 출간하곤 하셨어요. 부자는 아니었지만 자신의 일을 굉장히 즐기셨어요. 그 점이 돈보다 훨씬 중요하죠. 나는 항상 제이먼에게 자신의 회사를 꾸리라고 권했어요. 물론 회사를 운영하는 건 결코 쉬운 일이 아니에요. 때로는 쓰러지기도 했다가 먼지를 털고 스스로 일어나야 하고, 어떻게 해야 보다 발전할 수 있는지 알아내고, 다시 시도해야 하죠. 제이먼이 빚지지 않게 하려고 나도 경제적으로 많은 부담을 감수했어요. 하지만 나는 옳은 일을 했다고 생각해요.」

혹시 고등학교나 대학교 때 자신에게 커다란 영향을 준 선생님의 이름을 말해 줄 수 있는지 묻자 제이먼은 고등학교 때도 없었고 대학교 때 복수 전공 중 하나인 그래픽 학부에도 없었다고 대답했다. 하지만 또 다른 전공인 광고 학부의 교수들 중 한 명인 프랭크 오로스 교수가 자신에게 많은 영향을 줬다고 말했다. 「그분은 제가 다른 교수들 때문에 낙심하고 있음을 알고 자신의 광고 디자인 과정을 듣도록 저를 이끌어 주었죠. 그 프로그램도 그래픽 디자인 과정 중 하나였지만 다른 점이 있다면 프랭크 교수님이 저의 지도 교수가 되었다는 점이에요. 프랭크 교수님은 저의 〈신발 중독증〉을 오히려 격려해 주고, 포기하지 말고 디자인을 계속하라고 용기를 주었어요. 또한 실제로 연필을 쥐고 작업에 들어가기 전에 디자인할 작품을 〈구상〉하는 방법에 대해서도 가르쳐 주었어요. 저는 지금도 그 방법을 이용하는데 그 덕분에 보다 빠르고, 기민하고, 손쉽게 디자인 작업을 할 수 있게 되었죠.」

　그럼에도 제이먼의 성장 과정에서 가장 중요한 사람은 그가 오토존에서 인턴으로 일할 때 만난 멘토였다. 고등학교를 졸업하고 세 번의 여름 방학을 맞을 때마다 제이먼은 오토데스크에서 인턴으로 일했고, 그가 처음으로 그곳에서 인턴을 시작했을 때 커트 미어 — 현재는 성공한 전업 풍경화가다 — 는 오토존의 사내 출판부에서 일하는 그래픽 디자이너였다. 나는 커트에게 그 당시의 제이먼이 어땠는지 물어봤다.

「처음에는 수줍음을 많이 탔었죠. 우리는 제이먼의 관심사에 대해, 그 당시는 마이클 조던의 시대였어요, 이야기를 나누기 시작했고 나는 제이먼이 수백 켤레의 신발을 수집했다는 사실을 알게 되었어요. 그는 신발과 관련해서는 정말 뭐든지 배우려고 했습니다. 그만큼 진지했죠. 하지만 제이먼의 주변 환경은, 즉 그가 졸업한 고등학교는 디자인에 대한 그의 관심을 전혀 살려 주지 못했어요.

나는 제이먼에게 컴퓨터로 할 수 있는 일들을 보여 주기 시작했어요. 웹사이트는 어떻게 디자인하고, 자바(프로그래밍 언어)는 어떻게 통합시키는지 알려 줬죠. 나중에는 포토샵과 3D 일러스트 프로그램 사용법도 알려 줬어요. 둘이서 신발의 미학에 대한 토론을 벌이기도 했죠. 하지만 실제로 제이먼이 특별했던 이유는 그의 상상력 때문이었어요. 그는 람보르기니 스포츠카나 디즈니 만화의 등장인물 같은 하나의 주제를 설정하고 어떻게 신발을 만들어야 그 주제와 가장 잘 어울릴지 연구했죠. 그렇게 해서 생각해 낸 아이디어도 거의 기괴한 수준이었어요. 한번은 곰돌이 푸 캐릭터를 주제로 신발을 디자인했는데 만화 캐릭터의 모습이 신발 전체를 뒤덮도록, 그리고 신발의 혓바닥 부분이 그 캐릭터의 표정을 보여 주도록 디자인했더군요. 처음에는 그런 디자인이 바보스럽게 느껴졌지만 그의 디자인 솔루션에 대해 내 자신이 평가를 내리는 것은 옳지 않았기 때문에 그에게 자신의 생각대로 밀고 나가도록 했어요. 테마를 정해서 그 테마에 어울리는 디자인을 만드는 그의 아이디어는 정말 말 그대로 창의적이었어요. 그 당시에 나는 종종 그의 접근법이 너무 〈순진〉하다고 생각했어요. 하지만 지금에 와서는 그가 바이오 섬유를 신발 디자인과 결합시키고 있는 것을 보고 있잖아요. 최첨단의 길을 걷고 있죠! 학교에서는 만약 이렇게 하면 어떨까 같은 질문이 무시되는 경우가 너무나 많습니다. 그렇지만 그런 질문이야말로 진정한 창의성과 혁신을 낳는 원천이죠.」

고찰

제이먼의 이야기에는 특별히 눈에 띄는 부분들이 꽤 있다. 무엇보다 먼저 나는 제이먼의 어머니와 멘토인 커트 미어가 놀이와 열정, 목표에 대한 제이먼의 의식을 적극적으로 개발해 준 방식에 놀랐다. 어닐은 신발을 디자인하는 제이먼의 〈놀이〉에 도움을 주었다. 제이먼의 놀이가 열정으로 발전할 때도, 그를 가르치는 대학 교수들은 다르게 충고했지만, 제이먼에게 자신의 꿈을 따르라고 조언했다. 그리고 이제는 제이먼의 열정이 목표를 향해 나아가는 추진력으로 활짝 만개했음에도 — 물론 아직까지 어떤 결실을 맺지는 못했지만 — 절대로 〈그럼 언제나 되어야 진짜 돈을 벌어올 거니?〉라고 말하지 않는다. 끊임없이 아들을 믿어 줄 뿐이다. 아울러 그녀는 제이먼이 독립적이고 자기 자신에게 충실한 사람이 되도록 독려했다. 마지막으로, 위험과 실패는 얼마든지 감수할 가치가 있으며 무엇보다 중요한 건 끝까지 해내는 것이라고 가르쳤다. 이런 요소들은 하나같이 혁신가나 기업가로서 성공하는 데 지극히 중요한 자질이다. 마찬가지로 커트도 제이먼의 성장 과정에서 중요한 역할을 해줬다. 제이먼에게 말 그대로 기본적인 기술들을 가르치기도 했지만, 겉보기에 색다른 제이먼의 디자인에 대해 평가를 내리는 대신 제이먼에게 계속해서 디자인하는 일에 매진하도록 독려했다는 것이 가장 중요한 부분이었다.

잠깐 동안만 상상해 보자. 만약 어닐이 〈아니, 다른 색깔의 점토나 사기 위해서 내가 외출하는 일은 없을 거야. 그럴 시간에 차라리 다른 일을 하겠어. 게다가 점토로 신발을 만드는 건 바보 같은 짓이야. 그건 그렇고 도대체 신발 디자이너가 되고 싶은 이유가 뭐니?〉라고 말했다면 어땠을까? 아니면, 만약 커트가 신발 디자인과 관련한 제이먼의 기이한 아이디어를 비웃었다면, 아마도 다른 사람들이라면 그랬겠지만, 심지어 그를 놀려 댔다면 어떻게 되었을까? 어른, 즉 부모나 교사, 멘토라는 이유로 우리는 제이먼 같은 젊은이들의 꿈이나 환상을 괴상하거나 심지어 우스꽝스러운 것으로 치부하는 경우가 종종 있다. 제이먼이 다닌 대학의 교수들이 그의 열망에 대해 보여 준 반응이 바로 그런 것이다. 또한 어른들의 바로 이런 행동이 호기심과 창의성, 상상력을 짓누른다. 경우에 따라서는 자신의 조언이 도움이 된다는 생각에서, 그리고 〈어리석은〉 아이디어로 시간을 낭비하지 않도록 자기가 다른 사람을 도와주고 있다는 믿음에서 이런 식으로 반응하는 사람도 있다. 나는 제이먼을 가르친 그 교수들이 어떤 해를 끼치고자 하는 의도를 가졌던 건 아닐 거라고 생각한다. 단지 〈현실적〉이었을 것이다. 그럼에도 제이먼의 가능성에 대해 어닐과 커트가 그들과 다른 시각을 갖고 있었다는 점은 제이먼에게 참 다행스런 일이었다.

제이먼이 돈벌이에 도움이 되도록 STEM 분야의 과목 중 하나를 공부하라는 고등학교와 대학교 때 선생님들의 압력에 적극적으로 저항해야 했다는 사실도 충격적이다. 게다가 복수 전공을 계속하기 위해 교수들의 조언까지 무시해야 했다. 제이먼은 직업적인 성공으로 가는 안정적인 길을 거부할 용기가 있었고, 특정 분야만을 고집하는 바보짓도 하지 않았다. 요컨대, 성공하기 위해서는 자신에게 다양한 기술이 필요할 거라는 사실을 알고 있었다. 그는 커트 미어에게 배운 것들을 제일 중요하게 생각했다. STEM 분야에서 경력을 쌓는 것이 경제적으로 보다 윤택한 미래로 나아가는 최선의 방법이라고 말하는 어른들의 통속적인 조언을 무시하지 못하고 어쩔 수 없이 해당 분야 중 하나를 전공하는 학생들 가운데, 오히려 자신의 열정을 따랐다면 실제로 보다 많은 사회적, 경제적 가치를 낳고, 보다 행복하게 느꼈을 수 있는 이들이 얼마나 많을까.

끝으로, 교사나 교수가 아닌 멘토가 제이먼에게 가장 큰 영향을 주었다는 점에 주목할 필요가 있다. 제이먼의 멘토들은 그에게 〈자신이 받은 것을 도심 지역의 다른 청소년들한테 되돌려 주도록〉 동기를 부여했다. 첫 번째 멘토는 멤피스 챌린지 프로그램에서 만났다. 그는 제이먼에게 대학에 대한 정보를 제공했을 뿐 아니라 그에게 필요한 실용적인 기술을 가르쳤고, 최선의 장학금 혜택을 받을 수 있도록 중재자 역할을 자청했다. 그다음 멘토는 커트였으며 지금은 제임스 러빈이다. 이 책에서 소개하는 총 여덟 명의 혁신가들 중 세 명은 자신에게 진정 도움이 된 은사로 단 한 명의 이름도 거명하지 못했다. 물론 그들이 어떤 면에서 전통에 얽매이지 않는 학생이었기 때문일 수도 있다. 교사들의 관점에서 〈착한 학생〉의 전형에 들어맞지 않는 젊은이들은 관심을 받지 못하는 경우가 많기 때문이다. 에드 캐리어나 랜디 포시, 제시 셸, 에이미 스미스, 주스트 본센, 폴 보티노 같은 교사를 만난다는 건 극히 드문 경우다.

이 책에 필요한 조사를 진행하면서 내가 인터뷰한 젊은 혁신가들 — 이 책에 이야기를 포함시킬 수 없었던 많은 사람들을 포함해서 — 은 하나같이 자신의 삶에 중요한 변화를 만들어 준 은사나 멘토를 거론했다. 그리고 이들 은사와 멘토를 인터뷰하면서 나는 그들도 자신이 일하는 학교나 일터에서 하나같이 아웃라이어, 즉 혁신가로 살아가고 있음을 발견했다. 그들 모두는 학생들을 가르치고 조언하는 방식에서 서로 매우 비슷했지만 그들 각자의 동료들과는 사뭇 달랐다. 이 같은 주목할 만한 교육 방식과 멘토링에 대해서는 5장에 가서 보다 깊이 있게 살펴볼 예정이다.

커크나 샤나, 조디, 데이비드와 마찬가지로 제이먼은 세상에 변화를 만들어 내기 위해 헌신한다. 지난 몇 년 동안 내가 만난 수많은 밀레니엄 세대들에게는 이 같은 헌신이 원동력이다. 그들에게는 야망이 있으며 때로는 집착처럼 보이기도 한다. 하지만 보다 나이가 많은 유명하고 혁신적인 기업가들과 달리 그들은 자만심의 지배를 덜 받는 듯 보인다. 나는 앞에서 살펴본 다섯 명의 뛰어난 젊은이들에게서, 그리고 다음 장에서 만날 세 사람에게서 거만이나 겉치레를 찾아볼 수 없다는 사실이 놀라웠다. 그들은 하나같이 혁신가에게 반드시 필요한 자질인 자의식과 자신감이 상당히 강한 편인데도 그들 중 누구도 이 세대의 특징이라고 일컬어지는 자기도취나 자만심을 보이지 않았다. 나는 오히려 그들과 만나면서 매우 유쾌한 시간을 가졌으며, 내 생각에는 그 점만 보더라도 그들이 어떻게 자랐는지 충분히 알 수 있을 것 같다.

물론 이 장에서 소개한 다섯 명의 젊은이들과 다음 장에서 소개할 세 명의 젊은이들은 모두 재능을 가졌다. 그럼에도 이렇게 그들의 삶을 살펴보는 목적은 그들의 재능을 찬양하기 위해서가 아니다. 그들 주변에 있는 어른들이 어떻게 그들을 도와서 그들이 자신의 재능을 깨닫고 개발하도록 했는지 이해하고, 젊은이들을 양육하고 가르치고 지도하는 우리 어른들이 혁신가의 자질을 개발하는 일과 관련된 그들의 이야기에서 배울 점을 찾기 위해서다. 이 책의 첫 부분에서 언급했듯이 신생아는 잠재적인 혁신가로 발전할 수 있는, 그럼에도 좀처럼 계발되지 못하는 다양한 자질을 갖고 태어난다. 지금까지 우리는 아이들에게 내적인 동기, 즉 호기심과 상상력, 주변 세상에 대한 관심을 자극하는 데 부모의 역할이 얼마나 중요한지 살펴봤다. 그리고 6장에서는 그 밖의 어떤 양육 관행이 어떻게 중요한 변화를 만드는지 살펴볼 예정이다.

과학과 기술, 공학, 수학 분야의 혁신을 확대하고 기업가적인 능력을 개발하기 위해서는 우리가 지금까지 만나 본 그런 선생님과 멘토가 훨씬 더 많이 필요하다. 아울러 교과 과정도 보다 다양해질 필요가 있다. 5장에서는 STEM 관련 과목을 가르치는 새로운 접근법을 비롯해서 그 밖의 교육 혁신에 대해 살펴볼 계획이다.

하지만 우리에게 단지 STEM 분야의 혁신가만 필요한 건 아니다. 삶의 표준을 유지하고 보다 나은 세상으로 나아가기 위해서는 모든 젊은 이들이 혁신가가 되어야 한다. 그리고 앞에서 언급한 교사들과 멘토들의 노력이 암시하는 매우 다양한 교육 방식은 모든 젊은이에게 도움이 될 수 있다.

다음 장에서 우리는 세 명의 사회 혁신가와 기업가에 관한 이야기를 살펴볼 것이다. 그들은 우리가 이미 만나 본 다섯 명과 다소 다른 관심사와 열망을 가졌다. 그럼에도, 차차 알게 되겠지만, 그들이 혁신가로 성장하도록 도와준 양육과 교육, 멘토링은 커크나 샤나, 조디, 데이비드, 제이먼의 경우에서 그들 주변의 어른들이 베풀어 준 것과 유사하다.

4장
사회 혁신가

앞선 두 장에서 우리는 STEM 분야의 혁신가 다섯 명을 살펴봤다. 그들은 과학이나 기술, 공학, 수학 등의 학문적 배경을 가진 젊은이들이었다. 하지만 1장에서 설명했듯이 우리가 사는 세상에는 모든 분야의 인간 활동에서 혁신가와 기업가가 필요하다. 이 장에서는 세 명의 젊은 〈사회 혁신가〉들의 성장 과정을 살펴본다.

데이비드 본스타인David Bornstein은 그의 주목할 만한 저서 『달라지는 세계: 사회 기업가들과 새로운 사상의 힘How to Change the World: Social Entrepreneurs and the Power of New Ideas』에서 사회 혁신가를 〈중대한 문제들에 전력을 기울이고자 하는 생각을 가졌고 자신의 비전을 추구하는 데 있어서 냉철한 사람, 《아니오》라는 대답에 쉽게 수긍하지 않으며 자신이 할 수 있는 최대한으로 자신의 아이디어를 펼칠 때까지 포기하지 않는 사람〉으로 묘사한다. 본스타인은 커뮤니케이션 혁명 덕분에 세상을 보다 폭넓고 깊이 있게 이해하는 사람들이 훨씬 많아졌다고 설명한다. 새로운 지식의 원천으로 무장한 젊은이들은 환경 파괴와 빈곤, 불평등 같은 문제를 깊이 있게 인식하면서 성장한다. 또한, 바로 그 커뮤니케이션 기술을 통해서 사람들은 조직적이고 조화로운 시도에 필요한 새롭고 강력한 도구를 갖게 되었다. 21세기에 들어서는 정보와 권력이 더 이상 소수 엘리트들만의 전유물이 아니게 되었다.

과학과 수학에 학문적 배경을 두고 있는 STEM 분야의 혁신가들은 대체로 인문학을 학문적 배경으로 갖고 있는 사회 혁신가들과 다른 방식으로 동기를 부여받는 듯 보인다. 확실히, 앞으로 만나게 될 세 젊은이들의 교육 환경과 학문적 배경, 열망은 앞 장에서 만나 본 다섯 명과 꽤 다를 뿐 아니라 그들 서로도 사뭇 다르다. 그럼에도 이 두 집단의 혁신가들에게서 나타나는 공통점은 그들이 보여 주는 차이점보다 훨씬 중요하다. 그들이 자신의 열정을 추구하도록 전폭적으로 지지해 준 부모가 있었다는 점과, 그들의 인생에 의미심장한 변화를 가져다준 교사나 멘토 같은 아웃라이어로부터 받은 영향에 못지않게 놀이와 열정, 목표 의식도 그들의 성장 과정에서 무척 중요한 역할을 했다.

로라 화이트

STEM 분야의 혁신가들은 세상을 바꿀 어떤 것을 만들고자 하고, 다른 많은 사람들은 그들의 열정을 쉽사리 이해할 수 있다. 반면에 사회 혁신가들은 변화를 이끌어 내고자 하며 태생적으로 이상주의자다. 혼란을 야기하는 경우도 빈번하다. 그리고 사회 혁신가들이 가진 특징을 이해하기 어렵다고 생각하는 사람도 많다. 따라서 앞으로 소개되는 이야기에서 살펴보겠지만, 그들에게는 주변 어른들로부터 특별한 형태의 지원이 필요하다. 또한 이제부터 소개되는 이야기는 사회적 혁신과 기업가 정신을 강화하는 과정에서 비영리적인 조직들이 수행하는 주목할 만한 역할을 보여 줄 것이다. 또한 대학이 스스로를 개혁하기 위해서, 그리고 자연재해의 위기를 오히려 21세기에 어울리는 대학의 사명이 무엇인지 다시 생각해 볼 수 있는 기회로 바꾸기 위해서 어떻게 노력하고 있는지 보다 큰 틀의 이야기를 들려줄 것이다.

로라 화이트

던과 제인 화이트 부부의 장녀로 태어난 로라는 조지아 주 애틀랜타의 교외에서 자랐다. 던이 조지아 공대에서 토목 공학을 가르치기 때문이다. 대략 열 살쯤 되었을 때 그녀는 전문적인 선수가 되기 위해 수영을 배우기 시작했고 성적도 꽤 좋았다. 열두 살에는 조지아 주 전체에서 접영 부분 6위에 랭크될 정도였다. 하지만 그 지역의 공립 고등학교에 입학한 열네 살이 되었을 때 여러 가지 계기로 인해서 그녀가 생각하던 미래가 커다란 전환점을 맞았다.

첫 번째 사건은 태미(가명)와 단짝이 된 것이었다. 로라는 점심시간에 태미와 같은 테이블에 앉은 적이 몇 번 있었다. 그러고는 태미가 한 번도 점심을 싸온 적이 없을뿐더러 방과 후에 진행되는 어떤 이벤트에도 참여하지 않는다는 사실을 깨달았다. 시간이 흐르고 난 뒤에야 로라는 태미가 집이 없음을 알게 되었고 그때부터 자신의 점심을 그녀와 함께 나눠먹기 시작했다.

「태미를 알게 되면서 세상에 대한 저의 책임 의식도 변했어요. 단지 저 혼자만을 위한 수영보다는 다른 사람을 위한 일을 해야겠다고 생각하기 시작했죠. 저는 정기적으로 자원봉사를 하기 시작했어요. 한번은 오후에 애틀랜타의 가난한 도심 지역 아이들을 대상으로 한 캠프 여행에서 자원봉사를 하고 있었는데 호수로 수영하러 가는 아이들을 감독하게 되었어요. 거기서 저는 거의 익사할 뻔한 경험을 하게 되었죠. 물에 빠져 허우적거리는 아이들을 다섯 명이나 구해 내야 했거든요. 정말 무서웠어요. 그 일을 계기로 아이들에게 수영 교습이 필요하다는 사실을 뼈저리게 느꼈어요.」

대략 그때쯤에 로라는 지역 봉사 단체 〈행동하는 애틀랜타〉의 청소년 봉사 자문단에 지원해서 들어갔다. 「우리는 청소년 프로그램과 관련해 행동하는 애틀랜타에 자문하는 일을 맡았고, 강사를 초청해서 자원봉사와 애틀랜타의 사회 문제에 대한 강연을 열었으며, 자원봉사 프로젝트를 운영했어요. 우리 모두에게 가장 중요한 화두는 세계 청소년 자원봉사의 날에 맞춰서 의무적으로 각자 하나씩 자원봉사 프로젝트를 계획해야 한다는 것이었어요. 이전까지는 의무적으로 그런 일을 해본 적이 한 번도 없었기 때문에 정말 걱정됐어요. 하지만 제게는 수영할 때 사귄 친구들과 좋은 일에 활용할 수 있는 기술이 있었어요. 그래서 우리는 하루를 정해서 애틀랜타의 불우한 아이들에게 수영을 가르쳤죠.」

고등학교 1학년 여름에 로라는 행동하는 애틀랜타에서 인턴으로 일했다. 「그곳에 들어간 지 일주일 만에 제 선임이 그만뒀기 때문에 열여섯 살짜리 인턴치고는 엄청나게 많은 책임을 맡게 되었어요. 저는 다양한 자원봉사 프로젝트를 계획했고, 자원봉사자들을 관리했으며 늦게까지, 심지어 주말에도 일했어요. 그곳에서 일하고 있던 어느 날 한 직원이 청년 벤처Youth Venture라는 청소년 자원봉사 단체에 대해 알려 줬어요. 저는 곧바로 청년 벤처에 신청서를 제출했고 그들로부터 1,000달러를 지원받아서 수영 강습을 지속적인 행사로 만들 수 있었어요. 수영 강습의 필요성을 인정받은 거였어요. 그렇게 해서 〈와일드 워터 스위밍Wild Water Swimming〉이라는 프로그램이 탄생했죠. (나중에는 〈성공을 향한 유영Swim 4 Success〉으로 이름이 바뀌었다.) 청년 벤처는 놀라운 프로그램이에요. 아쇼카 Ashoka 재단은 그들의 〈동지들〉이 젊었을 때 하나같이 프로젝트나 벤처를 이끈 경험이 있음을 깨닫고 그 프로그램을 발족시켰어요. 그들은 청년 벤처 프로그램을 시작함으로써 사회 기업가와 혁신가가 가득한 세상을 창조하는 데 결정적인 한 발을 내디뎠다고 생각했어요.」(아쇼카 재단은 1980년에 빌 드레이튼Bill Drayton에 의해 설립되었고, 지금은 아쇼카 〈동지들〉에 대한 지원과 그 밖의 수많은 프로그램을 통해 사회 기업가 정신을 촉진하는 선도적인 국제단체가 되었다.)[2]

로라의 어머니 제인 화이트가 사회 기업가 정신에 이제 막 관심을 갖기 시작한 로라를 지지해 주기 위해 그들 부부가 어떻게 노력했는지 말해 줬다. 「우리는 아이들에게 자신이 관심 있는 것을 탐구하도록, 아울러 더 이상 관심을 느끼지 못하면 그만두도록 격려했어요. 로라는 고등학교에 들어간 이후로 수영 대회에 참가하는 것보다 지역 사회의 자원봉사 프로젝트에 확실히 더 많은 관심을 보였어요.」

던이 아내의 말에 동감하면서 입을 열었다. 「지역 봉사활동이 로라의 〈스포츠〉가 되었죠. 어떤 사람은 경쟁을 통해 발전합니다. 하지만 수영 대회는 로라에게 스트레스를 줬어요. 그럼에도 수영을 하면서 규율에 대해서도 배우고, 집중하는 법과 시간을 관리하는 법도 배우기는 했어요.」

제인이 말했다. 「게다가 수영 강습 프로젝트에 필요한 보조금을 지원받기 위해 경쟁해야 했을 때는 자신을 완전히 내던졌어요. 최종적으로 선발된 열다섯 개의 프로젝트만 보조금을 받는데 최종 선발은 각 프로젝트의 득표수에 따라 결정되었죠. 로라의 프로젝트는 1만 표를 넘게 받아서 7,500표를 받아 2등을 차지한 프로젝트를 포함해서 다른 프로젝트들을 크게 앞질렀어요. 그 같은 결과를 얻기까지 식구들 모두에게 얼마나 일을 시켰는지 몰라요.」

던이 덧붙였다. 「로라는 날마다 이메일을 보냈지요. 그리고 그 이메일에 링크를 걸어 두어 사람들에게 온라인으로 투표를 하도록 했죠.」

제인은 그들 부부가 한 일을 다른 부모들이 중시하는 것과 비교했다. 「일반적인 부모들은 자녀를 차에 태우고 소프트볼이나 축구를 할 수 있는 장소를 찾아다녀요. 하지만 우리 부부는 그렇게 하는 데 드는 시간과 노력을 로라의 프로젝트를 지원하는 데 투자했어요. 그와 관련해서 로라는 내가 항상 불평을 해댔다고 말하겠지만 애틀랜타의 어수선하고 무서운 지역을 운전하고 다니는 것이 유쾌한 일은 아니잖아요. 어쨌거나 하긴 했구요.」

사실 로라는 어머니의 불평에 대해 한 번도 언급한 적이 없었다. 오히려 다음과 같이 말했다. 「부모님은 항상 많은 지원을 해주셨어요. 제 학교 성적도 중요하게 여기셨지만 저의 진정한 주체는 제 자신이며 무엇이든 저 스스로 알아 가야 한다고 생각하셨어요. 지나친 간섭을 피하셨죠. 제가 성공을 향한 유영이란 프로그램을 시작했을 때 부모님은 제게 〈이렇게 해라, 저렇게 해라〉라고 말씀하지 않으셨죠.

부모님은 또한 빡빡하게 짜인 시간표를 강요하지 않으셨어요. 덕분에 저는 생각할 시간이 충분했고 스스로 계획을 세울 수 있었어요. 대다수 부모들은 남보다 운동을 잘하도록, 또는 좋은 대학에 들어가도록 그들의 자녀를 몰아붙여요. 자녀들이 직접 탐구하도록 내버려 두지 않죠. 그 같은 차이는 성장 과정에서 커다란 차이를 만들어요.」

내가 처음 로라를 만났을 때 그녀는 열아홉 살이었고 툴레인 대학교에서 신입생으로 막 1년을 보낸 뒤였다. 그녀에게 대학 이전의 학교생활에 대해 물었다.

「고등학교 때는 좋은 점수를 받으려고 애썼어요. 수업에 관심이 있어서는 아니었어요. 수업은 오히려 지루할 정도였죠. 다만 저에게 투지가 있고 자리를 지키고 앉아 뭔가를 해낼 수 있다는 사실을 증명하고 싶었어요. 하지만 수없이 치러지는 시험의 압박감은 저의 창의적인 노력을 방해했어요. 특히 수학은 정말 싫었어요. 너무나 추상적일 뿐 아니라 제가 배우거나 씨름하는 개념을 창의적으로 적용할 방법도 없었어요.

그렇지만 고등학교 때 프랫이라는 선생님이 계셨는데 그분은 제게 창조적으로 생각하는 법을 가르쳐 주셨어요. 이를테면 선박의 프로펠러 때문에 해우(海牛)들이 죽어 가고 있다는 문제에 대해 배우고 난 다음에는 그런 문제에 대처할 수 있는 방법을 다함께 고민하는 시간을 가졌죠.」

「대학에 들어와서 보낸 첫해는 어땠나요?」

「저는 정치 경제학을 전공하고 있는데 정치 경제학이 철학이나 경제학, 정치학 등 다양한 분야의 학문을 다루기 때문이에요. 단일 학문을 기반으로 하는 전공은 도저히 선택할 엄두가 나질 않았어요.

하지만 모든 과제를 수행하려면 부담이 많을뿐더러 이런저런 시도를 해볼 시간도 충분치 않아요. 기업가적인 활동을 통해 학점을 받을 수 있다면 정말 좋겠어요. 이를테면 리서치 논문을 쓰는 대신 회사를 설립하는 것처럼 말이에요.」

「그렇다면 구체적인 능력은 어떤가요? 본인의 필요 때문에 학교에서 배웠으면 하고 바라던 기술은 배웠나요?」

그녀가 한순간의 망설임도 없이 곧장 대답했다. 「문제를 규명하는 능력을 배웠어요. 정말 중요한 능력이죠. 성공을 향한 유영 프로그램을 시작했을 때 저는 제가 가장 노력을 기울여야 할 문제가 무엇인지 몰랐어요. 2년이 지난 뒤에야 단순히 익사 사고를 예방하는 게 전부가 아님을 깨달았어요. 출신 배경이 다른 다양한 자원봉사자들과 교류하고, 대학교 수영장을 이용하고, 수영 실력이 향상돼서 어쩌면 장학금을 받을 수 있는 가능성에 이르기까지 그 프로그램을 통해서 불우한 청소년들에게 제공할 수 있는 기회는 정말 다양했어요. 이런 문제에 대해 제가 체계적으로 생각하도록 가르쳐 준 사람이 있었다면 정말 많은 도움이 되었을 거예요.」

2년 전 처음 만난 이후로 로라와 나는 계속해서 연락하고 지낸다. (사실 그녀는 이 책과 관련하여 내 연구를 도와주고 있다.) 그녀는 성공을 향한 유영 프로그램에 더 이상 관여하지 않는다. 현재는 같은 대학의 몇몇 학생들이 그 프로그램을 운영한다. 규모도 축소되어 이제는 처음에 그녀가 구상했던 독립된 대규모 비영리 단체가 아닌 툴레인 대학교의 부속 프로그램이 되었다. 그녀는 최근에 내게 보낸 이메일에서 그 프로그램을 통해 무엇을 배웠는지에 대해 썼다. 「2년 전이었다면 저는 대규모의 새로운 조직으로 발전시키지 못했다는 점에서 그 프로그램이 실패했다고 생각했을 거예요. 하지만 지금은 지역적인 해법을 제시했다는 사실에 만족해요. 때로는 기존에 있는 조직을 활용하는 방법이 더 낫기도 해요. 그 편이 훨씬 안정적이기 때문이죠. 다양한 방법론 사이에서 유동적인 태도를 갖는 게 무엇보다 중요해요. 유동적인 태도를 유지하면서 변화를 만들 수 있는 최선의 방법을 찾아가는 거죠.」

대학: 도전과 기회, 그리고 변화를 만든 교수

2011년 7월 로라가 이제 막 툴레인 대학 4학년이 될 무렵에 우리는 그녀가 툴레인 대학에서 관여한 프로젝트와 그 프로젝트에서 배운 것들, 그리고 앞으로 어떤 일을 할 것인지에 대해 이야기를 나눴다. 그 대화를 통해 그녀의 사회 기업가 정신이 완전히 성숙한 단계에 이르렀음을 분명히 알 수 있었다. 그렇지만 사회 혁신가로서 자신에게 주어진 일을 계속하면서 학생으로서의 의무도 충족시키고자 하는 도전이 한층 더 힘들어졌다는 점 또한 분명히 알 수 있었다.

툴레인 대학에 관한 로라의 이야기

「저는 사회 혁신 능력을 개발할 수 있는 학습 경험을 창조하는 아이디어에 관심이 많았어요. 그래서 교사 자격증을 취득하려는 학생들이 맨 처음에 듣는 수업인 〈다문화 사회에서의 교육〉을 가르치는 캐롤 웰란 교수님과 함께 일해 오고 있어요. 그녀의 강의에 사회적 기업의 리더십 요소를 포함시키기 위해서죠. 이 부분과 관련된 수업은 학생들이 주도하는데 창의성과 협력 작업 같은 비학문적인 능력을 개발해 주기 위해서에요. 지난 가을 학기부터 이런 방식으로 강의가 진행되었고, 다양한 사회 혁신 아이디어를 가진 학생들이 참여해서 그들이 낸 아이디어 중 여섯 가지가 여전히 진행 중에 있죠.

일례로 툴레인의 한 음대생을 들 수 있는데 그는 뉴올리언스 공립 고등학교 중 한 학교의 음악 교사와 협력 작업을 하면서 합창 프로그램에 대한 자금 지원이 부족할 뿐 아니라 자원봉사자도 많이 필요하다는 사실을 알게 되었어요. 그래서 그는 합창 프로그램의 운영에 필요한 기금을 조성하기 위해 툴레인의 음대생들에게 그 고등학교의 학생들과 합동 공연을 계획해서 실행하자고 제안했죠. 또 다른 학생은 자신이 근무하는 학교에서 성적이 좋은 학생들은 내버려 둔 채 성적이 부진한 학생들의 시험 성적을 올리는 데만 열을 올리자 성적이 좋은 학생들을 위한 방과 후 심화 학습 프로그램을 개발했죠.

지난 일 년 동안은 〈시민의 모임〉이라는 단체에서 일했어요. 그 단체의 취지는 사람들이 지역 문제나 프로젝트, 또는 그들이 필요성을 공감하는 어떤 일을 위해 공동으로 노력하도록 만들자는 거예요. 그리고 그들이 변화를 만들기 위해 노력하는 과정에서 배운 것을 서로 공유하도록 만들자는 거죠. 나는 동료인 앨런 웹과 이 일을 하면서 툴레인 대학의 교수님들에게 배운 것보다 훨씬 많은 것을 배웠어요.

또한 사람들이 지역 사회에서 사회 혁신가로서 자신이 한 일을 증명하고 함께 일했던 사람들로부터 자신에 대한 평가를 수집하는 하나의 방법으로써 〈생생한 기록〉을 디지털화하는 아이디어와 관련해 앨런과 제프 보르도냐를 돕기도 했어요. 그 아이디어의 일환으로 대학의 사회 혁신 프로그램들을 평가하는 도구를 개발하기 위해 툴레인 대학과 함께 일해오고 있죠.

제 생각에 저는 저만의 교육 프로그램을 계획하는 능력이 점점 발전하는 것 같아요. 지난 겨울에는 학교에서 제가 유럽으로 현장 학습을 가는 데 필요한 자금을 지원해 줬어요. 저는 그 현장 학습을 위해 스스로 조사를 하고 계획을 세웠죠. 그리고 사회 기업가 정신 교육 프로그램의 탁월한 기준을 제시하는 수많은 유럽 학교들을 방문했어요. 이 현장 학습은 지금까지의 대학 생활에서 최고의 학습 체험 중 하나였어요.

얼마 전에는 파리에서 열린 〈아쇼카 혁신가들의 주Ashoka Changemakers' Week〉 행사에 다녀왔는데, 혁신 기술과 혁신 능력을 배양하기 위한 틀과 토대를 마련해서 학교와 기업, 비영리 단체에서 활용하도록 할 필요가 있음을 확실하게 깨닫는 계기가 되었어요. 내년에는 이 주제를 보다 심층적으로 연구해서 논문을 쓰고 싶어요. 딜로이트 프랑스Deloitte France는 아쇼카 혁신가들의 주 행사를 지원하는 기업인데 그 회사의 실무 담당자가 함께 점심을 먹는 자리에서 딜로이트에 필요한 것이 바로 그런 능력이라고 말하더군요. 그는 딜로이트의 모든 직원들이 혁신가가 되길 원했어요.

가을에 학교로 돌아가면 사회 혁신과 관련한 전공과목뿐 아니라 학생들이 주도적으로 운영하는 과목이 더 많이 개설되도록 계속해서 노력할 거예요. 〈시민의 모임〉과 제휴해서 P2P 대학에 〈사회 혁신 학교〉를 도입하는 일에도 관심을 갖고 있어요. 사회 혁신 학교는 온라인 스터디 그룹을 조직해서 사회 혁신가에게 필요한 갈등 해소나 프로젝트 관리 같은 주제를 다루는 개방형 소스 온라인 커뮤니티예요.

내년을 생각하면, 그리고 그 뒤에 있을 일을 생각하면 스트레스가 심해요. 학생으로서의 의무를 다하고 졸업에 필요한 학점을 따면서 이 모든 다양한 프로젝트를 수행하는 건 정말이지 어려운 일이에요. 한편으로는 대학원에 가서 사회 혁신가가 되기 위해 필요한 능력을 규명하고, 가르치고, 평가하는 방법을 공부하고 싶은 마음도 있어요. 과연 그런 것을 가르치는 대학원 과정이 있을지 의구심이 들기는 하지만요.」

로라의 이야기에 따르면 툴레인 대학에서도 특히 두 사람이 그녀의 일에 도움을 주었다. 스테파니 박스데일은 〈사회 기업가 정신 구상Social Entrepreneurship Initiatives〉이란 단체에서 그 단체의 대표를 보좌하는 특별 보좌관이며 로라와 함께 수많은 프로젝트를 진행했다. 스테파니가 말했다. 「기본적으로 나는 로라에게 자신이 열정을 느끼는 프로젝트를 진행하도록 일종의 〈허가〉를 해줬어요. 때때로 그녀가 망설일 때마다 나는 〈당연하지, 내 생각에는 네가 딱 적임자야〉라고 말해 줘요. 그렇게 일을 맡기면 그녀는 꼭 해내고 말죠. 한번은 그녀가 툴레인 대학에서 테드엑스 컨퍼런스TEDx conference를 개최하고 싶어 했어요. 나는 그녀에게 〈너라면 할 수 있을 거야〉라고 말해 준 것 외에는 아무것도 도와준 게 없었죠. 로라는 스스로 재원을 마련하고, 테드TED 측의 승인을 받아 그 프로젝트를 준비했어요.」 (테드는 비영리 단체로서 발표자들이 나와서 〈세상에 알릴 가치가 있는 아이디어〉에 대해 소개하는 회의를 후원한다. 테드엑스는 지역적인 행사이며, 테드 측으로부터 그들의 상표명을 사용할 수 있는 권한을 위임받아 독립적으로 개최된다.)[3]

그녀는 〈요즘에는 실패를 너무 두려워하고 그 때문에 아예 어떤 시도조차 해보지 않는 학생들이 많다〉라고 덧붙였다. 로라의 또 다른 멘토는 그녀의 지도 교수이기도 한 존 하워드 박사다. 「그분은 제가 배우고 싶은 것이 있을 때 지원을 아끼지 않으셨어요.」 로라는 만약 하워드 박사가 없었다면 다른 대학으로 전학을 갔을 거라고 말했다.

존 하워드 박사는 툴레인에서 철학 박사 학위를 받았고 현재는 머피 연구소에서 부책임자로 일하면서 정치 경제학과의 학부 전공을 관리한다. 또한 자신이 맡은 업무와는 별도로 연구소에서 진행되는 사회 혁신이나 기업가 정신과 관련된 수많은 프로젝트에 관여하고 있다. 허리케인 카트리나로 인해 뉴올리언스가 처참한 피해를 겪고 난 뒤로 스콧 코웬 툴레인 대학 총장은 졸업 요건으로 지역 봉사 항목을 신설했다. 존 하워드 박사는 공공 서비스와 시민의 리더십Public Service and Civic Leadership이라는 과목을 가르쳤고, 그 과목을 수강하는 학생들은 학기 말 프로젝트로 대학에서 운영하는 봉사 활동 학습 프로그램에 참여한 뒤에 해당 프로그램의 특정 측면을 개선하는 문제와 관련해 내부적인 정책 분석 보고서를 작성했다.

하워드 박사가 말했다. 「나는 학생이 주도적으로 이끌어 가는 커리큘럼에 대한 아이디어를 전적으로 지지합니다. 그럼에도 그 커리큘럼이 체계적일 필요는 있겠지요. 그래서 나는 학생들에게 구체적인 성과를 제시합니다. 이 경우에는 봉사 활동 학습 프로그램을 개선하는 문제와 관련된 보고서를 대학 행정부서에 제출하는 것이죠. 하지만 이른바 〈녹서 Green Paper〉라고 불리는 이 보고서의 내용이 어떻게 채워질지, 조사는 어떤 방식으로 진행할지 결정하는 건 학생들의 몫입니다. 이 경우처럼 학생들에게 실제 프로젝트와 관련한 일을 할 수 있도록 기회를 제공하는 건 대학에서 지극히 드문 경우입니다. 내 목표는 학생들에게 결정권을 제공함으로써 그들이, 단순히 등록금을 지불한 소비자의 태도가 아니라, 적극적으로 수업에 참여하도록 만드는 겁니다. 예를 들어, 내 수업을 듣는 일부 학생들은 학생의 입장에서 강의가 시작된 이후에 봉사 활동 학습이 어떻게 전개되는지 알게 되는 것보다, 사전에 어떤 봉사 활동 학습이 이루어질 것인지 구체적인 활동을 바탕으로 해서 강의가 준비되어야 한다고 제안합니다. 하지만 안타깝게도 학교 행정부는 학생들의 제안을 대부분 외면합니다. 그 같은 시스템을 적용할 경우 등록 과정에서의 관리가 너무 어려워질 거라는 우려 때문이죠.」

바로 얼마 전부터 하워드 박사는 스테파니 박스데일의 사회 기업가 정신 구상 사업소와 함께 일하게 되었다. 그녀가 특별 보좌관인 덕분에 명령 체계가 훨씬 간소하고, 아이디어를 소개하기에도 좋다. 하워드 박사가 이에 대해 설명한다. 「이번 학기에는 사회 기업가 정신 프로그램과, 다른 학생들에게 다양한 기회를 만들어 주고자 하는 로라 같은 학생들을 위해 〈사회 혁신 동지들Social Innovation Fellows〉이란 새로운 프로그램을 개설할 수 있었어요. 이 프로그램은 봉사 활동 학습을 필수요건으로 지정함에 따라 학교 일각에서 발생한 저항으로 얼룩지지도 않았고, 보다 광범위한 학생들을 대상으로 하기에 적합하죠. 그리고 지금은 우리가 〈참여 교육과 학습 센터〉라고 부르는 사업의 일환으로 이 프로그램을 기획하는 과정에 학생들이 상당 부분 참여하도록 유도하고 있습니다. 본질적으로 우리의 목표는 툴레인 대학에 새로운 〈학부〉를 만드는 것입니다.」

존 하워드 박사에게 로라와 함께 일하는 건 어떤지 물었다.

「3년 전에 로라를 처음 만났어요. 그 당시 로라는 정치 경제학을 전공하겠다고 했죠. 다양한 분야에서 유능한 사람이 되어야겠다는 생각이 무척 강한 학생입니다. 그녀는 자신의 일을 해나가기 위해서는 정치학이나 경제학, 철학, 역사 등을 알아야 한다고 생각했고, 정치 경제학을 전공하면 그런 학문들을 두루 접할 수 있기 때문이었죠. 우리 프로그램이 로라처럼 양적으로나 질적으로 뛰어난 능력이 있는 학생들에게 매력적으로 비쳐지기도 합니다. 대학의 전통적인 전공 시스템 때문에 입학 초기부터 학생들을 전문가로 만들려는 시도가 비일비재하게 일어납니다. 나중에 학생의 관심사가 다른 것으로 바뀔 수 있음에도 불구하고 말이죠.

지난 학기부터 로라는 교육학 강의를 듣기 시작했어요. 그런데 학기가 시작한지 3주쯤 지나자 거의 협력 교수나 다름없이 그 강의에서 학생들을 가르치고 있더군요. 그 강의를 담당한 캐롤 웰란 교수가 과감하게도 로라의 전문성을 인정해 주었죠. 로라는 캐롤 교수의 입장에서 한 번도 만나본 적 없는, 이런 학생도 있다는 예를 보여 줬죠. 그런 식이 되어야 합니다. 우리는 학생들의 아이디어와 혁신적인 면을 외면해서는 안 돼요.

로라는 대담하고 개방적이며 어떤 상황에서든 자신의 주장을 피력할 능력이 있어요. 그럼에도 다른 사람의 시선을 끄는 타입은 아닙니다. 목소리가 크지도 않거니와 허세를 부릴 줄도 모르죠. 자신감이 넘치는 타입도 아닙니다. 자기에게 좋은 아이디어가 있어도 자신을 그럴듯하게 포장해서 다른 사람을 설득하기보다는 그 아이디어 자체로 승부를 하죠. 사회의 정의를 실현하기 위한 그녀의 헌신은 정말 진심에서 우러나온 것입니다. 단순히 입으로만 떠들거나 이력을 쌓기 위한 것이 아니죠.

로라는 다른 사람에게 영감을 주는 능력 덕분에, 개개인이 모험을 감수하면서 놀랄 만한 일들을 성취해 가는 최고의 사회 민주주의 전통을 이어가고 있습니다. 정말 탁월한 학생 리더이자 툴레인 대학의 보물이죠. 그녀는 경제나 정치적인 차원이 아니라 도덕적인 차원에서 세상에 변화를 만드는 사람입니다. 우리는 전국을 통틀어서 최고의 대학 풋볼 선수에게 하이즈먼 상을 주죠. 그런데 만약 공공 서비스 분야의 하이즈먼 상이 있다면 로라가 수상해야 할 겁니다. 그녀는 어떤 일이 불가능하단 이야기를 듣는 것을 지극히 싫어할 뿐 아니라 자신의 기준을 낮추기도 거부하는 실익주의자입니다.」

나는 〈그렇다면 보다 많은 로라 화이트 같은 학생들을 육성하고 지원하려면 어떻게 해야 할까요?〉라고 물었고 그의 답변 덕분에 나는 로라를 비롯해서 그녀의 다른 또래들이 자신의 열정을 추구하기 위해서는 때때로 다른 사람의 〈허락〉이 필요하다는 스테파니 박스데일의 말을 보다 확실하게 이해할 수 있었다.

「첫째로, 우리가 로라 같은 젊은이들을 이해할 줄 알아야 합니다. 〈세상에 밝은〉 교수들은 편견이 없는 태도를 순진한 것으로 간주하려는 경향이 있습니다. 그들은 사회 정의에 대한 믿음을 현실 세계에 대한 경험 부족으로 여깁니다. 학생들을 그 같은 태도로 대하는 건 정말 좋지 않아요.

오히려 우리는 자신의 믿음을 당당하게 이야기하도록 학생들에게 용기를 주고, 정의를 향한 그들의 내적인 공감과 헌신을 후원해야 합니다. 세상에는 로라처럼 될 수 있는 학생들이 얼마든지 많습니다. 다만 그들에게 미숙하고 지나치게 감상적이라고 말한 누군가 때문에 그 방향으로 자신을 개발할 기회가 없었던 것뿐이죠. 공공의 이익을 믿는 학생들은 우리가 생각하는 것보다 훨씬 많습니다. 나는 대부분의 시간을 어렴풋하게나마 학생들에게서 나타나는 이러한 특징을 찾아내고 개발하고자 노력하면서 보냅니다.

교사로서 이러한 믿음을 실천하고자 하는 노력의 일환으로 나는 내 수업을 듣는 학생들에게 시험을 치르게 하는 대신 그들과 〈대화록〉을 만들었습니다. 먼저 학생들이 매주 750에서 1,000단어로 작성한 에세이를 제출하고, 그다음에 내가 비슷한 분량의 에세이를 써서 그들에게 나눠 주는 겁니다. 또한 매주 수업 시간 중 일부를 할애해서 학생들이 내 간섭을 받지 않고 그들의 아이디어와 진행 상황을 서로 공유하도록 합니다. 나는 학생들에게 서로 도움이 되도록 이렇게 책임감을 부여함으로써 그들의 공감 능력이 한층 더 발전할 거라고 믿습니다.」

「교수님은 종신 재직권을 보장받았나요? 아니면 그럴 예정인가요?」

「나는 여기 직원일 뿐이고 종신 재직권은 어림도 없어요. 게다가 학자나 연구원도 아니에요. 물론 그런 것을 하찮게 생각하는 건 아니지만 나하고는 안 어울려요. 나는 교사입니다. 즉, 학생들과 교류하면서 강의실을 지키는 게 내 일이죠. 무슨 이유로든 내가 이 일을 하지 못하게 하는 건, 내 입장에서 보면, 형벌이나 다름없어요. 그럼에도 다른 사람한테 이 일을 직업으로서 추천하지는 않습니다. 고생도 많을뿐더러 직장을 구하기도 쉽지 않거든요. 지금 하고 있는 일을 갖게 돼서 얼마나 다행인지 모릅니다.

종신 재직권을 얻으려면 〈수업과 연구, 학식〉이 중요해요. 하지만 이러한 요소들은 진행 과정을 관리하기 쉽게 만들기 위해 지극히 전통적인 방식으로 평가됩니다. 수업 문제를 놓고 봤을 때 만약 대학 당국에서 〈우리가 원하는 건 당신이 성공적인 혁신을 이끌었다고 증명해 줄 증거입니다. 학생들에게 영감을 불어넣는 당신만의 고유한 능력을 보여 줄 수 있는 어떤 것을 제시하세요〉라고 말한다면 어떻게 해야 할까요? 만약 논문을 발표하는 문제라면 신중을 기하는 게 맞습니다. 하지만 강의실 안에서는 지나치게 몸을 사리지 말아야 합니다. 아니면 학생들과 거의 접촉하지 않는 연구 교수와 논문에 대해 걱정할 필요가 없는 강의 교수로 나눌 수도 있겠군요. 그렇게 할 경우 새로운 문제가 초래되고 어려움도 많이 따르겠지만 학생들은 보다 많은 혜택을 누리게 될 거라고 생각해요.」

사회 혁신가의 〈육성〉

로라의 부모님은 그녀가 어릴 때 그녀에게 보다 탐구적인 형태의 놀이를 장려했다. 그녀가 〈부모님은 제게 빡빡하게 짜인 시간표를 강요하지 않으셨어요. 덕분에 저는 생각할 시간이 충분했고 스스로 계획을 세울 수 있었어요〉라고 말했듯이 돈과 제인 화이트 부부는 도시 근교의 부모들에게서 나타나는 일반적인 관행을 거부했고, 수영 선수를 그만두고 봉사 활동에 전념하기로 한 로라의 결정을 전폭적으로 지지해 주었다. 또한 로라가 사회 기업가 정신과 관련한 자신의 열정을 추구하도록 장려했고, 그 일환으로 로라가 자신의 비영리 단체를 위해 운영 자금을 모금하는 일을 도와주는 한편 그녀가 고등학교에 다니는 내내 그녀의 다양한 봉사 활동 프로젝트를 위해 애틀랜타의 〈불안한〉 지역까지 방문하는 위험도 감수했다.

또한 우리는 어떻게 로라의 열정이 변화를 만들어 내는 사람의 기술을 이해하는 것과 관련된 명확한 목표로 발전했는지, 그리고 그러한 기술을 가르치고 평가하는 최선의 방법이 무엇인지도 알 수 있다. 그럼에도 그녀가 이 목표에 도달하는 길은 명확하지 않다. 그녀가 제기하는 문제들이 비교적 새로운 것들이기 때문이다. 그녀는 기존의 교육에 순응하거나 아니면 자신이 원하고 동시에 필요로 하는 교육을 스스로 개발해야 한다. 창의성과 적절한 질문을 하는 법과 관련해서 그녀에게 가장 많은 가르침을 준 강의는, 그녀의 말에 따르면, 극작 수업이었다.

몇 가지 측면에서 볼 때 STEM 분야의 젊은 혁신가들보다는 사회 혁신가인 로라가 어려운 점이 더 많다. 첫째로, 존 하워드 박사가 지적했듯이 사람들은 젊은이들의 이상주의와 불평등에 대한 관심을 순진함에서 비롯된 것으로 간주하는 경향이 있다. 나는 우리 사회에 만연한 이 같은 어른들의 반응이 애초에 로라가 자신의 아이디어에 대해 가끔씩 망설이는 듯한 태도를 보인 이유를 설명해 준다고 생각한다. 우리의 교육 제도는 모험을 감수하도록 권하지 않고, 실패에 대해 관대하지도 않으며, 젊은이들이 〈세상을 바꾸는〉 어떤 일보다는 비즈니스나 법률, 의학과 관련된 〈안전〉하고 벌이가 괜찮은 직업을 갖기 위해 노력해야 한다고 믿는 부모나 교사들이 너무나 많다.

둘째로, 실질적인 문제 위주의 실천 지향적인 교육 방식이 인문학에서는 거의 선례를 찾아볼 수 없다는 점이다. 최근에 보낸 이메일에서 로라가 말했다. 「봉사 활동을 통한 교육 과목을 제외하고는 인문학을 전공하는 학생들이 선택할 수 있는 과목 중에서 프로젝트로 진행되는 과목이 하나도 없어요. 그 외에는 공학과와 건축학과에 있을 뿐이에요.」 이론의 중요성을 아는 까닭에 로라는 사회 혁신과 변화에 관한 이론을 배우길 원하지만 그러한 이론 강의도 실질적인 프로젝트와 병행되어야 한다고 믿는다. 그녀가 유럽을 여행할 때 조사한 학교 중 하나인 카오스 파일럿츠KaosPilots에서는 학생들은 먼저 현실 세계의 프로젝트를 가지고 시작하고 나중에 해당 프로젝트와 관련된 중요한 이론들을 배운다.

「저는 모든 대학교가 학생들의 경험과 연구, 도전 과제를 중심으로 해서 편성되어야 한다고 생각해요. 그렇게 하려면 교수들이 보다 많은 시간을 투자하고 다양한 역할을 소화해야 하겠죠. 교수들이 종신 재직권을 얻기 위해 논문에만 정력을 쏟는 것도 심각한 문제에요. 그런 교수들이 과연 학생들이 탐구하길 원하는 도전 과제를 중심으로 해서 연구 주제를 정할지는 의문이에요.」 로라에게는 그녀가 존 하워드 박사의 도움을 받아서 만든 독립적인 연구 과정들이 다양한 프로젝트에 대해 학점을 인정받아야 하는, 그리고 변화를 추구하는 행동과 이론을 연결하는 과정에서 도움을 받아야 하는 유일한 실질적인 기회였지만 학생 신분으로 수행할 수 있는 독립적인 연구 과정의 개수는 두 개로 제한되어 있다.

존 하워드 박사의 목표는, 우리가 지금까지 만나 온 다른 모든 교사의 목표와 마찬가지로, 학생들에게 권한을 부여하는 것이다. 그는 학생들 개개인의 목소리와 내적인 동기를 개발하고자 노력하는 한편으로 여러 프로젝트를 조직화해서 학생들이 협동해서 일하고, 다양한 학문을 활용해서 현실 세계의 문제를 이해하게 한다. 그는 앞에서 만나본 STEM 분야의 교수들과 마찬가지로 지극히 혁신적인 인물이다. 하지만 안타깝게도 존 하워드 박사는 〈절대로 종신 재직권을 얻지 못할 우리 아웃라이어〉 클럽의 신입 회원이기도 하다.

상아탑에서 내려오다: 대학의 새로운 〈윤리 기준〉

지금까지 우리가 살펴본 이야기에서는 종신 재직권을 획득하기 위한 전통적인 요건과 대학 문화가 젊은 혁신가들에게 필요한 보다 실천 지향적이고 실질적인 문제를 위주로 하는 교육 방식과 반목하는 모습이 반복해서 등장했다. 대학들은 〈순수한〉 지식을 창안하고 전수하는 것을 사명으로 여길 뿐 그 어떤 방식의 적용이나 구체적인 기술의 개발은 외면한다. 대학이 〈상아탑〉이라고 불리는 데에는 분명 이유가 있다. 하지만 툴레인 대학은 스콧 코웬 총장의 선구적인 리더십 아래 뉴올리언스의 지역 사회와 툴레인 대학 학생들 모두에게 필요한 것을 충족시킬 방법을 모색하고 있는 중이다.

코웬 총장이 말했다. 「카트리나는 우리 도시와 우리 대학을 거의 파괴하다시피 했습니다. 허리케인이 지나간 직후에 나는 우리 대학의 미래와, 카트리나라는 대재앙을 통해 배운 것에 대해서, 그리고 우리가 앞으로 나아감에 따라 대학에 새로운 윤리 기준이 필요한 건 아닌지에 대해 생각하기 시작했습니다. 대학이라는 조직의 사명을 되돌아 봤습니다.

주요 연구 대학 중 하나로서 우리 대학의 사명은 세 가지가 있습니다. 연구와 교육, 그리고 지역 사회와의 교류입니다. 하지만 지역 사회와의 교류는 연구나 교육 분야에 비하면 그동안 정당한 취급을 받지 못했습니다. 만약 누군가가 지역 사회와 교류를 한다면 그건 〈좋은〉 일이고 신문에 그 사람에 대한 기사도 실리겠지만 우리 시스템에 따르면 그 사람은 어떤 공식적인 인정도 받지 못할 겁니다. 게다가 지역 사회와 교류를 한다고 해서 교육이나 연구의 성과물로 인정되지도 않습니다. 우리는 지역 사회와 교류하는 문제의 비중을 높여서 연구나 교육 부문과 동등하게 끌어올리고, 그 세 가지 사명을 보다 강력하게 묶을 방법을 찾기로 결정했습니다. 그리고 이렇게 결정된 내용을 21세기에 대비하는 우리의 윤리 기준으로 삼았습니다.

우리는 그 발의를 〈툴레인의 자율권〉이라고 부릅니다. 오늘날 이 자율권을 위한 우리의 전략에는 일곱 가지의 중심축이 있습니다. 처음에는 두 개로 시작했는데 이곳 뉴올리언스에 제공하는 공공 교육과, 지역 의료 서비스였습니다. 그 두 개의 축은 허리케인에 의해 파괴되었습니다. 우리는 공공 교육과 의료 서비스를 제공하기 위한 새로운 계획을 개발하는 데 일조하고자 지역 사회의 다양한 조직들과 협력하기 시작했지요. 이 계획은 지금 실행 중에 있습니다.

우리의 자율권 전략 중 세 번째는 참여 시민과 리더들로 이뤄진 다음 세대에 집중하는 것입니다. 우리는 공공 서비스와 사회 혁신에 대한 인식을 보다 확대하길 원했고 결과적으로 미국에서 공공 서비스를 핵심적인 교육 과정과 통합한 최초의 주요 연구 대학이 되었습니다.」

이후에 코웬은 재앙에 대한 대비와 복구, 도시의 물리적인 활력과 문화 예술, 참여 교육과 학습 센터, 사회 혁신 등 나머지 네 개의 중심축에 대해서도 간단히 설명했다. 「우리는 학생들에게 그들의 역할이 복잡한 사회 문제에 대한 해법을 찾는 것이라는 생각을 길러 주고 싶습니다.」

그처럼 대학의 새로운 사명을 개발하는 과정에는 어떤 어려움이 있었는지 스콧 총장에게 물어봤다.

「많은 어려움이 있었지요. 처음에는 교수진에서 이런 생각을 받아들이지 않았습니다. 이러한 결정이 내려진 건 홍수 때문에 대학이 문을 닫았던 시기였고 따라서 그들은 다른 정상적인 상황일 때만큼 의사 결정 과정에서 충분한 역할을 할 수 없었던 것도 이유 중 하나였습니다. 하지만 시간이 흐를수록 그 같은 저항은 수그러들었습니다. 두 번째 어려움은 교수들에게 동참을 장려하는 일이었는데, 이와 관련해서 우리는 몇 가지 해법을 찾았습니다. 강의 과정을 봉사 활동 학습으로 바꾸면 보조금을 지원하는 계획부터 사회 혁신 분야에 새로운 교수직을 마련하는 것까지 다양했지요.

세 번째 어려움은 우리와 이해관계가 있는 사람들에게 우리가 하고 있는 일을 알리는 것이었습니다. 이 일은 시간을 두고 서서히 진행되었지요. 내가 처음으로 이런 아이디어에 대한 이야기를 꺼냈을 때 어떤 동문들은 묵묵히 나를 노려보다가 〈학교가 어떻게 되어 가고 있는 겁니까? 무슨 자선 단체라도 된 건가요? 연구와 교육 부분에 무슨 일이라도 생겼나요?〉라고 묻기도 했습니다. 그들과 대화를 나누면서 나는 사람들의 마음을 움직일 수 있도록 우리가 어떤 일을 하고 있는지 보여 줄 사례를 개발하는 것이 무척 중요하단 사실을 깨달았습니다. 그리고 이 새로운 윤리 기준이 지역 사회와 우리 대학을 어떻게 강화하고, 차세대 젊은이들이 보다 유능하고 참여할 줄 아는 시민으로 성장하는 데 어떻게 보탬이 되는지 설명할 방법을 찾기까지는 몇 년이 걸렸습니다.」

「최근 들어서 툴레인 대학에 지원하는 학생들에게 이전과 다른 동기가 있나요?」

「당연합니다. 최근 4년 동안 지원자 수는 두 배 이상 늘어났고, 등록을 마친 학생들의 에세이를 읽어 보면 80퍼센트 이상이 지역 사회와 교류를 확대하고자 하는 메시지에 이끌려서 툴레인에 지원했다고 말합니다. 그 덕분에 재학생과 졸업생 비율도 늘어났습니다. 이제는 학생들이, 단순히 뉴올리언스를 〈즐기기〉 위해서가 아니라, 타당한 이유를 가지고 툴레인에 지원하기 때문입니다. 또한 내가 예상치 못했던 일도 생겼습니다. 우리의 새로운 사명에 이끌려서 지극히 수준 높은 교수들이 점점 더 많이 우리 학교에 지원하고 있는 것입니다.」

「학생들의 입학 기준은 어떻습니까? 대학의 순위는 그 대학에 등록하는 학생들의 평균적인 대학수능시험 점수나 학력고사ACT 점수에 크게 좌우된다는 사실을 알고 있지만 제 경험에 비춰볼 때 이런 점수들은 학생들이 사회 혁신이나 지역 봉사 활동에 의미 있는 기여를 하는 능력과는 아무런 상관이 없거든요. 총장님은 이 문제에 대해 어떻게 대처하고 계십니까?」

「그 문제는 하루도 빠짐없이 매일같이 나를 괴롭힙니다. 시험 점수에 어떤 대단한 의미가 있는 게 아님을 알고 있지만 『유에스 뉴스 앤드 월드 리포트US News and World Reports』에서도 이 시험 점수를 측정 기준으로 사용하고 있으니 우리도 무시할 수만은 없는 형편이지요. 시험 제도와 관련해서, 그리고 우리 대학에서 어떻게 이 시험 제도를 활용할지와 관련해서 나는 끝을 알 수 없는 딜레마에 빠져 있고 아직까지도 해결책을 찾지 못한 상태입니다.」

「앞으로는 어떨 거라고 생각하십니까? 5년쯤 뒤에는 이런 선구적인 노력이 어떻게 발전해 있을 거라고 기대하나요?」

「현재 우리는 사회 혁신 분야에서 학부생들을 위해 개별적인 학과를 초월한 교육 과정을, 부전공으로 이수할 수 있도록, 만들려고 노력하고 있습니다. 2년만 있으면 이 시스템이 실제로 가동될 거라고 생각합니다. 작년에 우리는 사회 기업가 정신 분야에 다섯 명의 교수를 신규로 채용했습니다. 향후 몇 년 동안에 걸쳐서 이들을 스물다섯 명으로, 우리 대학의 모든 동료 교수들에게 롤 모델이 될 수 있는 인물들로 채워서, 늘리고 싶습니다. 우리 대학에서 가장 중요하게 생각하는 전통적인 학문 연구도 변함없이 계속되고 있습니다. 하지만 우리는 종신 재직권을 심사하는 과정으로 점점 더 교육과 지역 봉사 활동 부문에서 혁신의 증거를 찾고자 합니다. 또한 우리는 다른 유수의 대학에서 일하는 우리 동료들도 지역 사회와 교류하는 문제의 중요성을 부각시킬 방법을 논의해야 한다고 생각합니다.」

아쇼카 재단의 영향

대학이 지역 사회에 보다 밀착해야 한다는 이러한 비전을 촉진하기 위한 노력은 2008년 가을에 의미심장한 발걸음을 내디뎠는데 이 당시에 아쇼카 재단에서 〈아쇼카 유Ashoka U〉라고 불리는 새로운 프로그램을 발족시켰기 때문이다. 이 프로그램의 목표는 〈대학 캠퍼스뿐 아니라 우리가 속해 있는 지역 사회와 국제 사회에서 사회 기업가 정신 부문의 교육과 연구를 발전시키고 참여 기회를 확대하려는 대학들의 노력을 통합하는 것〉이다.[4] 툴레인 대학은 그 프로그램에 동참하는 미국의 〈변화를 창조하는〉 10개 대학 중 하나이다. 이 프로그램에서는 10개 대학의 교수들과 학생 리더들이 모여서 다양한 프로그램을 진행하는데, 로라는 2009년에 아쇼카 유와 툴레인 대학 간의 제휴가 이뤄졌을 때 그 시행을 위한 학생 측 대표로 선발되었다.

아쇼카 유와 로라의 리더십

로라가 말했다. 「(아쇼카 재단으로부터 후원을 받는) 청년 벤처 프로그램과 아쇼카 유 프로그램이 오늘날의 제가 되기까지 가장 중요한 영향을 끼쳤어요.」 나는 어떤 점에서 아쇼카 재단이 그녀에게 도움이 되었는지 설명을 부탁했고 그녀가 답장을 보내왔다.

제일 먼저, 성공을 향한 유영 프로젝트에 자금을 지원해 주고, 그 프로젝트를 위해서 제게 멘토링까지 해주면서 변화를 만들고자 하는 저의 능력을 믿어 준 점이죠. 그리고 그들이 저를 청년 벤처 홍보 대사로 임명해 준 덕분에 저는 워싱턴에서 최초로 열린 청년 벤처 회의에 참가할 수도 있었고, 전 세계에서 온 다른 청년 벤처 사업가들도 만날 수 있었어요.

또한 아쇼카 유 프로그램과 제휴하면서 사회 기업가 정신과 관련된 교육을 접할 수 있었고, 사회 기업가 정신과 관련된 교육은 이제 진정한 나의 열정이 되었어요. 나는 아쇼카 유 회의에 두 번 모두 참석했고 그곳에서 사회 기업가 정신 교육 분야에 종사하는 놀랍도록 멋진 사람들을 만났어요. 그때 앨런 웹도 만났고 우리는 함께 〈시민의 모임〉을 설립했죠. 게다가 아쇼카 유 프로그램을 통해서 〈시민의 모임〉과 내 연구, 사회 기업가 정신 교육 등 제가 하는 모든 일에 도움이 될 수 있는 지원망을 얻었고, 모범적인 사례들도 접할 수 있었어요.

아쇼카 재단의 최대 장점은 그들이 보유한 인맥이에요. 저 역시 아쇼카 재단을 통해서 훌륭한 사람들을 많이 알게 되었죠. 예를 들자면 이른바 아쇼카 동지들 중 한 명이자 창의성과 과학을 가르치는 프랑수아 타데이라는 분을 알게 되었죠. 그분은 베이징에서 열린 또 다른 회의에 제가 참석할 수 있도록 배려해 줬고, 지난달 파리에서 열린 〈아쇼카 혁신가들의 주〉 행사에 초대해서 교육 클러스터에도 가입할 수 있도록 해줬어요.

파리를 방문한 일도 제게는 무척 의미 있는 일이었어요. 거기에서도 다른 훌륭한 사람들을 만날 수 있었거니와 나와 앨런의 아이디어에 대해 프레젠테이션을 할 수 있는 기회도 가졌기 때문이죠. 그리고 그 프레젠테이션을 계기로 딜로이트의 임원을 포함해서 보다 많은 사람들을 알게 되었어요.

로라는, 의심할 여지없이, 부모의 강력한 지원이라는 혜택을 누렸다. 그럼에도 내 생각에는 툴레인 대학의 두 핵심적인 인물로부터 받은 격려와, 사회 혁신의 요람이 되고자 노력 중인 대학에서 주도적인 역할을 수행할 수 있었던 기회, 아울러 아쇼카 재단에서 제공한 배움의 기회도 로라의 성장 과정에서 하나같이 중요했다. 다행스럽게도, 점점 더 많은 대학들이 사회 기업가 정신과 관련한 교육 과정을 제공하고, 사회 혁신과 기업가 정신을 후원하는 단체의 숫자도 지난 10년 동안 믿기 어려울 정도로 많이 늘어났다. 대다수의 이런 단체들은, 크든 작든 간에, 변화를 창조하는 사람이 되고자 하는 로라 같은 젊은이들을 후원하는 데 결정적인 역할을 수행한다. 다음 이야기에서는 두 명의 사회 기업가들에게 제공되는 지원 시스템을 살펴볼 예정이다.

시리타 게이츠

1960년대에 세계적으로 유명한 심리학자 에이브러햄 매슬로는 자신의 〈욕구 단계〉 이론에 대해 광범위한 저술 활동을 펼쳤다. 매슬로가 〈인간의 욕구 피라미드〉라고 부른 것의 가장 아래 단계에는 음식과 물, 섹스에 대한 욕구가 있다. 바로 그 위 단계에는 안전과 질서, 안정을 추구하는 〈안전의 욕구〉가 위치한다. 이 두 단계는 통틀어서 생존을 위한 육체적인 욕구를 나타낸다. 그리고 오직 이 욕구들이 채워진 다음에야 인간은 매슬로가 주장한 심리적인 욕구에 대해 관심을 갖는다. 그리고 인간은 사랑, 소속감, 자존에 대한 욕구가 충족되었을 때만 피라미드의 꼭대기에 도달할 수 있다. 바로 자기실현의 욕구다.

만약 매슬로의 이론이 맞는다면 경제적으로 불우한 배경을 가진 젊은 이들은, 자신이 어떻게 세상에 변화를 만들어 낼 것인지 고민하기에 앞서 자신의 육체적인 생존을 먼저 걱정해야 할 것이다. 하지만 제이먼의 이야기를 통해 배웠듯이, 그리고 앞으로 시리타 게이츠의 이야기에서 확인하게 되듯이 꼭 특권 계층의 자녀들만 세상에 변화를 만들어 내려고 하거나, 혁신가나 사회 기업가가 되려고 하는 건 아니다. 제이먼과 마찬가지로 시리타 역시 생활고에 시달리는 싱글맘 밑에서 자랐다.

스물세 살의 아프리카계 미국인 여성 시리타는 뉴욕 퀸즈에서 태어났다. 뉴욕에서 사회 복지사로 일하다가 최근에 은퇴한 싱글맘의 외동딸이다. 2007년에 시리타는 스윗 라이프SWT Life(SWT의 발음은 영어의 〈sweet〉과 동일하다)라는 단체를 결성했다. 시리타는 이 단체에 대해 다음과 같이 소개한다. 「젊은이들의 잠재력을 개발하고 극대화해서 그들이 성공하도록 돕는 데 주력합니다. 스윗 라이프는 기업가적인 조언과 자기 개발 훈련을 제공하고, 밀레니엄 세대의 앞길에 지침이 될 만한 전문가들과 접할 수 있는 기회도 제공합니다.」 현재 그녀는 자신의 전공을 직접 설계하길 원하는 학생을 위한 프로그램이자 실생활의 경험을 일정 부분 학점으로 인정해 주는 뉴욕 시립 대학교의 유일한 학제 간 연구 프로그램에서 학사 과정을 공부한다. 시리타의 전공은 〈도시의 젊은이들 문화〉이며 도시학, 사회 인류학, 힙합 문화 개론, 출판 개론 같은 수업을 듣는다. 그리고 자신이 지역 사회에 봉사한 경험을 증명하는 포트폴리오를 만들어서 15학점을 받았다.[5] 끝으로, 시리타는 여러 편의 수필들을 모아서 『목적 그 자체가 되어라Just BE Cause』라는 제목의 책을 만들고 있다. 이 책은 밀레니엄 세대에게 사회 기업가 정신을 일깨워 주는 일종의 지침서이며, 수필을 기고한 사람만 서른 명이 넘는다. 그녀는 아마존을 통해 자비로 이 책을 출판할 계획이다.

시리타의 어머니 브렌다 게이츠는 시리타가 초등학교 때부터 기업가 〈놀이〉를 시작했다고 말했다. 「시리타가 초등학교 2학년이던 어느 날 학교가 끝날 때에 맞춰 그녀를 데리러 갔어요. 막 학교를 떠나려고 하는데 수위 아저씨가 시리타에게 이렇게 말하더군요. 〈오케이, 꼬마 아가씨. 날 잊으면 안 돼.〉 나는 딸아이를 돌아보면서 물었죠. 〈저 아저씨가 지금 무슨 얘기를 하는 거니?〉 수위 아저씨가 그 모습을 보고는 설명해 주길, 시리타가 학교에서 팝콘을 팔고 있었다고 하더군요. 그녀는 내가 코스트코에서 1달러 48센트에 산 팝콘을 4달러에 팔고 있었어요.

나중에는 시리타가 책갈피를 만들기 시작했고 나는 그 책갈피를 회사에 가져가서 1달러씩 받고 팔았답니다. 얼마 후에는 그녀의 이모할머니가 그녀에게 케이크 만드는 법을 알려 줬고 나는 그녀가 만든 케이크를 팔아야 했죠. 고등학교에 들어가자 그녀는 각종 장식용 패치를 구입해서 다른 아이들에게 팔 옷에 붙이더군요.

하지만 그녀는 다른 사람을 돕는 일에도 항상 관심이 많았어요. 어느 날에는 밤이든 낮이든 꼼짝하지 않고 벤치에 앉아 있는 사람들을 보고 와서는 그들에 대해 묻더군요. 그들을 위해 자기가 무슨 일을 할 수 있는지 알고 싶어 했어요. 나는 그녀에게 힘들고 정체된 시기를 보내고 있는 사람들이 있으며 그럼에도 점잖게, 존중하는 마음으로 그들을 대해야 한다고 설명해 줬어요. 사람은 모름지기 자신의 꿈을 좇아야 하고, 되도록이면 다른 사람에게 모범을 보여야 한다고 말했죠. 공상만 해서는 아무것도 할 수 없다고 말했어요. (……) 그리고 고등학교 때 그녀가 정말로 〈아, 그렇구나!〉라고 하는 순간이 찾아왔어요. 바로 무료 급식소에서 일을 거들 때였죠.」

시리타가 말했다. 「무료 급식소는 정말 멋진 경험이었어요. 그곳에 있는 사람들과 이야기하는 게 특히 좋았어요. 그곳에서는 집 없는 사람들뿐 아니라 일은 하고 있지만 단지 한 끼 식사가 필요한 사람들도 만났죠. 무료 급식소에서 가장 좋았던 건 친구들과 함께 자원봉사를 한다는 점이었어요. 그때부터 봉사 활동이 재미있고, 지루하지 않을 수 있다는 사실을 깨달았어요.」

그 경험은 시리타에게 열정을 일깨워 주는 최초의 불씨가 되었지만, 고등학교 시절부터 현재의 그녀가 되기까지 그녀의 여정은 결코 수월하지 않았다.

「고등학교 때 저는 2시 30분 클럽의 일원이었어요. 2시 30분에 학교가 끝나자마자 교문을 나섰다는 의미에요. 거의 쫓겨난 거나 마찬가지였지만요. 고등학교 때 제가 유일하게 좋아한 과목은 비즈니스, 비즈니스 수학, 커뮤니케이션 정도가 전부였어요.

2005년에 고등학교를 졸업하고는 곧바로 뉴욕 시립 공과 대학에 입학했어요. 하지만 불과 1년 뒤에 자의 반 타의 반으로 학교를 그만둬야 했어요. 수학 시험에서 계속해서 낙제했기 때문이었죠.」

자원봉사, 목표를 향해 나아가는 길

브렌다의 이야기를 들어 봤다. 「부모로서 나는 시리타에게 체계를 갖춰 주고, 그녀가 자신이 열정을 느끼는 것을 찾아서 그 대상을 탐험할 수 있도록 여유를 주려고 노력했어요. 시리타는 시립 공대가 고등학교와는 완전히 다르다는 걸 깨달았죠. 첫해를 보내고 내게 와서는 이렇게 말하더군요. 〈난 아직 준비가 안 됐어요.〉 나는 〈괜찮아, 하지만 어떤 일이 됐든 뭔가는 해야 돼〉라고 말해 줬어요. 시리타가 자원봉사를 시작한 건 그때부터였죠.」

시리타가 말했다. 「제 인생이 실제로 시작된 건 자원봉사 일을 시작했을 때부터였어요. 처음에는 팀 레볼루션이란 단체에서 일했어요. 그다음엔 아메리코* 프로그램 중 하나인 〈공공 동맹Public Allies〉에서 1년 동안 일했어요. 처음에는 에이즈에 대한 경각심을 일깨우는 프로그램인 프로젝트 리치 유스Project Reach Youth와 부모들 모임을 연결해 주는 업무를 맡았지만 그 일이 마음에 들지 않았어요. 그래서 십 대를 위한 프로그램에서 일하는 것을 검토하기 시작했는데 정말 마음에 들었죠. 십 대들과 함께 있

---

* AmeriCorps. 미국 내 지역 사회 봉사단체.

는 것이 무척 좋았어요. 제가 처음으로 맡은 프로젝트는 십 대 소녀들이 대상이었어요. 그 아이들은 모두 중학생이었는데 우리는 그들이 고등학생이 되어 가는 과정에서 잘 적응하도록 도와주고 조언도 해주려고 노력했죠.」

드림 매니저에 관한 시리타의 이야기

「제가 주도한 두 번째 프로젝트는 에이즈에 대한 경각심을 일깨우고자 마련한 벽화 프로그램이었어요. 프로그램 책임자인 대니얼 실버-베이커는 정말 대단한 사람이에요. 그는 내게 조언을 해줬을 뿐 아니라 그 프로그램을 주도적으로 이끌어 가도록 권한도 주었죠.」

자신에게 특히 많은 도움을 준 교사의 이름을 알려 달라고 하자 시리타는 한 명도 없다고 대답했다. 하지만 학교 밖에서 만난 수많은 사람들이 그녀에게 유익한 조언과 멘토링을 해줬으며 대니얼 실버-베이커도 그중 한 명이라고 말했다.

시리타를 멘토링하는 그녀의 멘토들

대니얼은 UC 산타크루즈(캘리포니아 대학교 산타크루즈 캠퍼스)에서 미국학 학사 학위를 취득했고 중학교 2학년 때부터 청소년 상담 업무를 시작했다. 대니얼은 〈내가 한동안 학교를 휴학하자 부모님은 나를 YMCA의 상담원 교육 프로그램에 등록해 주셨습니다. 처음부터 청소년 상담 업무에 홀딱 반했어요〉라고 말했다. 스물일곱 살의 나이로 현재 대니얼은 브룩클린에 소재한 루터 보건 의료 병원에서 후원하는 프로젝트 리치 유스의 청소년 보건 교육 사업을 이끌고 있다. 대니얼은 보다 건전하고 안전한 청소년 문화 창조를 목표로 일련의 프로그램을 관리한다. 시리타와 일하기 시작한 건 3년 전부터다.

「나는 청소년들과 함께 일하는 사람의 안전에 신경을 많이 씁니다. 하지만 시리타가 청소년들을 얼마나 능숙하게 대하는지 금방 알게 되었죠. 공공 동맹에서의 인턴 기간이 끝났을 때 나는 그녀를 붙잡기 위해서 새로운 보직을 마련했어요. 그렇게 한 덕분에 그녀는 지금까지도 우리 프로그램에서 일하고 있죠. 석 달 전에는 우리의 프로젝트 세이프Project SAFE(친구들에게 인명 구조법을 전파하도록 워크숍과 각종 행사, 지역 사회에 대한 봉사 활동 등을 통해 열네 살에서 열아홉 살 사이의 청소년을 교육하는 프로그램) 졸업식에서 기조연설도 했어요.」[6]

대니얼에게 시리타를 응원하기 위해 어떤 방법들을 시도했는지 설명을 부탁했다.

「처음에는 그녀가 자신의 꿈을 깨닫기 위한 자리를 찾도록 도와줬어요. 우리와 막 일하기 시작했을 때 그녀가 내게 와서 이렇게 말하더군요. 〈에이즈에 대한 경각심을 높이기 위해 아이들과 함께 벽화 작업을 하고 싶어요.〉 우리 조직의 다른 사람들은 그 벽화가 단순한 낙서로 그칠 거라는 생각에 그 프로젝트를 지지하려고 하지 않았어요. 나는 경찰의 압력은 내가 알아서 하겠다고 말했어요. 그렇게 그녀는 열네 살에서 열일곱 살 사이의 아이들을 모아서 팀을 꾸렸어요. 그들은 낙서 예술가한테 4주 동안 그림을 배우고 나서 한 가게의 벽면에 그림을 그렸죠. 그 동네 사람들도 그 그림을 소중하게 여긴 게 분명했어요. 그 벽화 위에 아무도 낙서를 하지 않았거든요.

작년에 시리타는 대학으로 돌아가기로 결심했고 나는 그녀의 결정을 지지했어요. 자신의 전공과목에서 부족한 부분을 보강할 수 있도록 도와주고 수강 과목 선택도 도와줬어요. 우리가 함께 진행한 프로젝트도 많아요. 그중에 하나가 세계 에이즈의 날이었죠. 그녀는 이 프로젝트를 일일 행사로 그치는 것이 아닌 하나의 캠페인으로 발전시키고 싶어 했어요. 또한 굉장히 좋은 어떤 것을 가리키는 길거리 속어 〈죽인다〉라는 표현 대신에 〈살겠다〉라는 표현을 제안하기도 했죠. 그녀는 청소년들이 안전을 지키기 위해, 그들 스스로를 보호하기 위해 일상적으로 할 수 있는 일 한 가지씩을 페이스북과 트위터를 이용해서 리스트로 만들어 가는 캠페인을 만들었어요. 그 캠페인은 엄청난 호응을 얻었죠.

지난봄에 그녀는 브룩클린에 사는 청소년들을 그 지역의 어른들과 짝으로 맺어 주는 행사를 계획했고 나는 그 행사를 위해 그녀가 모집한 코치들 중 한 명이었죠.」

에리카 포드 역시 시리타의 중요한 멘토였다. 시리타가 말했다. 「3년 전 팀 레볼루션에서 일을 시작했을 때 에리카가 제게 세상에 어떤 변화를 만들고 싶은지, 저의 유산으로 무엇을 남기고 싶은지 묻더군요.」

에리카는 라이프 캠프LIFE Camp(〈Love Ignites Freedom through Education〉, 즉 사랑은 교육을 통해 자유라는 불씨를 타오르게 한다는 말의 머리글자)라는, 에리카의 말에 따르면, 〈젊은이들에게 갱단으로서의 삶 대신에 음악과 패션 분야의 기업가가 되도록 가르침으로써 그들의 생명을 구하고 그들이 삶을 꾸려 가도록 도와주는〉 비영리 단체의 책임자다. 1980년대에 코카인이라는 유행병의 정점에 있던 퀸즈의 사우스자메이카 거리에서 자랐기 때문에 에리카는 자기 주변의 청소년들이 죽거나 감옥에 가는 모습을 지켜봤다. 그래서 청소년들과 상담을 통해 그들이 자신의 인생을 헌신할 수 있는 다른 목표를 찾도록 도와주기로 결심했다.

에리카는 청소년들이 각자의 열정을 좇는 것이 얼마나 중요한지 잘 알고 있지만 동시에 도시의 청소년들이 스스로를 채찍질하도록 가르치는 것도 중요하다는 사실을 충분히 인지하고 있다.

「청소년들은 생각하지 않도록, 자신의 한계점을 넘어가지 않도록, 평범함에 안주하도록 교육을 받았어요. 그들은 재능도 있고, 머리도 좋지만 게을러요. 게다가 지역 사회에서는 그들의 게으름을 용인해 주죠. 시리타는 자기가 알 만큼 안다고 말할 정도로 자신감이 충만했어요. 하지만 나는 그녀에게 〈내가 널 밀어붙일 거야〉라고 말했어요. 나는 모든 아이들에게 항상 그렇게 해요. 어떤 아이가 공놀이를 할 줄 안다고 말하면 나는 그 아이에게 공을 던져 줘요. 랩을 할 줄 안다고 말하면 마이크를 건네주죠. 옷을 디자인할 줄 안다고 말하면 재봉틀을 구해 줘요. 나는 계속해서 그녀를 밀어붙였어요. 지난달에는 그녀에게 브롱크스에 있는 아동 복지관에 가서 그곳의 아이들에게 그녀가 하는 일에 대해 설명해 주고, 그 아이들이 어떻게 하면 장학금을 받을 수 있는지 설명해 주도록 했어요.

도시 아이들과 함께 일하려면 그들의 사고방식을 극복해야 합니다. 그들의 경제 사정이 반드시 그들의 정체성을 규정하는 건 아니라고 가르쳐야 합니다. 위대함이란 바로 그들 내부에 있으며, 진심으로 그렇게 믿는다면 어떤 장애물도 극복할 수 있다는 사실을 이해시킬 필요가 있어요.」

시리타의 인생에서 열정과 목표가 갖는 중요성

시리타가 자신이 2011년 초반에 설립한 〈청소년 회의〉를 위해 구축한 웹사이트에 따르면 〈스윗 라이프 콘보THE SWT LIFE CONVO는 뉴욕 시에 거주하는 서른 명의 십 대들(열네 살부터 열일곱 살 사이)이 각자의 열정과 장점, 목표 의식을 이용해서 학교생활과 현재의 삶을 어떻게 성공적으로 이끌어 갈 것인지를 명확히 이해하도록 만든 시험용 프로그램이다. 청소년 상담사나 점성가와의 일대일 상담이나, 산업 전반에 걸친 밀레니엄 리더들과의 워크숍을 통해 십 대들은 그들의 상상력과 기술, 스스로에 대한 믿음을 강화하기 위해 고안된 30일 간의 도전 과제를 만나게 될 것이다.〉[7]

〈열정과 장점, 그리고 목표 의식〉이 중요하다고 생각하는 이유가 무엇인지 묻자 시리타가 대답했다. 「고등학교 선생님들은 열심히 노력하라고만 말해요. 내가 하려는 것이 설령 나하고는 정말 맞지 않더라도 상관하지 않죠. 하지만 제가 보기에는 자신이 잘 하는 것을 발견하고, 자신의 열정을 찾는 것이 정말 중요해요. 제가 어떤 열정을 가졌는지 깨닫기 전까지 대학으로 돌아갈 수 없었던 것도 바로 그런 이유 때문이었어요. 열정은 우리가 성장하면서, 나이가 들어 가면서 변하기 마련이죠. 하지만 자신의 열정이 무엇인지 알게 되면 자연히 목표 의식을 가지고 행동하게 되고, 목표 의식을 가지고 행동할 때 비로소 모든 것이 명확해져요.」

브렌다 게이츠도 자신의 열정을 찾는 일이 시리타에게 얼마나 중요했는지 언급했다. 「시리타는 지금 하고 있는 일에 굉장히 열정적이에요. 요령이나 자신감도 있고, 청소년들에게 실질적인 영향을 끼칠 정도로 기술도 있죠. 내가 바라는 건 시리타가 자신이 하는 모든 일에 대해서 열정적이 되는 거예요.」

「열정이 그토록 중요하다고 생각하는 이유가 뭐죠?」

「시리타가 어떤 것에 대해 열정을 느낄 때, 그리고 그것이 그녀가 정말 즐겁게 할 수 있는 어떤 것일 때 그녀는 자신의 능력을 110퍼센트 발휘하고, 어떻게라도 꼭 그것을 해내고 말죠. 열정을 느끼기만 한다면 그녀는 무슨 일이든 해낼 겁니다. 꼭 많은 돈을 벌어서는 아니에요. 본인 스스로가 행복하기 때문이죠. 돈이 많은 사람은 얼마든지 많지만 그들이 꼭 행복한 건 아니잖아요. 인생의 즐거움은 돈으로 살 수 있는 게 아니죠.」

시리타는 청소년 문화가 어떻게 그들의 가치관과 믿음, 행동을 결정짓는지 청소년들도 알아야 한다고 생각한다. 도시 청소년들은 열악한 상황에 만족하도록 배움으로써 불이익을 당할 뿐 아니라, 에리카 포드가 지적했듯이, 그렇게 하는 것이 쿨하다고 생각한다. 공부를 하거나 학교 생활을 열심히 하는 건 전혀 쿨하지 않다. 학교 수업을 빼먹고 길거리에서 친구들과 어울리는 게 훨씬 쿨하다. 이런 현상은 불우한 환경에서 자란 많은 청소년들이 사회로부터 받는 부당한 대우를 마치 그들이 자유의지로 선택하고, 또 선호하는 것이라고 믿고 싶어 하는 데서 비롯되는 듯하다. 그들은 학교를 끔찍한 곳으로 간주하고, 따라서 학교에 아예 가지 않는 편이, 신경을 꺼 버리는 편이 훨씬 쿨한 행동이라고 생각한다.

대니얼이 말했다. 「그녀는 쿨함의 위력을 내가 만났던 그 누구보다 잘 이해하고 있어요. 쿨함은 청소년 문화를 움직이는 힘이고 따라서 청소년 들과 가까워지는 방법을 이해하는 데 굉장히 중요합니다. 시리타는 문화 가 어떻게 자신에게 영향을 미치고, 반대로 자신이 어떻게 문화에 영향 을 미칠 수 있는지 잘 알죠.」 그는 최근 시리타의 이 같은 재능에 대해 자 세하게 적어서 내게 이메일로 보내왔다.

시리타의 비전과, 〈쿨〉이란 개념이 청소년들의 인생과 결정에 어떻게 그 렇게 지배적인 영향을 끼칠 수 있는지에 관한 이해에 기초해서 스윗 라이프 (시리타가 설립한 비영리 단체)는 〈쿨〉이란 개념의 한계를 새로 규정짓는 한 편, 청소년들에게 그들이 속한 지역 사회에서 긍정적인 변화를 만들도록 권 한을 부여하는 다양한 프로그램과 협의회, 벽화 프로젝트, 지역 사회 봉사 활동을 창출하기 위해서 핵심적인 커뮤니티 회원들과 단체들을 하나로 합 치는 데 하나의 엔진으로서, 우산으로서, 추진력으로서 작용합니다. 시리 타의 접근법은 터무니없어 보일 정도로 상상력이 풍부하고 지극히 실용적 이죠. 그녀의 접근법은 우리 지역 사회에 존재하는 매우 실질적이고 시급한 생리적인 욕구에 바탕을 두고 있으며, 가장 소외되고, 힘없고, 무거운 짐을 지고 있는 사람들이 갖고 있는 가장 아름답고 창의적인 꿈에서 해법을 찾 습니다. 시리타는 그 사람들로부터 사회를 변화시키기 위한 가장 효율적인 운동을 이끌어 내죠.

　나중에 직접 대화를 나누는 자리에서 대니얼의 추가 설명이 이어졌다. 「대부분의 사람들은 상상력에도 한계가 있다고 배웁니다. 하지만 시리타는 그 같은 논리를 거부하죠. 세상은 각자가 상상할 수 있는 만큼 바뀔 거라고 진심으로 믿고 있어요. 더불어 그녀에게는 보다 공평하고, 자유롭고, 쿨한 세상을 꿈꿀 능력이 있죠.」

　최근에 시리타는 자신의 재능과 성과에 대해 약간은 의미 있는 인정을 받았다. 『글래머*Glamour*』가 주최한 2010년 올해의 글래머 여성 어워드에서 〈25세 이하의 놀라운 젊은 여성 20인〉 중 한 명으로 선정된 것이다. 그녀는 또한 스타팅블록 펠로우StartingBloc Fellow로도 임명되었고, 스타팅블록에서 주최하는 4일간의 사회 혁신 학회에도 참가할 수 있었다.[8] 시리타가 그 프로그램에 참가하게 된 과정을 설명했다. 「저는 스타팅블록과 골드만삭스에서 후원하는 워크숍에 참가했어요. 장소는 할렘이었고 비즈니스 플랜을 지원하기 위한 워크숍이었죠. 그곳에서 마거릿 무어라는 사람과 대화를 나누기 시작했어요. 당시에 저는 맬컴 글래드웰의 『티핑 포인트*The Tipping Point*』란 책을 읽고 있었는데 그녀에게 내가 하는 일에 대해 소개하면서 대화가 시작되었죠. 그녀와 대화를 나누면서 그녀가 스타팅블록 펠로우로 임명된 적이 있으며 골드만삭스에서 일한다는 사실을 알게 되었어요. 그녀는 내가 스타팅블록 펠로우에 지원하는 것을 도와주고 지원 수수료도 대신 내줬어요. 그 프로그램에 참가할 수 있는 기회를 얻는 건 정말이지 감사한 일이에요. 비영리 단체나 기업, 정부, 사회 기업 등의 분야에서 다양한 사람들이 모였어요. 젊은 전문직 종사자들의 네트워크는 정말 놀라워요.」

하지만 이런 사실들이 시리타가 순탄한 길을 걷고 있음을 의미하는 건 절대 아니다. 그녀는 대학을 1년 반 만에 마치길 바라고 있지만 학비를 마련하기가 너무 힘들고, 어떻게 다음 학기 등록금을 낼지 생각하면 눈앞이 캄캄하다고 말했다. 그녀는 돈을 절약하기 위해 학교도 집에서 통학한다. 시리타의 학업을 돌봐 주고 있는 대니얼은 그녀가 재정적인 지원을 받기 위해 필요한 정식적인 절차와 학교의 요식 행위를 견뎌 내지 못할까 봐 걱정한다. 「그녀는 〈굳이 그렇게까지 할 필요가 있을까요?〉라고 말할 겁니다. 하지만 나는 대학을 마치는 게 그녀에게 정말로 중요한 일이라고 생각해요.」

중요한 유사점과 차이점

로라와 시리타의 이야기에는 놀라운 유사점이 있다. 이 두 젊은 여성은 세상에 변화를 만들기 위해 자신의 열정을 따르도록 격려해 준 부모로부터 많은 도움을 받았다. 또한 둘 다 고등학교가 그다지 도움이 되지 못했다고 생각했고, 대학도 그들에게는 가치 없는 잡동사니 가방이나 다름없었다. 비록 학제 간 연구 프로그램을 통해 그들의 흥미를 끈 교과 과정을 찾거나 새로 만들었지만 그들은 교실 밖에서 진행하는 일에 훨씬 헌신적이었다. 그들은 똑같은 목표를 가졌다. 사람들에게 권한을 부여하고, 그들이 변화를 만들어 내는 데 필요한 도구를 제공하는 것이다. 젊은 사회 기업가들과 일하는 비영리 단체로부터 받은 지원이 그들의 인생에 결정적인 역할을 했다. 마지막으로, 놀이와 열정, 그리고 목표 의식은 동기를 유발하는 요인으로서 하나같이 시리타와 로라 모두에게 중요했다. 시리타의 말을 인용하자면 〈자신의 열정이 무엇인지 알게 되면 자연히 목표 의식을 갖고 행동하게 된다.〉

그럼에도 이렇게 비교하는 건 그들의 삶에 존재하는 중요한 차이를 축소시키고자 함이 아니다. 경제 형편이 빠듯한 가정에서 자랐기 때문에 시리타는 로라와 달리 고단하게 살아야 했다. 또한, 시리타가 한 말은 아니지만, 나는 시리타의 입장에서 대니얼과 에리카가 단순히 지적인 멘토 그 이상일 거라고 생각한다. 두 사람은 시리타의 롤 모델일 것이다. 그들은 시리타가 꿈꾸는 바로 그런 일을 하고 있으며, 그녀가 성공하는 데 필요한 규율과 인내심을 개발하도록 도와주고 있다.

이 두 젊은 여성의 인생에서 열정과 목표 의식이 차지하는 역할도 제각각 다를 것이다. 탈공업화 사회에서 성장한 대다수의 중산층 젊은이들은 자신이 열정을 쏟을 수 있는 대상을 찾음으로써 보다 깊은 인생의 의미를 발견하고, 목표 의식을 갖게 됨으로써 그렇지 않을 때보다 더욱 열심히 노력하며, 혁신을 창조하기 위한 길로 나아간다. 도시 청소년의 경우에도 마찬가지이긴 하지만 이들의 삶에서는 열정과 목표 의식이 한층 더 중요한 역할을 한다. 열정을 깨달음으로써 길거리 생활을 대체할 다른 목표를 갖게 되므로 열정을 발견하는 것 자체가 그들의 실제 생존을 위한 필수적인 요소가 된다. 자신이 가장 하고 싶을뿐더러 〈예〉라고 대답만 하면 기회가 주어지는 어떤 일을 찾았을 때 비로소 도심의 열악한 지역 청소년들은 그들을 타락으로 이끌고, 때로는 그들을 파괴하려고 위협하는 주변의 많은 것들에게 〈아니오〉라고 말할 능력을 갖게 된다. 시리타의 어휘 사전에 의하면 쿨함은 〈죽인다〉가 아니라 〈살겠다〉이다.

명분, 즉 열정과 목표 의식이 없기 때문에 수많은 불우한 환경의 청소년들이 학교생활의 무료함을 견디지 못한다. 열정과 목표 의식은 그들에게 희망과 확실한 목표를, 성공하려면 언젠가 필요하게 될 기술과 지식을 왜 익혀야 하는지에 대한 이유를 제공한다.

하지만 우리 교육 제도에서는 단순히 소수 집단에 속한 학생들만 〈불리한〉 조건에 있는 건 아니다. 젠더에 관한 이야기를 통해 알게 되겠지만, 다르게 배우는 학생들도 다양한 형태로 불이익을 당한다.

젠더 스로츠

스물한 살의 젠더 스로츠는 멸종 위기에 처한 바다거북을 위한 봉사 활동으로 세계적인 인정을 받았다. 그는 미국과 세계 곳곳을 돌아다니며 무수히 많은 초등학교에서 프레젠테이션을 진행했고, 인도와 일본에 초청되어 보존 회의에서 강연도 했다. 열네 살 때 초등학생들을 위해 〈거북이 이야기〉라고 하는 20쪽짜리 익힘책을 만들었고, 그 책의 삽화는 초등학교 교사이자 미술가인 린다 소더퀴스트가 맡았다. 당시 젠더는 그 책을 스페인어와 프랑스어로 번역해 줄 고등학생을 모집했다. 뒤이어 그 책은 추가로 세 가지 다른 언어로 번역되었고 지금까지 20개국에서 무료로 25만 부가 배포되었다.

현재 젠더는 태평양 연안의 과테말라 최남단 구석에 위치한 라바로나 La Barrona라는 작은 마을에 최근 설치한 바다거북 연구 및 구조 본부에서 일한다. 젠더가 합류한 그 소규모 그룹은 밀렵꾼들에게 그들이 발견하는 바다거북 알 중 15퍼센트를 바다거북의 보호를 위해 해당 본부에 기부하도록 교육함으로써 새로운 접근법을 개척하고 있다. 아카줄Akazul 프로젝트 팀은 사람들에게 바다거북에 대해 교육한 경험과 관심을 높이 사서 젠더에게 그 팀에 합류할 것을 권유했다. 육체적으로 고된 환경에서 바다거북에 대한 구조와 연구를 동시에 진행해야 하는 힘든 임무에 더해서 아카줄 팀은 그 지역 아이들에게 바다거북을 보호하는 게 어째서 그들 자신은 물론이고 그들의 지역 경제, 환경에도 유익한지 가르치고 있다.

이어지는 내용은 젠더가 최근 뉴욕에서 열린 십 대를 위한 테드엑스 컨퍼런스에서 한 이야기 중에서 자신이 지금의 일을 하게 된 좀처럼 믿기지 않는 계기를 설명한 것이다.[9]

그 시작은 2001년 제가 열한 살 때였어요. 저는 밤늦게 해변에서 친구들의 환심을 사기 위해 폭죽을 쏘아 대고 있었죠. 그때 한 노부인이 다가와서 엄한 어조로 훈계하기 시작했어요. 우리가 쏘아 대는 폭죽의 밝은 빛 때문에 달을 보면서 이동하는 바다거북의 시야가 방해를 받아서 바다거북들이 바다로 돌아갈 수 없게 될 거라는 얘기였어요. 하지만 친구들과 함께 있는 열한 살짜리 불량배였던 나는 〈저리 꺼지세요, 이 늙은 할망구야〉라고 말했죠.

다음 날 아침 제가 잠에서 깼을 때 그 노부인이 우리 집에서 엄마와 이야기를 나누고 있었고, 저는 제가 곤란한 상황에 처했음을 직감했죠. 그녀가 돌아가길 기다렸다가 방에서 나가자 엄마가 〈그녀한테 가봐. 그녀는 이 지역 해변에 사는 바다거북을 보호하기 위해 주 정부에서 위촉한 관리인이야〉라고 말했어요. 저는 〈우와, 미치겠네. 그녀는 나름 중요한 사람이었어. 정말 단단히 걸렸구나〉라고 생각했어요.

그렇게 저는 그녀의 집으로 찾아갔어요. 쉰 살의 나이 든 아줌마한테 호되게 꾸지람 들을 각오를 하고서 말이죠. 제가 저지른 못된 짓들을 일일이 열거하면서 저를 몰아붙일 거라 생각했죠. 그런데 그녀는 저를 집 안으로 맞아들이고는 바다거북에 관한 이야기를 들려주기 시작했어요. 호통을 치지도 않았죠. 단지 멸종 위기에 처한 동물들에 대해 가르쳐 주기만 했어요. 제가 폭죽을 가지고 한 짓은 이 지구에 6,500만 년 동안이나 존재해 온 동물을 방해하는 행동이었어요. 게다가 그 동물은 그들이 서식하는 산호초의 생태계에 꼭 필요한 존재였어요. 그 순간 어떻게 된 영문인지 모르겠지만 마치 누군가가 딱 하고 손가락을 튕기면서 최면을 건 것 같았어요. 순식간에 모든 게 변해 버렸죠. 저는 이전까지 다른 어떤 것도 소중하게 생각해 본 적이 없었어요. 그런데 갑자기 〈어떻게 하면 이 바다거북을 보호하는 데 도움이 될 수 있을까요?〉라고 묻고 있었죠. 그녀가 〈바다거북을 보호하려고 무슨 일이든 하려고 달려드는 젊은이는 그다지 많지 않단다〉라고 말했어요. 그날 이후로 저는 하루도 빠짐없이 멸종 위기에 처한 동물들을 생각하게 되었답니다.

젊은 환경 운동가의 진화

나는 젠더와 대화를 나누면서 그 이야기의 나머지 부분에 대해 들었다. 「린다 선생님과 저는 학교에서 프레젠테이션을 하자는 아이디어를 냈어요. 저는 청소년을 위한 기금 프로그램에 대해 알게 되었고, 엄마와 린다 선생님의 도움을 받아 제안서를 보냈고, 마침내 베니스 재단(지금은 걸프 코스트 커뮤니티 재단Gulf Coast Community Foundation으로 불린다)으로부터 1,200달러를 지원받았죠. 저는 파워포인트를 이용해서 프레젠테이션을 하기 위해 노트북을 장만하고, 아버지 사무실에서 LCD 영사기를 빌렸어요. 아이들이 입어 볼 수 있도록 바다거북의 해부학적 구조를 보여 주는 의상도 준비했고, 아이들이 가짜 알을 모래에 묻을 수 있도록 바다거북 모양을 본떠서 모래 상자도 만들었죠. 실제 크기의 바다거북 모형도 제작했었어요.

린다 선생님의 도움으로 학교 선생님들에게 전화를 걸기 시작했고 플로리다의 우리 집 근처에 있는 학교들을 찾아갔어요. 처음에 그 프로젝트를 시작할 때 저는 백만 년이 지나도 선생님들은 제가 그들의 학교를 찾아가서 학생들 앞에서 발표하도록 허락해 주지 않을 거라고 생각했어요. 우선은 전 훌륭한 학생이 아니었고 제게 호의적인 선생님을 만나본 적도 전혀 없었기 때문이죠. 하지만 선생님들은 저의 프레젠테이션을 정말로 좋아했어요. 열한 살짜리 꼬마가 와서 그들이 가르치는 학생들 앞에서 뭔가를 발표한다는 아이디어를 마음에 들어 했어요. 그리고 제가 생각하기에 학생들은 그들과 비슷한 또래의 누군가가 나와서 그들에게 이야기한다는 사실에 호기심을 느꼈던 것 같아요.

학교를 찾아다니며 프레젠테이션을 한 지 3년이 지났을 즈음에 — 한편으로는 해가 갈수록 프레젠테이션 횟수도 늘어났죠 — 린다 선생님과 저는 우리가 찾아갈 수 없는 학생들에게도 우리의 생각을 전파시킬 방법을 논의하기 시작했고 그때 생각해 낸 아이디어가 제가 2004년에 쓴 〈거북이 이야기〉라는 익힘책이었어요. 린다 선생님이 삽화를 그리고 저는 사실과 대조하는 작업을 맡았어요. 기금을 요청하는 편지도 쓰기 시작했죠. 처음에는 대략 5천 부를 인쇄해서 플로리다 주에 있는 학교들에 보내기 시작했고, 나중에는 조지아 주와 노스캐롤라이나 주까지 확대해 나갔는데 그곳을 서식지로 삼는 바다거북이 있었기 때문이죠.

하지만 바다거북은 카리브 연안에 인접한 나라들에서 훨씬 심각한 멸종 위기에 직면해 있었기 때문에 우리는 우리가 만든 책을 트리니다드와 바하마 제도에도 보내기 시작했어요. 그 무렵 저는 제가 다니던 고등학교의 스페인어 클럽과 협력해서 이 책을 스페인어로도 번역했어요. 그리고 여행을 다닐 지원금도 받기 시작했죠. 저는 트리니다드로 갔어요. 그곳의 여러 학교를 방문해서 의견을 나누고, 자매결연 프로그램도 마련해서 미국에 있는 학교들과 코스타리카, 바하마 제도, 파나마 등지의 학교들을 연결해 줬어요. 올해에는 국제 바다거북 심포지엄에서 프레젠테이션을 해달라는 초청을 받았는데 그 심포지엄이 인도에서 개최되기 때문에 지금은 우리가 만든 책이 인도에서 사용하는 두 가지 방언으로 번역되어 있죠. 저는 발행 부수를 더 늘리기 위해서 지속적으로 기금을 요청하는 한편, 보다 다양한 언어로 번역해서 출간하고자 노력하고 있는 중입니다.」

「지금까지 그 프로젝트를 위해 지원받은 기금이 얼마인가요?」

「대략 25만 달러 정도 됩니다.」

젠더는 자신의 공로를 인정받아 수상한 청년 공로상 내역을 일일이 언급하지 않았다. 그래도 그 내역을 잠깐 살펴보면, 2005년에는 플로리다 야생동물 연합의 청년 환경 보호 활동가상과 지구 섬 협회의 브라우어 청년상, 2007년에는 대통령 환경 청년상과 푸르덴셜 사회 공헌상, 2008년에는 볼보 포 라이프상 등이 있다. 한편 그는 2008년에 상금으로 받은 2만 5천 달러를 플로리다 모트 마린 연구소Florida Mote Marine Laboratory에 기부했는데, 그가 학교 프레젠테이션을 처음 계획했을 때 조사와 자료 준비 과정에서 그 연구소의 과학자들에게 도움을 받았기 때문이다. 2008년에는 두 섬딩Do Something상을 받아서 무려 2,500만 봉지에 달하는 도리토스 칩 겉포장지에 젠더의 사진과 약력이 실렸지만 그는 이에 대해서도 함구했다. 이 모든 수상내역은 그와 관련한 수많은 기사를 통해 알게 된 것이다.

젠더에게 물었다. 「그럼 이제부턴 어떤 일을 할 계획인가요?」

「저는 그동안 추가로 두 권의 익힘책을 썼어요. 하나는 땅거북에 관한 책이고 다른 하나는 민물거북에 관한 책이에요. 지금의 프로젝트와 관련한 일을 하면서 바다거북 보호 단체에서 일하는 수많은 사람들과도 알게 되었죠. 바다거북 보호 단체로서는 세계에서 가장 오랜 역사를 자랑하는 바다거북 보호협회Sea Turtle Conservancy에 소속되어 교육을 담당하고 있는 인턴이구요. 씨터틀스SEE Turtles라는 회사의 인턴이기도 합니다. 생태 관광 사업을 진행하는 이 회사가 학생들을 미국에서 코스타리카나 멕시코, 트리니다드로 데려다 주면, 학생들은 그곳의 바다거북 서식지에서 자원봉사를 합니다. 작년 여름에 저는 코스타리카로 여행하는 팀을 인솔했고 올 여름에도 다른 여행지로 가는 팀을 인솔할 예정입니다.」

브래드 나힐은 씨터틀스의 마케팅 이사이자 공동 설립자이며, 젠더는 이 회사에서 처음으로 생태 관광 여행을 인솔했다. 젠더가 그 회사에서 맡은 일을 어떻게 해나가고 있는지 브래드에게 물었다.

「젠더를 처음 만난 건 사우스캐롤라이나 머틀 비치에서 열린 바다거북 심포지엄 2007년도 모임에서였습니다. 그에게 관심을 갖게 된 건 동료 중 한 사람이자 바다거북 보호를 위해 일하는 오늘날의 대표적인 환경 운동가 월리스 니콜스 박사 때문이었죠. 니콜스 박사는 젠더에게 전체 회의가 끝나고 분과별로 회의가 진행될 때 사람들 앞에서 자신의 책과 일에 대해 발표하도록 했어요. 당시에 그는 겨우 열여섯인가 열일곱 살이었는데 오랫동안 그 분야에서 일을 해오고 있는 환경 운동가들 앞에서 일어나 발표를 해야 했습니다. 그럼에도 또박또박 말도 잘했고 무엇보다도 정말 훌륭한 책을 만들었더군요. 그동안 많은 교재를 봤지만 그가 만든 책이 단연 으뜸이었습니다. 그런 모임에서는 청소년을 만나기가 좀처럼 쉽지 않아요. 일반적으로 모임 자체가 어렵고, 학문적인 프레젠테이션 위주로 이뤄지기 때문이죠. 나는 그 소년이 이 분야에서 진정한 리더가 될 수도 있겠다는 생각을 했습니다.

이후로 대략 일 년 동안 우리는 가끔씩 연락만 하고 지냈어요. 그러다가 씨터틀스에서 보다 집중적인 교육 프로그램을 개발하기 시작하면서 나는 젊은 사람의 시각이 필요하다고 느꼈고, 2년 전 여름에 젠더에게 연락해서 인턴 자리를 제안했습니다. 젠더는 교사들이 대상인 교육 과정에 대해 피드백을 해줬고, 그의 피드백은 교육 과정을 개선하는 데 정말 많은 도움이 되었죠. 그는 또한 내가 대학교와 고등학교의 환경 보호 동호회에 관한 데이터베이스를 통합하는 걸 도와주기도 했어요. 그렇게 해서 만든 자료는 보다 많은 학교의 참여를 유도하는 데 무척 유용한 자료가 되었죠.

우리는 대학생들을 대상으로 코스타리카 여행을 제공하기로 결정하고 젠더에게 인솔을 맡기기로 했습니다. 젠더는 그 여행 상품의 판촉 활동을 돕는 한편 세부적인 여행 일정을 다듬었죠. 처음에 나는 과연 젠더가 그 여행을 잘 인솔할 수 있을지 확신이 없었습니다. 그가 내 주변에서 가장 의욕이 넘치는 대학생 중 한 명이긴 했지만 어쨌든 그도 대학생이었으니까요. 하지만 그 여행을 함께 하면서 그가 여섯 명의 학생들과 일하는 모습을 보면서 마음이 놓였죠. 게다가 그 학생들 대부분이 젠더보다 나이가 많았어요. 참가자들의 반응도 매우 좋았습니다. 그들 중 일부는 젠더가 이끄는 다음 여행에도 참가하고 싶어 했죠.」

「어떤 점이 젠더를 그토록 특별하게 만들까요?」

「그의 인간적인 카리스마와 억제되지 않은 열정이죠. 그가 학교에 있을 때, 그래서 신경 쓸 일이 많을 때라면 자신감보다는 망설이는 태도를 보일 수 있어요. 하지만 해변에 나오면 물 만난 물고기처럼 자신감을 보이죠. 젠더 본인은 전문가라고 주장하지 않지만 그는 이 분야에서 충분히 오랫동안 일해 왔고 탄탄한 지식의 토대도 갖췄어요. 또한 사람들을 편안하게 만들어 주는 장점이 있죠. 나도 여러 번 여행을 인솔했지만 여러 사람이 함께 여행하다보면 항상 이런저런 사람들이 있기 마련이죠. 열정적인 사람도 있는 반면에 소심하고, 아는 것도 별로 없고, 혹시라도 뭔가를 잘못할까 봐 걱정하는 사람들도 있답니다. 젠더는 그런 사람들을 도와서 처음에 갖고 있던 망설임을 극복하고, 사람들과 편하게 지내고, 연구와 환경 운동에 빠져들게 해줘요.」

곤경에 빠진 학생들과 도움이 되지 못하는 학교

린다 소더퀴스트와 젠더의 어머니 진 스로츠의 확고부동한 지원이 없었다면 젠더의 다양한 재능은 계발되지 못한 채 그대로 사장되고, 젠더 본인도 지금과는 달리 환경 운동에 어떤 기여도 할 수 없었을 것이다. 학교에서 빛을 발했던 대부분의 다른 젊은 혁신가들과 달리 젠더는 교실에서의 악전고투를 딛고 자신의 성취를 일궈 냈다. 진 스로츠는 메일로 이 부분에 대해 설명했다.

젠더는 자신의 관심사와 열정을 추구하는 과정에서 그동안 수많은 특별 배려와 과분할 정도의 지원을 받았어요. 하지만 그 과정에서 교육 제도가 도움이 되었다고는 절대 말할 수 없을 것 같아요.

나는 젠더가 배운 건 모두 유치원에서 배운 거라고 늘 얘기해요. 젠더의 유치원 선생님은, 초등학교 1학년 때도 그를 가르쳤는데, 젠더를 이해해 줬어요. 그녀는 항상 입버릇처럼 말하길 자기는 아이들이 하나같이 다 비슷하다는 말을 믿지 않는다고 했어요. 젠더가 원하는 경우에는 일어서서 공부를 하도록, 수업 시간에 이리저리 돌아다니도록 해줬어요. 젠더가 학교생활에 쉽게 적응하도록 배려해 줬죠. 하지만 그 이후에 만난 대다수 선생님들은 자신만의 교육 방법을 지나치게 고집했기 때문에 젠더가 학교에서 보내는 일과는 고통 그 자체였어요. 수많은 연습 문제지와 바쁜 일정, 책상에 조용히 앉아 있는 문제 등은 우리 가족의 입장에서 학교를 혹독한 곳으로 느끼게 만들었죠.

어쩌면 젠더에게 약물 치료를 했어야 할지도 모르죠. 우리는 젠더를 병원에 데려가면 주의력 결핍 장애 처방을 받게 될 거라는 사실을 알고 있었어요. 하지만 젠더의 창의적인 영혼을 죽이고 싶은 생각이 전혀 없었죠.

고등학교(플로리다 잉글우드의 공립 학교)에 다닐 때 대다수 선생님들은 젠더가 환경 운동과 관련한 일을 한다는 사실을 몰랐어요. 젠더가 이런저런 상을 수상한 것도 그 당시였어요. 젠더가 3학년일 때 학교에서 열린 학기말 수상식에서 선생님들은 젠더가 푸르덴셜 사회 공헌상을 수상했다는 사실을 잊어 먹고 아예 언급조차 하지 않았죠. 게다가 젠더에게 증정되는 메달을 수령해 가라는 편지에 답장도 하지 않았어요.

린다 소더퀴스트와 젠더는 젠더가 열한 살 때 만났어요. 린다는 젠더가 단지 꼬맹이였음에도 불구하고 자신의 비전을 따를 거라는 사실을 절대 의심하지 않았죠. 그녀는 젠더에게 항상 진지하게 대해 주고, 그의 관심사를 지지해 줬어요. 젠더가 쓴 익힘책에 만약 그녀의 훌륭한 삽화가 없었다면 그 프로젝트는 절대로 불가능했을 거예요. 그럼에도 린다는 자신이 한 일에 대해서 어떤 식의 보상도 요구하거나 기대하지 않았죠.

어쨌든 나는 창의적인 학생들이 무럭무럭 성장하도록 과연 학교가 요람으로서의 제 구실을 하고 있는지는 잘 모르겠어요. 학교에 보내는 대신 집에서 가르치기도 했지만 젠더는 사회적인 이유 때문에 실제로 학교에 다니고 싶어 했어요. 다른 친구들이 모두 학교에 있는데 자기만 집에 있기가 싫었던 거죠. 솔직한 내 심정으로는 학교가 젠더의 교육에 오히려 방해가 된다고 생각했어요.

현재 나는 웨스트버지니아 주에 있는 공립 학교에서 대리 교사로 일해요. 그리고 내 아들이 받았던 것과 똑같은 방식의 교육이 이뤄지는 모습을 지켜보고 있어요. 단조롭고, 지루하고, 규율에 얽매여 있죠. 나는 딱 한 달 동안 중학교에서 특수반을 가르친 적이 있어요. 문제아 꼬리표가 붙은 다섯 명의 아이들이었는데 그 아이들도 모두 재능이 있었어요. 조금만 주의 깊게 살펴보면 누구나 발견할 수 있는 재능이었죠. 그 아이들에게는 다양한 진단 과정을 거쳐 만들어진 〈개인별 교육 계획Individual Education Plans〉이 있었어요. 하지만 만약 누군가가 그들이 자신의 열정을 찾도록 도와줬거나 관심사를 지원해 주었다면 어땠을까요? 그 학생들 중 누구도 그들이 사고를 치지 못하도록 수업마다 졸졸 따라다니는 나 같은 사람은 필요 없었을 거예요. 그들에게는 하나같이 능력이 있었지만 문제아라는 꼬리표에 맞춰서 생활하고 있었던 거죠. 지금은 학교를 옮겨서 초등학교 1학년 학생들의 대리 교사로 일하고 있지만 그 중학교에서 만난 학생들이 앞으로도 계속 눈에 밟힐 것 같아요.

린다 소더퀴스트는 초등학교에서 42년 동안 학생들을 가르치고 2010년 6월에 은퇴했다. 그녀 역시 젠더 같은 학생들이 직면하는 힘든 상황에 대해 거침없고 솔직한 속내를 드러냈다. 「대부분의 학교에서는 주의력 결핍 장애나 행동 장애가 있는 학생들이 영재 프로그램에 참여하는 걸 허락하지 않습니다. 하지만 나는 생각이 달라요. 그런 학생을 가르치는 게 정말 즐거운 경우도 있거든요. 그런 아이들은 내가 창조적으로 생각해 주길 원한다는 것을 알아요. 〈영재〉로 불리는 학생들은 너무나 많은 경우에 〈맞는 답〉이 무엇인지에 대해서만 궁금해하지만 내가 학생들에게 던지는 대다수의 질문에는 〈맞는 답〉이 없어요. 젠더 같은 학생은 수업 시간에 일어나서 교실 안을 돌아다니려고 하겠죠. 그러면서 온갖 아이디어를 내놓을 거예요. 젠더는 항상 자기가 재미있다고 생각하는 아이디어를 내놔요. 영재들도 그렇잖아요. 대부분의 교사들은 그런 아이들이 자리에 앉아서 얌전하게 행동하길 바라죠. 내 생각에, 어떤 학생이 단지 골칫거리라고 해서 남들에게 내세울 장점이 전혀 없다는 뜻은 아니라는 사실을 교사들이 이해할 필요가 있어요. 그 학생의 장점을 이끌어낼 방법을 찾는 것도 교사의 역할이죠.

더 이상 그런 학교에서 일하지 않아도 돼서 다행이지만, 내가 마지막으로 교편을 잡았던 학교에서는 올해를 기준으로 만약 오늘이 화요일이라면 모든 수업의 진도가 21쪽에 와 있어야 했어요. 다만 영재 학생들을 가르칠 땐 보다 융통성을 발휘할 수 있었죠. 그래서 나는 내가 가르치는 단원(單元)을 보다 실질적으로 중요하고, 통합적이고, 여러 분야의 학문을 다룰 수 있도록 편성했어요. 그리고 매번 수업을 시작하기 전에 그날 탐구할 내용을 미리 설명했어요. 또한 학생들에게 기업의 경영자들은 창의적인 아이디어를 가진 인재를 원하고, 항상 맞는 답이 있는 것도 아니라고 상기시켜 줬어요. 그렇더라도 어느 순간 그 과목이 시험과 아무런 상관이 없어지면 더 이상 그 과목을 가르칠 수 없어요. 어떤 교장은 갑자기 나타나서 이렇게 말하기도 하죠. 〈이번 학기에는 과학을 가르치지 않을 겁니다. 5학년이 되기 전까지는 과학 시험을 보지 않기로 했어요.〉 정말 무섭죠」

소더퀴스트, 교육의 미래에 대하여

젠더는 해양 생물학자가 되고자 하지만 두 개의 다른 주립 대학에 들어가기 위해 두 번의 시도를 하고 난 지금 과연 그가 필요한 학위를 취득할 수 있을지는 불분명하다. 고등학교 때 그는 조금만 노력해도 그럭저럭 해나갈 수 있었다. 「지극히 평범한 전형적인 고등학교의 평범한 학생이 가진 최고의 장점은 프레젠테이션을 하러 가기 위해서 아무 때나 수업을 뺄 수 있고, 그나마도 상관하는 사람이 아무도 없다는 거예요. 나는 수업보다는 환경 운동을 항상 우선순위에 놓았어요. 내게는 고교 심화 학습 과정˙과 국제 학위˙˙ 수업을 듣는 친구들이 있었는데 그 친구들

˙ 미국에서 고등학생이 대학 진학 전에 대학 인정 학점을 취득할 수 있는 고급 학습 과정.
˙˙ International Baccalaureate. 제네바에 본부를 두고 있는 비영리 교육재단인 IBO에서 세계적으

은 절대 나처럼 하지 못했을 거예요.」 하지만 대학은 다르다. 젠더가 〈저에게 명예 학위를 줄 누군가가 필요해요〉라며 반농담조로 말했다.「학교는 제 인생의 최대 걸림돌이에요. 제가 어떤 일을 하려고 하면 꼭 방해를 해요. 저는 수업에 들어가는 게 싫어요. 물론 제가 좋아하는 수업이나 좋아하는 선생님이 강의하는 수업에서는 저도 잘해요. 하지만 그렇지 않은 수업이 있는 날에는 아침에 침대에서 일어나는 것조차 거의 불가능할 정도죠.」

나는 진 스로츠에게 젠더의 앞날을 어떻게 생각하는지 물었다.

「때가 되면 대학을 마치겠죠. 나는 젠더에 대해 적정하지 않아요. 학교는 언제든 되돌아갈 수 있지만 열정은 항상 찾을 수 있는 게 아니잖아요. 열일곱 살 때 젠더는 파나마에 가기 위해 학교를 한 달 동안 쉬었어요. 〈그걸 허락했다니 정말 믿을 수 없군요〉라고 말하는 사람도 많더군요. 하지만 나는 젠더를 그곳에 가지 못하게 하는 건 옳지 않다고 생각했어요. 어쩌면 약간 걱정도 했겠지만 나는 젠더가 정말 자신이 하고 싶은 일을 하고 있다고 생각해요. 게다가 잘하고 있잖아요.」

「남편은 젠더가 하는 일에 대해 어떻게 생각하나요?」

「남편도 젠더를 무척 자랑스럽게 생각해요. 다만 직업을 갖는 건 돈 때문이라고 생각하는 일흔두 살의 남편 입장에서 젠더를 이해하기란 결코 쉬운 일이 아니죠. 비록 젠더는 무보수로 일하고 있는 인턴 일이 자신의 〈직업〉이라고 생각하고 있지만 말이에요.」

로 통일된 커리큘럼을 제공하는 국제 공인 교육 과정.

여기에서도 우리는 젊은 혁신가의 성장 과정에서 나타나는, 이제는 익숙한 패턴을 발견한다. 자녀가 자신의 열정을 발견하고 추구하도록 격려하는 부모와, 교실 안에서 학생들이 뭔가를 탐구하고 발견하도록 권한을 부여해 주는 아웃라이어 교사, 그리고 학교 밖에서 똑같은 역할을 해준 멘토다.

젠더에게는 열한 살의 나이에 프레젠테이션을 하는 것 자체가 처음에는 일종의 창의적인 놀이였고, 그 놀이가 금방 열정으로 발전한 듯 보였다. 그리고 그 열정은 이제 보다 깊은 목표 의식으로 진화했다. 하지만 젠더가 미래에 자신의 목표 의식을 추구하기 위해 필요하게 될 신뢰를 어떻게 얻을지는 아직 미지수다. 우리는 신용 사회에서 산다. 과학계에서는 특히 그렇다. 젠더의 멘토인 브래드 나힐은 신뢰를 얻기 위해 자신이 했던 싸움을 젠더의 경우와 비교했다. 「나는 생물학이 아닌 경제학 분야의 학위를 갖고 있었기 때문에 과학자들로부터 인정을 받기까지 처음에 많은 어려움이 있었습니다. 학위가 아예 없다면 훨씬 심각한 문제가 되겠지요. 어떤 경우에도 젠더는 지금 하는 일을 계속할 수 있겠지만 훨씬 힘들어질 겁니다.」

많은 사람들이, 특히 경제적으로 불우한 사람들이 젠더와 비슷한 경험을 한다. 그들에게 붙어 있는 꼬리표 — 과잉 행동 장애나 주의력 결핍 장애, 주의력 결핍 과잉 행동 장애, 특수 교육 등 — 가 어떤 특정한 증상을 설명해 줄지는 모르지만 너무나 많은 경우에 이러한 〈진단〉은 오명이 되어, 그 아이들이 누구고, 무슨 일을 할 수 있으며, 성공을 위해서는 그들에게 무엇이 필요한지와 아무런 상관없이 그들의 영혼에 흉터를 남긴다. 하지만 지금까지 만나 온 대다수 학생들의 공통점은 그들이 〈책을 통해 배우는 사람〉이 아니라는 사실이다. 그들은 실천을 통해 배운다. 아울러 교육과 개인적인 발전에 필요한 적절한 기회만 주어진다면 사회에 막대한 기여를 할 수 있는 능력도 있다. 젠더는 바로 그런 예를 보여 준다.

젠더와 주의력 결핍 과잉 행동 장애

MIT에서 조디 우를 가르친 에이미 스미스 교수는 개인적인 경험을 통해서 이 같은 문제를 인식하고 있다. 「만약 내가 지금 학생 신분이었다면 분명히 주의력 결핍 장애 판정을 받았을 겁니다. 단지 자기와 다르게 생각한다고 해서 그들에게 장애가 있다고 믿는 사람들이 굉장히 많아요. 그리고 그런 사람들은 통제하기 어렵다는 이유로, 또한 가르치기는 훨씬 더 어렵다는 이유로 약물 치료를 권유받죠. 나는 수줍음이 많았고 그 덕분에 말썽을 많이 일으키지는 않았지만 독서를 통해서 뭔가를 배우는 데 무척 어려움을 느꼈어요. 책을 읽어도 머릿속에 남는 게 전혀 없었죠. 이미지를 머릿속으로 그려 보거나 읽고 있는 것을 실제로 해보기 전까지는 페이지를 빼곡하게 채운 단어들이 전혀 머리에 들어오지 않았어요. 하지만 교사가 되는 사람들은 특정한 방식으로 배우고 모든 교육은 독서 능력을 전제로 합니다. 학교에서는 남들과 다른 창의적인 사고방식이 오히려 소외당합니다. 결과적으로 그런 아이들은 자신의 창의성을 꽃도 피워보지 못하고 학교생활을 마감하죠.」

학습 유형에 관한 스미스의 설명

나는 젠더의 입장에서 무엇이 정답인지, 그리고 그의 이야기가 어떻게 끝나게 될 것인지 모른다. 모든 학생이 4년제 대학에 가야한다고 생각하지도 않는다. 에이미 교수가 말했듯이 우리는 다른 종류의 창의성을 존중할 필요가 있으며, 꼭 4년제 대학이 아니더라도 지극히 혁신적인 인재를 길러 낼 수 있는 방법이 얼마든지 있다는 사실도 인정할 필요가 있다. 세계에서 가장 혁신적인 나라 중 하나인 핀란드에서는 고등학생 중 거의 절반에 가까운 학생들이 직접 체험하고 실무 능력을 배양할 수 있는 프로그램을 선택한다. 그리고 고등학교를 졸업하면서 보수도 훌륭하고 혁신적인 일자리를 제공받는다. 이 밖에도 다음 장에서는 그들의 교육 혁신과 관련한 보다 세부적인 내용들이 다뤄진다.

몇 가지 최종적인 소견

사회 혁신가라고 해서 하나같이 시리타와 젠더처럼 학교 문제로 고심하는 건 아니다. 조사 과정에서 내가 만났던 대다수의 재능 있는 학생들은 사회 기업가가 되길 갈망하는 동시에 학교생활도 잘하고 있다. 로라 화이트가 대표적인 예다. 사회 경제적인 배경이나 학업 성취도와는 무관하게 젊은 혁신가들에게서 나타나는 공통점은 놀이와 열정, 목표 의식이 그들의 인생에서 차지하는 중요성이다. 이러한 내적인 동기가 뭔가를 성취하고 인내하도록 그들을 움직인다. 아울러 그들의 삶에 독특함과 의미를 부여한다. 이 책을 준비하면서 젊은 사람들과 수없이 많은 대화를 나눴지만 그들 중 돈을 벌거나 명성을 얻는 것과 관련된 목표를 언급한 사람은 아무도 없었다. 그들은 변화를 만들고자 하고, 또 그렇게 해야 한다. 물론, 그렇게 하기 위해서 어느 정도의 사회적인 인정을 기대하는 것도 사실이다. 하지만 단지 인간적인 차원에서일 뿐이다.

그럼에도 열정과 목표 의식은 가난과 편견에 맞서 싸워야 하는 불우한 배경을 가진 젊은이들에게 특히 중요하다. 이들은 확고한 열정과 목표 의식을 가짐으로써 자신의 상황과 환경을 극복할 용기와 자제력, 인내심을 배우고, 미래에 대한 희망도 갖고 목표도 세울 수 있다. 또한 멘토들도, 지금까지 살펴봤듯이, 불우한 환경에서 자란 젊은이들의 열정과 목표 의식을 길러 주는 데 정말 중요한 역할을 수행했다. 주목할 만한 각자의 방식대로 시리타와 제이먼을 도와준 수많은 멘토들을 생각해 보라. 한 젊은이의 인생에 커다란 변화를 만들어 주기 위해 굳이 부모나 선생님이 될 필요까지도 없다. 다만 결정적인 열정의 불씨에 세밀한 주의를 기울이고 거기에 기름을 부어 주기만 하면 된다.

우리가 만나 본 젊은 혁신가들 중에는 학교생활을 잘한 사람도 있고 그렇지 않은 사람도 있다. 하지만 가장 성공적으로 학교생활을 한 이들도 겨우 한두 명의 교사들로부터 최선의 혜택을 받았을 뿐이다. 그리고 그 교사들은 그들이 속한 고등학교나 대학교의 전통을 하나같이 이러저러한 방식으로 거부했다. 우리 혁신가들이 관계를 맺게 된 비영리 단체나 보다 비공식적인 조직은 그들의 성장 과정에서 적어도 고등학교나 대학교의 다른 어떤 수업만큼이나 중요했던 것 같다.

다행스럽게도, 곳곳에 있는 용감한 교육자들은 유치원부터 대학교에 이르기까지 각 학년에 맞는 교육 혁신을 위해 자신만의 방식으로 연구 개발에 몰두했다. 이 책에 소개된 여덟 명의 젊은 혁신가에 대한 인물 소개를 통해서 이미 우리는 그런 용감한 교육자들을 많이 만났다. 다음 장에서는 호기심 많고, 창의적이며, 변화를 만드는 데 헌신적인 보다 많은 젊은이들을 〈창조〉하기 위해 절대적으로 필요한 교육적인 변화에는 어떤 것들이 있는지 보다 깊이 알아볼 예정이다.

5장
교육 혁신

21세기 교육의 도전 과제

　교육 기관은, 특히 고등학교와 대학교는 몇 가지 중요하고 합리적인 이유 때문에 본질적으로 매우 보수적인 곳이다. 우리 교육 제도는 근본적으로 〈보수적인〉 임무를 가지고 있다. 우리가 가지고 있는 지식 〈자원〉의 보존과 다음 세대로의 전달이 그것이다. 이러한 지식은 〈문화적 문해력cultural literacy〉 — 허시E. D. Hirsch가 만들어 낸 용어다 — 을 갖추고, 교양 있는 어른이 되기 위해 반드시 필요한 요소다. 또한 개인적으로 엄청난 만족감을 제공하는 원천이 될 수도 있다. 지식은 혁신에도 반드시 필요하다. 기본적인 정보가 있어야만 무엇이 개선, 혹은 변할 수 있거나 변해야 하는지 알 수 있기 때문이다.

　그럼에도 교육을 둘러싼 이런 전통적인 접근법에는 한 가지 문제가 있다. 학문적인 내용을 가르치는 과정이 오히려 사람을 바보로 만들 수 있다는 점이다. 학생이 혁신을 위한 본질적인 행위인 질문을 하거나 스스로 뭔가를 깨달을 기회도 없이, 기계적인 암기를 통해 단순히 정보를 전달하는 과정으로 그치는 경우가 너무나 많다. 그 결과, 학생들의 타고난 호기심이 사장되기 일쑤다. 켄 로빈슨 경을 비롯해서 여러 사람이 사용한 표현처럼 호기심이 〈내쳐지는〉 것이다. 여기에 더해서 지속적인 연구 결과가 보여 주듯이, 심지어 최고의 명문 대학 학생들도 4년씩이나 배운 과학과 수학을 개념적으로 조금도 이해하지 못하고 졸업하는 경우가 비일비재하다. 그들은 단편적인 사실들을 배웠을 뿐 그 뒤에 숨어 있는 개념을 이해하지 못한다.[1]

전통적인 기준과 관련한 또 다른 심각한 문제는 정보의 기하급수적인 증가다. 아무리 노력해도 한 사람이 주어진 분야의 학술적인 정보를 모두 섭렵할 수는 없다. 교사가 이를 위해 노력하면 할수록 교육 과정은 교재를 누비고 다니는 일종의 강행군이 된다. 그 결과, 고등학교와 대학교를 졸업하고도 시험에 합격하는 방법은 알지만 배우고자 하는 동기가 없고 본질적인 능력도 부족한 학생들만 더욱 늘어날 뿐이다.

21세기에 들어서는 특히 내가 무엇을 아는가 하는 것보다 내가 아는 것을 가지고 무엇을 할 수 있는가 하는 것이 더욱 중요하다. 새로운 문제를 해결할 새로운 지식을 창출하는 것에 대한 관심과 그런 능력이야말로 오늘날의 학생들이 반드시 습득하고 숙달해야 할 가장 중요한 기술이다. 성공한 혁신가들은 모두 〈그 순간에〉 자기 스스로 배우고, 그렇게 배운 것을 새로운 방식으로 적용하는 능력을 가졌다.

이 장에서는 교육자들이 21세기 교육과 관련한 도전 과제의 새로운 해법을 탐구하는 다양한 방식 — 개별적으로 그리고 기관을 통해 공동으로 노력하는 — 을 집중적으로 살펴본다. 먼저 두 명의 교사를 만난다. 한 명은 열악한 환경에 있는 학생들과 함께 일하고, 다른 한 명은 충분한 동기를 부여받은 과학 고등학교 학생들과 함께 일한다. 이들 두 교사는 학생들에게 동기를 부여하고, 혁신가로서 학생의 능력을 개발하기 위해 말 그대로 〈독창적인〉 방식으로 그들을 가르친다.

스콧 로젠버그

영화 제작을 전공한 스콧 로젠버그는 1991년에 아트 스타트Art Start를 설립했다. 아트 스타트는 〈열악한 환경에 노출되어 있는 뉴욕 시의 청소년들에게 창의적인 과정을 통해 그들의 삶을 바꿀 수 있도록 재원과 창구를 제공함으로써 그들의 목소리를 찾아 주고, 용기와 건전한 정신을 길러 주고자 하는〉 비영리 단체다.[2] 그들은 〈예술은 사람을 구한다〉라는 슬로건을 표방하고 있으며, 크리스 〈카지〉 롤Chris <Kazi> Rolle의 사례는 그들의 슬로건이 절대 과장이 아님을 보여 준다.

스콧이 말했다. 「저는 버지니아 주에서 자랐습니다. 제가 처음으로 사귄 친구들은 바닥이 맨땅인 오두막집에서 사는 물납(物納) 소작인이었지요. 그래서 저는 사회적인 영향을 고려하지 않은 채 예술적 관심사만을 탐닉하는 건 바람직하지 않다는 생각을 늘 갖고 있어요. 뉴욕에는 영화 제작을 공부하러 왔고, 나중에는 여기에서 아트 스타트를 설립했습니다. 저는 노숙자 쉼터를 방문해서 혹시 제가 그곳에 있는 아이들을 도와줄 방법이 있는지 알아보기 시작했습니다. 저의 목표는 그 아이들의 아이디어와 이야기, 비전을 예술로 승화시키고, 그들에게 창조적인 활동을 할 수 있도록 짜임새를 제공하는 것이었죠. 그 아이들에게는 〈마지막 기회를 제공하는 고등학교last-chance school〉나 노숙자 쉼터가 그들을 사회와 이어 주는 마지막 끈이었습니다. 집도, 안정된 생활도 없었거든요. 그들은 소속감과 일체감을 느끼고 싶어 했지요. 저는 그 아이들에게 자기 자신의 목소리에 귀를 기울일 기회를 제공했습니다. 자신에게 중요한 게 무엇인지, 어떤 할 이야기가 있는지 생각해 볼 기회를 줬지요.

저는 예술과 미디어 정보 해독과 관련한 교육 과정을 만드는 일에 착수했습니다. 그리고 1994년에 한 〈마지막 기회를 제공하는 고등학교〉를 알게 되었고 그곳에서 학생들을 가르치게 되었습니다. (레퍼토리 컴퍼니 하이스쿨이란 이름을 가진 이 학교는 다른 학교에서 중퇴하거나 퇴학당한 학생들을 받아들이는 일종의 대안 학교다.) 우리는 「사회에의 위협Menace II Society」(로스앤젤레스에서 살아가는 사람들의 삶을 사실적으로 그린 1993년도 영화. 영화제에서 상도 받았다) 같은 영화들을 보고, 비기 스몰스Biggie Smalls — 자신의 두 번째 앨범이 발매되기 일주일 전에 총격을 받고 사망한 랩 문화의 영원한 아이콘 — 의 음악을 들었습니다. 영화 「필라델피아」(에이즈를 다룬 최초의 할리우드 영화)의 제작자인 스콧 루딘도 동참시켜서 학생들과 대화도 나누고 자신이 만든 영화도 보여 주도록 했습니다.

이런 일을 한 뒤에는 아이들에게 자신이 보고 들은 것에 대해 생각하도록 했습니다. 이 부분은 무엇을 비유적으로 묘사하고 있을까? 그것이 정말 네가 본 거니? 또는 네가 생각하는 거니? 그 과정은 철저하게, 질문 위주로 진행되었지요. 아이들의 미디어를 통한 정보 습득 능력은 이미 전문가 수준이었지만 이해 능력은 틀이 갖춰지지 않아 체계적이지 못했습니다. 아이들은 무척 의욕적이었고 방과 후에도 이런저런 질문을 가지고 저를 찾아왔습니다.

제가 취하고자 한 접근법은 이렇습니다. 만약 제가 사업 회의를 소집했음에도 제 스스로의 준비가 부족해서 사업 파트너들을 진지하게 대하지 못한다면 저의 사업은 결코 오래가지 못할 거라는 겁니다. 따라서 이 아이들을 마치 저의 동료나 전문가처럼 대합니다. 내 발로 아이들이 있는 곳을 찾아가서 그들을 존중해 주고, 그들과 눈을 맞추려고 노력하죠. 저는 아이들이 하는 이야기를 듣는 게 좋습니다. 한편으로는 아이들에게 광고를 연구하고, 분석하도록 해서 아이들이 광고라는 것이 무엇인지 이해하도록 했습니다. 그런 다음에는 아이들에게 자기만의 공익 광고를 만들되, 팀을 이뤄서 함께 만들라는 목표를 줬습니다. 팀으로 일해야 했기에 아이들은 자신의 공익 광고 아이디어를 같은 반 학생들과 조율해야 했지요. 이 과정에서 아이들에게 광고 에이전시를 찾아가 진정한 의견 조율에 대해 배우도록 했습니다. 어떤 아이들은 그들의 공익 광고로 아동 학대를 다루고 싶어 했고, 어떤 아이들은 성적 학대를 다루고 싶어 했거든요.

그 학교에서 일하기 시작한 지 2년째 되던 해에 학교 공터에서 라임을 맞추며 즉흥 연주를 하면서 실력을 뽐내는 아이들을 알게 되었습니다. 그래서 그 아이들을 자극하면서 이렇게 말했습니다. 〈마이크와 비트박스를 제대로 갖춰서 얼마나 잘하는지 한번 보자.〉 우리는 점심 시간마다 만나기 시작했습니다. 아이들의 활기찬 모습을 보는 건 정말 즐거운 일이었죠. 그 아이들 중에는 도미니카 출신과 아프리카계 미국인 등이 섞여 있었을 뿐 아니라 각자의 스타일과 음악적인 접근법도 모두 달랐습니다. 이 모임은 제 수업과는 별개로 정기적인 행사가 되었습니다. 그런데 어느 날 교장인 엘렌이 이렇게 말하더군요. 〈우리가 당신을 아무리 좋아해도 학교에서 그런 일을 하도록 내버려 둘 수는 없습니다. 그 아이들이 하는 건 예술이 아닐뿐더러 다른 선생님들한테 저주까지 퍼붓고 있잖아요. 더 이상 이 문제를 용인할 수 없어요.〉

우리는 더 이상 학교에 머무를 수 없었습니다. 방과 후에도 학교를 이용할 수 없었는데 예산 문제로 학교에 경비원을 둘 수 없었기 때문입니다. 하지만 아이들은 계속해서 음악을 하고 싶어 했습니다. 아이들은 학교로 통학하는 데 한 시간씩 걸렸고, 그들을 반기지 않는 건 합창단이나 미식축구팀이나 다를 게 없었습니다. 그래서 우리는 피자집이나 카페, 공원에서 모임을 가졌습니다. 저녁 6시나 7시, 심지어 8시까지 연습할 때도 있었지요. 스튜디오로 사용할 장소를 마련하기 전까지 한동안은 제가 사는 아파트의 한쪽을 연습실로 사용하기도 했습니다. 저에게 가장 놀라웠던 점은 그 아이들이 자신이 처한 상황을 받아들였을 뿐 아니라 언어의 복잡성과 뉘앙스, 교묘함, 독창성을 이용해서 자기 자신을 표현할 줄 안다는 사실이었습니다.

저는 이런 활동이 아트 스타트의 새로운 사업이 될 수 있겠다고 생각했습니다. 우리는 더 이상 노숙자 쉼터에서 단순히 예술과 관련한 활동만 하고 있지 않았습니다. 이제 우리에게는 미디어 활동 프로젝트가 있었죠. 음악을 듣고, 영화를 보고, 미디어 영상을 연구하고 분석하는, 그리고 공익 광고를 만드는 프로젝트입니다. 그렇게 해서 현재는 힙합 프로젝트라고 불리는 이 프로젝트가 아트 스타트의 세 번째 사업이 되었습니다.」

아트 스타트 프로그램에 참여했던 학생 중 한 명이 크리스 〈카지〉 롤이었다. 크리스는 자신이 노숙자였고, 그 프로그램에 들어가게 되었을 당시에는 길거리에서 부정한 수단으로 생계를 유지하고 있었다고 말했다. 아트 프로그램만의 독특한 교육 방식 때문에 크리스는 계속해서 학교에 남아 있기로 결정했고 1996년에 레퍼토리 컴퍼니 고등학교를 졸업할 수 있었다. 그리고 전문 대학에서 정해진 짧은 기간 동안 공부를 마친 뒤에 아트 스타트 미디어 작업 프로젝트에서 학생들을 가르치기 시작했고, 힙합 프로젝트를 이끌었다. 크리스가 말했다. 「힙합 프로젝트 덕분에 저에게 창의성이 있다는 사실을 믿게 되었고, 저만의 아이디어와 더불어 자신감도 개발하게 되었죠. 좌절에 굴하지 않는 법을 배웠고, 집중력과 비전도 갖게 되었어요. 그리고 이제는 제가 받았던 것을 다른 사람들에게 돌려주고 싶어요.」 오늘날 크리스는 — 지금은 카지라는 이름을 사용한다 — 지속적으로 다양한 프로젝트를 통해 불우한 청소년들을 위해 일하고, 배우와 힙합 가수로도 성공적인 경력을 만들어 가는 중이다. 아울러 아프리카계 미국 어른들을 상대로 가족 간 결속을 유지하는 어려움을 주제로 강연도 하고 있다. 그의 인생 이야기는 스콧이 제작하고 브루스 윌리스와 퀸 라티파가 제작 책임을 맡은 장편 다큐멘터리 「힙합 프로젝트The Hip Hop Project」의 소재가 되었다. 그 영화는 연극으로 각색되어 2007년에 전국적으로 상연되었을 뿐 아니라 많은 상을 수상했다.

스콧이 말했다. 「이 아이들은 진정한 영웅입니다. 이들 중 상당수가 겪은 일에 대해, 그게 나였다면 과연 견뎌 낼 수 있었을까 하고 생각하면 도저히 상상이 안 됩니다. 그리고 이들에게는 인간관계를 형성하고, 진지한 대우를 받고, 목표가 있는 사람이 되고자 하는 뜨거운 열망이 있습니다. 저는 우리의 의무가 그들과 이어진 끈을 찾아내고, 씨앗을 심고, 그들이 자신의 목표에 부합하는 삶을 살아가도록 도구와 체계를 제공하는 것이라고 믿습니다. 목표나 이유가 있는 사람은 많은 것을 이겨낼 수 있습니다. 우리 교육 제도가 전적으로 놓치고 있는 것이 바로 이 부분입니다. 아무런 이유도 모른 채 기계적으로 외우고 기억하는, 하나같이 쓰레기 같은 일을 과연 누가 하고 싶겠습니까?」

스콧의 마지막 말은 정곡을 찔렀다. 그는 학생들에게 배워야 할 이유를 찾기 위해 열정과 목표 의식을 개발하라고 격려했다. 그는 학교 공터에서 놀고 있는 학생들을 관찰하고, 그 놀이에 보다 진지하게 접근하도록 그 학생들을 자극하는 것부터 시작했다. 그리고 놀이를 통한 학생들의 자기표현 — 청소년 문화에 대한 몰입과 음악에 대한 애정 — 을 서로에게 질문하면서 배우는 출발점으로 삼았다. 그의 멘토링 덕분에 많은 학생들이 성공의 필수 요소인 자제력을 점차적으로 개발해 나갔고, 더불어 놀이는 그들의 열정이 되었으며, 시간이 흐르면서 그 열정은 다시 강력한 목표 의식이 되었다.

고등학교 때 스콧 같은 교사가 있었다면 시리타도 많은 도움을 받았을 것이다. 청소년 문화를 진지하게 생각하고, 젊은이들이 그들 문화가 어떤 반향을 일으키고 그로 인해 그들 자신에게는 어떤 영향이 미치는지 이해하도록 도와준 누군가가 있었다면, 스콧처럼 학생들에게 자신의 경험과 통찰력을 이용해서 그들만의 문화를 창조하도록 가르쳐 준 누군가가 있었다면 말이다. 우리가 그동안 이 책에서 만난 지극히 혁신적인 다른 교사들과 마찬가지로, 스콧 또한 실천 지향적이고, 여러 분야의 학문을 다루며, 협동적이고, 학생들의 내적인 학습 동기를 발견하고 길러 줄 수 있는 교육 환경을 만들기 위해 노력했다. 그리고 다른 교사들처럼 그 역시 학교 동료들 사이에서 아웃라이어였고, 결과적으로 자신에게 가장 중요한 일들을 통째로 교실 밖으로 들고 나가야 했다.

스콧이 학생들과 함께 거둔 성공은 젊은이들과 상호 존중에 기초한 인간관계를 확립하는 것이 얼마나 중요한지 명백하게 보여 준다. 그가 설명한 바에 따르면 그는 단순히 〈학생들과 눈만 마주친〉 게 아니었다. 오랫동안 열심히 학생들의 이야기에 귀를 기울였다. 그들에게서 배울 점을 찾으려고 노력했다. 무엇보다, 그는 학생들이 그들의 견해와 생각, 열망을 당당하게 말할 수 있도록 도와줬다. 기껏 젊은이들에게 진정한 자기 목소리를 찾아 주었지만 그들의 발언이 반항적이고, 스콧이 경험한 바에 의하면 심지어 방해가 되는 경우도 종종 있다. 하지만 우리가 〈단 한 명의 아이도 포기하지 않는다〉라는 말을, 그리고 청소년은 누구나 혁신가가 될 수 있다는 말을 정말 진지하게 받아들인다면 그 정도는 우리가 얼마든지 감수해야 하는 부분이다.

아만다 알론조

토머스 프리드먼은 2010년 3월 20일 「뉴욕 타임스」에 기고한 〈미국의 진정한 드림팀〉라는 칼럼에서 2010년 인텔 과학 영재 선발 대회의 최종 진출자 40명과 함께한 저녁 만찬에 대해 썼다. 이 대회는 역사가 가장 오래되었을 뿐 아니라 가장 권위 있고, 대학생 미만 학생들을 대상으로 한 전국 규모의 과학 경시대회이며, 1,600명 이상의 고등학생들이 독창적인 과학 프로젝트를 제출해서 대학 장학금을 놓고 경쟁을 펼친다.[3] 내가 아만다 알론조에 대해 알게 된 건 프리드먼의 칼럼을 통해서였는데 당시 그녀는 서른 살이었고, 캘리포니아 새너제이에 있는 린브룩 고등학교의 과학 교사였다. 그녀는 2010년 인텔 과학 영재 선발 대회의 최종 진출자 40명 중 두 명의 지도 교사였다.

아만다는 캘리포니아의 시골 마을인 바카빌에서 자랐고 그곳에서 공립 고등학교를 다녔다. 2010년 6월에 첫 인터뷰를 할 당시 아만다는 자신의 8년째 교편생활을 이제 막 끝낸 뒤였다. 「나는 대학에서 과학을 전공할 생각이 전혀 없었어요. 무용을 전공하고 싶었는데 아버지께서 내가 무용을 전공하면 대학 등록금을 내주지 않겠다고 엄포를 놓으셨죠. 대학에 들어가서 맨 처음에 수강한 과학 수업이 여성 생물학자 메그 매타이스 교수님의 강의였는데 그녀는 내가 과학을 계속해서 전공할 수 있도록 정말 많은 영감을 주었어요. 나는 교사가 되고 싶었고, 메그 교수님의 영향을 받아 보다 많은 여학생들에게 과학을 소개시켜 주기 위해 고등학교 교사가 되기로 결심했어요.

나는 교육학 석사 학위를 따려고 스탠퍼드에 들어갔고, 운 좋게도 내가 이수해야 할 교육 과정의 조언자 역할을 맡은 전임 강사로 고등학교 과학 교사이면서 스탠퍼드에서 박사 과정을 공부하고 있던 수전 슐츠를 만나게 되었어요. (일반적으로 대학교에서 교육학을 가르치는 대부분의 교수들은 초중등 과정 학교에서 학생들을 가르친 경험이 그다지 많지 않다.) 우리는 직접 해보면서 질문을 위주로 하는 많은 수업을 소화했고, 그 과정에서 교육에 대해 많은 것을 배울 수 있었어요. 린브룩 고등학교에서 교사 생활을 시작한 첫해에 나는 과학 경시대회의 지도 교사가 되려면 필요한 교육을 받으러 인텔 교육자 아카데미에 참가해 달라는 요청을 받았어요.

똑같은 요청을 받은 우리 학교의 다른 교사들은 하나같이 그 요청을 거절했지만 갓 부임한 새내기 교사였던 나는 차마 거절할 수가 없었지요. 그럼에도 정말 가기 싫었어요. 과학 경시대회와 관련한 예전 경험들이 썩 좋지가 못했기 때문이에요. 내가 본 경시대회에는 과학이라고 할 만한 것도 별로 없었고, 딱히 배울 부분도 없었으며, 게다가 과제의 상당 부분을 부모가 대신 해줬거든요.

하지만 막상 그곳에 도착하고는 기절하는 줄 알았어요. 어떻게 하면 학생들이 과학 경시대회에 보다 관심을 갖게 만들 수 있을지 배우고자 전 세계에서 대략 100여 명의 교사들이 왔더군요. 나는 학교로 돌아오자마자 우리 학교에서 중학교와 연계한 프로그램을 진행할 기금을 신청했고, 인텔로부터 2만 달러를 받았어요. 처음에 생각한 아이디어는 중학교 3학년으로 올라가는 학생들을 대상으로 여름 방학 프로그램을 운영하는 거였어요. 그 프로그램을 통해서 학생들에게 과학적 방법을 가르치고, 여름 방학이 끝날 때쯤에는 그 학생들로 하여금 가을에 자신이 진행하고 싶은 연구와 관련해 제안서를 만들게 할 작정이었죠. 하지만 나는 과학자이고, 두 해에 걸쳐 그 프로그램을 진행하면서 관찰을 통해 우리 프로그램에 참여한 대다수 학생들이 자유 의지로 그곳에 와서 앉아 있는 게 아니라는 사실을 깨달았어요. 그들은 부모의 강요에 못 이겨 왔을 뿐이고, 그렇다 보니 엄청난 시간과 에너지, 열정을 투자해야 하는 과학 연구를 따라올 수가 없었어요. 나는 프로그램을 수정해서 이제는 학기 내내 점심시간과 방과 후를 이용해서 일련의 세미나를 운영해요. 이 세미나는 포괄적인 개별 지도 형식으로 진행되는데 가을에는 학생들에게 과학적 방법을 소개하고, 1월 초가 되면 학생들을 개별적으로 면담해서 자신만의 연구를 시작할 수 있도록 도와주죠.

올해는 약 40명의 학생들이 우리 프로그램에 참가했고 덩달아 내가 투자해야 하는 시간도 엄청나게 늘어났어요. 하지만 이 모든 건 내가 좋아서 하는 일이에요. 경시대회에서 좋은 성적을 거두든 아니든 아무튼 학생들은 많은 것을 배우고, 나는 그 아이들이 그만큼 훌륭한 사람이 될 거라고 생각해요. 그들은 이 세상에 수많은 문제들이 산적해 있다고 생각해요. 그리고 그런 생각은 기성세대로부터 물려받게 될 세상에 대해 그들이 눈을 뜨게 해주죠. 어쨌거나, 그들은 이런 산적한 문제들을 해결하는 데 자신이 일조할 수 있다고 생각해요. 일례로 올해 우리 프로그램에 참가한 학생들 중 한 명은 해조류를 이용해서 수소 연료를 생산하는 참신한 방법을 내놓기도 했어요. 학생들은 과학 수업 시간에 배우는 것보다 이런 일을 하면서 훨씬 많은 것을 배운답니다.」

「일반적인 과학 수업과 비교했을 때 세미나에서 가르치는 것에는 어떤 차이가 있나요?」

「수업 시간에는 내가 가르쳐야 하는 주(州) 표준이 있는데 하나같이 내용 지식들이에요. 학생들이 배우는 건 미토콘드리아가 에너지를 만들어낸다는 사실이에요. 하지만 세미나에서는 미토콘드리아가 어떻게 에너지를 만들어 내는지 가르쳐요. 문제를 해결하고, 질문을 던지고, 참신한 해법들이 등장하죠. 안타깝게도, 수업 시간에 이런 활동을 하기에는 시간이 충분치 않은 것 같아요. 주 당국에서 시행하는 시험에 대비해서 꼭 다뤄야 하는 정해진 표준 내용이 있기 때문이죠.」

「주 차원에서 시험을 실시하는 건 STEM 분야와 관련된 전공을 수행할 수 있을 정도로 학문적으로 충분한 지식을 갖춘 학생이 보다 많아져야 한다는 정책 입안자들의 믿음 때문이라고 생각합니다. 그렇다면 선생님은 이런 정책이 의도하지 않은 결과를 낳고 있다고 생각하는지요? 어떤 다른 방법이 있을까요?」

「유능한 과학 교사가 되기 위해서는 수업을 재미있게 만들어야 하는데 아이들의 입장에서 이는 곧 수업이 아이들의 주도로 진행되어야 하고, 그래야 자신이 배우는 것을 완전한 자기 것으로 만들 수 있다는 뜻입니다. 또한 배운 것을 완전한 자기 것으로 만들 수 있을 때 학생들은 동기를 갖게 되죠. 또 다른 문제는 주 표준을 만족시키기 위해서는, 학생들이 스스로 답을 찾아내도록 하기보다는 모든 답을 알려 줘야 한다고 생각하는 교사들이에요. 학생에게 질문하도록 허락해 주고, 답을 찾아내도록 여유를 주는 게 무엇보다 중요해요. 게다가 이런 식으로 배운 내용이 실질적으로 기억에도 오래 남습니다.」

알론조의 혁신과 열정, 목표에 관한 이야기

「과학 심화 학습 과정은 어떨까요? 심화 학습반을 가르치는 문제에 대해 생각해 본 적이 있나요?」

「그렇잖아도 심화 학습반을 가르치라는 압력을 받고 있고, 그럼에도 버티고 있는 이유가 두 가지 있어요. 첫째는 내가 다양한 관심을 가진 아이들과 함께 일하길 좋아하기 때문이고, 둘째는 중학교 3학년 아이들(심화 학습 과정에 참여하지 않는다)을 가르치는 걸 좋아하기 때문이에요. 중학교 3학년까지는 아직 호기심이 많을뿐더러 질문도 많고, 기꺼이 모험을 감수하려고 해요. 다시 말해 창의적으로 생각하고 규칙에 얽매이지도 않죠. 심화 학습 과정이란 게 학생들 머릿속에 억지로 지식을 집어넣는 것 같다는 생각도 들고요. 심화 학습반 학생들은 시험에 대비해서 방대한 내용의 지식을 외우지만 자신이 배운 것을 적용할 줄 몰라요. 학생들에게도 엄청난 부담을 주죠. 그리고 그런 부담은 과학에 대한 애정이 수그러들게 만들어요. 궁극적으로도 심화 학습 과정이 대학을 준비하는 데 그다지 도움이 되지 않아요. 내가 아는 어떤 학생들은 고교 심화 학습 과정 시험에서 최고 점수인 5등급을 받은 덕분에 대학에서 생물학 개론을 수강할 필요가 없었어요. 하지만 그러고 나서 그다음 과정으로 넘어가는 데 무척 고생하고 있죠. 심화 학습 과정에서 요구되는 수준으로 배운 것을 적용할 수 있을 정도로 그들의 뇌가 아직 충분히 발달하지 않았던 거예요.」

실패의 중요성에 대한 알론조의 이야기

「선생님은 확실히 다른 방식으로 가르치고 있군요. 학교에서 그런 방식으로 가르치기가 힘들진 않았나요?」

「물론 힘들었죠. 외롭다는 생각도 많이 들었어요. 이 학교에서 처음 4년을 보내고 났을 때는 그만둘 생각도 했었어요. 전통적으로 이 학교는 시험 성적이 우수하고, 따라서 어떤 식이든 다른 시도를 하는 것에 대한 반대가 무척 거셌답니다. 아무도 나를 지지해 주지 않았을 뿐 아니라 내 창의적인 아이디어가 제대로 된 평가를 받지 못하고 있다는 생각도 들었어요. 하지만 아이들을 생각하면서 용기를 냈어요. 물론 그로 인해 엄청나게 많은 시간을 희생해야 했지만요.」

나는 아만다에게 세부적인 내용에 대해 질문을 계속했고, 내가 알아낸 바에 따르면 그녀는 졸업 학점으로 인정되지도 않는 가을 세미나에서 일주일에 여섯 시간씩 학생들을 가르쳤다. 여기에 더해서 학생들의 개별 프로젝트가 시작되는 1월이 되면 평균적으로 하루에 네 시간씩 방과 후에 학생들과 시간을 보냈다! 그녀는 이 일을 교사가 부담하도록 정해진 자신의 전체 수업 시간 가운데 가장 우선순위에 둔다. 그리고 이렇게 추가로 일하는 데 따른 수당으로 일 년에 고작 1,800달러를 받는다.

최근에 아만다와 이메일로 서로의 안부를 확인하면서 2011년 인텔 과학 영재 선발 대회에서는 학생들의 성적이 어땠는지 물었다. 올해는 40명의 최종 진출자 가운데 자기가 가르친 학생이 한 명도 들지 못했지만 250명의 준결승 진출자에는 네 명이 들었다고 말했다. 그리고 그 네 명 가운데 두 명이 여학생이었고 그들은 그녀가 가르친 학생들 중 경시대회에서 일정한 수준 이상의 성적을 거둔 최초의 여학생이 되었다고 말했다. 그녀는 그 결과에 대해 특히 기뻐했다.

혹시 그녀의 교육 방식과 관련해서 새롭게 개발된 어떤 것이 있는지도 물었다. 그러자 최근에는 〈순서를 뒤바꾼 교육법〉을 실험하고 있다고 답해 왔다. 2004년에 살만 칸은 동영상을 제작해서 유튜브에 올리기 시작했다. 자신의 사촌이 수학 개념을 이해하는 데 도움을 주기 위해서였다. 이 아이디어는 엄청난 인기를 끌었고 칸 아카데미는 수학, 과학, 회계, 역사와 관련해서 생각할 수 있는 모든 주제를 가지고 지금까지 2,700편 이상의 짧은(대략 10분에서 20분 사이) 교육 동영상을 제작했다. 칸의 주장에 따르면, 한 달에 100만 명 이상의 학생들이 하루 평균 10만에서 20만

건의 동영상을 시청한다고 한다.[4] 물론 시청은 무료다! 아만다는 학생들에게 적절한 동영상 강의를 과제로 내주고, 수업 시간은 주로 연구 과제와, 학생들이 배운 것을 적용하고 관련 내용을 보다 깊이 있게 이해하도록 도와주는 개인 지도를 위해 활용한다.

〈최고를 향한 경주〉 대(對) 교사의 책임 2.0 버전

아만다 알론조는 의심의 여지없이 그동안 내가 만나 본 가장 혁신적이고 유능한 과학 교사들 중 한 명이다. 그럼에도 그녀가 가르친 학생들이 캘리포니아 주에서 실시하는 표준 시험에서 거둔 성적이 교사로서 그녀의 능력을 가늠하는 최선의 기준은 아니다. 학생들이 얼마나 많은 과학적 사실을 배웠는가 하는 것도 그 기준이 될 수 없기는 마찬가지다. 그녀를 훌륭한 교사로 만들어 주는 건 학생들이 그녀에게 배운 내용들을 가지고 어떤 일을 할 수 있는가 하는 점이다. 아만다가 가르친 학생들은 과학적 방법을 어떻게 정의해야 하는지 모른다. 그렇지만 과학적 방법을 어떻게 활용해야 하는지 안다. 이의를 제기할 줄 알고, 자신의 의문점을 끝까지 풀어 나갈 줄 알며, 실험을 계획하고 진행할 줄 알고, 그 결과를 분석할 줄 안다. 요컨대 과학자가 되는 법을 안다. 그들이 내놓은 프로젝트 결과물이 이러한 사실을 뒷받침하는 가장 확실한 증거다. 아만다는 학생들에게 이 책의 독자라면 이제 익숙해졌을 법도 한 방식으로 동기를 부여한다. 과학을 통해 재미를 찾도록 만들고, 학생들에게 자신이 가장 관심이 가는 프로젝트를 진행하도록 권한도 부여한다. 그녀의 성공은 놀이와 열정, 목표 의식을 자신의 교육 과정 중 가장 중심에 둔 덕분이다.

아만다는 과학 심화 학습 수업에서 학생들을 가르치길 거부한다. 그런 식의 수업이 과학을 배우고자 하는 학생들의 애정을 오히려 식어 버리게 만들기 때문이다.

오바마 행정부의 교육 정책 〈최고를 향한 경주〉는 초당적인 열렬한 지지를 받았다. 이 정책의 핵심 원칙 중 하나는 학생들이 표준 시험에서 얼마나 높은 점수를 받는지에 근거해서 주(州)마다 교사를 평가하는 프로그램을 운영하는 것이다. 현재 예측대로 교육과 관련한 연방 정부의 역할이 앞으로 감소하더라도 학생들의 시험 성적에 기초해서 교사의 능력을 평가한다는 개념은 지금도 인기를 끌고 있고 앞으로도 그럴 것 같다. 대부분의 학구(學區)에서 시행하는 교사 평가 프로그램이 완전히 무용지물이라는 지적에 대해서는 나 역시 동의하지만 그렇다고 표준 시험 점수로 교사를 평가하는 것도 답은 아니다. 표준 시험 점수와 학생들이 자신이 아는 것을 가지고 무엇을 할 수 있는지는 아무런 상관이 없기 때문이다. 교육 성과를 평가하려면 학생들이 실질적으로 내놓는 결과물을 살펴봐야 한다. 비단 과학 분야만이 아니다. 국어나 역사 과목에서도 9월에 제출된 보고서와 이듬해 6월에 제출된 보고서를 비교함으로써 그 학생의 학문적인 이해도와 자기표현 능력이 얼마나 향상되었는지 얼마든지 평가할 수 있다.

〈최고를 향한 경주〉 정책은 평범함을 향한 경주에 불과하다. 우리에게는 교사의 책임 2.0 버전이 필요하다. 책임 2.0 버전은 아만다가 자신의 과학 동호회 학생들을 상대로 하는 방식의 교육에 대해 인센티브를 제공하고, 학생의 성취도와 교사의 능력을 평가하기 위해 컴퓨터로 산출한 점수가 아닌 인간적인 판단에 의존하는 책임 체제다. 나는 초등학교 1학년부터 시작해서 학생이 학교를 다니는 기간 내내 따라다니고, 그 안에는 해당 학생의 대표적인 성취 내용이 들어 있는 디지털 포트폴리오를 만들어 관리하는 한편, 학생은 학생대로 자신이 아는 것을 주기적으로 증명해야 한다고 생각한다. 이 단계에서 그다음 단계로, 이를테면 중학교에서 고등학교로 올라가는 건 글로 하는 과제와 더불어 말로 하는 과제를 통해 증명된 해당 학생의 성취도를 토대로 이뤄져야 한다. 이런 방식을 학습과 책무성과 관련한 보이스카우트의 〈공로 배지〉 방식이라고 생각할 수 있다. 우리에게는 시간의 흐름과 함께 그 학생에게 가장 중요한 어떤 능력이 향상되었음을 보여 줄, 하지만 선다형 시험으로는 보여 줄 수 없는 명확한 증거가 필요하다. 컴퓨터로 채점하는 시험에 근거해서 중요한 채용 결정을, 또는 승진 결정을 내리는 기업이 과연 몇 군데나 될까? 비즈니스 분야에서 인간에 의한 판단만으로 충분하다면 교육 분야에서도, 끊임없이 노력하기만 한다면, 그럴 수 있고 그래야 하는 건 아닐까?

아만다는 전통적인 교실과 과학 교육 과정이란 한계를 완전히 벗어나서 자신이 만든 세상에서 최선의 교육을 실천한다. 스콧 로젠버그가 힙합 프로젝트를 통해 보여 줬던 과정과 비슷하다. 아만다와 스콧은 독창적으로 학생들을 가르치고 있다. 인텔 과학 영재 경시대회에서 거둔 엄청난 성공과, 적은 보수에도 불구하고 많은 시간을 일하고자 하는 의지 덕분에 아만다는 지금까지 자유를 누렸다. 하지만 나는 현재 시행되고 있는 시험 위주의 책임 체제로 인한 교사들의 부담이 갈수록 늘어나서 아만다나 스콧 같은 혁신적인 교사들이 교직을 떠나게 될까 봐 걱정이다. 자신이 가르친 학생이 두 시간짜리 선다형 시험에서 얼마나 많은 것을 쏟아 내는지에 따라 교육자로서 자신의 가치를 평가하고, 교육 과정의 상당 부분을 지루한 시험 준비 과정으로 바꿔 버린 시스템 속에서 과연 누가 학생을 가르치고 싶겠는가?

이외에도 최고를 향한 경주 정책은 또 다른 심각한 부작용을 낳을 수 있다. 2011년 2월 4일자 「뉴욕 타임스」에 실린 기사에 따르면 아만다의 학생들이 참가한 것과 같은 고등학교 과학 경시대회의 참여율이 점점 낮아지고 있다. 이유가 무엇일까? 그 기사 내용을 그대로 옮겨 보자면 〈대다수 과학 교사들이 말하는 문제는 (……) 과학 경시대회에서 요구하는 창의적이고 독립적인 탐구 대신에 수학과 독해 점수에 대한 학교의 책임만 강조하는 오바마 행정부의 교육 정책, 바로 그것이다.〉[5]

대학에 대한 반성

그럼에도 고등학교에 존재하는 수많은 아만다 알론조 같은 선생님들이 교실에서 혁신하지 못하도록 발목을 잡는 것은 비단 가장 최근에 시행된 특정한 교육 개혁만이 아니다. 변화를 가로막는 장애물로는 고등학교 교과목이 정해지는 과정과 오늘날 만연한 교육 방식도 있다. 미국에서는 대부분의 고등학생이 대체로 관행과 대학의 잠재적인 요구에 의해 선택된 과목을 수강하고 배운다. 또한 주(州) 차원에서 실시되는 시험의 내용 — 아만다가 학생들에게 준비시켜야만 했던 것 같은 시험들 — 은 학생들이 대학에 들어가려면 무엇이 필요할지에 관한 직관적인 판단에 의해서 상당 부분 결정된다. 교육 방식 자체도 마찬가지지만, 고등학교에서 어떤 학과목을 가르치는가 하는 것은 모든 고등학교 졸업생이 대학 입학에 필요한 모든 학과목을 수강했고 시험에도 통과했음을 의미하는 〈대학에 들어갈 준비〉가 되어 있어야 한다는, 오늘날 거의 만국 공통에 가까운 임무와 밀접한 관련이 있다. 『글로벌 성취도 차이』에서 나는 전통적인 고등학교 생활에 대해 재고하고 있는 세 개의 주목할 만한 학교를 소개했다. 그중에서도 특히 하이테크하이와 뉴테크하이 학교 네트워크는 중등 과정 이후의 교육 과정에서 모든 학생들에게 혁신 능력을 개발하도록 교육하는 최선의 방법을 보여 주는 대표적인 예다. 그렇지만 아직까지 그런 학교는 매우 드물다.

카네기 학점 시스템이라고도 불리는 고등학교의 학과목이 구성된 것은 19세기 후반으로 거슬러 올라가는데 그 당시 하버드 대학 총장이던 찰스 엘리엇은 중고등학교의 교육 과정을 표준화하기 위해 주도적인 노력을 펼쳤다. 그리고 그로부터 백 년도 넘게 지난 오늘날까지 미국의 거의 모든 고등학교들은 이후로 거의 바뀐 것이 없는 이 시스템에 의존해서 교육 과정을 편성하고 있다. 마찬가지로, 대다수 고등학교 교사들의 교육법도 학문적인 내용을 다루는 강의 방법을 토대로 하고 있는데 이러한 강의 방법 역시 엘리엇이 총장으로 있던 시절 하버드에서 개발된 것이다. 마지막으로, 이제 학부모들이나 교사들은 하버드 같은 학교에 들어가기 위해서는 고등학생 때부터 가능한 한 많은 고등 심화 학습 과정을 들어야 한다고 믿게 되었다. 고등 심화 학습 과정에서는 혁신가로 성장하기 위해 필요한, 심지어 기준이 까다로운 대학에서 성공적인 학교 생활을 해나가기 위해 필요한 어떤 능력도 길러 주지 않는다는 명백한 사실에도 불구하고 말이다.

따라서 청소년들에게 보다 양질의 교육을 제공해서 혁신 지향적인 경제를 건설하기 위해 고등학교를 개혁하고자 한다면 교육 과정부터 교육 방식, 입학 요건에 이르기까지 대학에 대한 전면적인 재고가 선행되어야 할 것이다.

대학의 변천은 오랜 역사를 갖고 있지만 굳이 이 책에서 다룰 필요는 없을 것 같다. 대학이란 조직을 이해하는 가장 간단한 방법은 대학의 궁극적인 목표가 지식의 창출과 전달이라는 사실을 인식하는 것이다. 연구는 지식을 창출하는 가장 중요한 수단이며, 강의는 지식을 전달하고 대학원 과정을 계속 공부해서 새로운 지식을 만들어 낼 전도유망한 새로운 학자들을 모집하기 위해서 존재한다.

그럼에도 오늘날의 대학은 이러한 비전에서 상당히 멀리 벗어나 있다. 〈누구나 알고 있는 대학의 종말〉이란 제목으로 「뉴욕 타임스」에 기고한 논평에서 컬럼비아 대학교 종교학과 학과장 마크 테일러는 다음과 같이 말했다. 〈대학원 교육은 고등 교육의 디트로이트와 같다. 미국 대학의 대다수 대학원 프로그램은 급격히 늘어나는 비용(때로는 학자금 대출이 10만 달러를 훌쩍 뛰어 넘는 수준으로)을 감수하면서 판매할 시장이 없는 제품(존재하지도 않는 교수직을 지원하는 지원자들)을 양산하고, 수요가 감소하고 있는 기술(하위 분야의 또 다른 하위 분야에 대한 연구와, 생각이 비슷한 극히 소수의 동료들만 읽는 학회지 논문)을 개발한다.〉[6]

새로운 연구를 통해 드러난 보다 심각한 문제는 많은 학생들이 대학에 들어가기 위해 막대한 빚을 지고 있지만 정작 대학 수업을 통해서는 그다지 많은 것을 배우지 않고 있다는 사실이다. 이제 미국에서는 학자금 대출이 신용 카드 대출을 능가해서 대학 졸업생의 평균 대출액이 3만 달러에 이른다.[7] 최근 『학문적 표류Academically Adrift』라는 책에 소개된 연구 결과에 따르면 대학에 입학한 지 2년이 지난 학생들 중 거의 절반에 가까운 학생들이 복잡한 분석이나 비판적 사고, 작문 능력에서 아무런 진전을 보이지 않았다.[8] 호바트 앤 윌리엄 스미스 대학과 트리니티 대학에서 총장을 역임한 리처드 허시Richard Hersh와 리처드 킬링Richard Keeling 역시 그들이 쓴 새로운 책 『우리는 미쳐가고 있다: 미국 고등 교육에 대한 반성 We're Losing Our Minds: Rethinking American Higher Education』에서 미국의 단과 대학과 종합 대학을 강력하게 비판한다. 최근에 나눈 대화에서 리처드 허시는 다음과 같이 말했다. 「대학이 단순히 분류하고 자격증을 주는 기구로 전락했다. 대학에서 얻을 수 있는 건 우연한 기회가 거의 전부다. 우연히 제대로 된 프로그램을 수강한 덕분에 제대로 된 교수를 만나고, 자기 문제에 대해 주도권을 갖게 된다. 무엇이 효과적인 학습이고 훌륭한 교육인지 알고 있음에도 많은 부분을 운에 맡기는 것은 불합리하다. 이런 방식은 사람들에게 교육을 제공하는 매우 비효율적인 방식인 동시에 매우 값비싼 시도다.」

무수히 다양한 단편적인 정보와 그 밖에도 다른 형태의 크라우드 소싱*이 급속하게 늘어나면서 이제는 지식을 창출하는 새로운 방법들이 등장했으며 그렇게 창출된 지식을 보다 많은 사람이 공유한다. 일례로, 100년이 넘도록 미군은 전쟁을 수행하는 법에 관한 다양한 교범을 제작하는 일과 관련하여 베테랑 군인학자에게 의존해 왔다. 하지만 오늘날 이러한 교범은 모든 계급, 이등병부터 장군까지의 군인들이 현장에서 배운 〈그 상황에 적합한〉 정보들을 제공하거나 검토하는 과정을 거쳐 축적된 단편적인 정보들로 제작된다. 「뉴욕 타임스」에 따르면, 대학가에는 〈단순히 경력을 만들기 위해 발표한 논문을 인정해 주고, 그 결과 종신 재직권을 가진 학자들로 구성된 특권 그룹이 만들어지는 현상과 관련하여 동료들에 의한 평가 관행으로 인한 독점 문제에 이의를 제기하는 학자들이 점점 늘어나고 있다. 그들은 오늘날 같은 디지털 미디어 시대에

---

* crowdsourcing. 일반 대중이나 아마추어들의 노동력, 제품, 컨텐츠 등 사외 자원을 활용하는 것.

는 성과를 평가하는 보다 효율적인 방법이 있다고 말한다. 그리고 선구적인 업적에 의해 선별된 몇몇 전문가에게 의존하기보다는 인터넷을 이용해서 훨씬 광범위한 관심 집단에게 학문적인 의견을 노출시켜서 신속한 집단 평가가 이뤄지도록 하자고 주장한다.〉[9] 조지 메이슨 대학 역사와 뉴 미디어 센터 책임자 댄 코헨은 〈고등 교육 기관이 수십 년 또는 수백 년 동안 존재해 왔음에도 이제 쇠퇴하는 건 아닌지 진지하게 문제를 제기하는 학자들이 늘고 있다〉고 말한다.[10]

끝으로, 대학의 목표를 재고해야 한다는 압력도 거세다. 인터넷 세상에서 지식 전달 방식이 빠르게 변화하고 있기 때문이다. 고등학교와 대학교에서 학생들에게 가르치는 대부분의 지식은 이제 무료로 얼마든지 이용할 수 있다. 아만다 알론조의 이야기에서 살펴봤듯이 칸 아카데미는 고등학교에서 가르치는 고등 과목을 2,700편 이상의 동영상 강좌로 만들어서 온라인을 통해 무료로 배포한다. 명문 사립 고등학교의 한 과학 교사는 〈자신이 원할 때마다 컴퓨터에서 훨씬 훌륭한 강의를 들을 수 있는데 학생들 입장에서 굳이 내 화학 수업을 수강할 필요가 있을까요?〉라고 말하기도 했다. MIT는 다른 대학들보다 앞서 모든 강의 내용을 온라인에서 무료로 이용할 수 있도록 만들었다.

데이비드 센제의 멘토이자 하버드의 과학 기술과 기업가 정신 센터 설립자인 폴 보티노는 대학이 직면한 문제를 간단명료하게 정리한다. 「명시적인 정보의 가치가 제로를 향해 빠르게 감소하고 있어요. 오늘날, 진정한 부가가치는 자신이 가진 지식을 가지고 어떤 일을 할 수 있는가에 있어요. 그리고 진정한 배움은 우주에 대해 조사하거나 의문점을 추구하는 것처럼 실질적으로 행동이 이뤄질 때입니다.」

폴 보티노는 대부분의 경제와 환경, 사회 문제들에 존재하는 복잡성으로 인해 새로운 형태의 교육이 필요하다고 주장한다. 「학생들이 갖추는 건 지극히 특화된 종류의 준비에 불과하지만, 어떤 문제 공간에 자신의 지식을 적용하고자 할 때는 그보다 훨씬 광범위한 사고와 시각이 필요합니다.」 혁신적인 기업에서 일할 수 있도록 학생들을 보다 잘 준비시키기 위해서는 대학이 어떻게 해야 할지 묻자 구글의 인재 관리 책임자 주디 길버트도 비슷한 얘기를 했다. 「학과목 사이에 존재하는 명확한 경계를 허물어야 해요. 보다 다양한 분야의 학문을 다루는 교육 방식을 통해서 학생들은 미래에 그들이 마주치게 될 문제에 대한 준비를 갖추게 될 겁니다. 아울러 그들에게는 다른 사람과 협동해서 문제를 해결하는 부분에 보다 많은 경험이 필요해요.」

　그렇다면 이러한 새로운 문제에 대처하도록, 청소년을 혁신가로 교육하도록, 설계된 대학은 어떤 대학일까? 협동 능력을 길러 주고, 수동적으로 강의를 듣기보다는 실천 지향적인 학습을 통해 학제적인 시각에서 문제를 이해하도록 장려하려고 노력하는 대학이 아닐까? 지적인 모험을 감수하도록 부추기고 내적인 동기를 부여하려고 노력하는 교과 과정이 아닐까? 이 책에 필요한 조사를 해나가는 과정에서 나는 이런 조건에 딱 맞는 학교를 발견했다. 프랭클린 W. 올린 공과 대학Franklin W. Olin College of Engineering이라는 신설 학교다.

올린 공대

올린 공대는 등록 학생이 총 350명이고 그중 45퍼센트가 여학생인 매사추세츠 주 니덤Needham에 위치한 작은 공과 대학이다. 올린 공대의 창립자이자 현 학장인 릭 밀러 박사가 최근에 나와 대화를 나누면서 학교의 설립 과정을 설명해 줬다.「1980년대 후반이 시작될 무렵에 공학자를 길러 내는 교육 환경에 대한 불만의 목소리가 갈수록 높아졌습니다. 올린 재단은 그동안 이 문제를 해결하는 데 전념해 왔어요. 50년에 걸쳐 80개의 건물을 지을 기금을 50개의 대학에 지원했습니다. 하지만 돌아온 건 실망뿐이었죠. 아무런 효과가 없었거든요. 그래서 기존에 있는 대학 중에서 공대가 없는 학교에 공대를 신설하는 방안을 검토하기 시작했지요. 하지만 그렇게 할 경우 기존에 있는 그 학교의 문화도 그대로 물려받게 됩니다. 기준이나 기대도 똑같게 되죠. 유일한 대안은 새로 시작하는 것이었습니다. 이곳을 학교 부지로 선택한 이유는 근처에 기업가 정신 프로그램으로 유명한 뱁슨 대학Babson College이 있었기 때문이지요. 학교의 설립 목표는 기업가적인 사고를 할 줄 아는 공학자들을 위해서 그에 걸맞은 기술과 사고방식을 창출하는 것이었습니다.」

올린 재단은 1997년에 미국 고등 교육 기관 역사상 가장 많은 금액에 해당하는 4억 6,000만 달러를 출자해서 대학 설립에 착수했다. 2001~2002학년도에 캠퍼스 건물은 여전히 건설 중에 있었고, 대학에 신규 채용된 교수진은 다음과 같이 말한다.「혁신적인 교육 과정을 만들고 시험하기 위해 30명의 학생들로 이뤄진 〈파트너〉와 함께 노력했습니다. 그들은 엄밀한 공학 교육과 더불어 비즈니스와 기업가 정신뿐 아니라 예술과 인문학, 사회 과학 분야에 충실한 교육 과정을 만들고자 했습니다.

또한 실천 지향적이며 여러 분야의 학문을 다루는 교육 방식을 개발했고, 이러한 교육 방식은 현재 공학 분야의 실질적인 업무에서 탁월한 결과로 나타나고 있습니다.」[11] 올린 공대는 2002년 가을에 처음 신입생을 받은 이후로 현재까지 총 350명의 졸업생을 배출해 왔다. 그리고 오늘날 (1) 인간적 욕구와 사회적 욕구에 대한 고려, (2) 공학 시스템의 창의적인 설계, (3) 기업가적인 노력과 박애 행위를 통한 가치 창조 등 혁신적인 직업으로 공학을 새롭게 정의하려는 목표를 향해 나아가고 있다.[12]

올린 공대의 설립 과정에 대한 밀러의 설명

릭 밀러 학장이 올린 공대의 독특한 교육 방식에 대해 설명했다. 「공학자란 직업은 새로운 것을 창조하고, 그 과정에 필요한 일은 어떤 일이든 마다하지 않는 겁니다. 따라서 우리 학생들이 학교를 졸업하려면 팀을 이뤄 하나의 비즈니스를 시작해서 운영해 봐야 합니다. 아울러 올린 공대는 창의성을 존중합니다. 졸업 요건을 갖추기 위해서는 〈디자인적 사고〉라고 부르는 실천 지향적인 강의도 들어야 하는데, 그 강의에서는 학생들이 그룹으로 일하면서 소비자 조사에 근거해서 새로운 재화나 서비스를 개발해야 하지요.

우리는 학생들이 주도권을 잡도록 가르치려고, 단순한 지식보다는 마음가짐과 동기, 행동 양식을 가르치려고 노력합니다. 오늘날에는 이미 알고 있는 지식보다 올바른 질문을 할 줄 아는 게 중요해요. 내 생각에 교육의 진화에는 세 단계가 있습니다. 첫 번째 단계는 암기 위주의 선다형식 교육 방식입니다. 지금도 대다수 학교에서 채택하고 있지요. 다음으로, 프로젝트 위주의 교육 방식이 있는데 여기에서는 문제가 이미 정해져 있죠. 마지막으로, 문제가 무엇인지 스스로 규명해 내야 하는 설계 위주의 교육 방식이 있습니다. 올린 공대에서 진행되는 모든 강의는 바로 이 교육 방식을 채택하고 있습니다. 우리는 학생들에게 해답을 알려주기보다 어떻게 문제를 규명해야 하는지 가르치려고 노력합니다.」

올린 공대의 교육 방식과 동기 부여에 대해 설명하는 밀러

「올린 공대에도 종신 재직권 제도가 있나요?」

「교수들은 최초 임용될 때 3년 계약을 하고 계약 기간이 만료되면 검토 과정을 거친 다음 다시 6년 계약을 할 수 있습니다. (나중에 알게 된 사실이지만 올린 공대에 지원하는 교수는 다른 무엇보다 먼저 시범 강의를 한 다음에 학생들이 주도하는 면접을 통과해야 했다.) 우리 학교에 종신 재직권 제도는 없어요. 교수들이 각자 자기 분야에서 〈지적인 활력〉에 기여할 거라는 기대만 존재합니다. 벤 린더 교수의 경우가 좋은 예입니다. 그는 환경을 파괴하지 않고 지속 가능성을 유지하는 일에 열정을 지녔고 따라서 에이미 스미스(MIT에서 조디 우를 가르친 교수) 교수와 함께 국제 디자인 개발 회담International Development Design Summit을 창설했지요. 비록 MIT에서는 그의 활동을 연구 실적으로 인정하지 않았을지 모르지만 인간의 삶에

영향을 끼친다는 점에서 우리 학교에서는 높이 평가하고 있습니다.」

밀러는 보다 넓은 세상이나 학생들에게 중요한 것과, 대학에서 전통적으로 중시하는 것 사이에 존재하는 모순에 대해서도 언급했다. 「미국 공학한림원National Academy of Engineering의 가입(가장 훌륭한 엔지니어들에게만 주어지는 최고의 영예다) 기준은 그 사람이 발표한 연구 논문의 수나 그 사람이 가르치는 박사 과정의 학생들이 거둔 성취의 정도가 아닙니다. 공학 분야의 변화를 위해 얼마만큼의 기여를 했는가가 중요하지요.

구태의연한 교수들은 대학교 밖에 있는 자신의 연구 조직을 최우선으로 생각합니다. 하지만 가르침은 본질적으로 가까이 있는 사람들을 대상으로 해서, 즉 대학 내에서 이뤄지죠. 학생을 가르치는 일이 연구만큼 중시되지 않는 이유 중 하나가 이처럼 일종의 이동성이 없기 때문입니다.

연구를 진행하거나 학술 논문을 쓰는 인기 있는 작업도 자신이 선택한 분야에서 다음 세대에게 잠재적으로 영향을 줄 수 있어요. 하지만 그런 작업이 사람들에게 영향을 끼치거나 역사의 현재 경로를 바꿀 수 있는 유일한 방법은 아니에요. 아이디어와 인간관계를 통해서도 얼마든지 그렇게 할 수 있고, 게다가 이러한 요소들의 중요성은 소셜 미디어의 영향으로 단지 몇몇 회원들만 읽는 학회지에 논문을 발표하는 것에 비해서 최근 점점 더 증가하고 있습니다.」

릭과 나눈 첫 번째 대화를 끝내고 나는 올린 공대의 수업을 구경하면서 오전을 보냈다.

가장 먼저, 물리학자인 스티브 골드 교수가 가르치는 비즈니스와 기업가 정신의 토대 강의를 관찰했다. 스티브 교수가 이전에는 그 수업이 비즈니스 강좌에 가까웠지만 지금은 기업가적인 행동 양식과 생활 기능을, 특히 (1) 전략적 사고, (2) 지략, (3) 효율적인 커뮤니케이션 등을 가르치는 데 집중한다고 설명했다. 서른 명의 수강생 중 대략 절반이 여학생이었다. 그 강의를 수강하는 학생들은 팀을 구성해서 팀별로 사업을 시작해야 했으며 창업 자본은 학교에서 지원되었다. 내가 청강한 그날 오전에는 여러 팀으로 나뉜 학생들이 어떤 하나의 아이디어를 가지고 다른 팀을 설득하기 위해 간단한 프레젠테이션을 하고 있었다. 그들은 나중에 그들이 실제 사업을 운영하게 되었을 때 적용할 영업 기술을 유쾌한 방식으로 익히고 있었다.

첫 번째 프레젠테이션을 한 팀은 새로운 스포츠인 〈익스트림 다림질〉을 시도해 보도록 청중을 유혹했다. 그 팀의 슬로건은 〈잘 다려진 셔츠에서 느끼는 만족감과 다림질 판으로 보드를 타는 위험이 선사하는 스릴〉이었다. 그들은 포토샵으로 또래 친구들과 전문가들이 절벽이나 비행기 날개 등과 같은 극한의 장소에서 보드를 타는 그림을 합성해서 만든 파워포인트 작품을 선보였다. 다음 팀의 프레젠테이션은 〈사과의 영양분을 섭취하는 법〉에 관한 내용이었는데, 그들은 캘로그의 애플 잭스 시리얼에 사과 주스를 곁들여 먹는 아이디어를 판매하고 있었다. 그 팀은 결론을 대신해서 청중에게 한 가지 질문을 던졌다. 「시리얼에는 어째서 항상 우유만 넣는가?」

두 번째 강의로 로버트 마르텔로 교수가 가르치는 과학 기술의 역사 수업을 청강했다. 그는 수업을 시작하면서 학생들에게 질문을 던졌다. 원자력 발전소 고장에 의한 스리마일 섬Three Mile Island의 재앙을 분석함으로써 어떤 합리적인 교훈을 얻을 수 있는가? 그 수업은 학생들이 과제로 읽어 온 내용을 다 함께 토론하는 자리였다. 학생들이 다음과 같은 대답들을 내놓았다.

- 운전자와 기계의 인터페이스 문제
- 작은 문제를 방치하면 훨씬 큰 문제로 발전한다는 교훈
- 안전을 최우선으로 여기지 않은 점
- 우선순위의 대립: 기술과 대중, 그리고 안전
- 원활한 작동은 물론이고 사고에 대비한 시스템 설계의 필요성
- 비효율성이 초래하는 비용
- 운전자를 실수하도록 만든 촉박한 스케줄
- 이윤을 추구하고자 하는 회사의 생리
- 일방적으로 정해지는 마감 기한
- 근본적인 기술 개발의 시급함

그 토론은 단 하나의 올바른 정답은 없다는 점을 명확히 했다. 뒤이어 한 팀의 학생들이 그날의 또 다른 두 가지 읽기 과제와 관련한 프레젠테이션을 진행했는데 이번에는 챌린저호 폭발 사고와, 1930년 영국에서 프랑스로 처녀비행을 하던 중에 폭발한 경식 비행선 R101에 관한 사례 연구였다. 프레젠테이션을 맡은 학생들이 준비해 온 두 편의 짧은 동영상을 반 학생들에게 보여 줬다. 그러고는 동영상을 시청한 학생들에게 질문을 던졌다. 각각의 사건에서 누가 비난을 받아야 하는가? 어떤 윤리적인 문제들이 있는가?

그다음에 들어간 강의는 린 안드레아 슈타인과 섀넌 바토르 교수가 협력 교수 방식으로 진행하는 휴먼 인터페이스와 디자인 강의였다. 그 강의에서는 팀으로 나뉜 학생들이 각기 다른 인간적인 문제들을 연구하고 있었다. 이를테면, 가족은 각자의 바쁜 일정에도 불구하고 가족을 위해 서로의 복잡한 일정을 어떻게 조율하는가, 다양한 사람들이 제각각

다른 목표를 인식하는 다양한 방식에는 어떤 것들이 있는가, 어떻게 하면 대중교통 시설에 설치된 신문 잡지 가판대를 보다 유용하게 만들 수 있을까 같은 문제였다. 각각의 문제를 규명하고 난 다음에, 각 팀은 수업이 진행되어 가면서 나중에 그들이 개발하게 될 다양한 디자인의 유용성 여부를 테스트할 수단으로 그들의 서비스나 재화를 이용하는 전형적인 소비자 모델을 만들어야 했다. 학생들이 그들의 연구 과제에 몰두하고 있는 동안 린과 섀넌 교수는 강의실 안을 돌아다니면서 팀별 진행 상황을 확인하고, 그들이 만들어 낸 소비자 모델과 관련해서 매우 구체적인 질문을 던졌다.

나중에 린 교수와 나는 〈올린 방식으로〉 학생들을 가르치는 어려움에 대해 이야기를 나눴다. 그녀는 자신이 이전에 MIT에서 강의했고 그곳에서는 꽤 높은 평가를 받았지만 이곳 올린에서는 〈중간치〉밖에 안 된다고 자평했다.

「여기에서는 자기 자신과 자신의 역할에 대한 개념을 바꿔야 해요. 〈교단에 서 있는 박식한 사람〉이 되려고 하면 학생들의 내적인 동기를 자극하고자 노력하고, 학생들이 수업 시간에 주인 의식을 갖도록 격려하는 데 방해가 돼요. 기업가를 특징짓는 요소 중 하나가 〈나는 내 운명의 주인이며, 따라서 세상에 변화를 만들어 낼 결정도 내가 내릴 수 있다〉는 믿음이에요. 그렇지만 과거의 교육 환경에서는 그런 믿음을 길러 주지 못했어요. 그럼에도 〈옆에서 조언하는〉 사람으로 변신하는 건 결코 쉬운 일이 아니에요. 통제권을 포기하는 문제는 예전 방식에 익숙한 선생님들의 입장에선 무척 중요한 일이기 때문이에요.」

마지막으로 참관한 수업은 올린 공대의 창립 멤버이기도 한 존 스톡 교수의 실패 분석과 예방 수업이었다. 네 명의 학생이 한 조로 나뉜 여러 그룹이 미리 읽어 오도록 과제로 내준 하나의 기사를 가지고 각자 다른 부분에 대해 발표했다. 수업이 시작될 때 교수가 설명해 준 학생들의 임무는 과제로 내줬던 기사 중 각자가 맡은 부분에서 〈지혜의 살점〉을 발라내고, 그들이 생각하기에 가장 중요한 요소들을 간략하게 정리하는 것이었다. 각 팀의 발표가 끝난 다음에는 전체 학생들이 터보건*을 타다가 사망한 한 여성의 사례를 놓고 토론을 벌였다. 각 팀에게는 먼저 그같은 사고가 발생하게 된 원인을 분석하고 해결책을 제안하라는 임무가 주어졌다. 그다음에는 팀별로 한 명씩 일어나서 그들이 분석한 내용과 해결책을 제시했다. 그들이 제시한 해결책은 터보건의 디자인을 재설계해야 한다는 의견부터 터보건의 브레이크 시스템을 개선하거나 터보건에 사람을 고정시키는 방식을 바꿔야 한다는 의견에 이르기까지 다양했다. 학생들이 시스템의 실패 사례를 스스로 선정하고 분석해서 수업 시간에 발표해야 하는 새로운 연구 과제에 대한 교수의 간략한 설명이 이어지고 수업이 끝났다.

수업이 끝나고 나는 존 스톡 교수와 이야기를 나눴다. 그는 텍사스 대학교 오스틴 캠퍼스에서 재료 과학과 공학 박사 학위를 취득했고, 현장에서 쌓은 실무 경험도 풍부했으며, 올린에 오기 전에는 벅넬 대학Bucknell University에서 학생들을 가르쳤다. 그에게 올린 공대에 지원한 동기를 물었다. 「벅넬도 훌륭한 대학이었지만 나는 약간 지루함을 느꼈습니다. 내 강의는 전통적인 교육 방식을 따랐고, 여느 연구 대학의 강의실과 연구실에서 가르치는 방식과 거의 비슷했죠. 똑같은 강의의 반복이었습니다. 그럼에도 학생들은 그런 수업을 좋아했고, 내 강의에 대한 학생들의 평

• 일반적으로 앞쪽이 위로 구부러진 좁고 길게 생긴 썰매.

가도 그다지 나쁘지 않았습니다. 아마도 현장에서 겪은 경험을 자주 들려줬기 때문일 겁니다. 하지만 수업의 통제권은 여전히 내게 있었고 수업 내용을 결정하고 질문을 던지는 것도 나였죠. 실험실에서도 마찬가지였습니다. 나는 정답이 무엇인지, 문제가 무엇인지, 학생들이 어떤 질문을 할지 이미 알고 있었죠.

올린 공대에 처음 왔을 때 나는 약간 압도되는 느낌을 받았습니다. 생전 처음으로 교육에 정통할 뿐 아니라 협동할 준비가 되어 있는 교수들을 만났고, 게다가 혁신적이고 과감하고 새로운 어떤 것, 공학 교육에 영향을 끼칠 수 있는 어떤 것을 창조해야 하는 임무를 부여받았기 때문이었죠. 나를 포함해서 열여섯 명의 교수들에게 이 막대한 임무가 주어졌어요. 당시에 나는 거의 아무런 준비가 되어있지 않았고 따라서 내 자신이 얌체 직원 같다는 생각도 들었습니다.」

「그 같은 압박감을 어떻게 극복했나요?」

「계획적으로 행동하려고 노력했습니다. 이전까지 나는 재료 과학 분야의 연구를 진행했었어요. 그렇지만 지금은 교육이 내 연구 과제가 되었죠. 내적인 동기와 자기 주도 능력, 평생 학습을 개발하는 문제에 관심을 쏟고 있습니다. 전통적인 강의실에서는 교수가 모든 것을 통제합니다. 교수가 어떤 중요한 배울 점이 있는지, 그 이유가 무엇인지 학생들에게 설명하고, 학생들을 평가하죠. 하지만 나는 상당 부분의 책임과 선택권이 학생들에게 이양될 수 있다는 사실을 깨달았습니다. 오늘 실패 분석과 예방 수업을 지켜보면서 학생들이 상당히 자기 주도적이라고 느꼈을 겁니다. 학생들은 스스로 주제를 정하고, 질문을 던지거나 다른 학생의 질문에 대답하면서 가설을 완성해 갑니다. 나는 학생들에게 글자로 된 성적을 주지 않습니다. 대신 능력 항목에 따라 구술 평가만 합니다.

(실패 분석과 예방 수업에는 커뮤니케이션, 정량 분석, 정성 분석, 진단, 이렇게 네 가지 능력 항목이 있다.)[13] 그리고 학생들이 충분한 자기반성과 자기 평가를 하도록 유도하고, 평가를 위한 한 과정으로 같은 팀에 속한 학생들끼리 서로 피드백을 주도록 합니다.

공학 교육 협의회에 처음 참가해서 발표를 시작했을 때 나는 예컨대 〈내적인 동기가 중요하며, 학생이 묻고 싶은 질문을 하도록 해주는 것도 그에 못지않게 중요하다〉고 발언해서 비난을 받았습니다. 나이 든 교수들은, 학습을 촉진하는 교육 방식이 아니라, 자신이 보유한 지식이 자신의 경쟁력이라는 생각합니다. 그런 생각을 바꾸는 건 결코 간단한 일이 아니에요. 나만 하더라도 학습 경험을 어떻게 설계할지에 집중하면서 학생들과 함께 뭔가를 만들어 내기까지는 꽤 오랜 시간이 걸렸습니다.」

그러나 스톡 교수나 그의 동료들이 이 협의회에서 발표할 때 그들에게 쏟아지던 비난은 최근 들어서 점점 줄어들고 있다. 반면, 올린 공대의 교육 방식에 대한 관심은 갈수록 늘어나고 있는데, 뒤에서 살펴보겠지만, 이 대학의 졸업생들이 탁월한 능력을 보여 주고 있기 때문이다.

2011년도 올린 공대 졸업반 앨리사 레비츠의 안내를 받아 잠깐 캠퍼스를 둘러본 다음에 우리는 점심을 먹기 위해 구내식당으로 향했다. 그 과정에서 우리는 내내 이야기를 나눴다.

「올린 공대를 선택했던 이유가 뭐죠?」

「저는 공대에 가고 싶은 생각이 전혀 없었어요. 사회학과 인문학을 포기하고 싶은 마음이 전혀 없었죠. 하지만 올린 공대를 알고 나서는 생각이 바뀌었어요. 여학생을 위한 오픈하우스 행사 주간에 왔다가 올린 공대의 매력에 푹 빠지고 말았죠. 발포 고무 조각들을 조립해 물위에서 움직이는 기구를 만드는 팀 과제가 있었는데 정말 재미있었어요. 제가 만난 교수님들과 학생들, 동문들은 하나같이 똑똑하고, 재미있고, 자신이 하는 일에 대해서 열정을 갖고 있었죠. 아울러 올린만의 공동체 의식도 느꼈어요. 이곳 사람들이 서로를 돕는 방식이죠. 이 공동체 의식이 결정적으로 제 마음을 돌려놨어요. 게다가 저는 지금도 사회학과 인문학에 관한 관심을 계속해서 키워 나가고 있어요.」

뮤지션이기도 한 앨리사는 올린 공대에 지휘자가 없는 오케스트라가 있다는 사실을 알고는 무척 좋아했다고 한다. (올린 공대에는 지휘자를 의미하는 단어 〈conductor〉와 반도체를 의미하는 단어 〈semiconductor〉를 합쳐서 만든 〈심지어 반도체도 없는 오케스트라〉라는 농담이 있다.) 또한 학교가 모든 학생에게 최소한 28학점 이상을 수강하고, 인문학과 예술 분야의 졸업반 캡스톤 프로젝트Capstone Project를 수료하도록 의무화하고 있는 점도 그녀를 매료시켰다. 올린 공대 학생은 뱁슨 대학에서 비즈니스 강의를, 웰즐리 대학Wellesley College에서 인문학 강의를 수강할 수 있다. 이외에 브랜다이스 대학Brandeis University에서도 강의를 들을 수 있지만 실제로 그렇게 하는 학생은 거의 없는데 그 대학이 꽤 멀리 떨어져 있기 때문이다.

앨리사에게 가장 좋았던 강의에 대해 물었다. 그녀가 가장 좋아한 강의는 자연에서 디자인 영감을 얻는 것을 목적으로 하는 디자인 스튜디오 필수 과목이었다. 「그 수업의 첫 반 학기 동안은 팀으로 나뉜 학생들이 깡충깡충 뛰는 어떤 것을 디자인해야 했어요. 나머지 반 학기 동안은 두 번째 팀 단위 프로젝트로, 물속에 사는 동물을 토대로 해서 수영하는 장난감을 만들어야 했죠. 그리고 그 프로젝트의 결과물은 초등학교 4학년 학생들로 구성된 심사원단이 점수를 매겼어요.」

앨리사는 환경 공학 분야에서 자기만의 새로운 전공을 만들었다. 올린 공대는 학생들에게 자기만의 독특한 전공을 만들도록 권유하며, 전교생 중 최소 3분의 1이상이 그렇게 하고 있다. 아울러 올린 공대에서는 많은 학제 간 집중 강의도 신설했다. 예를 들자면 생물 공학이란 강의가 있는데 이 강의는 학생들 사이에서 갈수록 인기를 끌고 있다.

「앨리사 학생은 공학 분야의 졸업반 캡스톤 프로젝트로 어떤 일을 하고 있나요?」(공학 분야의 졸업반 캡스톤 프로젝트는 연중 진행되는 필수 프로젝트이며, 이 프로젝트에서는 팀을 이룬 학생들이 대학의 자매 기업들이 의뢰한 실질적인 공학 문제를 다룬다.)[14]

「여섯 명으로 구성된 우리 팀은 렉스마크 인터내셔널Lexmark International 과 함께 일하고 있어요. 프린트 시스템의 구조 변경과 관련해 그 회사의 일을 돕고 있죠. 일반적으로 기업들은 회사의 전체적인 수요를 따지기보다 각 부서의 개별적인 필요에 의해 프린터를 구매할지 말지 결정해요. 따라서 우리는 주어진 위치에 어떤 프린터가 필요한지 알려 주는 대신에, 프린터의 위치와 모델까지 포함해서, 현재 어떤 프린터가 사용 중에 있는지 또는 아닌지를 보여 주는 자동화된 시스템을 개발하고 있어요. 요지는 낭비를 줄여 보자는 거죠.」

나는 앨리사에게 그녀가 하고 있는 예술과 인문학 분야의 졸업반 캡스톤 프로젝트에 대해서도 설명해 달라고 했다. 「저는 웰즐리 대학에서 환경 정책, 역사, 경제와 관련된 다양한 강의를 수강했고, 마찬가지로 웰즐리 대학에서 국제도시의 지속 가능성 문제를 주제로 졸업 논문을 쓰고 있어요. 지속 가능성과 관련된 다양한 요인들을 연구하죠. 저는 웰즐리에서 졸업 논문을 쓰는 최초의 올린 공대 학생이기도 한데, 올린 공대의 교수님들은 제가 웰즐리에서 졸업 논문을 쓴다는 사실에 무척 기뻐하셨고, 무사히 논문을 마칠 수 있도록 여러 가지로 도와주고 계시죠.」

앨리사는 1월에 마지막 겨울 방학이 시작되면 인도에 가서 수질 문제와 수자원 정책을 연구할 계획을 갖고 있었다. 지역의 NGO 단체와 함께 일하면서 복잡한 소프트웨어를 이용해 저급한 수질로 인해 발생하는 질병 문제와 빈곤 지역의 환경 오염원을 추적할 예정이었다. 「그 여행은 다른 문화와 가치관, 문제 등을 경험하고, 나라마다 인구에 따라 어떤 다양한 문제가 나타나는지 보다 잘 이해할 수 있는 기회에요. 세상에는 단지 미국의 해법을 적용하거나 고집해서는 해결할 수 없는 문제가 너무나 많아요. 이번 경험이 새롭게 눈을 뜨는 계기가 될 거라고 믿어요.」

「대학을 졸업한 다음에는 어떻게 할 생각이죠?」

「아마도 환경법과 환경 정책을 더 공부하겠지만 그 전에 먼저 환경 컨설팅 회사에서 일을 해보고 싶어요. 우리가 환경에 영향을 미치는 방식과, 그로 인해서 인간의 건강과 기후 변화에 영향이 미치는 순환 고리를 바꾸고 싶기 때문이에요.」

「자신은 어떤 점에서 충분히 준비가 되었고, 어떤 점에서 준비가 부족하다고 생각하나요?」

「올린 공대에서 들었던 수업은 제게 생각하는 법을 가르쳐 줬어요. 폭넓은 분야에 대한 깊이 있는 지식도 제공해 주었어요. 다양한 각도에서 문제를 바라볼 줄 알게 되었죠. 자기 스스로 새로운 것을 배워 나가는, 즉 자기 자신을 교육하는 법도 배웠어요.」

앨리사는 그녀가 희망하는 경력으로 나아갈 수 있도록 올린 공대가 최고의 방식으로 그녀에게 준비를 갖춰 주었다고 생각했다. 하지만 자신의 배경과 이력서가 기업의 채용 담당자들의 눈에 어떻게 비쳐질지 걱정했다. 「학제 간 집중 강의를 들으면서 오염 문제를 바라보는 매우 다양한 시각을 배웠어요. 하지만 인사 부서에 근무하는 사람들은 이력서를 볼 때 키워드만 찾으려고 하죠. 저는 환경 공학자도 아니고 정치학을 전공하지도 않았어요. 한마디로, 현실 세계에서 요구하는 기준에 깔끔하게 맞아떨어지지 않죠. 하지만 제 선택을 후회하진 않아요. 단지 직업을 구하기 어렵다는 이유로 제가 선택한 것을 포기하지 않을 거예요.」

또한 앨리사는 공학 분야의 직장에서 여성이 단지 10퍼센트에 불과할 정도로 소수 집단인 점도 걱정이라고 말했다. 전교생 중 여학생이 45퍼센트를 차지하는 올린 공대와 비교하면 커다란 차이다.

점심을 먹으면서 나는 네 명의 학생들과 이야기를 나누다가 결국 그들과 합석까지 하게 되었다. 그들에게 올린 공대를 선택한 이유를 물었다. 닐이란 학생은 공학 분야의 졸업반 캡스톤 프로젝트와, 기업과 제휴해서 함께 일하는 부분에 이끌렸다고 했다. 스콧은 거의 모든 교육이 프로젝트 위주로 진행되고 직접 해보도록 강조한다는 점에 높은 점수를 줬다. 제니는 다른 사람들과 함께 일하게 하면서 협동을 중시한다는 점을 좋아했다. 「올린 공대는 MIT처럼 무자비하지 않아요. 교수의 주목을 받으려고 경쟁할 필요도 없고, 학부 과정에서 진행되는 연구를 실제로 중요시하죠.」

앤디라는 학생은 다음과 같이 말했다. 「여기에서는 재미있는 수업을 수강하기 전에 지루한 수업부터 먼저 들어야할 필요가 없어서 좋아요.」 그러고는 올린 공대에서의 경험이 직업에 대한 자신의 생각을 어떻게 바꿔 놓았는지 설명했다. 「저는 단지 여덟 시간을 때우고 퇴근하는 일보다, 새로운 어떤 것을 창조할 수 있는 일에 종사하고 싶어요. 우리 학교 학생들은 하나같이 실천가예요. 복합적인 업무 처리 능력과 협동이 필요한 일들을 좋아하죠.」

그들에게 「여기에서 경험한 것 중 가장 좋았던 점이 무엇인가요?」라고 물었다.

「집단적인 흥분요! 여러 사람과 함께 일함으로써 느끼는 흥분이죠.」

「다른 사람과 함께 일할 수 있는 기회요. 팀워크에 대한 내 생각은 고등학교를 졸업한 이후로 완전히 바뀌었어요.」

「피드백을 주는 교수님들의 반응성이요. 그분들 대다수는 진정으로 학생을 가르치고 싶어서 이 학교에 오셨죠.」

「그럼 가장 싫었던 경험은 뭐가 있나요?」

「가끔씩은 일에 치이거나 여기에 갇혀 있다는 생각이 들기도 해요. 우리는 다른 모험을 위해 주말을 비워 두는데 금요일 밤에 학회 모임을 갖는 건 괜찮을 거라고 생각하는 사람들이 있어요. 하지만 그 여파가 주말까지 잡아먹기 일쑤죠.」

「학교가 너무 작다는 것도 문제라면 문제예요. 사교적인 측면에서 문제가 생기면 정말 심각하죠!」

「학교에 바라는 건 없나요?」

「예술과 인문학 수업이 늘어났으면 좋겠어요.」

「도시와 연결되는 교통편이 개선되면 좋겠어요.」

나는 전통에 얽매이지 않는 올린의 교육 방식이 얼마나 효율적인지 평가하기 위해서 어떤 노력이 진행되고 있는지와 관련해 릭 밀러 학장과 린 안드레아 슈타인 교수와 짧은 대화를 나눴다.

릭 학장이 말했다. 「우리는 그동안 5회 졸업생까지 배출했고 졸업생 숫자도 350명에 불과합니다. 아직까지는 충분한 데이터가 없죠. 그럼에도 1학년과 4학년을 대상으로 실시하는 학생 참여 전국 조사National Survey of Student Engagement에서 우리 학교는 꽤 좋은 점수를 기록하고 있습니다. 전체 열 가지 기준 항목에서 모두 90퍼센트를 넘었지요.」 (학생 참여 전국 조사는 4년제 대학을 대상으로 학생의 관점에서 교육의 질을 평가하는 가장 널리 이

용되는 자료다.)[15]

「우리 학교 졸업생이 잠재적으로 가장 어려움을 겪을 수 있는 부분은 공학 박사 과정을 공부하기 위해 전통적인 학교의 대학원에 들어가려고 할 때입니다. 그럼에도 우리 졸업생 중 3분의 1 이상이 대학원에 들어갔습니다. 특히 대학원에 간 졸업생 중 20퍼센트 이상이 하버드나 스탠퍼드, MIT에 들어갔고 17퍼센트가 미국 국립 과학 재단National Science Foundation 회원이 되었습니다.

아울러 우리 졸업생을 채용한 기업의 관리자들에게 설문 조사를 실시한 적도 있는데, 그들은 우리 졸업생이 마치 그 분야의 3~5년차 경력자로 느껴질 정도로 일솜씨가 뛰어나고, 정확히 그들에게 필요한 능력을 갖췄다고 대답했어요.」

린 교수가 덧붙였다. 「1회 졸업생에게는 입사하고자 하는 기업의 문턱이 높았을지도 모르겠어요. 하지만 2회 졸업생부터는 전혀 그렇지 않았습니다. 마이크로소프트는 최초에 올린 공대 1회 졸업생을 세 명 채용한 이후로 이듬해에는 일곱 명을, 그 이듬해에는 열 명을 채용했죠.」

교육 혁신 학회에 참석하기 위해 나는 2011년 5월에 올린 공대를 다시 방문했다. 릭 밀러 학장은 이날 회의를 위해 자신이 직접 작성한 흥미로운 백서를 나눠 주고, 이렇게 프레젠테이션과 그에 따른 토론을 진행하는 목표는 잠재적인 혁신가를 발굴하고 육성하는 방법을 보다 잘 이해하기 위해서라고 설명했다. 그다음에 특별 혁신 기금의 집행 내역에 대한 보고가 이어졌다. 올린 공대의 교육 과정 혁신을 촉진하기 위해 2010년에 만들어진 이 기금은 다수의 학제 간 집중 강의를 개발하거나 개선하는 사업을 지원했다.[16] 그리고 존 스톡과 롭 마르텔로 교수가 역사 개론 수업 — 과학 기술의 역사와 재료 과학의 교점에 집중하는 강의 — 의 진행 과정을 간략하게 설명했다.

스톡 교수가 이사회 관계자와, 학생, 교수, 자문 위원회 회원, 초대 손님 등으로 구성된 청중을 향해 말했다. 「이 강좌는 한 명의 역사학자와 한 명의 재료 과학자, 총 두 명의 교수가 진행합니다. 우리의 목표는 단순히 과학 기술의 역사와 물질의 본질을 가르치는 수준에서 탈피해서 학생들에게 협동 능력과 커뮤니케이션 기술을 개발해 주는 동시에 그들이 평생 학습을 지향하도록 내적인 동기를 개발해 주는 것입니다. 모든 활동은 팀으로 이뤄지며, 학생들은 역사적으로 각기 다른 시대에 사용된 물질을 주제로 해서 세 가지 프로젝트를 완성해야 합니다.

강좌의 마지막 부분에, 혁신 기금의 지원을 받아서, 독서 프로젝트를 추가하고, 완전히 새로운 학기 말 프로젝트를 고안했습니다. 학생들에게 오늘날에 존재하는 물질을 이용해 새로운 재화를 창조하면서 디자인적인 측면에서 윤리학의 개념을 연구하고, 물질과 과학 기술의 윤리적, 환경적인 영향을 고려하도록 했습니다.」

스톡과 마르텔로 교수는 새로운 강좌의 효과가 그 강좌를 수강하는 학생들에게만 국한되지 않는다고 설명했다. 그들이 보여 준 슬라이드에는 이 혁신적인 교육 방식에 대해 좀 더 자세히 배우고자 전국에서, 전 세계에서 올린 공대를 찾아온 수많은 사람들이 등장했다.

〈혁신 활동〉이란 제목으로 그다음에 진행된 순서는 올린 공대의 재학생들과 최근 졸업생들이 서로의 활동에 대해 정보를 공유하는 자리였다. 2011년도 졸업반인 마야 비트너와 다섯 명의 팀 동료들이 공학 분야의 졸업반 캡스톤 프로젝트로 바로 얼마 전에 끝낸 그들의 프로젝트에 대해 설명했다. 그들은 3D 디자인과 공학, 오락 프로그램 분야에서 세계 시장을 선도하고 있는 (그리고 앞서 소개된 샤나 텔러만이 현재 근무하고 있는) 오토데스크와 함께 일했다. 그들의 목표는 학생과 전문가 모두를 위해 소프트웨어 학습 과정을 재설계하는 것이었다. 2006년 올린 공대 졸업생이자 텍사스 주 포트워스에 위치한 넬슨 범가드너 카스토 법률 회사에서 파트너로 일하는 톰 세실은 올린 공대에서 배운 혁신 기술을 지적 재산권법과 관련된 업무에 어떻게 적용하고 있는지 설명했다. 마지막 발표자는 마찬가지로 2006년 졸업생인 수전 프레드홀름 머피였다. 그녀는 소프트웨어 솔루션과 지속 가능성 분야에서 광범위한 서비스를 전문적으로 제공하는 PE아메리카스PE Americas의 고위 컨설턴트다. 그녀는 자신의 파란만장한 혁신 과정이 수년에 걸쳐 어떻게 진행되었는지 청중에게 설명하기에 앞서 잠시 뜸을 들였다.

「나는 지속 가능성에 대해서 항상 관심을 가져 왔습니다. 그리고 3학년을 마친 여름 방학 때 솔리드웍스SolidWorks에서 인턴으로 일할 수 있는 기회를 얻었죠. 그 회사는 다양한 제품을 설계하기 위한 3D CAD 소프트웨어를 만듭니다. 그 소프트웨어에 대해서는 이미 학교에서 사용법을 배운 상태였어요. 인턴으로서 내 임무는 회사가 거래하는 소매상들에게 해당 소프트웨어를 실연하고, 똑같은 방법을 그들이 잠재 고객을 상대로 활용할 수 있도록 하는 거였어요.

솔리드웍스에는 내게 훌륭한 멘토가 되어 준 키쇼 보이알라쿤틀라라는 분이 있었는데 그는 기술 영업팀을 관리하는 책임을 맡고 있었죠. 그는 내가 만들고 있는 실연 샘플에 개인적인 내 관심사를 접목해 보라고 조언했습니다. 바로 얼마 전까지는 학교에서 벤 린더 교수님의 지속 가능한 디자인 강의를 수강했었어요. 그 강의는 제품 하나의 전체적인 생명 주기를, 이를테면 그 제품에 어떤 재료들이 이용되고, 그 제품은 어떻게 사용되며, 또 어떻게 폐기되는지를 고려하는 전 과정 평가에 관한 강의였습니다. 그래서 나는 특정 소프트웨어 모듈을 솔리드웍스 프로그램에 적용해서 사용자가 자신이 사용하려고 생각하는 재료의 환경 영향을 개발 단계에서 미리 평가할 수 있도록 하는 아이디어에 매달렸습니다.

나는 과학 기술과 공학 정책 프로그램 석사 과정을 공부하기 위해 MIT에 들어갔고, 전 과정 평가에 대해서 보다 많은 것을 배웠습니다. 키쇼와는 계속해서 연락하고 지냅니다. 내가 어떻게 일하고 있는지 궁금해서 대략 6개월에 한 번씩 전화를 걸어 오죠. 한때 인턴으로 일했던 친구가 지금은 어떤 일을 하고 있는지 확인하고 싶어 해요. 정말 고마운 멘토에요.

2008년 여름에 MIT를 졸업하고서 나는 PE아메리카에 입사했습니다. 계속해서 지속 가능성과 관련한 일을 하고 싶었거든요. 그 회사가 소규모로 일한다는 점도 좋았어요. PE아메리카는 소규모 신생 기업 같은 느낌을 주었죠. 내가 합류했을 땐 직원이 겨우 다섯 명밖에 없었어요. 하지만 회사가 불안하다는 생각은 그다지 들지 않았습니다. 그 회사는 신생 기업을 지원하는 두 개의 안정된 기업을 스폰서로 보유하고 있었어요. 피이인터내셔널과 파이브윈드였죠.

내 역할은 전 과정 평가 컨설턴트였어요. 다양한 기업의 무수히 많은 제품에 대해 전 과정 평가를 실시했죠. 그 일을 시작한지 한 달쯤 되었을 때 키쇼가 전화를 해왔어요. 솔리드웍스에서 전 과정 평가에 대해 관심을 갖기 시작했다는 내용이었습니다. 그래서 PE아메리카의 동료들을 그에게 소개시켜줬어요. 가을에 솔리드웍스와 PE아메리카의 관리자들이 만난 자리에서 우리는 두 회사가 앞으로 어떤 식으로 협동해 나갈 것인지를 놓고 브레인스토밍을 시작했습니다.

제품이 만들어지는 초기 과정과 관련해 중요한 결정이 내려졌어요. 그리고 지극히 초기 단계에서부터 디자이너에게 전 과정 평가에 필요한 지침을 제공하기로 했습니다. 디자이너의 입장에서 일이 늘어나는 걸 반길 리가 없다고 생각했기 때문이에요. 게다가 그들이 환경 문제에 꼭 관심을 갖고 있다는 보장도 없었죠. 따라서 우리는 잠재적인 디자인에 대한 전 과정 평가가 디자이너의 입장에서 수월하고 직관적인 일이 되도록 만들어야 했습니다. 그리고 이를 위해서는 전 과정 평과와 관련된 모든 정보가 솔리드웍스의 디자인 소프트웨어에 포함되어야 했습니다. 디자인 변경에 따라 제품의 행보가 환경적으로 점점 유익한 쪽으로 향해 가는지 또는 그 반대인지 자동으로 업데이트되는 계기판을 컴퓨터 화면 오른쪽에 표시되도록 만들어야 했죠.

두 회사는 솔리드웍스의 소프트웨어에 해당 기능을 추가하는 데 합의했고, 나는 새로운 소프트웨어를 개발하는 과정에서 두 회사의 중개자 역할을 맡았어요. 이 새로운 제품은 2009년 가을에 발매되었습니다. 현재는 전 과정 평가 프로그램의 〈라이트〉 버전이 솔리드웍스 익스프레스에서 판매되는 모든 제품에 포함되어 제공되고 있으며, 이용자들은 옵션을 통해 라이트 버전의 프로그램을 풀 버전으로 업그레이드할 수 있죠.

이 소프트웨어는 2010년도 올해의 최고 신상품 부문에서 골든 마우스트랩상을 수상하고, 그린 어워드 위너상도 수상하는 등 많은 상을 받았습니다.」

그날 오전의 나머지는 공개 토론회를 통해 재학생과 졸업생이 청중의 질문에 대답하는 시간으로 채워졌다.

청중 가운데 한 명이 패널로 참석한 두 명의 졸업생에게 물었다. 「올린 공대에서 배운 것 중 어떤 부분이 지금 당신이 하고 있는 일에 도움이 되었나요?」

변호사인 톰 세실이 대답했다. 「나만의 전공을 설계할 수 있었던 점이 큰 도움이 되었습니다. 다양한 과목의 다른 내용들을 하나의 전공으로 통합할 수 있었죠. 또한 다양한 관점에서 문제를 생각하는 법도 배웠습니다.」

수전이 덧붙였다. 「올린의 문화는 비판적이죠. 내가 수강했던 거의 모든 강의마다 프로젝트가 있었어요. 그리고 학생들은 프로젝트에서 자신이 관심 있는 것을 선택하고, 다른 강의에서 시작된 아이디어를 지금 듣고 있는 강의에서 다른 방식으로 발전시켜 나갈 수 있으며, 다시 또 다른 강의를 통해서 그 아이디어의 또 다른 측면을 발견할 수 있었죠. 학제 간 프로젝트와 집중 강의도 많았어요. 이런 프로그램들은 자신이 관심 있는 것을 배우거나 자신의 관심사를 다른 방식으로 관찰할 수 있는 기회가 되었습니다. 학생들은 자신의 관심사에 대해 생각하고, 각기 다른 요소들을 어떻게 통합시켜 나갈지 고민하도록 늘 자극을 받아요. 창의적으로 행동하고 새로운 것을 시도하면서 리더십을 배울 기회도 많았어요. 올린에서는 새로운 시도를 두려워하지 않도록 교육합니다.」

다른 사람의 질문이 이어졌다. 「존 스톡과 롭 마르텔로 교수가 학생들에게 내적인 동기를 개발해 주는 게 중요하다고 하셨는데요. 여러분이 지금까지 언급한 프로젝트에 참여하게 된 동기는 무엇인가요?」

이번에는 오토데스크에서 일한 팀 중 한 명이 대답했다. 「프로젝트를 수행하는 과정이 무척 재미있었습니다. 한편으로는 중대한 어떤 일에 동참함으로써 인식 체계의 대전환이란 파도를 타고 있다는 느낌도 들었어요. 이를테면 어떻게 하는 것이 배움을 위한 최선의 길인지 다른 식으로 생각하는 겁니다.」

그 팀의 다른 멤버가 설명했다. 「내 생각에는 팀원들이 각자 다른 능력을 가지고 저마다 자기만 할 수 있는 방식으로 팀에 기여를 한다는 사실에서 동기를 부여받는 것도 중요한 것 같습니다.」

수전 머피가 자신의 경험을 이야기했다. 「지속 가능성과 관련한 소프트웨어 개발에 착수했을 때 나는 인턴에게 주어지는 모든 일을 처리하고 난 다음에 내 개인적인 시간을 이용해서 그 일을 일했어요. 정말 많은 시간을 일했지만 내가 하고자 하는 일의 가치를 믿어 준 멘토가 큰 힘이 되었죠. 정말 신났어요. 그 프로젝트가 재미있기도 했지만 내가 열정을 느끼는 일이었기 때문이죠.」

동문들이 보는 올린 공대

나는 올린 공대에서 보낸 그날 오전에 대학과 교수진, 학생들의 리더십에서 그들이 가진 가치관의 일관성을 발견하고는 깊은 감명을 받았다. 그들 모두는 혁신이 이뤄지는 과정에 대해서, 그리고 혁신이 어떤 결과를 낳을 수 있는지에 대해서 깊이 이해하고 있는 듯 보였다. 그 토론회장에는 교수진과 재학생, 졸업생의 긍지와 목표 의식, 흥분이 가득했다. 확실히, 올린 공대는 매우 다른 방식으로 교육과 학습이 이뤄지는 곳이었다.

이 장의 앞부분에서 배웠듯이 올린 공대는 청소년의 능력을 개발해서 그들을 혁신가로 육성하기 위해 설립되었다. 테레사 아마빌의 도표를 다시 살펴보면 그곳에는 학생들이 수업을 통해서 학문적인 전문성을 획득할 뿐 아니라 창조적인 사고 능력 — 내가 『글로벌 성취도 차이』에서 설명한 일곱 가지 생존 기술 중 대부분을 포함해서 — 도 습득하고 있음을 보여 주는 명백한 증거가 있다. 하지만 내 생각에 좀 더 자세히 살펴봐야 할 부분은 이 학교의 학문적인 문화뿐만 아니라 바로 아마빌의 도표에서 세 번째 영역에 해당하는 동기 부여 측면이다. 올린 공대의 문화는 다섯 가지 측면에서 대다수 고등학교나 대학교 문화와 근본적으로 차이가 있다.

개별적인 성취 대 협력 작업

미국의 학교 문화는 개별적인 성취에 대해서 칭찬하고 포상하는 반면, 진정한 협동을 위한 의미 있는 기회는 거의 제공하지 않는다. 학생들은 시험이나 학점으로 측정된 그들의 성취도에 따라 순위가 매겨지고 분류된다. 고등학교 수업 시간에 종종 볼 수 있는 이른바 그룹 활동에서도 한두 명의 학생이 대부분의 일을 진행하고 나머지는 피동적으로 앉아 있기 일쑤다. 지속적인 진정한 협동을 실질적으로 기대하지 않기는 학생이나 교사나 마찬가지다.

하지만 올린 공대는 다르다. 이곳에는 협동과 그로 인한 다양한 관점의 통합이 혁신의 필수 요소라는 이해가 존재한다. 협동에 대한 강조는 입학 과정에서부터 시작된다. 학생들은 대학에서 주말에 진행되는 인터뷰 과정의 일부로 그룹 프로젝트를 수행해야 한다. 모든 강의는 학생들에게 다양한 형태의 팀워크와 협동을 요구하고, 앞서 만난 학생들을 통해 확인했듯이 협동하는 법을 배우는 건 빈번한 협력 작업을 통해 더욱 강화되는 공동체 의식과 더불어 올린 공대의 학생들이 가장 높이 평가하는 교육 성과 중 하나다. 내가 식당에서 만난 학생들에게 대학에 와서 경험한 것 중 가장 중요하게 생각하는 게 무엇인지 물었을 때 그들은 하나같이 협동이라고 대답했다. 또한 교수들도 대다수 다른 대학의 교수들보다 훨씬 협동해서 일할 뿐 아니라 새로운 강의를 공동으로 개발하는 경우도 많다.

전문화와 여러 학문 분야의 학습

분명한 사실은 전문가의 역할과 전문화가 현재도 그렇고, 앞으로도 계속해서 중요할 거라는 점이다. 나는 몇 번의 수술을 받으면서 일반의가 아닌 고도로 훈련된 전문의한테 수술을 받을 수 있었던 것에 감사한다. 또한 내가 탄 비행기의 조종사가, 우리 집의 누수 공사를 맡은 배관공이 실질적인 전문성을 갖췄길 진심으로 바란다. 혁신가도 혁신의 실현성이 있는지 이해하기 위해서는 주어진 분야에 충분한 전문 지식이 있어야 한다. 결론적으로 말해서 일정 수준의 학문적인 전문성과 전문화는 혁신의 필요조건이지만 충분조건은 아니다.

이 책 곳곳에서 우리는 학생들에게 너무 일찍부터, 대체로 자신의 관심사가 무엇인지 깨닫기 이전부터, 전문성을 갖추도록 압박함으로써 초래할 수 있는 위험에 대해 경고하는 교수들의 이야기를 들었다. 폴 보티노 교수와 주디 길버트가 설명했듯이, 그리고 인터뷰에 응해 준 다른 많은 사람들이 지적했듯이, 다양한 시각에서 문제를 이해하는 능력을 개발하는 것이 무엇보다 중요하다. 오늘날 세상에서 발생하는 문제들은 너무나 복잡해서 단지 한 분야의 지적 도구만을 이용해서 해결하기가 불가능하다. 그럼에도 다양한 학문적 관점에서 문제를 분석해 본 경험이 있는 대학 졸업생은 거의 없다.

대부분의 대학에는 학생들이 대학에 들어오면 일찍부터 전공을 시작할 거라는 일반적인 기대와, 다양한 학문 분야를 다루는 강의가 좀처럼 보기 드문 예외에 불과하다는 통념이 존재한다. 지식을 체계화하는 시스템을 비롯하여 진급과 종신 재직권, 연구 기금, 직업적인 명성에 이르기까지 이 모든 요소들이 전문화를 중시하는 대학 환경을 창조하고, 조장하고, 때로는 보상도 제공한다. 하지만 종신 재직권이 없는 대신, 혁신할 줄 아는 공학도를 육성하는 데 필요한 보다 효율적인 방법을 개발할 의무가 존재하는 올린 공대에서는 근본적으로 다른 인센티브 구조를 창조했다. 올린 공대의 교육 과정은, 다른 무엇보다, 훌륭한 문제 해결사 육성을 목표로 하고 있으며, 이 문제 해결 능력은 올린 공대 졸업생들이 가장 중시하는 것 중 하나다. 변호사인 톰 세실은 그곳에서 〈다양한 관점에서 문제를 생각하는 법을 배웠다〉고 말했고, 앨리사 레비츠 역시 비슷한 말을 했다. 「학제 간 집중 강의를 들으면서 환경 오염 문제를 바라보는 매우 다양한 방법을 배웠어요.」

교육계는 직장의 평생 보장성과 케케묵은 수많은 전통, 오래된 관료주의적 제도를 내세워서 위험을 기피하고자 하는 사람들을 유혹하고, 젊은 학자들을 대상으로 한 교육의 상당 부분은 그들이 자신의 일을 해나갈 때 신중하고 조심스러운 태도를 취해야 한다고 강조하는 데 할애되는 듯하다. 인습적인 수업에서 위험을 기피하려는 학생들의 태도는 특정한 양상을 띤다. A학점을 받기 위해서 교수가 원하는 것, 즉 개별적인 수업에 맞는 〈올바른〉 답이나 보고서란 어떤 것인지를 파악하는 법을 배우고, 그에 맞춰 행동하는 것이다. 교육은 사회에 꼭 필요한 보수적인 역할을 수행하고, 따라서 일시적인 유행에 따라 그때그때 휘둘리지 말아야 하지만 그럼에도 문제가 남는다. 기존에 있는 교육 기관이 혁신가의 전매특허나 다름없는 시행착오와 지적 모험심을 어떻게 가르칠 것인가?

어쩌면 혁신가를 육성하는 것이 학교의 사명이기도 하거니와 역사도 얼마 되지 않았기 때문에 올린 공대의 문화에서는 교수들이 모험을 감수하고, 자신의 수업 시간에 새로운 교육 방식을 시도하도록 권유받고 있는지 모른다. 그럼에도 대다수 올린 공대 교수들은, 존 스톡 교수와의 인터뷰와 그가 롭 마르텔로 교수와 협력해서 계속 보완해 나가고 있는 〈역사 개론〉 수업에 관한 설명을 통해 살펴봤듯이, 자신의 강의를 끊임없이 개발하고 교육 과정을 보완해 나가고 있다.

대부분의 혁신적인 기업들은 실패를 칭찬한다. 디자인 기업 아이디오의 모토는 〈남보다 더 일찍 실패하고 더 자주 실패하라〉이며, 실패로부터 배우는 하나의 방법으로 그들이 〈신속한 원형 개발〉이라고 부르는 것을 권장한다. 예컨대 그들은 특정 디자인 콘셉트의 실행 가능성을 테스트하기 위해 해당 디자인을 개발하는 초기 단계에서 제품의 원형이나 시뮬레이션을 만든다는 뜻이다. 하지만 학생들이 지적 모험을 감행하고, 실수에 대한 불이익을 주는 대신 실수를 통해 배우도록 진심으로 격려하는 수업은 좀처럼 보기 드물다. 반면에 올린 공대 학생들은 시행착오를, 또는 실패를 문제 해결 과정에 존재하는 필수적인 요소로 간주하도록 배워 왔다. 한 학생이 내게 이런 말을 했다. 「나는 실패에 대해 생각하지 않아요. 실패는 반복을 의미할 뿐이죠.」

소비 대 창조

대다수 전통적인 교육 환경에서는 학습 과정이 극도로 피동적이다. 고등학교와 대학교 학생들은 대부분의 수업 시간에 강의를 듣기만 한다.

그들은 지식의 소비자 입장을 고수하고, 그 과정에서 수많은 무작위적인 정보의 분리된 단편으로서 지식을 경험하는 경우가 비일비재하다. 그리고 시험을 보거나 가끔씩 제출하는 보고서를 쓰기 위해서 자신이 소비한 지식을 떠올린다. 하지만 습득한 지식을 좀처럼 쓸 일도 없거니와 자신이 배워야 했던 것을 깊이 이해할 수 있는 현실적인 맥락도 없다. 따라서 대다수 학생들이 외우도록 강요받은 대부분의 내용을 시험이 끝나자마자 곧장 잊어버리는 건 전혀 놀라운 일이 아니며, 다음 단계의 교육이나 경력을 위한 준비도 덩달아 부실해지는 듯하다.

올린 공대에서는 지식 습득이 강의의 최우선 목표가 아니다. 문제를 해결하거나, 제품을 만들어 내거나, 새로운 이해를 창출함으로써 일단의 기술을, 존 스톡 교수의 표현을 빌리자면 능력을, 개발하는 것이 최우선 목표다. 지식도 중요하다. 하지만 〈필요한 만큼만〉 배운다. 지식은 목표로 나아가기 위한 수단이기 때문이다. 흔히 전통적인 대학들은 이 같은 교육 방식이 지나치게 실용적이고 순수한 목적의 교육에 대한 이해가 부족하다고 비난한다. 하지만 드러난 바에 따르면 올린 공대의 학생들은 대학원 공부에 대비해서도 준비가 잘 되어 있을 뿐 아니라, 실무에 대비해서도 철저하게 준비되어 있다. 올린 공대의 설문 조사에 응했던 기업 관리자들이 이제 갓 졸업한 올린 공대 졸업생들이 마치 그 분야의 3~5년차 경력자로 느껴질 만큼 일솜씨가 뛰어나다고 증언한 것처럼 말이다. 학습 방법을 연구한 어느 자료에 따르면 주어진 내용을 공부하고 공부한 것을 적절한 환경에서 활용했을 때 학생들이 배운 내용을 보다 잘 이해하고 오랫동안 기억한다고 한다.

대학원이나 실무를 위해 보다 완벽한 준비를 갖추는 문제와 별도로 올린 공대 학생들은 소비자가 아닌 창조자로서의 자신을 경험한다. 그들은 여러 방식으로 권한을 부여받는다. 첫째로, 자기만의 전공을 창조하도록 격려받는다. 이러한 선택권은 하버드를 비롯한 일부 대학에도 존재하지만 막상 선택할 경우 뒤따르는 관료주의적 장애물 때문에 학생들이 실제로 선택하는 경우는 좀처럼 드물다. 둘째로, 대부분의 올린 공대 수업은 실천 지향적이고, 학생들에게 최종적인 결과물을 만들어 내고 이 수업에서 배우는 내용이 다른 수업에서 배운 내용과 어떻게 관련이 있는지 적극적으로 생각하도록 요구한다. 셋째로, 올린 공대의 교수들은 학생이 주도하는 수업을 만들기 위해 수업의 통제권을 상당 부분 포기하고자 노력하고, 교수에 의해 주어지는 성적보다 학생 본인의 평가와 팀 평가를 더욱 중시한다. (그럼에도 1학년을 제외한 2학년부터는 전통적인 성적 시스템이 적용되는데 그마저도 모든 과목이 통과와 낙제로 구분될 뿐이다.) 마지막으로, 모든 학생은 4학년이 되면 두 개의 철저한 캡스톤 프로젝트를 수료해야 한다. 하나는 공학 분야의 프로젝트인데 이 프로젝트에서 학생들은 팀의 일원이 되어 기업 환경에 존재하는 실제 문제를 해결해야 한다. 또 다른 하나는 예술과 인문학 분야의 프로젝트이며 이 프로젝트는 학생들에게 새로운 어떤 것을 창조할 수 있는 중요한 기회를 제공한다.

외적인 동기 대 내적인 동기: 놀이와 열정, 목표 의식

전통적인 대학 수업은 학습에 동기를 부여하는 유인으로서 외적인 유인에 의존한다. 이를테면 시험에서 좋은 성적을 받아서 높은 평점을 유지하기 위해 공부하는 식이다. 교수들은 배움 그 자체를 위한 순수한 목적에서 공부하는 것이 중요하다고 강조할지 모른다. 그렇지만 정작 그들 자신은 학생들이 자신의 수업에 들어와서 교재에 있는 내용을 배우도록 만들기 위해 전통적인 당근과 채찍을 남발한다. 성적과 아무런 관련이 없다면 과연 얼마나 많은 학생들이 그들의 수업 시간에 모습을 나타 낼지 의문이다.

올린 공대의 설립자들과 교수들은 혁신하고자 하는 욕구를 부추기는 주된 요소가 외적인 유인이 아니라는 사실을 알고 있다. 이 학교의 교수 들은 학생들에게 평생토록 배우고자 하는, 자기 자신의 교육과 경력에 관해서는 자신이 설계자가 되고자 하는, 자신이 원하는 존재가 되고자 하는 내적인 동기를 강화하려는 명백한 목표를 가지고 있다. 따라서 이 학교 수업에서는 다양한 많은 내적 학습 유인이 제공된다. 그리고 이러 한 유인은 이 책 곳곳에서 사용해 온 놀이와 열정, 목표 의식이란 렌즈를 통해 확인할 수 있다.

내가 관찰한 여러 강의에는 곳곳에 놀이를 암시하는 요소들이 존재했 다. 학생들이 비정상적인 활동, 이를테면 〈익스트림 다림질보드 타기〉나 애플 잭스 시리얼에 사과 주스를 붓는 등의 가치를 교실의 다른 친구들 에게 설득하려고 시도한 첫 번째 수업은 스탠퍼드의 에드 캐리어 교수가 〈기발함〉을 이용해서 학생들에게 수업 과제를 제시한 모습을 떠올리게 해준다. 학생들이 자신이 개발하고 있는 제품을 이용할 가공의 전형적인 소비자를 만들어 내는 휴먼 인터페이스와 디자인 강의에도 놀이와 웃음 이 넘쳐 났다. 그다음에는 디자인 스튜디오 수업에 관한 앨리사의 설명 도 있었다. 그 수업에서는 학생들의 학기 말 프로젝트가 초등학교 4학년 생으로 구성된 심사원단에 의해 평가되었다. 한편으로 그 모든 수업에는 어른들을 위한 보다 진지한 형태의 놀이를 보여 주는 충분한 증거와, 아 울러 시간이 어떻게 가는지 모를 정도로 주어진 프로젝트에 완전히 몰입 함으로써 기인하는 〈놀이라는 생각〉, 모든 창의적인 노력의 필수 요소인 〈놀이라는 생각〉을 보여 주는 증거도 많았다.

학생들은 수업 시간에 진행하는 다양한 프로젝트와 캡스톤 프로젝트에 대해 눈으로 확인할 수 있을 정도로 열정을 보여 줬다. 오토데스크에서 팀으로 일한 4학년생과 수전 머피는 그들의 프로젝트가 〈무척 재미있었다〉고 설명했다. 그중에서도 내가 가장 설득력 있다고 생각한 것은 여러 강의와 관련해 자신의 전반적인 경험을 소개한 수전의 설명이었다. 그녀는 다음과 같이 말했다. 「내가 수강했던 거의 모든 강의마다 프로젝트가 있었어요. 그리고 학생들은 프로젝트를 통해서 자신이 관심 있는 것을 선택하고, 다른 강의에서 시작된 아이디어를 지금 듣고 있는 그 강의를 통해 다른 방식으로 발전시켜 나갈 수 있었고, 그런 다음에는 다시 다른 강의를 통해서 해당 아이디어의 또 다른 측면을 볼 수 있었죠.」 학생들이 자신의 관심사를 추구하고, 자신의 열정을 발견해서 보다 심오한 목표 의식을 발전시켜 나가게 해주는 기회들이야말로 대부분의 올린 공대 수업에서 배움의 원동력이 되었다.

이 심오한 목표 의식, 또는 사명감은 앨리사와 나눈 대화에서, 그리고 학회에서 발표했던 사람들의 활동에서 명백하게 드러났다. 보다 지속 가능한 지구를 만들어 가는 데 기여하길 원하는 앨리사와 수전 머피의 목표 의식은 명확했다. 오토데스크와 일한 팀은 학습 방법과 관련한 인식 체계의 대전환에 기여하고자 했다. 그리고 톰 세실은 자신이 법률 회사에 불가피하게 많은 시간을 빼앗긴다고 생각하지만 그럼에도 그의 마음속에는 명백한 목표 의식이 있다. 요컨대 그에게는 초보 기업가와 혁신가의 지적 재산권을 보호하는 데 도움이 되고자 하는 목표가 있다.

STEM 분야의 학문 대 혁신을 위한 인문 교육 — 올린 공대의 해법
빌 게이츠는 좋은 직장을 구할 가능성을 높이려면 학생들이 STEM 분

야의 강의를 보다 많이 들어야 한다고 주장한다. 2011년 2월 28일에 그는 미국 주지사 연합회에서 모두 연설을 했는데 그 자리에서 일자리를 창출하는 학과에만 보조금을 지급해야 한다고 강력하게 제안하는 듯 보였다.[17] 그로부터 불과 3일 뒤에 아이패드2를 소개하는 자리에서 스티브 잡스는 〈애플의 DNA에는 과학 기술 하나만으로는 충분치 않다는 인식이 깊이 각인되어 있다. 우리 심장이 노래할 정도의 결과를 만들어 주는 건 인문 과학과 결혼한 과학 기술이다. 개인용 컴퓨터 이후에 등장한 장치들의 경우에는 특히 그렇다〉라고 말했다.[18] 그렇다면 젊은 혁신가를 교육하는 문제와 관련해서는 이 두 사람 중 누구의 말이 맞을까? 학생들에게 STEM 분야의 수업을 더 많이 수강하도록 해야 할까? 아니면 예술과 인문학 수업을 더 듣도록 해야 할까?

스티브 잡스의 전기를 쓴 월터 아이작슨은 최근 「뉴욕 타임스」 논평을 통해 이들 두 사람의 지성을 비교했다. 〈빌 게이츠는 매우 영리하다. 반면에 스티브 잡스는 지극히 독창적이다. 내 생각에 주된 차이는 주어진 과제에 대해 창의성과 미적인 감각을 적용하는 능력이다. 발명과 혁신의 세계에서 이 능력은 인간다움에 대한 이해와 과학에 대한 이해를 결합시키는, 예컨대 예술적 재능을 기술과, 시를 연산 처리 장치와 연결하는 능력을 의미한다. 그리고 이 능력이야말로 잡스의 최대 장점이었다. 그는 《어릴 때 나는 늘 내 자신이 인간적인 사람이라고 생각했습니다. 다만 전자 공학을 좋아했죠. 당시에 나는 어딘가에서 폴라로이드 사진을 발명한 내 영웅 에드윈 랜드가 인간다움과 과학의 교차점에 위치할 줄 아는 게 중요하다고 이야기한 것을 읽었고, 내가 하고 싶은 일이 바로 그런 거라는 확신을 갖게 되었죠》라고 말했다.〉[19]

비벡 와드화는 기술 분야의 기업가로 변신한 학자이다. 그와 그의 듀크 대학과 하버드 대학 연구팀은 502곳의 기술 분야 기업을 상대로 해서 미국에서 태어난 CEO와 제품 공학 책임자 652명에게 설문 조사를 실시했다. 〈그들 중 92퍼센트가 학사 학위를, 47퍼센트는 석사 이상의 학위를 보유했다는 사실을 알게 되었다. 하지만 공학이나 컴퓨터 기술 분야 학위를 가진 사람은 겨우 37퍼센트에 불과했고, 수학 전공자는 그나마 2퍼센트에 불과했다. 나머지 사람들은 비즈니스나 회계, 재무, 보건, 예술, 인문학 등 다양한 분야의 학위를 갖고 있었다.〉[20]

와드화는 다음과 같은 말로 결론을 내렸다. 〈나는 공학이 가장 중요한 직업 중 하나라는 믿음에는 변함이 없지만 인문 과학도 마찬가지로 중요하다는 사실을 알게 되었다. 아이패드처럼 멋진 제품을 만들어 내려면 공학자들이 예술가와 음악가, 심리학자 등과 어깨를 나란히 하고 일해야 하는 것이다. 또한 실리콘 밸리에서는 어떤 분야를 공부했든 상관없이 누구나 성공할 수 있다. (……) 학생들에게 그리고 내 아이들에게 조언을 해주자면 자신이 가장 흥미를 느끼는 분야를 공부하고, 자신이 가장 열정을 느끼고 능력을 보유한 분야에서 최선을 다하고, 자기만의 방식대로, 자기 생각대로 세상을 바꾸라는 것이다.〉[21]

조디 우의 멘토이자 그녀 회사의 이사회 의장이기도 한 세미온 두카츠는 MIT에서 컴퓨터 공학 석사 학위를 받았고 최첨단 기술 기업가로서 성공을 거뒀다. 기술 분야의 학력을 가졌음에도 세미온은 젊은 혁신가들에게 인문 과학을 가르치는 게 중요하다고 역설한다. 「아이디어를 만들어 내고 그 아이디어에 관해 논의하는 인문학 세미나는 공학 분야의 창의성과 혁신을 촉진합니다. 혁신을 위해서는 현상을 유지하려는 태도에 이의를 제기해야 합니다. 어떤 의미에서는 저항에 가깝죠. 인문학은 최선을 다해 모든 것을 의심하도록 가르치고, 논의와 논리의 가치를 믿도록 부추깁니다. 예를 들어 당신이 어떤 문학 작품에 관한 새로운 해석을 경험하는 경우 그 경험은 당신이 다른 가능성을 찾아 의문을 품고 창의적으로 생각할 수 있도록 만들어 줍니다.」

올린 공대의 이야기에서 중요한 교훈 중 마지막 하나는 이 학교가 학생들이 공학뿐 아니라 교양과 예술 과정을 모두 수행하도록 적극적으로 독려한다는 점이다. 공학이든 교양이나 예술이든 한 번에 하나의 과정만 선택해야 할 필요가 없다는 뜻이다. 실제로, 올린 공대는 졸업 요건으로 최소한 5분의 1 이상의 학점을 예술과 인문학 수업으로 채우고, 공학 분야와 예술과 인문학 분야의 졸업반 캡스톤 프로젝트를 모두 수료하도록 의무화하고 있다. 많은 학생들이 인문학을 공부한 덕분에 공학 문제를 한층 더 깊이 이해하게 되었다고 말한다.

이런 설명을 통해 올린 공대가 교육의 유토피아라도 되는 것처럼 암시하는 건 절대 아니다. 올린 공대에는 여전히 많은 일들이 진행 중이다. 내가 몇몇 교수들과 함께 관리하는 표적 집단에는 교수와 계약을 갱신하는 올린 공대의 기준이 막연하고, 심지어 전통적인 대학들이 종신 재직권을 부여하는 기준과 너무 흡사하게 보이기 시작한다고 걱정하는 사람들도 있었다. 존 스톡 교수와 앨리사 레비츠는 올린 공대가 혁신적인 강점을 잃게 될지 모른다고 우려를 나타냈고, 몇몇 학생들은 대학에서 보다 많은 예술과 인문학 수업을 제공하길 원한다고 말했다.

어떤 분야든 대중을 선도하기란 결코 쉬운 일이 아니다. 교육 분야에선 특히 그렇다. 기준을 충족시켜야 한다는, 이 경우에는 기존 방식으로 되돌아가는 목소리가 결코 간과되지 말아야 한다. 그럼에도 나는 올린 공대가 다양한 분야에서 혁신 능력을 갖춘 젊은이들을 배출하기 위해 설립된 대학이라는 점에서 우리에게 생각해 볼 것이 많을뿐더러 대체로 성공적인 모델을 제공했다고 생각한다. 공교육계 최고의 차터스쿨 중 하나로서 올린 공대는 지금까지 교육계의 R&D 실험실 역할을 해왔으며 앞으로도 그럴 것이다. 또한 그들의 꾸준한 노력은 대학 교육을 철저히 재고한다는 게 어떤 것인지 실제로 보여 주고 있다.

이제 고등학교에서 학생들을 올린 공대에 들어갈 수 있도록 준비시키기 위해 어떻게 해야 하는지 생각해 보자. 실제로 몇몇 하이테크하이 차터스쿨 졸업생들은 올린 공대에 들어가서 탁월한 성취를 보여줬다.『글로벌 성취 차이』에서 소개된 하이테크하이 차터스쿨에 대한 설명을 참고하면 이 두 학교의 교육 방식에서 상당히 많은 유사점을 발견하게 될 것이다. 모든 점에서 미루어 볼 때 나는 하이테크하이 차터스쿨과 올린 공대가 고등학교와 대학의 혁신 교육이 어떤 모습이어야 하는지에 대한 윤곽을 제시한다고 생각한다.

하이테크하이는 어떤 곳인가?

단과 대학과 종합 대학의 혁신

올린 공대가 중등 과정 이후의 교육 과정에서 혁신가와 기업가로서의 능력을 개발하고자 하는 노력을 보여 주는 유일한 예는 아니다. 우리가 만난 몇몇 젊은 혁신가들의 대학원 선택은 자신의 교육 과정을 설계하는 새로운 방법과 관련해 또 다른 매력적인 예를 제시한다. 이 책의 앞에서 소개된 샤나 텔러만은 카네기 멜론 대학 엔터테인먼트 테크놀로지 센터의 새로운 독립적인 프로그램이자 미대와 컴퓨터 공대의 후원을 받는 엔터테인먼트 테크놀로지 분야에서 석사 학위를 취득했다.[22] 이 프로그램의 명백한 목표는 혁신과 기업가 정신을 촉진하는 것이며, 앞서 살펴봤듯이 샤나에게 커다란 도움이 되었다. 샤나는 그곳에서 공부한 4학기 중 3학기 동안 하나의 프로젝트에만 몰두했고 결국 그 프로젝트를 모태로 회사를 설립했다. 한편 데이비드 센제는 자신의 대학원 과정으로 MIT의 미디어 랩을 선택했다. 그는 이렇게 말했다. 「대학원을 가야 한다면 그곳밖에 없어요. 미디어 랩에는 학점도 없고, 구조화된 프로그램도 없으며, 필수 과목도 없어요. 단지 사람들에게 필요한 뭔가를 창조하고 만드는 게 전부죠.」

MIT 미디어 랩

이제 최초 설립된 지 25년이 된 미디어 랩 연구소는 MIT의 니콜라스 네그로폰테 교수와 이전 총장 제롬 와이즈너의 독창적인 생각으로 만들어졌다. 그들의 목표는 학위 인정이 되면서 여러 학문 분야를 다루는 전혀 새로운 연구소를 설립해서 〈혁신적인 디지털 기술을 창의적으로 적용함으로써 보다 나은 미래를 창조하는 데 집중하는 것〉이었다.[23] 이 연구소의 연구 영역은 새로운 도전 과제로 인정되어 발전해 왔고 다양한 기회들이 제공된다. 노인성 치매나 우울증 같은 질병을 다루는 선도적인 일부터 어린아이나 노인의 건강 상태를 모니터할 수 있는 사회 로봇을 만들거나 인간의 사지 기능을 모방할 수 있도록, 심지어 능가할 수 있도록, 전자 제어 장치를 갖춘 인공 기관을 개발하는 일에 이르기까지 현재 이 연구소에서 진행하는 프로젝트의 상당 부분은 〈인간 적응성〉이란 주제를 중심으로 이뤄지고 있다.[24]

MIT 미디어 랩

미디어 랩은 일련의 연구 주제를 바탕으로 해서 구성되고 지도 교수가 각각의 주제를 이끌어 간다. 현재는 종합 신경 생물학을 비롯해서 시민 미디어, 개인용 로봇 등 연구 분야가 스무 가지가 넘는다.[25] 이 연구소에 지원하는 과정에서(지원자는 어떤 표준화된 시험도 치르지 않는다) 예비 대학원생들은 자신이 가장 관심 있는 분야 세 가지를 적는다. 일단 미디어 랩에 들어오면 학생들의 수업료는 전액 면제이며 학생들에게 수당도 지급된다. 이 같은 조건이 가능한 이유는 연구소에서 진행되는 대부분의 연구를 후원해 주는 제휴 기업들 덕분이다. 학생들이 수강하는 교과 과정은 그들의 관심 분야에 따라 다르다. 의무적으로 들어야 하는 필수 교과 과정이 없기 때문이다.

하지만 미디업랩을 하나의 교육 혁신 사례로 만들어 주는 건 단지 이 연구소의 외형적인 시스템이 전부가 아니다. 그 안에서 교육이 이뤄지는 방식도 중요한 몫을 차지한다. 미첼 레스닉 교수와 대화를 나누면서 나는 미디어 랩의 교육 방식을 보다 자세하게 이해하게 되었다. 그는 학습 연구 분야의 교수이자 이 연구소에서 진행하는 학부 프로그램을 담당하는 책임자이며, 1992년부터 이 연구소에서 학생들을 가르치고 있다.

「미래의 성공을 좌우하는 핵심 요소는 얼마큼 아느냐가 아닙니다. 얼마나 창의적으로 생각하고 행동할 줄 아는지가 중요하죠. 여기 이 연구소에서는 유치원생들이 배우는 방식으로부터 영감을 얻습니다. 유치원 아이들은 협동을 통해 뭔가를 창조하고, 설계하고, 만들 수 있는 기회를 누립니다. 창의성을 개발하는 최선의 방법은 다른 사람과 협동해서 뭔가를 설계하고 창조하는 것입니다. 또한 사람들은 자신이 정말 중요하게 생각하는 어떤 일을 할 때, 다시 말해 그 일에 열정을 느낄 때 최고의 성과를 냅니다. 마지막으로, 여기에서 진행되는 일은 거의 언제나 학생들로 하여금 학문적인 경계를 초월하도록 이끕니다. 유치원에서 핑거 페인팅을 하는 이유와 비슷하죠. 유치원 아이들은 핑거 페인팅을 하면서 색깔을 혼합하는 법을 배우는데 핑거 프린팅도 그렇지만 색깔을 혼합하는 것도 그 자체로 하나의 학문이고, 여기에 더해서 아이들은 흔히 자기 그림과 관련해서 이야기를 만들어 내기도 하죠.

문제는 학생들이 자신의 관심사를 추구할 수 있도록 시스템을 구축하는 겁니다. 사람들은 흔히 교육에 임하는 접근법을 두 가지로 나누는 경향이 있어요. 교사가 학생에게 할 일을 알려 주거나, 아니면 뒤로 물러나서 학생이 스스로 알아내도록 하죠. 나는 그런 방식이 잘못된 선택이라고 생각해요. 문제는 체계적인가 아닌가가 아니에요. 그보다는 새로운 체계를 만들어 내는 게 중요합니다. 학생들은 새로운 아이디어를 접할 필요도 있고 인내하는 법도 배울 필요가 있어요. 물론 지원도 필요하죠.」

데이비드 센제는 바이오메카트로닉스 분야°에 집중하고 있는데, 이 연구 분야에서는 과학 기술을 이용해서 인간의 육체적인 능력을 강화하는 방법과 관련된 문제들을 연구한다. 해당 연구팀의 웹페이지에는 다음과 같은 설명이 있다. 〈장애인들은 영구 보철 장치를 구조적, 신경학적, 역학적으로 인체의 근본적인 확장이 아니라 생명이 없는 별개의 기계 장치로 간주한다. 바이오메카트로닉스 팀은 육체와 기계의 유기적 합체를 가속화시켜 줄 기술 향상을 위해 노력하고 있으며, 이러한 기술에는 인체의 골격 구조와 유사한 인공 구조물, 근육처럼 움직이는 작동 장치 기술, 생물학적 움직임의 원리를 이용한 통제 방법론 등이 포함된다.〉[26]

2011년 1월에 나는 데이비드를 만나러 미디어 랩을 방문했고 그와 미디어 랩에서 보낸 첫 학기에 대해 이야기를 나눴다.

「미디어 랩에서 저는 여러 가지 다양한 프로젝트를 동시에 진행할 수 있어요. 현재 진행하고 있는 프로젝트들을 살펴보자면 하버드에 있을 때도 연구한 적이 있는데 미생물을 잡아먹는 에너지 전지를 최적화하는 일, 시에라리온에 배포한 말라리아 방충망의 사용 실태 조사, 아프리카에서 소규모 사업을 시작하고자 하는 사람을 위한 소액 대출 프로그램 등이 있어요. 이외에도 제3국에서 사용할 의료 기구와 관련된 프로젝트로 두 가지 정도를 진행하고 있어요. 그 의료 기구 중에는 솜방망이처럼 생긴 것도 있는데 아기를 갓 출산한 산모의 과다 출혈을 막기 위해 고안되었죠.

제게 가장 중요한 프로젝트는 기계와 인간을 연결하는 인공 기관에 관한 연구에요. 여기 미디어 랩에서는 이를테면 너무 불편하다는 이유로

° 기계 공학과 전자 공학, 생명 공학이 통합된 분야.

보조 기구를 착용하지 않으려는 경화증 환자 같은 사람들에게 보다 편안한 재료를 알아내기 위해 신속하게 원형을 개발할 수 있어요. 또한 박사 과정을 이수한 연구원들과 함께 3D로 장애가 있는 팔이나 다리와 그곳에 장착하는 인공 기관의 소켓 이미지를 제공하는 휴대 전화 어플리케이션도 개발하고 있답니다. 이 어플리케이션을 이용하면 자신의 인공 기관을 적합하게 맞춰 주는 의사나 전문가에게 통증 부위를 3D 이미지로 확대 촬영해서 보낼 수 있습니다.」

데이비드가 하버드에 다닐 때 그곳의 교과 과정에 대해 얼마나 비판적이었는지 알기 때문에 나는 연구소에서 지금까지 수강한 강의들이 어땠는지 물었다.

「하나같이 좋았어요. 저는 〈(거의) 모든 것을 만드는 방법〉이란 강의를 들었는데 이를테면 신속하게 원형을 개발하는 방법처럼 누구나 배워 둬야 할 정말 중요한 내용들을 가르쳤어요. 〈개발 벤처〉 수업은 미디어 랩의 기술을 아프리카에 보다 직접적으로 적용하고 아울러 아프리카 대륙의 인재들을 미디어 랩에 다니도록 하는, 우리가 아프리카 이니셔티브라고 부르는 것을 조직할 수 있는 기회를 내게 주었죠. 그리고 〈권한 부여를 위한 설계〉 강의도 있어요. 그 강의에서는 뭔가를 개발할 때 최종 사용자를 고려해서 개발하는 법을 비롯해 과학 기술에 관심이 없는 사람들이 뭔가를 만들거나 수리할 수 있도록 다양한 도구 상자를 개발하는 법을 배웠죠.

그럼에도 내가 가장 좋아하는 건 하고 싶은 것을 마음대로 할 수 있는 자유가 있다는 점이에요. 연구소의 최고 책임자 프랭크 모스는 항상 〈한계에 도전하라. 여러분에게 주어진 창의적인 자유를 누려라〉고 말하죠. (프랭크 모스는 5년의 임기를 마치고 현재는 그 자리에서 물러나 있다.) 우리는 우리에게 필요한 모든 도구를 이용할 수 있거니와 필요한 모든 지원을 받을 수 있어요. 내 친구 중 한 명은 전자 첼로를 만들기도 했고, 또 어떤 친구는 3D 프린터를 이용해서 플루트를 만들기도 했죠. 다른 사람이 봤다면 하나같이 미쳤거나 바보 같은 짓이라고 생각했을 거예요. 그뿐만 아니라 나는 여전히 MIT 대학원생 팀에서 축구를 하고, 하버드에 있는 남학생 클럽 축구팀에서 코치를 맡고 있으며, 그곳에서 크리올어*도 가르치죠. 미디어 랩이 아니었다면 이런 자유를 누릴 수 있었을까 싶어요.」

데이비드가 그토록 높이 평가하는 〈자유〉는 체계가 없다는 뜻이 아니라, 미첼 레스닉 교수가 지적했듯이, 다른 학습 체계가 있다는 뜻이다. 그리고 미디어 랩의 체계와 문화는 올린 공대의 그것과 놀랍도록 유사하며, 대다수 전통적인 대학원에 있는 그것과는 본질적으로 다르다. 여기에서 재차 우리는 (개인적인 성취에 반하여) 협동에 대한 분명한 강조, (전문화에 반하여) 다양한 학문 분야에 걸친 학습, (피동적인 지식 소비에 반하여) 뭔가를 창조하도록 격려하고 학생에게 권한을 부여하는 것, (위험 기피에 반하여) 지적인 모험과 시행착오의 권장, 끝으로 (외적인 동기 부여에 반하여) 성적을 매기지 않을 뿐더러 교수들이 학생으로 하여금 자신의 열정을 추구하도록 격려하는 데 중점을 두는 내적인 동기 부여 등을 발견한다.

혁신적인 교육을 방해하는 장애물에 대한 이해

올린 공대와 미디어 랩의 성공은 교육 혁신이 그다지 어려운 일이 아

---

* 유럽의 언어와 특히 서인도 제도 노예들이 사용하던 아프리카어의 혼성어로서 모국어로 사용되는 언어.

니라는 인상을 줄 수도 있다. 하지만 실제로 교육 혁신은 무척 어려운 일이며 다양한 문제가 존재한다. 올린 공대나 카네기 멜론 대학의 엔터테인먼트 테크놀로지 센터, MIT의 미디어 랩 등은 모두 〈신생 학교〉였고, 새로운 형태의 학교를 만들고자 한 교육 공상가에 의해 설립되었다. 신생 학교에서 상당히 다른 교육 문화를 창조하는 건 교수나 학생 모두의 입장에서 무척 수월한 일이다. 하지만 전적으로 새로운 대학이나 대학원을 만들 수 있는 기회나 자원이 상대적으로 드문 까닭에 우리는 기존의 고등 교육 기관과 함께 일하면서 발생하는 문제들을 보다 잘 이해할 필요가 있다. 스탠퍼드의 디자인 연구소에 관한 이야기와 이 연구소의 설립자 데이비드 켈리와의 대화는 전통적인 대학 문화에서 혁신을 특히 어렵게 만드는 요소 중 일부를 보여 준다.

데이비드 켈리는 스탠퍼드의 기계 공학부 도널드 휘티어[*] 교수다. 1978년부터 이 대학에서 학생들을 가르쳐 오고 있으며 1991년에 종신 교수가 되었다. 그는 1978년에 디자인 회사를 공동으로 설립했고 이 회사를 몇몇 기업들과 합병해서 1991년에 아이디오IDEO를 설립했다. 오늘날 이 회사는 세계에서 가장 혁신적인 10대 기업 중 하나가 되었다. 이후 2005년에는 스탠퍼드에 디스쿨d.school이란 이름으로 더 많이 알려진 하소 플래트너 디자인 연구소Hasso Plattner Institute of Design를 설립했다.

켈리와 스탠퍼드의 디스쿨

---

[*] Donald W. Whittier. 미국 대학에서는 교수 직함 앞에 흔히 위인의 이름을 붙인다.

실제로 디스쿨은 전통적인 의미에서 학교와는 매우 거리가 멀다. 학생을 받지 않을 뿐더러 교수를 채용하지도 않고, 학위를 인정해 주지도 않는다. 그 대신, 스탠퍼드의 모든 학부를 통틀어서 학생과 교수를 매료시키는 강의나 프로젝트를 후원한다. 디스쿨의 목표는 지속 가능성, 제3세계의 개발, 교육 등과 관련된 세계에서 가장 난해한 문제들을 다루면서 혁신 능력을 배양하는 것이다. 최근 이 연구소에서 후원하는 강의에는 서비스 혁신을 위한 디자인, 지속 가능한 윤택함을 위한 계획, 변화를 위한 디자인, 아메리카의 빈곤, 디미디어d.Media, 주요 미디어 설계, 디메디컬 d.medical, 보다 건강한 삶을 위한 디자인적 사고 등이 있다. 이 밖에도 〈놀이부터 혁신까지〉라는 강의의 관계자는 다음과 같이 말한다. 「놀이를 통해 혁신 과정을 강화하는 데 주력하는 수업이다. 우리는 놀이 중인 인간의 상태를 연구해서 놀이의 중요한 속성에는 어떤 것들이 있고, 창의적인 사고에 놀이가 어떤 중요한 역할을 하는지 이해하고자 한다. 또한 놀이 행동과 놀이의 개발, 생물학적 토대 등도 탐구할 예정이다. 그리고 디자인적 사고를 통해 이러한 요소들을 기업적인 환경에서 혁신을 촉진하는 데 적용해 나갈 것이다. 학생들은 다양한 곳에 적용할 수 있는 디자인 프로젝트를 가지고 현실 세계의 파트너들과 함께 일할 것이다.」[27]

디스쿨의 학습 과정은 교수진과 학생들이 특정 문제를 이해하기 위해 함께 노력하고 잠재적인 해법을 공동으로 개발하는 올린 공대와 상당히 비슷하다. 두 학교의 교육은, 아이디오에서 처음 제창했으며 톰 켈리(데이비드 켈리의 동생이자 아이디오의 상무 이사)와 아이디오의 CEO 팀 브라운에 의해 여러 책에서 설명된 〈디자인적 사고〉 주의(主義)와 혁신 방법론으로부터 많은 영향을 받았다. 팀 브라운과 관련해서는 이 책의 1장에 그의 논설이 인용되어 있다. 여기에 디스쿨의 교육 방식에 관한 그들의 설명을 소개한다.

디스쿨에서는 실천을 통해 배운다. 우리는 학생들에게 문제를 단지 해결하도록 요구하지 않는다. 문제가 무엇인지 규명하도록 요구한다. 학생들은 현장에서 시작하여 그곳에서 자신에게 디자인을 의뢰하는 사람들과 공감을 확대하고, 자신이 다루고자 하는 진정한 인간적 요구를 찾아낸다. 그러고는 예상치 못했던 범주에서 해법을 개발하고, 대략적인 원형을 만들어서 다시 현장으로 되돌아가 현실의 사람들을 상대로 테스트한다. 우리는 그 과정에서 개인적으로 발견한 사실을 성찰하고 그러한 성찰을 토대로 해서 행동을 지향한다. 경험은 반복을 통해 쌓인다. 학생들은 어떤 프로젝트든 자신이 할 수 있는 한도 내에서 최대한 반복해서 해당 프로젝트를 연습한다. 반복되는 횟수가 늘어날 때마다 통찰력도 강화되고, 예상치 못한 해법도 많이 발견할 수 있다.[28]

2009년 2월 『패스트컴퍼니』의 한 기사에는 데이비드 켈리에 대한 인물 소개가 심층적으로 다뤄졌는데 그 기사에 따르면 데이비드 켈리는 린다 티쉴러 기자에게 디스쿨의 설립 취지를 다음과 같이 설명했다. 「나는 내가 이 세상에 존재하는 이유가 사람들이 창의적인 신념을 갖도록 도와주기 위해서라고 진심으로 믿고 있습니다. 하지만 우리 연구소가 스물일곱 개의 강의를 지원한다고 해서 내 관심도 스물일곱 가지나 된다는 뜻은 아닙니다. 나는 지속 가능성을 고민하는 타입도 아니고, 인류 발전을 고민하는 타입도 아닙니다. 내 역할은 가능한 많은 사람에게 양쪽 두뇌를 모두 사용하도록 가르쳐서 모든 문제에 대해서, 인생의 모든 결정과 관련해서 그들이 창의적인 동시에 분석적인 해법을 고려하도록 하는 겁니다.」[29]

그 기사는 계속해서 톰 켈리의 말을 인용해 디스쿨의 설립 과정에 대해 설명한다. 「데이비드는 스탠퍼드에 디스쿨을 설립하고자 (스탠퍼드 총장) 존 헤네시를 찾아가서 〈생각해 보세요. 우리는 《깊이》에 능합니다. 난해한 주제를 깊이 파고들어서 노벨상까지 수상한 사람들도 있습니다. 하지만 깊이만으로는 해결할 수 없는, 오직 《광범위함》으로만 풀 수 있는 문제가 생기면 어떻게 해야 할까요? 우리는 광범위함에 대해 추가로 베팅을 할 필요가 있어요〉라고 말했습니다.」 깊이만을 추구하는 그런 풍토 속에서 켈리는 마침내 자신의 견해에 귀를 기울여 주는 사람을 찾아 나섰다. 그리고 2005년에 거대 소프트웨어 기업 SAP의 창립자 하소 플래트너를 설득해서 디스쿨의 운영 기금으로 3,500만 달러를 받아 냈다. 2012년 가을이 되면 하소 플래트너 디자인 연구소의 3,950제곱미터에 달하는 새로운 보금자리가 문을 열고 스탠퍼드 캠퍼스에 멋을 더해 줄 것이다.[30]

그 기사가 암시하는 바에 따르면 디스쿨을 설립하는 건 단순히 사소한 설득이나 기금 조성의 문제가 아니었다. 나는 데이비드와 대화를 나누면서 인습적인 대학 환경에서 본질적으로 다른 교육 모델을 시작하고 유지하는 게 얼마나 힘든 싸움이었는지 알게 되었다.

디스쿨의 힘든 싸움에 관한 켈리의 설명

「우리가 직면한 문제의 대부분은 대학 문화와 관련이 있습니다. 때때로 이런 문제는 무척 미묘하게 나타나기도 합니다. 교수들이 가진 기득권의 하나는 자신이 관리하는 연구 그룹의 일원이 될 인재를 찾는 데 있습니다. 그들이 박사로 만들 수 있고, 자신의 일을 맡길 수 있는 사람을 찾는 거죠. 〈단지〉 대학원생일 뿐이고 계속해서 박사 과정을 공부할 계획이 없는 나머지 학생들은 교수들의 관심에서 멀어지고 따라서 자신이 박사가 되는 학생들만큼 똑똑하지 못하다는 식의 부정적인 자아상을 갖게 됩니다. 세상으로 나가서 구글이나 그 밖의 혁신적인 사업을 시작하려는 학생을 존중하는 교수는 좀처럼 찾아보기 힘들죠.

어떻게 보면 디스쿨을 시작할 때 겪은 가장 심각한 문제들 중 일부는 산업계에서 실무 경험이 있는, 즉 학생들이 하고 싶어 하는 일과 무척 유사한 일을 해본 교수들이 종신 재직권을 갖게 될 교수들과 똑같은 신분이 아니라는 사실과 관련이 있었습니다. 하지만 다른 한편으로는, 정교수들이 깊이에 더해 광범위함을 강조하는 우리 교육 방식에 대해 아무런 관심이 없다는 사실과도 관련이 있었지요. 대학 당국의 입장에서도 정교수들에게 외면당하는 일개 연구소의 아이디어에 적극적인 관심을 보일 수 없었죠. 그럼에도 내가 촉매 역할을 할 수 있었던 건 내가 정교수의 자격을 모두 갖췄기 때문이라고 생각합니다. 하지만 나는 실제로 통상적인 정교수가 아니고, 따라서 기존 시스템에 익숙해진 다른 교수들보다 이 같은 교육 방식의 가치를 보다 잘 알아볼 수 있었죠. 하소 플레트너의 기부금은 디스쿨이 실질적으로 인정받게 된 계기입니다. 아직까지 대학에서는 돈이 가장 중요한 촉매 중 하나죠.」

「지금 디스쿨을 운영하면서 가장 힘든 점이 뭔가요?」

「문제는 우리가 종신 교수나 외래 교수만을 활용할 수 있다는 점입니다. 우리를 진지하게 봐주지 않기 때문에 아직 종신 재직권이 없는 젊고 멋진 교수와 함께 일할 수 없어요. 디스쿨과 관련되는 건 연구를 게을리 하는 것으로 간주되고 종신 재직권을 얻는 데 자칫 부정적인 영향을 줄 수 있기 때문입니다. 우리와 함께 일하는 교수들은 대부분 외래 교수인 데 일반적으로 그들은 혁신의 최첨단에 있으며, 하나의 강의만 맡기 때문에 강의 준비에 보다 많은 시간을 투자할 수 있습니다. 그들은 맡은 일을 정말 훌륭하게 해주고 있죠. 하지만 내게는 정식 종신 교수도 필요한데, 대학에서 일을 추진하기 위해서는 그들의 힘이 필요하기 때문입니다. 물론 지금도 종신 교수가 몇 명 있습니다. 오래전부터 이 같은 교육 방식의 중요성을 깨달은 절친한 동료들이죠. 하지만 그들이 은퇴할 때 그 뒤를 이을 사람들을 찾지 못한다면 나는 이미 실패한 사람이에요.

처음 시작했을 때 나는 종신 교수를 확보하는 일이 장차 교육 기관으로서 지위와 영향력을 확보하는 데 얼마나 중요한 문제가 될지 몰랐습니다. 한편으로는, 종신 재직권을 획득하는 데 성공했지만 디자인적 사고가로서 실패한 교수들이 너무나 많다는 사실이 걱정입니다. 아마도 그들은 순수한 분석 연구를 통해 세계적인 명성을 얻게 되겠지만, 나중에라도 우리와 함께 일하기 위해 그 같은 명성을 포기하려고 들지는 않겠지요.

다행스러운 점은 일단 위기를 넘기고 나면 그에 따른 만족감이 너무나 크기 때문에 이후로는 자연스럽게 일이 진행되어 간다는 사실입니다. 사람들은 자신이 다양한 학문 분야를 다루는 팀에 있을 때, 보다 흥미롭고 참신한 혁신과 효율적인 문제 해결 방안을 제시한다는 사실을 알게 됩니다. 그런 차이를 일단 경험하고 나면 그들은 절대 자신의 지하 저장고로 되돌아가려고 하지 않습니다.」

스탠퍼드의 대학 문화와 그로 인한 혁신적인 교육의 어려움은 결코 스탠퍼드만의 문제가 아니다. 학교에서 봉사 활동과 여러 학문 분야에 걸친 사회 기업가 정신 프로그램 및 교과 과정을 장려하려고 시도하는 과정에서 툴레인 대학 총장이 직면했던 저항을 여러분은 기억할 것이다. 나는 실명을 거론하지 않는다는 조건으로 어떤 교수와 장시간 대화를 나누기도 했는데, 사회 기업가 정신에 관한 그의 강의는 아이비리그에 속한 그 학교에서 가장 인기 있는 강좌 중 하나였다. 그의 강의는 늘 정원보다 신청자 수가 더 많지만 정작 그 교수 자신은 같은 학부의 동료들에게 조소를 받을뿐더러 자신이 종신 재직권을 받는 건 거의 불가능한 일이라고 생각한다. 「그들은 전통적인 학문 연구에서 벗어난 분야는 절대 존중해 주지 않아요. 게다가 보다 심각한 문제는 그들이 학생들을 가르치고 그들과 교류해야 하는 일을 연구에 집중할 수 없게 만드는 귀찮은 방해물 정도로 여긴다는 점이에요.」

　지금까지 분석한 교육 문화와 별도로, 혁신가를 교육하는 데 방해가 되는 또 다른 장애물로는 여러 학문 분야에 걸친 연구와 실용적인 지식, 응용 학습을 대학에서 전혀 존중해 주지 않는 풍토를 들 수 있다. 학과 위주의 심오한 지식도 중요하고, 기본 연구도 혁신에 중요한 기여를 한다. 이런 유형의 연구를 지속적으로 지원하는 건 우리 미래를 위해 절대적으로 필요하다. 하지만 이 같은 연구가 우리 대학과 사회에서 중시되는 유일한 지식이 될 수는 없으며 그렇게 돼서도 안 된다.

딘 카멘은 미국에서 가장 성공하고 높이 추앙받는 발명가이자 첨단 기술 분야의 기업가다. 또한 STEM 분야에 대한 교육을 열렬히 지지하며, 미국 최초의 로봇 공학 프로그램 — 새내기 공학자와 과학자를 위한 방과 후 교육 과정 — 의 설립자이기도 하다. 「어떻게 보면 교육에는 그 자체로 보상이 존재하고 그걸로 충분합니다. 호기심 위주의 연구도 중요해요. 하지만 납세자와 기업이 우리의 문제 해결 능력에 투자하길 원한다면 그건 다른 문제입니다. 사람들은 이런 상이한 목표들을 전부 뒤섞어 놓고 대학이 그 두 가지를 모두 추구한다고 생각합니다. 하지만 실제로는 그렇지 않아요.」 수많은 유명한 혁신가들과 마찬가지로 딘 역시 대학을 중퇴했다.

미국에서는 기껏해야 차터스쿨 운동 정도가 전통적인 공교육에 대한 일련의 대안을 가끔씩 제안해 왔을 뿐이며 전통적인 학교에서 진정한 혁신의 촉진제 역할을 해왔다. 우리는 중등 과정 이후의 교육에서 혁신을 유도하기 위해 〈차터스쿨스러운〉 대학 프로그램의 발전을 도모해야 한다. 또한 기존의 대학 캠퍼스에 교수와 학생이 현실 세계의 문제를 선택해서 일할 수 있고, 새로운 지식뿐 아니라 새로운 재화나 서비스를 창조할 수 있는 보다 많은 디스쿨과 미디어 랩이, 대학 부속 실험 학교가 필요하다. 그리고 이러한 실험 학교는 단지 공학 위주의 학교에만 한정되어선 안 된다. 혁신가는 인문 과학과 사회 과학 분야에도 필요하다. 그리고 이러한 프로그램에 종사하는 교수들도 보다 전통적인 연구 업무에 종사하는 교수들과 똑같은 급여와 지위를 보장받아야 한다.

단과 대학과 종합 대학을 둘러싼 또 하나의 심각한 문제는 너무나 많은 강의에서 질 낮은 교육이 이뤄지고 있다는 점이다. 〈논문을 써라. 아니면 짐을 싸든가〉는 중등 과정 이후의 교육계에서 거의 만국 공통에 가까운 격언이다. 종신 재직권을 얻기 위해서는 자신의 연구를 토대로 해서 논문과 책을 발표해야 한다는 뜻이다. 수업 능력은 대다수 대학에서 진급과 종신 재직권을 결정할 때 좀처럼 중요한 자질로 간주되지 않으며, 대학교수가 자신의 수업 능력을 개선하기 위해 도움을 받을 수 있는 곳도 거의 없다. 우리는 보다 실용적이고 실천 지향적인 연구 개발을 지원해야 할 뿐 아니라 훌륭한 수업 능력도 혁신가 육성에 반드시 필요한 요소로서 중시해야 한다.

지금까지 우리는 이 책에서 비범한 교육자들이 젊은 혁신가들의 인생을 어떻게 바꿔 놓았는지 살펴봤다. 에드 캐리어나 에이미 스미스, 폴 보티노, 존 하워드 그리고 청강을 통해 만난 올린 공대의 교수들 같은 교사와 멘토들은 단지 가르치는 기술만 진지하게 고민한 게 아니었다. 우리가 확인했듯이 그들은 다르게 가르쳤다. 대부분의 교사들은 자신이 배운 방식 그대로 학생들을 가르친다. 그리고 존 스톡 교수의 설명에 따르면 그 같은 방식을 바꾸려면 의식적인 노력과 수많은 시행착오가 필요하다. 다음 이야기는 두 곳의 교육대학원에 관한 것이다. 이 대학원들은 전통적인 수업 방식을 중단하고, 교사로서 준비를 갖춰 주기 위한 보다 효율적인 접근법을 개발하고자 설립되었다. 또한 이 이야기는 혁신적인 교육 과정을 창설하고자 할 때 외부 인증 기관이 기존의 교육 기관에 초래할 수 있는 문제들을 보여 준다.

하이테크하이 교육대학원과 어퍼밸리 교육자 연구소

하이테크하이는 2000년에 샌디에이고 기업가와 교육자 연합에서 설립한 하나의 차터하이스쿨로 시작했다. 오늘날 하이테크하이는 9개의 학교로 구성되어 유치원에서 12학년까지 학생 숫자만 3,500명에 이르는 하나의 네트워크를 의미한다. 전체적인 학생 분포가 소수 집단 출신이 대부분이고, 그 지역의 실태적 인구 통계를 보여 주지만 그럼에도 이 학교 졸업생은 100퍼센트 대학에 진학하고, 그중 80퍼센트는 4년제 대학에 진학한다.[31]

하이테크하이는 2007년부터 박사 과정 프로그램을 개시했으며 현재는 자신의 수업 능력을 심화하고자 하는 노련한 교사들에게 교사 지도자 학위를, 소규모의 혁신적인 학교를 이끌어 가거나 그럴 계획인 사람들에게는 학교 지도자 학위를 제공한다. 또한 이 교육대학원은 현직 교사들에게 다양한 교사 자격증과 교사 연수 기회를 제공할 뿐 아니라 같은 학교나 학군에서 일하는 교사들의 모임을 상대로 교육하고 후원한다.

하이테크하이에서 자격증과 학위 프로그램을 개발하기까지는 몇 가지 이유가 있었다. 이 교육대학원의 학장 로버트 리오단 박사가 그 이유를 설명해 주었다. 「우리는 차터스쿨이었기 때문에 교사 자격증을 따려고 공부 중인 사람도 채용할 수 있었어요. 초기에 우리 선생님들 중에는 보잉에서 근무했던 기계 공학자도 있었죠. 그는 우리와 일하게 되면서 수입이 엄청나게 줄었는데 그럼에도 교사 자격증을 따기 위해 별도로 수업료를 지불하면서 야간 수업을 수강해야 했습니다. 하지만 진짜 문제는 그가 배우는 교육 방식이 우리가 추구하는 것과 다르다는 거였어요. (실제로, 설령 최고의 명문 교육 대학을 졸업한 교사라 할지라도 하이테크하이가 교육 현장에서 원하는 수업 능력을 갖춘 경우는 거의 없었다.) 그래서 우리는 대안적인 교사 자격증 프로그램을 신설하기 위해 주 정부에 신청서를 제출했고 2004년에 승인을 받았습니다.」

예전에는 어퍼밸리 교육자 연구소라고 불린 어퍼밸리 교육자 연구소는 뉴햄프셔 레바논에 있으며 교사들을 위한 대안적인 교사 자격증 프로그램으로서 40년이 넘는 역사를 자랑한다. 최근에는 로버트 프리드 박사의 주도로 교장 자격증 프로그램을 개발했으며, 현재는 연구소의 교육 프로그램에 예술 관련 석사 과정을 포함시키려고 추진 중이다.

이 두 교육 기관의 석사 과정 프로그램은 지극히 혁신적이다. 아울러, 둘 다 포트폴리오와 프로젝트를 통해서 또는 전문적인 능력이나 지식을 보여 줌으로써 자신이 아는 것을 증명해야 하는 창조자이자 협력자로서 교생의 중요성을 강조하는 유사한 교육 철학으로부터 영향을 받았다. 또한 두 기관의 학생들은 전통적인 교육 대학에서 그러듯이 교실에서 교육 이론과 역사를 배우는 데 대부분의 시간을 보내는 대신, 의대생이 레지던트 기간을 거쳐야 하는 것과 비슷한 개념으로 실제 학교에서 멘토로 일하면서 대부분의 시간을 보낸다.

하지만 이러한 석사 과정에 있는 학생들이 이론이나 교육의 역사를 전혀 배우지 않는다는 뜻은 아니다. 하이테크하이에서 이론은 집중적인 〈행동 연구〉 프로젝트의 일부로 중요하게 다뤄지는데, 이 프로젝트는 석사 과정 2년차가 되었을 때 각각의 대학원생들이 자신의 수업 환경에서 특정한 학습 문제를 찾아내 그 문제를 집중적으로 연구하는 프로젝트다. 그리고 이 프로젝트의 연구 결과는 필수 과정인 석사 논문을 통해서 요약된다. 이 연구소 학생들은 구두 발표와 전자 포트폴리오를 통해 열 가지 필수 분야에서 자신의 능력을 증명해야 한다. 〈20세기와 21세기 교육의 실천과 관련해서 주요 규정과 개념, 흐름 등을 설명하고, 이러한 요소들을 학습 과정에서 발생하는 실질적인 문제들과 연계해서 논의하는 것〉도 이 열 가지 필수 분야 중 하나다.[32] 현재 어퍼밸리 교육자 연구소의 모든 프로그램은 〈능력 위주〉로 진행된다. 즉, 학생은 자신이 각 분야의 교사 자격증 취득에 반드시 필요한 기술과 배경지식을 갖췄다는 사실을 입증해야 한다.[33] 이 같은 방식은 특정한 어떤 기술을 익히고 그 증거를 보여 줄 때마다 공로 배지를 수여하는 보이스카우트의 공로 배지 교육 방식과 유사하다.

또한 이 두 학교에서는 정기적으로 예비 교사들을 동영상으로 촬영해서 그들이 스스로를 평가하고, 교사로서의 완숙도를 높여 가도록 도와준다. 이러한 동영상과 교실에서 보여 주는 예비 교사들의 수업 방식을 둘러싼 협동적인 논의는 교사가 어떻게 학생들을 가르쳐야 하는지 명백하게 보여 줄 뿐 아니라 교사로서 각자의 수업 방식을 지속적으로 개선할 수 있는 최선의 방법이다. 그럼에도 실질적으로 이를 실천하는 모습은 대부분의 학교와 교사 양성 프로그램에서 좀처럼 찾아볼 수 없다. 이런 세부적인 부분의 혁신에 더해서 이들 두 학교는 예비 교사들에게 서로 협동적으로 일하고, 다양한 학문 분야를 다루는 강의를 개발해서 학생들이 새로운 지식을 창조하게 하고, 학생들이 학습 과정과 자신의 열정을 추구하는 과정에 더욱 활발하게 참여시키는 능력도 길러 준다. 다시 말하면 이 두 교육 기관은 우리가 이 책 전반을 통해 살펴봤던 혁신가의 필수 능력과 자질을 개발할 수 있는 교사들을 양성하고 있다.

교사와 학교 관리자의 부족한 자질을 걱정하는 목소리가 갈수록 커지고 있는 미국의 현실을 생각할 때 이 새로운 두 석사 과정 프로그램은 예비 교사의 자질을 완전히 다시 생각하고자 하는 주목할 만한 노력을 보여 준다. 이들 두 프로그램을 제안하고 있는 조직들은 그들이 개발한 다른 교육 프로그램을 통해서 이미 확실한 성과를 보여 줬다. 예비 교사로 하여금 일이 년 동안 견습 기간을 거쳐 교사 양성 과정을 이수하게 한다는 개념에서 봤을 때, 이 프로그램들은 핀란드가 국제 교육 평가에서 놀라운 점수를 받는 데 결정적인 역할을 한 탁월한 교사 양성 과정 프로그램과 유사하다. 하지만 이 글을 쓰고 있는 시점을 기준으로 하이테크하이나 어퍼밸리 교육자 연구소는 각각 그 지역의 인증 기관으로부터 정식 학교 인가를 받지 못했다. 그리고 학교 인가를 받기 위한 그들의 노력은 이들 두 선구자로부터 터무니없을 정도로 많은 시간을 빼앗고 있다.

수년에 걸쳐서 서부 교육 연합회Western Association of Schools and Colleges로부터 학교 인가를 받기 위해 노력하고 있는 로버트 리오단 박사의 설명이다. 「어쩌면 사람들의 박수를 받을지도 모를 혁신과, 전통적인 대학 사회의 일원으로 편입하는 것 사이에는 실질적인 갈등이 존재해요. 예를 들어, 하이테크하이에서는 종신 재직권을 인정하지 않아요. 하지만 서부 교육 연합회에서는 학교 인가를 신청하는 과정 중 일부로 우리가 종신 재직권과 유사한 어떤 제도를 마련하길 원하죠. 하지만 그런 제도는 없어요.

한편으로는 서부 교육 연합회도 유치원에서 12학년까지의 학교 조직을 모태로 한 교사 양성 프로그램을 만든다는 아이디어를 무척 좋아했습니다. 그들은 연례회의 때문에 우리 마을을 방문했을 때 하이테크하이를 둘러보기 위해 시찰단을 데리고 왔어요. 하지만 그 이후에 학교 인가 문제로 가장 최근에 방문했을 때 교육 효율성 검토 위원회에서 지적하길 우리에게 전임 CEO가 필요하다고 하더군요. 하이테크하이 조직의 설립자이자 CEO인 래리 로젠스톡이 그때까지 우리 교육대학원의 비상근 학장이었고 그로 인한 아무런 문제도 없었지만 이제 갑자기 문제가 되었죠. 그러자 래리가 말했어요. 〈좋아요. 그럼 로버트를 전임 학장으로 임명하고 나는 부학장으로 남겠습니다.〉 우리는 학교 이사회와 전화로 회의를 열었고, 서부 교육 연합회 사람들이 떠나기 전에 인사이동에 대한 승인을 받았죠.

우리 학교의 인가 문제와 관련해서 서부 교육 연합회에서 하는 말에는 일관성이 없습니다. 어떤 사람은 우리가 잘하고 있다고 말하고, 어떤 위원은 우리 프로그램의 목표가 너무 틀에 박힌 내용이라서 전면적인 보완이 필요하다고 주장해요. 그럼 이번엔 시찰 위원회 의장이 와서 우리 프로그램이 너무 비현실적이고 미국 교사 교육 자격 위원회National Council for Accreditation of Teacher Education의 권고안에도 어긋난다고 말하죠. 하지만 정작 최종적으로 작성된 서면 보고서에는 그 의장의 소견은 아예 언급도 되어 있지 않아요.

평가 과정 전체가 아무런 관심도 없는 상태에서 체크 리스트에 따라 진행되는 듯 보여요. 어떻게 보면 혁신적인 접근법에 대한 반감이란 생각도 들어요.」

로버트 프리드에게 이메일을 보내서 어퍼밸리 교육자 연구소가 직면한 학교 인가 문제에 대해 묻자 그는 아래처럼 답장을 보내왔다.

어퍼밸리 교육자 연구소도 학교 인가와 관련해 나름의 문제와 직면해 있습니다. 처음에는 주 정부와 지역의 인가 담당자들에게 교사 자격증을 제공하는 작은 〈대안〉으로서 우리 프로그램이 열렬한 지지를 받았지만 특히 연방 정부로부터 학자금 대출을 받는 교육 기관에 대해서는 〈책임〉과 관련한 연방 정부 공무원들의 압박이 갈수록 심해지면서 분위기가 바뀌었습니다. 아이러니하게도, 이처럼 〈성과〉나 〈결과물〉에 관심을 집중하게 되면 어퍼밸리 교육자 연구소처럼 능력 위주의 교육 기관에게 유리해질 것처럼 보였지만 결과적으로는 〈60분 단위의 수업 시간〉을 더욱 강조함으로써 (요컨대 영리 단체에 대한 고삐를 한층 더 바짝 죄게 되면서) 어퍼밸리 교육자 연구소 입장에서는 예민해진 공무원들에게 능력 위주의 우리 평가 과정에 대해 보다 적극적으로 변론해야 했습니다.

학교 인가를 갱신하는 문제와 관련하여 어퍼밸리 교육자 연구소가 최근에 겪은 낱낱의 과정을 살펴보면 프란츠 카프카가 썼을 법한 이야기와 흡사하다. 뉴잉글랜드 학교 및 대학 협회NEASC 산하의 한 분과인 직업 및 기술 교육 기관 위원회는 어퍼밸리 교육자 연구소의 인가 업무를 오랫동안 주관해 왔으나 최근에 같은 협회의 초중등학교 분과와 합병되면서 어퍼밸리 교육자 연구소의 학교인가 업무를 주관하는 부서가 없어졌다. 이에 로버트는 뉴잉글랜드 학교 및 대학 협회 산하의 고등 교육 기관 위원회에 그들의 인가 문제를 다뤄 줄 것을 요청했고, 해당 위원회로부터 학교 인가 지원 절차를 처음부터 다시 시작해야 한다는 말을 들었다. 지원 절차를 새로 마무리하는 데만 다시 최소 3~4년이 소요될 터이다. 따라서 어퍼밸리 교육자 연구소는 〈지속적인 교육 및 훈련 인가 위원회Accrediting Council for Continuing Education and Training〉에 알아봐서 학교 인가를 받아야 하는 처지가 되었다. 로버트가 농담 반 진담 반으로 말했다. 「이 위원회는 트럭 운전을 가르치는 학교부터 미용 기술을 가르치는 직업 훈련소에 이르기까지 모든 시설을 인가해 주는 기관입니다.」 이런 과정을 거쳐 어퍼밸리 교육자 연구소의 교사 자격증 프로그램은 이제 인가를 획득한 상태지만 새로운 교육 석사 과정 프로그램은 여전히 인가를 받지 못했으며, 그 결과 석사 과정을 공부하는 학생들은 연방 정부에서 지원하는 어떤 학자금 대출도 받을 수 없는 상황이다.

경영대학원의 교육 혁신

우리의 마지막 이야기는 미래 기업가들을 혁신가로 양성하는 데 따
른 문제를 보여 준다. 애플에서 일하는 조엘 포돌니와, 시스코 시스템스
의 앤마리 닐과 로버트 코바크가 미국에서 가장 유명한 경영대학원들이
〈현상 유지〉를 지향하는, 즉 진정한 혁신적 사고방식에 대해서 학생들은
불필요한 모험으로 간주하고, 교수들은 전통적인 틀에서 너무 벗어난
것 같다고 생각하는 교육 방식의 순환 고리를 어떻게 구축해 왔는지 설
명한다.

조엘 포돌니는 애플의 인적 자원부 부사장이자 애플 대학의 학장이다.
하버드에서 사회 과학 박사 학위를 취득했으며, 하버드와 스탠퍼드의 경
영대학원에서 학생들을 가르쳐 왔다. 또한 2008년 애플에 합류하기 전
에는 예일 경영대학원 학장이었다. 그가 말했다. 「경영대학원 학장이자
교수로 있으면서 내가 직접 확인한 바로는 전통적인 경영대학원들 중에
애초에 창의성과 혁신의 싹을 잘라 버리는 학교들이 정말 많습니다. 먼
저 명문 인문 과학 대학에 다닌 대학생의 입장에서 경영대학원에 지원하
는 과정부터 살펴봅시다. 그 학생은 분명 이런 얘기를 듣게 됩니다. 최상
위의 5대 경영대학원에 들어갈 가능성을 극대화시키고 싶으면 보다 검
증되고 전통적인 은행이나 컨설팅 회사의 추천을 중심으로 이력서를 꾸
미기 시작하라. 최고의 경영대학원에서 경력으로 인정해 주는 기준이 바
로 그런 것이기 때문입니다. 아울러 보다 완곡하게 말하자면, 그러한 기

성 기업들이 새내기 대학 졸업생에게 혁신이나 창의성을 요구하는 경우는 거의 없기 때문일 것입니다.」

「말씀인즉슨 미국에서 〈최고의〉 경영대학원에 들어가려면 전통적인 성향을 갖추는 편이 유리하다는 것인가요?」

「그렇습니다. 실제로도 그렇다는 사실에 충격을 받은 학생들과 직접 이야기를 나눈 적도 많습니다. 지극히 창의적인 경영학 석사들도 다행히 많이 있지만 단지 경영대학원에 들어가기 위해 필요한 경력을 쌓고 그 과정에서 창의적이고 혁신적인 자신의 능력이 위축되었다고 느끼는 사람들도 많이 있어요. 그들은 규정상 혁신이 금지된 게임을 배웠다고 생각했죠.」

조엘은 어떤 사람이 최고의 경영대학원에 들어가는지에 관한 주제에서 경영대학원에서 어떤 것을 배우는지에 관한 문제로 화제를 돌렸다. 「전략을 익힌 경영대학원 졸업생들은 가치를 창조하는 데 무척 뛰어나거나 다른 사람이 창조하는 가치를 포획하는 데 정말 능숙해져서 생명력 있고 발전적인 기업을 이끌어 갈 수 있겠지요. 포획이란 오렌지에서 보다 많은 주스를 짜내는 방식입니다. 어떻게 하면 훌륭한 오렌지를 길러 낼 수 있는지에 관한 게 아니지요. 경영대학원에서는 실제로 사람들에게 오렌지를 쥐어짜는 법을, 즉 보다 높은 효율성과 규모의 경제를 유지하는 법을 가르칩니다. 새롭고 보다 양질의 오렌지를 기르는 법이 아니죠. 오렌지 기르는 법을 가르치려면 전혀 다른 사고방식이 필요합니다. 경영대학원도 혁신과 관련한 몇몇 선택적인 과정을 제공할 수는 있습니다. 하지만 정말로 훌륭하고 혁신적인 재화를 창조하는 일보다는 돈 버는 일에 더 집착하려는 성향을 길러 주고, 이러한 집착은 혁신을 조직적으로 추구하지 못하도록 만드는 결과로 이어지죠.」

시스코 시스템스 협력 리더십 센터(이 센터에 대해서는 6장에서 보다 자세히 다룰 예정이다)의 부대표이자 인재 관리 부서 최고 책임자이자인 앤마리 닐은 그녀와 그녀의 동료들이 시스코의 새로운 중역 교육 프로그램을 설립하려고 할 때 기존 경영대학원들 중에서 그들에게 필요한 전문성을 갖춘 경영대학원을 찾아보고자 했지만 단 한 군데도 찾을 수 없었다고 말했다. 「우리는 전국을 샅샅이 뒤지고 모든 경영대학원과 상담하면서 경영대학원 교수들을 일일이 조사했습니다. 하지만 그들 중 누구도 우리가 하려는 일에 적합한 준비가 되어 있지 않았죠. 그들은 미래의 새로운 문제를 이해하기 보다는 과거로부터 배운 것을 관리하고 감독하는 부분에 지나치게 많은 비중을 둬요.」

미국의 경영대학원에 대한 닐의 이야기

시스코 시스템스 협력 리더십 센터 책임자 로버트 코바크는 이 문제를 〈진정한 전문성은 어디에 있는가〉라는 질문으로 요약했다. 「미국에서 대학교수는 진정한 전문가로 인정받습니다. 나는 경영과 관련한 가장 인기 있는 교재 중 하나를 집필한 어떤 교수에게 매우 혁신적인 기업의 관리자들과 대화를 나누는지 물었습니다. 그러자 그는 〈그 사람들이 뭘 압니까?〉라고 대답하더군요. 나는 그 대답이 경제에 대한 최선의 답을 자신이 알고 있다고 착각하는 지도층 인사들의 문제를 함축적으로 보여 준다고 생각합니다. 그런 교수가 경영대학원에서 관리자를 가르치고, 그런

316

교수에게 배운 관리자는 자신이 배운 것을 계속해서 되풀이하죠. 그들이 아는 건 그게 전부인 셈입니다.」

조엘 포돌니가 예일 경영대학원에서 전통적인 경영대학원의 사고방식에서 〈탈피〉하고, 학생들에게 보다 혁신적인 방식으로 문제에 접근하는 능력을 길러 주기 위해 시도한 방법 중 하나를 설명했다. 「혁신적인 조직을 이끌어 가려면 일반적인 경영 기술보다 훨씬 많은 것들이 필요합니다. 자신이 몸담고 있는 비즈니스를 이해해야 합니다. 따라서 예일에서 학생들을 가르칠 때 우리는 의대와 법대, 예술경영대, 임학(林學)대 등과 연계해서 40여 가지의 공동 학위 과정을 만들었습니다. 공동 학위를 공부한 학생들은 졸업할 때 자신의 비즈니스 기술에 더해서 (이를테면 이 책에서 꾸준히 언급되어 온 전문성처럼) 다른 어떤 것을 갖추게 됩니다. 예를 들어, 산림업에서는 목재를 조달하기 위해 지방으로 눈을 돌려야 하고 따라서 어떻게 그렇게 할 것인가 하는 것이 중요한 문제가 됩니다. 그리고 관련 배경지식을 가졌다면 당신은 올바른 문제 제기를 할 수 있습니다.」

핀란드 현상

핀란드의 새로운 경영대학원 팀 아카데미Team Academy는 교육을 혁신하고 미래의 비즈니스 리더들을 양성하는 문제와 관련하여 극단적인 접근법을 취해 왔다. 1993년에 요하네스 파르타넨에 의해 설립되어 JAMK(이위베스퀼레) 실용 과학 대학의 부설 기관으로 운영되고 있는 팀 아카데미는 완전한 학교 인가를 받은 프로그램이며 경영학 학사를 양성한다. 하지만 여기에는 어떠한 수업이나 교실, 교수도 없다. 대신 해마다 대략

200명의 학생들이 여러 팀으로 나뉘고, 각각의 팀은 독립적인 기업으로서 학교를 다니는 3~5년 동안 현실 세계에서 프로젝트를 맡는다. 각 팀들은 그들만의 새로운 기업을 설립하는 일이나 기존 기업들이 그들에게 의뢰한 프로젝트와 관련한 일을 하면서 비즈니스계의 기업가나 혁신가에게 조언을 받는다.

이 황당할 정도로 혁신적인 프로그램의 결과물을 살펴보면 다음과 같다.

- 각 팀에서 설립한 기업들의 총수익이 150만 유로를 넘어섰다.
- 팀 아카데미 학생들 중 91퍼센트가 졸업 후 6개월 안에 채용된다.
- 팀 아카데미 학생들 중 37퍼센트는 졸업 후 6개월 안에 자기 사업을 시작한다.
- 팀 아카데미 학생들 중 47퍼센트가 졸업 후 2년이 지난 시점에도 여전히 기업가로 일한다.
- 지금까지 다양한 회사를 상대로 150여 가지의 프로젝트를 수행했다.[34]

핀란드는 학생들을 혁신가나 기업가로 양성하기 위해 그들이 대학생이 될 때까지 기다리지 않는다. 2010년에 핀란드의 국립 교육 위원회로부터 자문을 요청받아서 로버트와 나는 한동안 그들의 교육 제도를 연구했고, 우리가 관찰한 것을 다큐멘터리로도 제작했다.[35] 어떤 한 고등학교에서 우리는 여러 강의를 참관하고, 집중 교육을 통해 기업가로서 활동하는 데 필요한 기술들을 가르치는 방과 후 프로그램도 살펴봤다. 팀으로 나뉜 학생들은 새로운 비즈니스를 구상하면서 학교에서 (어른 멘토와 함께) 꼬박 30시간을 보냈다. 그 학생들은 분명 재미도 느끼고 있었겠지만 새로운 사업을 시작하는 도전 과제에 깊이 몰입해 있음이 명백했다. 그 행사를 주관하는 젊은 주최자 중 한 명에게 그토록 압축적인 시간을 통해 학생들이 어떤 것을 배울 거라고 기대하는지를 묻자 그가 이렇게 대답했다. 「사람들과 협동하고 팀을 구성하는 법을 배웁니다. 아울러 혼자서는 혁신이 불가능하다는 사실도 배우죠.」

기업가 정신과 관련한 핀란드의 교육

40년 전까지 핀란드는 농업 경제가 주를 이루고 평균 이하의 교육 제도를 가진 비교적 가난한 나라였다. 핀란드의 지도자들은 그들이 경제적으로 살아남기 위해서는 전체적인 교육 제도를 근본적으로 개혁하고 청소년들에게 혁신가와 기업가로서의 능력을 길러 줘야 한다는 사실을 깨달았다. 오늘날 핀란드 학생들은 대다수 선진국에 비해서 학교도 1년 늦게 들어가고, 과제도 비교적 적으며, 수업일과 학년도 적다. 또한 핀란드 정부는 책무성과 관련한 어떤 시험도 시행하지 않는다. 그럼에도 핀란드는 OECD에서 주관하는 시험 프로그램이 도입된 2000년 이래로 OECD 국제 평가에서 매번 일관되게 최고의 자리를, 또는 최고에 가까운 자리를 유지하고 있다. (이와는 대조적으로, 다섯 가지 교육 제도로 나뉘어 총 60개 국가가 참가한 가장 최근의 OECD 국제 평가에서 미국은 독서 부문에서 15위, 과학 분야에서 24위, 수학에서 32위를 차지했다.)[36] 핀란드는 또한 세계에서 가장 혁신적인 5개국 중 하나로, 미국보다 높은 순위를 차지한다.[37]

핀란드가 어떻게 교육 제도를 개혁했는지 전 과정을 설명하자면 이 책의 정해진 지면으로는 턱없이 부족하다. 그럼에도 몇 가지 중요한 부분은 짚고 넘어갈 가치가 있을 것 같다. (1) 핀란드는 교사 양성 프로그램에 대한 철저한 조사를 통해 교사라는 직업을 개혁했다. (2) 대다수의 우리 고등학생과 대학생에게 부담이 되고 있는 사실 위주와 시험 위주의 방대한 교과 과정과는 명백히 대조될 정도로 교과 과정을 단 몇 가지 구성으로 축소시킴으로써 해당 과정을 철저히 이해하도록 한다. (3) 중등과정과 그 이후의 교과목에서 직업 교육과 기술 교육에 대한 비중을 높였다. (전체 고등학교 학생들 중 45퍼센트가 학문적인 진로보다는 기술자로서의 길을 선택한다.) (4) 학생들에게 자주적으로 배우고 자신이 공부할 것을 스스로 선택하도록 강조한다. (5) 학년에 상관없이 교육과 학습에 관련된 과정에서 혁신을 수용한다.

핀란드 현상

고찰

지금까지 살펴본 모든 것들은 우리가 우리 고등학교와 대학교에서 추구하고 또 그래야만 하는 변화다. 나는 오늘날의 모든 청소년들이 내가 『글로벌 성취도 차이』에서 소개하고 이 책의 1장에서도 간단히 살펴본 일곱 가지 생존 기술을 반드시 익혀야 한다고 생각한다. 하지만 이 책을 쓰면서 핀란드의 개혁과 내가 소개했던 일곱 가지 생존 기술이 청소년의 혁신 능력을 개발하는 데 꼭 필요하긴 하지만 충분치 않다는 사실을 깨달았다. 학교와 교실 문화도 반드시 바뀌어야 한다.

이 장의 앞부분에서 나는 올린 공대의 학습 문화를 대다수 교실에서 발견할 수 있는 전통적인 학습 문화와 비교했다. 그리고 우리가 이미 확인했듯이 이 장에서 소개된 학교와 교육 과정의 학습 문화에는 모두 비슷한 특징이 있다. 즉 다음과 같은 가치를 바탕으로 해서 조직되어 있었다.

- 협동
- 다양한 학문 분야에 걸친 학습
- 신중하고, 모험을 감수하며, 시행착오를 지향하는 학습
- 창조
- 내적인 동기: 놀이, 열정, 목표 의식

물론 일상생활에서는 전통적인 학교의 문화와 그렇지 않은 프로그램의 문화 차이가 내가 대조했던 것처럼 명확하지 않다. 아마도 〈혁신적이거나 혹은 전통적〉이기보다는 〈혁신적이면서 동시에 전통적인〉 형태로 나타날 것이다. 개별적인 성취든 팀에 의한 성취든 교실에서는 모두 중요하게 간주되어야 한다. 전문화와 다양한 학문 분야에 걸친 교육 방식도 마찬가지다. 일반적으로 뭔가를 창조하기 위해서는 정보에 대한 〈소비〉가 선행되어야 하며, 상황에 따라 위험 기피와 위험 감수 모두 신중한 행동이 될 수 있다. 끝으로, 우리들 대다수는 내적인 동기와 외적인 동기의 복합적인 작용을 통해 어떤 행동을 한다. 본질적인 핵심은 혁신을 지향하는 교육 기반이 신중하게 구성되어야 할 뿐 아니라 우리가 협

동과 학제 간 연구, 시행착오 능력을 비롯해 새로운 아이디어와 재화, 서비스를 창조할 줄 아는 능력을 육성해야 한다는 사실이다. 아울러 놀이, 열정, 목표 의식 같은 내적인 동기들이 학습 과정과 조화를 이뤄야 한다는 사실이다.

이 장에서 소개된 모든 사례를 통해 우리는 중등 과정 이후의 교육 과정에서 교육법과 학습법을 혁신하는 게 얼마든지 가능하다는 사실을 깨달았다. 더불어 나는 이 장에서 우리가 살펴본 성과들을 실질적으로 이끌어 낸 교육자들이 지극히 존경스럽다. 그들은 모두 21세기 고등 교육 기관의 교육 방식과 관련해 중요한 연구와 개발을 진행하고 있다. 한편으로 우리는 이러한 연구와 개발 과정에 존재하는 만만치 않은 난제들에 대해 보다 잘 이해하게 되었다. 종신 재직권 제도나 학교 인가 문제, 일부 학생들의 동기 부여 문제, 엘리트주의자에게 맞서는 문제, 구태의연한 사고방식, 제도적인 관행 등 교육계의 변화를 방해하는 요소가 무엇이든 혁신을 방해하는 만만치 않은 장애물은 앞으로도 계속해서 존재할 것이다.

그럼에도 고등 교육 기관들, 특히 대다수의 명성 있는 학교들은 변화의 시급함을 인지하지 못한다. 많은 사람이 미국의 공교육에 존재하는 결함을 인지하고 (비록 피상적일지라도) 있지만 그럼에도 고등 교육 제도는 여전히 미국이 보유한 최대 강점 중 하나로 간주된다. 사람들은 보다 혁신 지향적인 경제 건설에 대해 이야기할 때면 거의 언제나 학생들의 교육을 강화해야 한다고 주장한다. 하지만 내가 깨달은 바로는 기존의 동일한 교육 방식에서 단순히 교육을 강화하기만 해서는 혁신할 줄 아는 학생을 배출할 수 없다. 학생들이 21세기의 혁신가로 성장하기 위해서는 교육의 단순한 양적 확대보다는 다른 새로운 교육 방식이 필요하다.

6장
혁신의 미래

    젊은이들의 능력을 개발해서 혁신가로 길러 내기 위해서는 모든 단계에서의 수업 활동이 반드시 변화해야 한다. 그렇지만 초등학교에 입학하기 전의 경험과 이후에 직장에서의 경험도 젊은이들의 혁신 능력을 개발하는 데 심오한 영향을 미친다. 부모의 행동, 즉 부모의 자녀에 대한 교육 방식뿐만 아니라 그들의 가치관도 젊은 혁신가의 육성 과정에 매우 중요하게 작용한다. 우리는 이 책에서 만난 젊은이들의 부모가 자녀를 양육하는 방식을 살펴봤다. 이제부터는 미래의 혁신가를 육성하는 데 가장 중요한 양육 행동과 취학 전 경험에 대해서 보다 깊이 있게 살펴볼 예정이다. 그런 다음에는 경영자의 입장에서 젊은 혁신가들을 매료시키고, 채용하고, 발전시키기 위한 핵심적인 과제들을 살펴볼 것이다. 교사와 부모, 멘토, 경영자는 미국과 세계의 혁신적인 미래를 구체화하는 데 하나같이 중요한 역할을 수행한다.

젊은 혁신가의 양육

좋은 부모가 되는 법을 조언하는 책은 무수히 많다. 하지만 나는 이 책이 그런 책 중 하나가 되길 원치 않는다. 내 관심사는 훨씬 수수하고 보다 집중적이다. 우선 몇 가지 질문에 대한 답을 찾는 것으로 시작하자. 부모는 그들의 자녀가 성공한 혁신가 — 창의적인 활동의 원천인 놀이와 열정, 목표 의식을 갖춘 사람 — 를 움직이는 내적인 동기를 개발하도록 어떻게 도와줘야 할까? 또한 젊은 혁신가들은 모험을 감수하고 심지어 실패해도 괜찮다는 사실을 어떻게 배울까? 에이미 추아Amy Chua(『타이거 마더Battle Hymn of the Tiger Mother』의 저자)같은 〈호랑이 엄마들〉은 놀이의 가치를 믿지 않을 뿐더러 자녀의 실패를 용인해 주지도 않는다. 반대로, 소위 헬리콥터 부모라고 불리는 극성 부모들은 어떻게 해서든지 자녀의 일에 관여해서 자녀가 실패를 겪지 않도록 보호하려는 경향이 있다. 둘 중 어떤 방식의 양육도 혁신가나 기업가를 배출하기에 바람직하지 않다. 그렇다면 어떤 양육 행동이 혁신가나 기업가가 될 수 있는 젊은이를 길러 내는 데 도움이 될까?

나는 이 책을 쓰는 과정에서 수십 명의 부모를 인터뷰했고 포커스 그룹*도 관리했다. 인터뷰할 대상을 선정하는 내 기준은 간단했다. 내가 인터뷰한 부모들 중 한 그룹은 젊은 혁신가 — 이 책에서 소개된 혁신가뿐 아니라 한정된 지면 문제로 소개하지 못한 젊은 혁신가까지 포함해서 — 의 부모들로 구성되었다. 다른 한 그룹은 고도의 혁신이나 기업가 활동에, 또는 두 가지 모두를 수행하는 데 필요한 직업이 있는 사람들이었다.

---

* 시장 조사나 여론 조사를 위해 각 계층을 대표하도록 뽑은 소수의 사람들로 이뤄진 그룹.

전체적으로 이 그룹에 속한 사람들은 삼십 대 후반부터 육십 대 이후까지 다양한 연령대가 포함되었고, 지역적으로도 상당히 넓게 분포되어 있었다.

또한 나는 미국에서 가장 혁신적인 유치원 중 하나이며 스탠퍼드 캠퍼스 내에 위치한 유치원에서 오전 시간을 보내기도 했다. 빙 유치원Bing Nursery School은 1966년에 국립 과학 재단의 보조금과 당시에 스탠퍼드 학부생이던 피터 빙 박사와 그의 모친 애나 빙 아놀드의 후원금을 받아 개설된 대학 부속 실험 학교다. 그리고 스탠퍼드 학부생들이 직접 체험을 통해 유아의 발달 과정에 대해 배울 수 있는 장소를 제공한다.] 빙 유치원이 내 호기심을 자극한 이유는 최근에 이 유치원의 시설 전체가 데이비드 켈리의 디스쿨 교수들이 참여하는 교사 연수의 날 행사에 이용되면서 어린 아이들을 혁신가로 육성하기 위해 어떻게 준비를 시작할지에 관한 많은 생각을 하게 해주었기 때문이다. 또한 빙 유치원의 교육 철학과 학습 체험은 1장에서 이미 살펴봤듯이 엄청나게 많은 혁신가를 배출하는 데 기여해 온 대다수 몬테소리 유치원과 비슷하다.

놀이

모든 아이는 놀이를 즐긴다. 분명한 사실은 대다수 부모들이 자녀의 놀이를 장려한다는 것이다. 하지만 내가 알게 된 바에 의하면 내가 인터뷰했던 사람들은 하나같이 아이들의 놀이를 어떻게 장려하고, 그들이 무엇을 갖고 노는지를 무척 중요하게 생각한다. 더불어 이들 부모와 교육자가 아이들에게 장려하는 놀이의 종류에는 다른 사람들과 확실히 구별

되는 패턴이 존재했다.

아동 심리학 박사인 앤마리도 아이들에게 어릴 때부터 혁신가로서의 능력을 길러 주는 데 열정적이고 지극히 박식한 옹호자다. 그녀는 자신이 시스코에서 중역들을 상대로 실시하는 교육의 상당 부분이 그들로 하여금 학교에서 배운 수많은 나쁜 습관을 버리도록 도와주는 일과 관련이 있다고 말했다.

앤마리 닐의 자녀를 젊은 혁신가로 양육하는 법

앤마리는 이제 여섯 살인 그녀의 아들 터커에게 딱 두 가지 규칙을, 즉 안전과 개성만 정해 줬다고 설명했다. 터커는 (비교적) 조심성을 발휘하고 남을 배려하는 한, 다시 말해 착하게 구는 한 자신이 원하는 것을 실험하고 탐험할 수 있다. 그 두 가지 규칙을 제외하고는 뭐든지, 때로는 글자 그대로의 의미에서, 마음대로다. 앤마리가 말했다. 「터커는 어릴 때 자신이 크리스마스트리를 넘어뜨리면 누군가가 다칠 수 있다는 사실을 이해했어요. 그렇지만 터커가 크리스마스 장식을 전부 걷어 내서 자신이 원하는 방식대로 줄을 맞춰 장식하길 원하는 경우에는 그렇게 하도록 해줬어요. 크리스마스트리가 어떤 모습이어야 할지 자신만의 생각을 실험할 수 있도록 해준 거죠. 디저트도 마찬가지예요. 터커는 하루에 한 번만 디저트를 먹을 수 있는데 아침에 먹겠다고 하면 아침에 주는 식이죠. 아이들이 자라서 혁신가가 될 수 있도록 능력을 개발해 주고자 한다면 우리는 어떤 건 꼭 어때야 한다는 식의 판단을 유보해야 합니다.」

데이비드슨 대학의 제임스 G. 마틴 게놈학 프로그램을 이끌고 있는 생물학 교수이며 두 명의 십 대 자녀를 둔 맬컴 캠벨도 비슷한 이야기를 했다. 「나는 자녀의 관심사를 만족시켜 주는 게 얼마나 중요한지 배웠습니다. 만약 아이들이 물방울무늬 옷과 줄무늬 옷을 함께 입길 원하면 그렇게 하도록 내버려 둬요. 또 음식으로 그림을 그리고 싶어하면 그렇게 하도록 해줍니다. 물론 그 뒤에 정리하는 일을 돕는다는 조건에서 말이죠.」

연쇄 창업가이자 엔젤투자자이고, 글로벌 사이클 솔루션스의 회장이며, 조디 우의 동료이기도 한 세미온 두카츠는 세 살부터 열일곱 살에 이르는 다섯 명의 자녀들과 기본적인 규칙의 범위를 협상하고, 그들이 〈반항〉하도록 내버려 두는 문제에 대해 언급했다. 「부모로서 가장 중요한 덕목은 자녀를 존중하고 그들의 이야기에 귀를 기울이면서 한편으로는 아이들을 너무 풀어 주지 않는 겁니다. 반드시 제한과 한계, 체계가 있어야 합니다. 하지만 이런 부분을 지나치게 강조하다 보면, 즉 아이들을 너무 순종적으로 가르치다 보면 그들의 창의적인 충동을 죽일 수도 있어요. 문제는 권위에 대한 존경과 건설적인 개입, 건설적인 저항의 균형을 맞추는 것입니다. 아이들을 강하게 가르치고, 그들에게 장애물로 작용할 벽을 만들어 주라는 거죠. 혁신과 불복종은 떼려야 뗄 수 없는 관계입니다. 하지만 혁신가이면서 동시에 은행 강도가 될 수는 없습니다.」

내가 인터뷰한 대다수 부모들은 아이들의 시간을 지나치게 계획적으로 만들지 않는 것의 중요성에 대해 언급했다. 아이들이 놀고 뭔가를 발견할 수 있도록 충분히 많은 자유 시간을 주기 위함이다. 이 부모들은 하나같이 그들의 자녀와 함께 하는 시간이나 활동을 즐기지만 〈헬리콥터〉 부모가 되어선 안 된다는 매우 분명한 생각을 갖고 있다.

　내가 관리하는 부모 포커스 그룹의 구성원 중 한 명인 수전 린치는 베인캐피털의 지사인 샌커티 어드바이저스에서 파트너로 일한다. 그녀는 매우 성공한 혁신적인 투자 자산 운용가이자 열한 살부터 열다섯 살에 이르는 세 자녀의 어머니다. 「우리는 명문 학교를 졸업한 젊은이들을 채용합니다. 그럼에도 그들 중 일부는 우리 회사에서 성공하지 못하는데, 나는 대체로 그 이유가 그들의 인생이 틀에 얽매여 있었기 때문이라고 생각해요. 늘 A학점만을 추구하고, 자신을 그다음 단계로 데려가 줄 수 있는 어떤 것만을 추구해 온 거죠. 그런 사람은 자신의 관심사를 자기 스스로 추구하거나 창의적인 사람이 될 정도로 충분한 시간을 가져보지 못한 거예요.」

　밴더빌트 대학 약학과 연구 부교수 크리스틴 손더스도 수전의 이야기에 동감을 표시했다. 「학교에서 나는 브라운 대학교나 다른 명문 대학교를 졸업한 대학원생들을 보는데 그들은 이 학교에 들어오기 위해 정말 열심히 공부했더군요. 하지만 정작 자신이 원하는 게 뭔지 잘 몰라요. 뭔가를 탐험하기보다는 달성하도록 강요를 받아 왔기 때문에 자신의 관심사가 뭔지 전혀 모르는 학생들이 많다는 사실은 정말 충격이에요. 나는 내 딸들이 휴식하거나 사색하면서 그리고 자신의 상상력을 발휘하면서 보다 많은 시간을 보내길 원합니다. 그렇지만 자녀의 인생에 관여해서 준비를 갖춰 주는 다른 부모들과 비교하면 나 같은 생각을 가진 사람이 소수에 불과하고 내 자신이 시류에 역행하고 있다는 생각마저 들 때가 정말 많아요.」

여러분은 커크 펠프스의 어머니 레아 펠프스가 아이들이 감독받지 않으면서 밖에서 보다 많은 시간을 놀 수 있도록 해주기 위해 아이들의 방과 후 시간을 보충 수업이나 레슨으로 채우지 않기로 한 것을 기억할 것이다. 그녀는 〈아이들은 지루함을 느낀 다음에야 스스로 지루함에서 벗어나는 방법을 터득할 수 있었다〉고 말했다.

최첨단 기술과 관련된 여러 기업에서 CEO로 일한 브래드 하카비와 신규 의료 회사의 창업을 도와주는 메디컬 창업 지원 벤처의 창업자 젠추는 십 대 초반의 자녀들을 둔 아버지다. 별도로 진행된 각각의 인터뷰에서 그들은 부모가 자녀의 주변을 맴돌지 않는 게 중요하다고 똑같이 강조했다. 브래드가 말했다. 「오늘날에는 자녀의 인생에 지나치게 개입하는 부모들이 너무 많습니다. 그런 식으로 개입해서는 스스로 생각할 줄 아는 혁신가를 만들 수 없어요.」 젠 역시 이에 동의한다. 「아이들은 자연 발생적으로 호기심이 많습니다. 적절한 환경만 조성된다면, 그리고 극성맞은 부모만 없다면 그들은 스스로 실험하고 탐험해 나갈 겁니다.」

적을수록 효율적이다

이 부모들은 부족한 듯한 장난감 숫자와 상상력과 창작력을 길러 주는 장난감이 매우 중요하다는 데 전혀 이견이 없었다. 커크 펠프스와 조디 우가 레고 블록을 가지고 논 경험이 그들에게 얼마나 중요했는지 언급한 것을 기억할 것이다. 이런 종류의 장난감은 아이들로 하여금 자신이 상상하는 모든 것을 만들고 또한 매번 다르게 만들 수 있도록 해주기 때문에 창의성과 상상력을 길러 준다. 하지만 때로는 훨씬 단순한 장난감이 최고의 장난감이 되기도 한다.

수전 린치는 그녀의 아이들이 어릴 때 가장 좋아한 장난감 중 하나가 스카프였다고 회상했다. 「아이들은 스카프로 개한테 옷을 입혀 주거나 슈퍼 영웅이 걸치는 망토로 이용하곤 했어요. 그리고 우리가 함께 길가메시 이야기를 읽을 때면 그 스카프가 아이들의 연극 의상이 되었죠.」

레슬리 리는 사람들이 실험실이 아니어도, 값비싼 장비가 없어도 복잡한 과학 실험을 할 수 있도록 도와주는 생물학 DIY 도구 상자를 개발 중인 명석한 젊은 혁신가 맥 코웰의 어머니다.[2] 그녀는 자신이 맥에게 선물한 〈장난감들〉 중에서 맥이 가장 좋아했던 장난감들을 소개했다. 「물론 레고도 있었어요. 하지만 맥이 가장 좋아했던 장난감에는 내가 맥의 다섯 살 생일에 선물해 준 것도 있어요. 그 선물은 커다란 보드지 상자와, 하나는 2미터 정도고 다른 하나는 1미터 정도 되는 두 개의 막대기, 두 개의 긴 밧줄이었죠. 그게 전부였어요. 하지만 맥은 이 선물을 몇 년 동안이나 갖고 놀았답니다. 또 다른 생일에는 맥을 데리고 철물점에 가서 20달러를 주고는 자신에게 줄 선물을 스스로 고르도록 했어요. 맥은 마치 사탕 가게에 간 아이처럼 좋아했어요. 내가 기억하기로 맥은 꽤 긴 체인과 도르래를 샀어요. 투명한 파이프하고 밸브도 찾아냈죠.」

대다수 부모의 경우에 무엇을 살지 또는 사지 말지 결정할 때 다른 부모들의 사회적 압력 때문에 어려움을 느낄 수 있다. 크리스틴 손더스가 말했다. 「나는 오늘날의 아동 소비 문제에 관심이 많은데, 나하고는 다른 관점을 가진 부모들에게 온통 둘러싸여 있다는 느낌을 받아요. 내 딸 또래의 여자애들 중에는 아메리칸 걸 인형을 하나도 빠짐없이 전부 수집해 놓은 아이들이 많아요. (대략 45센티미터의 키에 종류만도 50가지가 넘는 이 인형들은 하나같이 그럴듯한 장신구와 함께 1986년 이후로 계속 시판되고 있다.) 하지만 우리 딸들은 오직 하나만 갖고 있을 뿐이에요. 더불어, 나는 딸들에게 내가 어릴 때 갖고 놀던 장난감을 갖고 놀도록 권해 줘요. 지금 있는 것을 가지고 상상력을 발휘해서 놀도록 해요.」

스크린 타임

〈적을수록 효율적이다〉라는 철학이 이들 젊은 혁신가의 부모들이 과학 기술과 스크린 타임을 바라보는 관점에서도 엿보였다. 이들은 하나같이 아이들에게 전자 기기로 된 장난감을 사주는 것에 반대했고, 텔레비전을 시청하거나 컴퓨터 앞에서 보내는 시간에도 제한을 두었다. 이들 가정에서 자란 대부분의 아이들은 일정한 나이가 되기 전까지 자신의 방에 컴퓨터를 둘 수 없었다.

브래드 하카비와 그의 아내 앤 마리 메이도어는, 의료 기술 분야의 혁신가들이 그들의 제품을 시장에 내놓을 수 있도록 도와주는 네오큐어 그룹Neocure Group의 최고 업무 진행 책임자이자 일곱 살에서 열세 살에 이르는 세 명의 자녀를 두고 있다. 나는 그들 부부를 방문해 부엌에서 그들과 혁신과 양육에 관한 이야기를 나누면서 오전 한때를 보낸 적이 있는데, 그들은 온 가족이 사용하는 컴퓨터를 부엌에 놔두고 있었다. 그들에게 아이들과 과학 기술에 대해 어떻게 생각하는지 물었다.

앤 마리가 대답했다. 「우리 아이들은 우리에게 끊임없이 질문을 해대는데 우리는 대답을 해주는 대신 이렇게 말해 줘요. 〈직접 찾아보지 그러니?〉 그럼 아이들은 컴퓨터로 달려가서 항상 뭔가를 찾아내요. 그렇게 함으로써 아이들의 호기심을 길러 주는 거죠.」

그럼에도 브래드와 앤 마리는 그들의 자녀에게 컴퓨터로 할 수 있는 것을 엄격하게 정해 줬다. 내가 그들을 인터뷰할 당시 그들은 페이스북과 관련해서 사생활 보호 문제를 걱정하고 있었기 때문에 자녀들 중 누구도 페이스북 계정이 없었다. 하지만 그들의 맏이에게는 최근에 휴대 전화가 생겼고 이는 흥미로운 결과를 낳았다. 앤 마리가 이에 대해 설명한다. 「때때로 그녀는 직접 얼굴을 보면서 얘기하는 것보다 문자 메시지로 〈사랑해요, 엄마〉라고 말하고 싶어 해요.」

브래드는 그들 부부가 얼마나 세심하게 스크린 타임을 제한하고 있는지 설명했다. 「컴퓨터를 가족 모두의 공간인 바로 여기에 두었기 때문에 아이들이 컴퓨터 하는 시간을 제한할 수 있습니다. 그리고 유대인이기 때문에 우리는 안식일(유대교 안식일)을 지킵니다. 따라서 금요일 해가 지고 나면 전화나 이메일은 전혀 사용하지 않고 다 함께 영화를 봅니다. 라디오에서 야구 중계를 듣는 것도 좋구요. 우리는 텔레비전을 시청하는 시간에도 제한을 둡니다.」

펠프스 가족이 스크린 타임을 제한하긴 하지만 영화를 보거나 경우에 따라서는 다 같이 모여서 텔레비전 프로그램을 시청하기도 했다는 사실을 기억할 것이다. 스크린 타임을 가족과 함께 공유한다는 개념 — 그 프로그램이 무엇이든 간에 — 은 혼자서 하는 어떤 경험을 사교적인 이벤트로 바꾼다. 두 살부터 다섯 살에 이르는 원생들의 장난감과 과학 기술에 관한 빙 유치원의 철학도 적을수록 효율적이라는 개념을 무척 강조하고, 모든 형태의 놀이에서 사회적인 요소를 중시한다. 유치원 건물은 울타리가 쳐진 외부 놀이 공간으로 대부분 둘러싸여 있으며, 그곳에는 단순히 위에 올라타는 기구나 공터를 비롯해서 아이들이 상상하기에 따라 소방차에서 요새에 이르기까지 무엇으로 봐도 그럴듯한 나무 구조물들이 갖춰져 있다. 그럼에도 교외의 대다수 공공 놀이터에서 흔히 볼 수 있는 복잡하거나 공학적인 요소가 가미된 시설물은 전혀 없다. 채광과 통풍이 잘되는 교실은 전부 놀이 공간을 향해 출입구가 나 있으며, 아이들은 대부분의 경우에, 때로는 선생님과 함께 또는 선생님 없이, 두세 명으로 구성된 소집단 활동에 참여한다. 대부분이 아이들의 미술 작품인 다양한 색과 소재로 꾸며진 교실은 그 자체로 활기가 넘친다.

빙 유치원의 부원장 베스 와이즈는 자신이 생각하기에 아이들에게 필요한 가장 가치 있는 〈장난감〉이란 그들의 상상력과 창의성을 개발해주는 장난감이라고 말했다. 「모래나 물, 찰흙, 물감, 블록 같은 것들이죠. 일단 이런 재료들을 이용할 줄 알게 되면 무엇이든 만들 수 있어요.」

이 유치원에는 아이들이 사용할 수 있는 컴퓨터나 디지털 카메라가 몇 대밖에 없고, 사진 앨범을 만들 때 이런 도구들이 점점 더 인기를 끌고 있지만 아이들은 그룹을 이뤄서 여러 사람이 함께 그 장치를 사용해야 한다. 그렇게 했을 때 이런 도구의 사용법을 익힐 수 있을뿐더러 서로 공유하고 사회적인 문제를 해결하는 법을 배울 수 있기 때문이다. 빙 유치원의 원장 베벌리 하트먼은 말한다. 「디스쿨에 있을 때는 중요했지만 여기에 와서 우리가 포기한 것 중 하나는 사회적인 영역에서 신속한 원형을 만들어야 한다는 생각입니다. 우리는 아이들이 특정한 어떤 갈등의 원인이 무엇인지 깨닫고, 그에 대한 해법을 고민하고, 최선의 해법을 찾을 때까지 다양한 방법을 시도하면서 배워 나가길 바랍니다.」

지향성

빙 유치원에서 행해지는 놀이가 자연 발생적이고 임의적인 것처럼 보이지만 그곳 교사들의 행동은 상당히 의도적이다. 베스가 말했다. 「우리가 여기 있는 이유는 아이들이 자신의 생각에 생명을 불어넣도록 도와주기 위함입니다. 또한 탐험을 유도하고 장려하기 위해서죠. 디자인 교재와 미술 재료는 다양한 소재를 가지고 문제를 해결해 나가는 능력을 가르치기 위해 사용되죠. 우리는 여러 사람이 사교적인 방식으로 문제를 해결하는 법도 가르칩니다. 아이들에게는 다른 사람을 이기려는 자연스런 유인이 있어요. 따라서 자기 주변의 어른들이 자기를 도와주기 위해 그 자리에 있다는 사실을 인지할 때 자기 눈앞의 일에 대해서 훨씬 독립적이고 창의적으로 변하죠. 교사로서는 언제 개입할지 아는 것이 중요합니다.」

베벌리 원장의 보충 설명이 이어졌다. 「일종의 역량 모델*이죠. 아이들의 행동 중에서 어떤 행동이 자발적이고 자기 선택에 의한 행동인지에 기초해서 우리가 만들었어요. 교사는 학생들이 성취해야 하는 목표에 관심을 기울여야 합니다. 학생들이 더 멀리 나아가도록, 자신이 무엇을 하고 있는지 명확히 이해하도록 도와줘야 하죠. 또한 학생들의 관심을 끄

---

* 조직 내의 역할을 효과적으로 수행하는 데 필요한 지식, 기술 및 특성을 조합하여 교육 훈련, 개발, 평가 등과 관련된 의사 결정을 위한 도구로 이용하는 것.

는 게 무엇인지도 늘 관심을 갖고 지켜봐야 합니다.」

나는 그들에게 빙 유치원 원생들이 놀이를 통해 배웠으면 하고 가장 바라는 게 무엇인지 물었다.

베스가 곧장 대답했다. 「세심하게 관찰하고, 문제를 해결하고, 다양한 시각에서 바라보고, 공감하고, 문제 해결을 위해 다양한 전략을 사용할 줄 앎과 동시에 배움에 대한 애정과 디자인적 사고 능력을 갖추길 바래요.」 하지만 그녀가 대답한 필수적인 성과 목록에는 읽기와 셈을 배우는 건 포함되지 않았다.

「부모들은 어떤가요? 부모들에게는 어떤 것을 알려 주고 싶나요?」

이번에는 베벌리가 대답했다. 「자녀의 장점을 더욱 살려 주라고, 우리가 아이들에게서 발견하는, 이제 막 개발되기 시작한 어떤 것을 육성하고 존중해 주라고 말하고 싶어요. 한편으로는, 그들이 자기 자녀에 대한 관찰자가 되도록 도와주고, 그들의 자녀가 단지 어떤 일을 성취할 수 있는지가 아니라 어떤 사람인지 깨닫도록 도와주고 싶어요. 아울러 자녀의 든든한 지원자가 되어 주라고, 무엇이 자녀를 위한 것인지 알 수 있도록 판단 능력을 갖추라고 조언해 주고, 자녀가 한 가족으로서 부모에게 바라는 게 무엇인지 알려 주고 싶습니다.」 간단히 말하자면 그들은 교사가 아이들의 놀이를 관찰하고 확대할 때 그렇게 하듯이 부모들도 의도적으로 행동하길 원한다.

놀이로서의 읽기

빙 유치원에서 아이들이 배워야 할 가장 중요한 것이 읽기와 셈은 아니지만 그럼에도 아이들이 읽을 수 있는 다양한 종류의 무수히 많은 책을 보유한 이 유치원은 읽기를 배우기에 무척 유리한 환경을 갖추고 있다. 교사들도 원생들에게 수시로 책을 읽어 주며, 아이들에게 읽어 준 이야기책을 토대로 해서 연극을 상연하는 경우도 자주 있다. 이곳에서 책은 아이들을 위한 또 다른 형태의 놀이다.

나는 읽기와 관련한 이 같은 접근법과 읽기를 중요하게 생각하는 점이 나와 이야기를 나눴던 많은 부모들의 또 다른 공통점이라는 사실을 알게 되었다. 그들은 거의 모두가 자녀들에게 자주 책을 읽어 줬다. 상상력을 길러 주는 책뿐만 아니라 어린 아이들이 세상을 이해하도록 도와주는 책도 하나같이 모두 중요하다. 일례로, 제이먼의 어머니 어닐 실스는 이렇게 말했다. 「나는 제이먼이 아주 어릴 때부터 책을 읽어 줬어요. 대략 일주일에 네다섯 번 정도였죠. 닥터 수스Dr. Seuss 시리즈와 아멜리아 베델리아Amelia Bedelia 시리즈를 전부 제이먼과 함께 읽었어요. 내가 열정을 갖고 임했던 부분이죠.」 한편 기계 장치의 작동 원리를 보여 주고, 어른 — 인간을 닮은 동물인 경우가 거의 대부분이지만 — 이 각자 다른 일들을 어떻게 해나가는지 보여 주는 리처드 스캐리Richard Scarry의 비지타운Busytown 시리즈가 도움이 되었다고 말한 부모들도 상당히 많았다.

아이들이 자라면서 스스로 책을 읽도록 지속적으로 유도하는 것도 매우 중요하다. 레아 펠프스는 그녀의 장성한 자식들도 그들 각자의 자녀와 하루 중 의무적인 자유 독서 시간 — 학교 공부와는 전혀 상관없이 독서하는 시간 — 을 가질 거라고 말했다고 했다. 코드 펠프스가 그와 그의 아내가 이 규칙을 고수한 이유를 설명했다. 「우리는 선생님들이 늘 저것을 외우라고, 이 문제들을 풀라고 말하는 학교의 압박에서 벗어날 수 있는 대안을 마련하고 싶었어요. 자신이 선택한 것을 고를 수 있고 자신의 속도에 맞춰 나갈 수 있다면 전혀 다른 차원의 읽기가 되죠.」 내가 직접 관찰한 바에 따르면 읽기 훈련은 집중하는 능력을 길러 줄 뿐 아니라 스스로 동기를 부여하는 학습 습관도 길러 준다.

열정

내가 인터뷰한 모든 부모들은 그들의 가장 중요한 임무 중 하나가 아이들이 자신의 열정을 찾고, 추구하도록 격려하는 것이라는 굳은 믿음을 갖고 있었다. 열정을 발견하는 일의 중요성은 부모들을 한 명씩 인터뷰해 나가는 과정에서 거의 매번 거론되었다. 커크의 아버지 코드 펠프스가 자기 아이들 앞에 다양한 기회들이 가득한 뷔페를 차려 놓아서 아이들이 정말로 자기가 관심 있는 것을 배울 수 있도록 했다고, 그리고 자신이 관찰한 결과를 토대로 해서 뷔페 메뉴를 수정했다고 말한 것을 떠올려 보라. 이 주제에 관한 인터뷰를 계속해서 진행하면서 나는 어린 자녀들이 자신의 열정을 추구하도록 격려하기 위해 부모들이 무엇을 하고, 하지 말아야 할지 고심하는 문제와 관련해 소중한 교훈을 얻었다. 스포츠나 악기와 관련된 문제 — 어느 정도까지 아이들을 밀어붙이고, 어떤 수준의 결정까지 아이들에게 일임할 것인가 — 도 반복해서 등장하는 주제였다.

마이크로소프트 랩스의 생산 책임자를 역임했으며, 초기 단계의 신생 기업에게 투자하고 도움도 제공하는 기업인 프로젝트 11의 창립자 케이티 레이는 젠 추의 아내이자 일곱 살과 열두 살짜리 자녀를 둔 어머니다. 혁신가와 기업가에게 내적인 동기가 얼마나 중요한지를 놓고 대화를 나누던 중에 그녀가 말했다. 「아이들이 어떤 것을 익히도록 어디까지 밀어붙일 것인지, 아니면 자신이 정말로 좋아하는 것을 스스로 알아내도록 내버려 둘 것인지를 놓고 항상 고민해요. 내 생각에 중요한 건 균형이고 그런 점에서 우리 부부는 오랫동안 잘못해 온 것 같아요. 우리 아이들은 피아노를 무척 잘 쳐요. 하지만 적어도 두세 번 정도 아이들은 피아노를 그만두고 싶다고 말했고 우리는 안 된다고 말했죠. 우리 부부는 피아노를 그만두지 않도록 한 것이 아이들에게 도움이 되었다고 생각해요. 그렇지만 아들이 축구를 하는 것과 관련해서는 어쩌면 벌써 몇 년 전에 그만두도록 말리고 다른 스포츠를 찾아보도록 했어야 했는지도 모르겠어요. 아들은 축구를 좋아하지 않아요. 반면에 하이킹은 정말 좋아하죠. 하이킹에 한해서는 다른 동기 부여가 필요 없을 정도에요. 그래서 지금은 하이킹에 중점을 둔 캠프에 보내고 있어요. 우리는 아이들이 정말로 좋아하는 게 무엇인지 살피려고 노력해요.」

수전 린치 역시 자녀가 스포츠 팀에 가입하는 문제와 관련해서 결정을 내려야 하는 고충에 대해 얘기했다. 「메건은 훌륭한 축구 선수지만 주말마다 늘 축구를 하는 건 좋아하지 않아요. 하지만 다른 학부모들이나 코치는 메건이 정말로 축구를 잘하게 하려면 그녀를 모든 게임에 빠짐없이 참가시키고, 축구 캠프 같은 곳에 보내야 한다고 조언했죠. 잘 해야 재미도 느끼는 법이라는 말에는 나도 동감해요. 게다가 나는 브라이언(그녀의 막내아들)에게 그가 운동장에서 걸을 수도 없거니와 따라서 축구를 잘할 수도 없다는 사실을 상기시켜 줘야 했죠. 하지만 무조건 자기 자녀가 챔피언이라고 생각하는 부모들이 너무나 많아요. 그들의 자녀가 스포츠를 좋아하기 때문이 아니에요. 〈호랑이 엄마〉 정신 때문이죠. 그런 사람을 보면 토가 나올 지경에요. 너무나 많은 아이들이 다양한 것을 탐험할 기회도 얻지 못한 채 성공을 향해 달려가도록 조종되고 있어요.

우리 부부는 아이들의 선택을 지지해 주기 위해 열심히 노력해 왔어요. 메건은 피아노와 클라리넷을 배웠지만 둘 중 어느 것에도 흥미를 느끼지 못했어요. 그래서 우리는 축제일에 아이들을 데리고 브라스 콘서트에 갔고 메건은 그 많은 금관 악기들 중에서도 튜바에 홀딱 반해 버렸죠. 그녀는 지금 튜바를 연주하는 데 빠져 있어요.」

BT 글로벌 서비스의 전직 CEO인 프랑수아 바롤이 자녀들이 악기를 선택할 때 도움을 주는 그만의 독특한 방식에 대해 설명했다.「우리 아이들이 각각 아홉 살과 열한 살이었을 때 나는 아이들을 악기점에 데리고 가서 다양한 악기를 시도해 보도록 했습니다. 그러고는 제각각 어떤 악기가 맞는지 알아내고자 아이들이 이런저런 악기를 연주할 때마다 아이들의 몸짓 언어를 살피려고 애썼죠. 내 생각에 모든 아이들은 창의적으로 자기 자신을 표현할 수 있게 도와줄 각자에게 맞는 올바른 도구를 찾아야 한다고 생각합니다.」

에릭 앤더슨은 그가 1987년에 설립한 기업 폴리테크 필트레이션 시스템스Polytech Filtration Systems의 대표다. 또한 에릭의 아내 레슬리 앤더슨은 제너럴 다이내믹스의 한 분과에 소속된 기술 담당 최고 책임자이며 사이버 보안 분야의 세계 최고 권위자 중 한 명이다. 앤더슨 부부는 펠프스 부부와 마찬가지로 그들의 자녀가 스카우트 활동이나 이런저런 스포츠, 여러 종류의 악기 등을 포함해서 폭넓고 다양한 활동을 경험하게 하려고 노력해 왔다. 에릭은 그들의 두 자녀가 수년에 걸쳐 피아노를 배웠으며 특히 첫째 아이는 꽤 소질도 보였지만 결국에는 둘 다 피아노를 그만두기로 결정했다고 설명했다. 레슬리는 〈아이들이 이런저런 악기와 스포츠를 잠깐씩 손만 대보고 말게 한다고 나무라는 친구들도 있었다〉고 말했다. 뒤이어 에릭이 말했다.「어떤 것을 그만둔다고 해서 꼭 자제력이 부족하다는 의미는 아닙니다. 부모가 괜한 기대를 한 것일 수도 있어요. 〈만일 네가 어떤 악기를 배우고 싶다면 우리는 네가 날마다 일정한 시간을 연습하길 기대해〉라는 식으로요.」

애플의 조엘 포돌니는 아이들에게 거짓으로 칭찬하지 말아야 한다는 확고한 믿음이 있다. 「아이들이 원하는 것을 하도록 지지해 주는 것도 중요하지만 그에 못지않게 그들이 실제로 어떻게 하고 있는지 솔직하게 알려 주는 것도 중요합니다. 나는 아이들에게 이를테면 첼로를 배우라고 강요해서도 안 되지만 실제로는 그렇지 않은데 잘한다고 칭찬해서도 안 된다고 생각해요. 잘하는 것도 중요합니다. 하지만 모든 사람이 트로피를 거머쥘 수도 없거니와 그렇게 되어서도 안 됩니다. 어느 시점이 되면 정말로 어떤 것을 잘할 때만 느낄 수 있는 만족감을 스스로 경험할 필요가 있어요.」

하버드 시절 데이비드 센제의 멘토였던 폴 보티노 교수는 그의 딸이 자신의 음악 실력을 스스로 평가하도록 도와준 방법과 관련해서 재미있는 이야기를 들려줬다. 「어느 날 딸아이는 다락에서 플루트를 찾아냈어요. 그러고는 돈을 벌려고 길거리로 나가 연주를 하기 시작했죠. 하루 종일 길거리에서 연주를 하고는 달랑 10센트짜리 동전 두 개를 가지고 들어오더군요. 나는 딸아이에게 그렇게 조금밖에 돈을 벌지 못한 이유가 뭐라고 생각하는지 물었고, 딸아이는 사람들이 돈을 지불하고 들어야 할 연주의 질이 문제였다는 사실을 깨닫게 되었죠.」

퓰리처상을 받은 작가이자 언론인 토머스 프리드먼은 다음과 같이 말했다. 「아이들이 어떤 아이디어를 내든 나는 그 아이디어를 지지해 줍니다. 지금은 딸아이들 중 한 명이 패션 웹사이트와 관련한 아이디어가 있어서 그녀가 그 일에 필요한 자금을 모으도록 도와줄 계획이죠.」

「그 패션 사업이 성공할 확률이 겨우 2퍼센트밖에 되지 않는다면 어떻게 하겠습니까?」

「나는 상관하지 않아요. 그 아이가 경험을 통해 뭔가를 배울 거라는 사실을 알기 때문입니다. 아울러 인생을 살다 보면 뜻밖의 행운이 찾아오기도 하죠.」

하지만 자녀의 열정을 지지해 주는 것이 언제나 쉬운 일은 아니다. 부모가, 그 당시 보기에는, 잘못된 선택을 하는 경우도 있기 때문이다. 토머스 프리드먼이 이러한 사실을 보여 주는 자신의 딸에 관한 이야기를 들려줬다. 「예일 대학을 졸업했을 때 딸아이는 케임브리지로부터 장학금을 받으면서 공부할 수 있는 제안을 받았고, 티치 포 아메리카Teach For America에도 합격했어요. 그녀가 내게 조언을 구했지만 나는 꾹 참아야 했습니다. 내가 올바른 선택이라고 생각한 어떤 아이디어가 계속해서 그녀의 마음 한구석에 남아 있길 원치 않았기 때문이죠.」 (프리드먼은 자신이 마셜 장학금*을 받으면서 공부했던 옥스퍼드에서의 경험을 무척 중시한다.) 「결국 딸아이는 티치 포 아메리카를 선택했고 그곳에서 2년에 걸쳐 프로그램을 진행했어요. 그러면서 고생도 참 많이 했죠. 그런데 어느 시점이 되자 자신이 잘못된 결정을 내린 건 아닌지 의아해하더군요. 하지만 그녀가 지극히 힘든 일들을 모두 이겨 냈고, 석사 학위도 받았기 때문에 나는 원래의 역할에 충실하고자 했어요. 침묵을 지키는 일이죠. 그녀는 지금 DC 공립 학교에서 4학년을 가르치고 있답니다. 그때의 경험이 그녀를 더욱 강하게 만들어 주었다고 생각해요.

CQ(호기심)에 PQ(열정)을 더하면 IQ보다 더 큰일을 해낼 수 있습니다.」

---

* 미국 학생을 영국 소재의 대학에서 유학할 수 있도록 지원하는 장학금.

목표

우리는 우리의 젊은 혁신가들을 통해 그들이 무엇을 열망하는지 앞에서 배웠다. 그들에게는 열정과 목표 의식이 있다. 하나같이 세상에 변화를 만들어 내고자 한다. 우리가 만난 세 명의 사회 혁신가인 로라와 시리타, 젠더에게는 변화를 창조하는 사람으로서 명확한 삶의 목표가 있다. STEM 분야의 혁신가 다섯 명에게도 원대한 목표 의식이 있다. 복잡한 과학 기술을 배우길 좋아하고 그와 관련한 프로젝트를 수행하길 좋아하는 커크는 적당한 가격으로 태양 에너지를 이용할 수 있는 방법을 찾아내는 데 심취해 있다. 제이먼의 열정은 신발을 디자인하는 데 있지만 마찬가지로 친환경적인 생산 공정을 만들고, 미국인을 위한 일자리도 창출하고 싶어 한다. 오토데스크에서 새로 맡은 업무에 대해 샤나는 다음과 같이 말한다. 「내가 하는 일은 단지 디지털 세계에만 국한되어 있는 게 아닙니다. 현실 세계와도 밀접한 관련이 있어요. 이를테면 환경적으로 지속 가능하고, 효율적이며, 폐기물도 적게 배출하고, 비용도 훨씬 절감할 수 있는 건물이나 공장을 설계하는 것처럼 말이죠.」데이비드의 사명은 아프리카의 빈곤과 고통을 완화시키는 데 도움이 되는 새로운 기술을 개발하는 것이며, 조디의 사명도 이와 유사하다.

나는 이들 젊은이들이 원대한 목표 의식을 갖게 된 데는 그들이 특히 기후 변화나 세계적인 기근 현상처럼 우리 미래를 위협하는 요인들에 대한 정보를 많이 접한 것도 일정 부분 도움이 되었다고 생각한다. 하지만 정보가 하나의 요소라면 가치관은 또 다른 문제다. 보다 많은 정보를 접한다고 해서 반드시 어떤 일을 해야겠다는 열정이 생기는 건 아니다. 실제로는 과도한 정보가 오히려 일종의 불능 상태를 초래할 수도 있다.

　가치관은 가르쳐야 하는 것이기도 하지만 〈가져야〉하는 것이다. 어찌 되었든 우리가 지금까지 만나 본 여덟 명의 젊은 혁신가를 길러 낸 부모들은 한결같이 사회에 환원하는 일의 중요성을 언급했고, 또 증명했다. 나는 내 포커스 그룹에 속해 있으며 하나같이 어린 자녀를 둔 부모들이 그들의 자녀에게 무엇을 원하는지, 부모로서 그들이 가장 중요하게 생각하는 게 무엇인지 궁금했다.

　수전 린치는 다음과 같이 말했다. 「나는 우리 아이들이 함께 있으면 행복하고, 함께 일하는 것이 즐겁고, 함께 변화를 만들어 나갈 수 있는 누군가를 찾았으면 좋겠어요.」

　레슬리 앤더슨도 이에 동감했다. 「아이들이 그게 어떤 일이든 자신이 하는 일을 좋아했으면 좋겠어요. 혁신적인 사람은 자신이 하는 일을 좋아하고, 기회를 잡을 수 있을 정도로 자기 일에 몰입하고, 보다 많은 시간을 투자하고, 함께 일하는 사람들을 보살피죠. 아울러 자기가 하는 일이 변화를 만든다고 생각했으면 좋겠어요. 나는 자선 사업을 통해 그러한 모범을 보이려고 노력했어요. 아주 작은 일을 통해서도 가능하다는 것을 보여 주고 싶었죠.」

　맥 코웰의 어머니 레슬리 리는 자기 아들이 미시건 주의 시골에 있는 학교를 다님으로써 얻은 것을 회상했다. 「내 관점에서 볼 때 우리 아들이 작은 마을에 있는 고등학교를 다니면서 배운 것 중 가장 중요한 건 가치관이었어요. 우리는 그 사람이 하는 일이나 입고 있는 옷에 따라서, 또는 그들의 청바지에 진흙이 묻어 있다는 이유로 사람들을 다르게 대하면 안 됩니다. 보잘것없는 직업에 종사하는 사람이라도 때로는 가장 현명한 사람일 수 있기 때문이에요.」

이 밖에도 나는 부모의 입장에 있는 몇몇 고위 기업 간부들과도 이야기를 나눴다. 그리고 그들도 이기적인 문제보다는 보다 원대한 어떤 것에 집중하는 게 중요하다고 말했다.

엘렌 쿠마타는 『포춘』에서 선정한 100대 기업에게 컨설팅을 제공하는 캠브리아 컨설팅Cambria Consulting의 상무 이사이자 파트너이다. 「기업가들은 열정에 대해 자주 언급합니다. 하지만 실질적으로 열정만으로는 충분치 않습니다. 그들은 나이가 점점 들어가면서 〈내가 도대체 무엇을 위해서 그 모든 시간을 바친 것일까?〉라는 회의를 갖게 되죠. 단지 어떤 것이 좋아서 하는 것보다 더 큰 어떤 것이 있어야 합니다.」

베스트바이의 CEO로 재직하다가 최근에 은퇴한 브래드 앤더슨에게는 스물여덟 살과 서른 살이 된 자식이 있다. 그가 말했다. 「창의적인 문제 해결사가 될 필요가 없는 사람은 없어요. 창의적인 문제 해결 능력은 자신이 하고 있는 일에 몰입하는 데서 나옵니다. 내가 우리 아이들에게 가장 바라는 점은 자기 자신에게 중요한 일을 좋아하고, 그 일에 몰입하는 겁니다. 그런 게 바로 진정한 삶이죠. 진정한 삶에 가까워질수록 그들은 보다 행복해질 겁니다. 그럼에도 그들이 내가 살아온 방식을 그대로 따르도록 할 수는 없어요. 그들 스스로 자신만의 어떤 것을 찾아야 하죠. 아이들에게 조언을 해줄 수는 있어요. 그렇지만 그 조언은 친절하게 이뤄져야 하고 아이들이 자신의 주체성을 유지할 수 있도록 충분한 여지를 남겨 줘야 합니다.」

도브 사이드먼Dov Seidman은 기업들이 윤리적인 기업 문화를 개발하도록 도와주는 회사인 LRN의 설립자다. 또한 『어떻게: 어떻게 하는지가 왜 중요한가HOW: Why HOW We Do Anything Means Everything』의 저자이기도 하다. 그는 자기 아들의 이름에 무슨 의미가 있으며 왜 중요한지에 대해 설명했다. 「우리 부부는 아들에게 훌륭한 이름을 지어 줬다고 생각해요. 레브 토브Lev Tov란 이름에는 〈사자의 심장을 가졌다〉는 뜻과 〈친절하다〉는 뜻이 있죠. 하지만 좋은 이름을 가졌다고 해서 그걸로 충분한 건 아닙니다. 앞으로 살아가면서 이름에 걸맞은 사람이 되기 위해 노력해야겠죠. 부모로서의 내 역할은 아들이 그런 사람이 되도록 도와주는 겁니다. 중요한 건 가치관입니다. 또한 인격이고, 예상치 못한 일이 20년에 한 번이 아니라 20일에 한 번씩 일어나더라도 다시 바닥을 딛고 일어설 수 있는 용기입니다. 아울러 세상과 소통할 수 있는 능력도 중요합니다. 다른 무엇보다, 나는 아들에게 희망을 불어넣어 주고 싶어요. 희망이야말로 가장 근본적인 가치입니다. 희망에 뿌리를 두고 있지 않으면 위축되거나, 다른 사람들로부터 멀어지고, 단절되기 십상이기 때문이죠. 반면에 희망이 있으면 세상은 온갖 의미를 부여해 줍니다. 더불어 보다 나은 미래를 만들기 위해 다른 사람과 협동할 수 있는 무한한 가능성을 발견하게 되지요.」

부모의 고충

이 책을 읽어 가면서 어떤 사람은 내가 인터뷰한 어른들이 비교적 쉽게 자녀를 키운다는 생각을 할지도 모르겠다. 언제 악기 배우는 것을 그만두도록, 또는 운동을 포기하도록 자녀에게 허락해야 할지 결정해야 하는 문제와는 별개로 말이다. 하지만 나는 그들이 부모로서의 역할을 수행하고 자녀와 함께 시간을 보내는 걸 매우 좋아하면서도 나름의 고충이 있음을 분명히 알 수 있었다. 자녀의 학교 문제에 대처하고, 아이들에게 실패할 수 있는 여유를 만들어 주는 것, 남들과 〈다른〉 부모가 되는 문제는 내가 인터뷰를 진행하는 내내 반복해서 등장하는 주제였다.

학교 문제

앞에서 살펴봤듯이 이들 가족들에게 독서는 그 자체로 하나의 목적으로서, 깨달음과 놀이의 한 형태로서 매우 중시되었다. 학교 공부를 잘하기 위한 수단이 아니었다. 펠프스 가족에게는 모든 아이들이 하루에 한 시간씩 책을, 하지만 학교에서 정해 주지 않은 책을, 읽어야 하는 규칙이 있음을 기억할 것이다. 어떤 부모들은 자기 아이들에게 독서를 강요하는 교사들의 노력에 저항해야 했다. 또한 학교 당국에 자기 아이들의 〈차이〉를 소명하고 변론해야 하는 경우도 많았다. 그중에서도 레슬리 리의 아들 맥이 읽기를 배우면서 어려움을 겪은 이야기는 특히 인상 깊었다.

「아이들이 어릴 때 우리 집의 관행은 아홉 시만 되면 아이들이 각자 그림책을 골라서 침대로 올라가고 그러면 내가 아이들에게 책을 읽어 주는 거였죠. 아이들 모두 책과 이야기를 좋아했어요. 하지만 초등학교 1학년이 되었을 때 맥은 종이 위의 기호들이 어떤 의미가 있는지 이해할 수 없었어요. (그는 시카고 근교에 있는 명문 초등학교 중 하나에 다니고 있었다.) 학교 측은 아이에게 주의력 결핍 장애 테스트를 해보고 싶어 했어요. 맥이 다른 아이들과 똑같이 읽지 못한다는 이유에서였죠. 하지만 나는 맥이 늘 질문이 많다는 사실을 알고 있었고, 따라서 맥이 주의력 결핍 장애가 아니라고 생각했어요. 단지 학교에서 주는 책을 읽고 싶지가 않았던 거죠. 나는 맥에게 〈괜찮아. 읽기는 나중에라도 배울 수 있단다〉라고 말해 줬어요.

나는 맥의 담임 선생님을 찾아가서 맥이 책을 좋아하고, 따라서 언젠가는 분명 책을 잘 읽게 되겠지만 학교에서 지금처럼 읽기를 강요하면 그가 책을 싫어하게 될지도 모른다고 설명했어요. 그랬더니 담임 선생님이 갑자기 눈물을 흘리면서 이렇게 말하더군요. 〈어머니께서 그렇게 말씀해 주시니 정말 얼마나 기쁜지 모르겠어요. 대다수 학부모님들은 아직까지 읽는 법도 제대로 가르치지 못했다고 하면서 내게 화부터 내시거든요.〉

이듬해에 맥은 미시건 주의 시골 마을로 전학을 가게 되었어요. 그리고 나는 또 담임 선생님을 찾아가서 언젠가는 맥이 글을 배울 테니 걱정할 필요 없다고 설명해야 했죠. 봄방학을 맞아 우리 가족은 하와이에 갔는데 비행기 안에서 맥이 좌석의 뒤에 붙어 있는 주머니에서 『파퓰러 사이언스*Popular Science*』지를 꺼내더군요. 그 잡지의 표지에는 물 밖으로 나와서 하늘을 날고, 자동차처럼 육지에 착륙하는 잠수함 그림이 있었어요. 맥은 그 잡지에서 관련 기사를 찾아보더니 이렇게 말했답니다. 〈엄마, 나 이거 읽을 수 있어요!〉 그 뒤로 맥의 얼굴 앞에는 늘 책이 놓여 있었어요. 2학년이 끝나 갈 즈음에는 다른 어떤 아이보다 많은 책을 읽었답니다.」

어떤 부모들은 그들의 자녀가 권위에 복종하길 바라는 학교의 기대치 때문에 문제를 겪었다. 이 책과 관련한 작업을 막 시작하면서 나는 앤마리 닐과 내 아이디어에 관한 의견을 주고받고 있었는데 당시 그녀는 내게 이메일을 보내서 그녀의 아들 터커가 덴버 외곽의 명성이 자자한 차터스쿨에서 겪은 경험담을 들려줬다. 당시 그녀의 아들은 그 학교에 1학년생으로 막 입학 허가를 받은 상황이었다.

내 아들은 이제 다섯 살이고 보육원과 유치원을 거의 몬테소리에서 다녔답니다. 그리고 최근에 근처에 있는 차터스쿨에 1학년으로 입학 허가를 받았어요. 이 학교는 자립 학교이면서 학문적으로 무척 엄격해요. 나는 터커를 데리고 (반 편성을 목적으로 행해지는) 배치 고사를 보러 갔어요. 선생님은 터커에게 시험지를 주고 수학과 작문 시험을 치르도록 했습니다. 내가 터커에게 시험 문제를 읽어 주는 동안 그녀는 우리를 감독했어요.

터커는 20분 만에 시험 문제를 풀었어요. 그러고는 시험지를 선생님한테 제출했죠. 알고 있겠지만 몬테소리에서는 시험을 치르지 않는답니다. 따라서 시험을 본다는 개념이 터커에겐 무척 생소했죠. 선생님은 〈벌써 끝났을 리가 없어. 40분이나 더 남았으니 돌아가서 자기가 쓴 답을 다시 확인해 보렴〉이라고 말했어요. 그러자 터커는 〈확인도 했어요. 다 맞는 것 같아요〉라고 대답했죠. 선생님은 시험지를 쭉 훑어보고는 〈음, 다 맞구나〉라고 말했습니다. 터커가 그녀에게 몬테소리에서는 2학년이 되어야 곱셈과 나눗셈을 배운다고 얘기하자 그녀는 〈목소리를 낮추렴〉이라고 말했고, 터커는 그녀에게 하던 이야기를 중단했어요.

선생님은 〈수학처럼 읽기도 잘하는지 한번 보자꾸나〉라고 말하면서 터커에게 이야기책을 읽어 보도록 시켰어요. 터커는 무난하게 해냈지만 몇 군데 실수도 있었어요. 선생님이 말했어요. 〈자, 이제 질문을 몇 가지 할 테니 대답할 수 있는지 볼까?〉 그녀는 공기와 관련된 질문 몇 가지를 했답니다. 공기가 무엇인지 아니? 우리 주변에 공기가 있다는 걸 어떻게 알까? 공기가 변하는 건 어떻게 알지? 터커는 지구와 다른 행성의 차이에 관해, 즉 공기와 가스의 차이, 생명체, 바람 등에 대해 설명하기 시작했어요. 그런 다음에는 자신의 요구르트 뚜껑이 바람에 날아갔던 이야기를 들려주기 시작했죠. 그리고 그가 몬테소리에 다닐 때 그 뚜껑을 줍기 위해 쫓아갈 것인지 아니면 탁자에 그대로 앉아 있을 것인지를 놓고 겪은 도덕적 딜레마에 대해서도 설명했어요. 자신이 어질렀지만 자리에 그대로 앉아 있는 것도 규칙이었거든요. 선생님이 〈그래서, 규칙을 어겼니?〉라고 물었고, 터커는 〈예, 하지만 선생님한테 먼저 말했어요. 쓰레기를 그대로 내버려 두고 싶지도 않았구요〉라고 대답했죠. 선생님은 재차 터커에게 목소리를 낮추라고 말했습니다. 터커는 여느 다섯 살짜리처럼 자기 이야기를 하면서 무척 들떠 있었지만 갑자기 조용해졌죠.

질문에 대답하고, 규칙에 순응하고, 목소리를 낮추라고 하는 건, 비록 그곳이 최고의 차터스쿨로 평가받는 학교일지라도, 어쩔 수 없는 공립 학교의 사고방식이에요. 그날 오후에 몬테소리로 돌아왔을 때 담임 선생님이 시험에 대해 묻자 터커는 〈시험은 잘 봤는데 그 이후로는 별로였어요〉라고 말했어요. 정말 가슴이 아팠어요.

앤마리는 다음과 같은 말로 나한테 보낸 그 이메일의 결론을 대신했다.

터커의 경험을 당신이 쓰려는 책의 콘셉트와 비교를 해보세요. 혁신을 위해서는 그 아이디어가 훌륭하든 그렇지 않든 아이디어를 수용할 줄 아는 문화를 창조하는 게 전부라고 할 수 있어요. 그리고 그러한 아이디어를 실험하는 데 따른 위험을 관리하는 법을 배우는 게 중요하죠. 아이들에게 자신감과 자부심을 길러 주면서 협동하고, 기존의 틀을 깨고, 혁신하고, 빠르게 변화하는 세상에 적응해 나가도록 가르치기 위해서는 어떻게 해야 할까요? 보다 풍부한 경험을 쌓도록 해주는 한편, 탐험하고, 질문하고, 테스트하고, 실험하고, 타당한 한계까지 나아갈 수 있도록 자신감을 길러 주어야 하지 않을까요? 조직 생활에서 필요한 시험은 그 사람이 얼마나 많이 아는지에 관한 것이 아닐 겁니다. 그보다는, 전략적인 타당성을 갖춘 회사를 만들기 위해 다른 사람들과 얼마나 잘 협동할 수 있는지에 관한 것이겠죠.

앤마리와 그녀의 남편은 터커를 차터스쿨이 아닌 사립 학교에 보내기로 결정했다.

대체로 자녀의 학교 문제와 관련한 부모들의 고충은, 특히 자녀가 점점 커나갈수록, 시험이나 학점 위주의 교육과 자녀가 내적인 관심사를 표출하도록 해주는 교육을 두고 발생하는 갈등으로 집중되었다. 레슬리 앤더슨이 말했다. 「아이의 교육 문제를 두고 내 자신의 목표와 학교의 목표 사이에는 팽팽한 긴장감이 존재해요. 나는 아이들의 MCAS(매사추세츠 주에서 책무성을 평가하기 위해 실시하는 시험) 점수를 상관하지 않아요. 그 시험을 위해 아이들에게 보다 많은 시간을 공부하도록 요구하는 일도 없을 거예요. 그 시간에 아이들이 정말로 자신이 관심 있는 과목을 더 깊이 파고들길 바라기 때문이에요. 하지만 이 문제는 내게 늘 고민을 안겨 줘요.

공부와 성공에 관한 내 걱정이 아이들에게 옮겨 가지 않도록 하는 것도 내겐 결코 쉬운 일이 아니에요. 학생일 때 나는 시험에서 80점을 넘기지 못할까봐 걱정하고는 했어요. 그런 걱정을 내 아이들에게까지 물려주고 싶지 않아요. 점수를 잘 받기 위해서가 아니라 자기가 정말 좋아하기 때문에 잘 하려고 해야 합니다.」

수전 린치의 남편이자 내 포커스 그룹 중 일원이기도 한 릭 린치는 저소득 가정을 위해 합리적인 가격으로 의료 서비스를 제공하고자 하는 신생 기업 셀티케어 헬스 플랜Celticare Health Plan의 대표 이사인 동시에 CEO다. 그는 다음과 같이 말했다. 「부모로서 우리 부부는 아이들이 적당한 점수를 받는 문제와 자신의 정체성을 잃지 않으면서 자신감을 가지고 다른 사람들과 잘 지내는 문제 사이에서 적절히 균형을 유지하려고 노력합니다. 감성지능, 즉 EQ가 IQ보다 훨씬 중요하죠.」[3]

수전 린치는 세 자녀의 학습 방식이 그녀와 다르며 그들에게 각자 자기만의 학습 방식이 있다는 사실을 깨닫는 게 얼마나 중요했는지 설명했다. 「나는 학교 공부가 쉬웠고 성적도 좋았어요. 하지만 지금은 내게 쉬웠던 것들이 우리 아이들에게도 꼭 그런 건 아니라는 사실을 깨닫고 있는 중이에요. 우리에게는 제각각 개성이 다른 세 명의 자녀가 있는데 어떤 특정한 방식이 그들 중 한 명에게, 또는 내게 먹힌다고 해서 다른 아이에게도 반드시 먹힌다는 보장이 없다는 사실을 이해하는 게 정말 중요해요. 중요한 건 우리가 아니에요. 우린 이미 학교에 다녀 봤잖아요. 학교도 아니에요. 중요한 건 아이들 자신이에요. 내가 하는 대부분의 일이나 사회 환경에서는 비상식적으로 성과가 강요됩니다. 나는 내 아이들이 어린 시절을 충분히 즐겼으면 좋겠어요. 그래서 나는 내 주위의 모든 비상식적인 요소들과 싸워 나갈 생각입니다.」

로빈 체이스는 세계에서 가장 큰 자동차 공유 회사인 집카Zipcar와 자동차 함께 타기 운동을 소셜 네트워크와 결합시킨 최초의 기업 고로코 GoLoco의 공동 설립자이자 전직 CEO다. 그녀와 그녀의 남편이자 고로코와 집카의 기술 담당 최고 책임자인 로이 러셀은 두 명의 대학생 자녀가 있다. 그들은 또한 자녀의 어린 시절 인생을 잘 관리해서 그들이 〈올바른〉 대학에 들어갈 수 있도록 준비를 갖춰 주는 보통의 양육 관행을 수용하길 거부하는 〈저항자〉이기도 했다. 로빈이 말했다. 「우리는 아이들을 대학에 맞춰 준비시키지 않았습니다. 특정한 기준에 맞춰 자신의 이력서를 채워 나가도록 요구하지도 않았죠. 우리 아이들이 배울 줄 아는 사람이 되도록, 어디에 가서 무엇을 배울지 알도록 가르치는 게 훨씬 중요하다고 생각했습니다. 여기에 더해서 지금 대학을 다니고 있다는 점을 감안할 때 어떤 대학을 다녔는지보다 앞으로 어떤 대학원을 갈 것인지가 더 중요하겠지요.」

아이디오의 상무 이사 톰 켈리는 고등학생 나이의 자녀들에 대한 자신의 기대와 그로 인한 갈등에 대해 언급했다. 「나는 아이들이 정식 학교의 테두리 안에서 자신의 색깔을 찾고 난 다음에 학교 밖으로 나가서 자신의 관심사와 자신에게 중요한 것을 찾길 원해요.」 톰의 관점에서 볼 때 가장 의미 있는 교육은 학교 밖에서 이뤄진다.

레슬리 리는 그녀의 아들이 고등학교에 다닐 때 그에게 최선의 지원을 해주는 방법으로써 본질에 충실한 태도를 취했다.

「맥은 중학교에 다니는 내내 컴퓨터 앞에서 많은 시간을 보냈어요. 괴짜였죠. 고등학교에 들어가고 일주일쯤 지나자 그는 여학생들의 존재를 인식하고는 이렇게 선언했어요. 〈이제부터 좀 더 사교적인 사람이 되기로 했어요.〉 그러고는 축구팀과 스키팀에 들어갔죠. 맥에게 고등학교는 인간관계를 형성하고, 재미를 좇고, 파티를 찾아다니는 시기였어요. 실제로도 상당히 즐거운 시간을 보냈어요.

맥은 작은 마을에 있는 고등학교에 다녔어요. 그에게는 훌륭한 선생님도 몇 명 있었고, 정말 나쁜 선생님도 꽤 있었고, 평범한 선생님도 만났어요. 맥은 정말 끔찍한 게으름뱅이였어요. 심지어 수업 시간에도 전혀 충실하지 않았어요. 하지만 내가 알고 싶었던 건 〈너는 무엇에 열정과 호기심을 갖고 있니?〉에 대한 것이었어요. 그리고 맥이 열정과 호기심 그 두 가지를 갖고 있는 한, 설령 그 대상이 그가 듣는 수업 시간에 있지 않더라도, 나는 걱정하지 않았어요.

맥에게 있어서 가장 큰 문제는 수업 시간이 지루하다는 거였죠. 그래서 나는 맥에게 〈아무리 수업 시간이 지루하더라도 야비하거나 무례하게 굴면 안 된단다. 하지만 네가 읽고 싶은 책을 교과서 뒤에 숨기는 한이 있더라도 늘 무언가에 대해 관심을 가져야 해. 네가 무엇을 배우든 그 책임은 너한테 있는 거야〉라고 말해 줬죠.」

제프 헌터는 나와 인터뷰를 하던 즈음에 돌비 랩스Dolby Labs의 인적 자원부에서 인재 모집을 책임지는 부대표로 있다가 동부 연안에 위치한 한 회사의 새로운 자리로 옮기는 중이었다. 이전에는 일렉트로닉 아츠Electronic Arts에서 근무하기도 했으며, 유포리온Euphorion을 공동으로 설립해서 직접 CEO를 맡기도 했다. 이 회사는 2003년에 매각되었다. 또한 제프는 상까지 받은 탤런티즘닷컴Talentism.com이라는 블로그를 갖고 있다. 이 모든 노력 중에서도 그는 고도로 혁신적인 기업들에게 필요한 인재상을 규명하고, 그런 인재를 모집하고, 육성하는 방법에 특히 집중해 왔다. 열세 살부터 열일곱 살까지의 세 명의 십 대 자녀를 둔 부모로서 그는 자녀가 학교에서 좋은 성적을 얻기 위해 해야 하는 것과 그들이 미래의 혁신가가 되기 위해 필요한 기술 사이에 존재하는 모순에 대해 정확히 꿰고 있다. 그가 2007년에 자신의 블로그에 올린 글 중 하나인 〈내 아들은 숙제를 하지 않으려고 한다〉는 이 같은 모순을 적나라하게 보여 줬다.

나는 요즘 아들 녀석 때문에 지옥을 경험하고 있다. 그 녀석은 이제 열두 살인데 내가 무슨 짓을 해도, 아내가 갖은 수단을 동원해도, 제 누나가 뭐라고 꼬드겨도 도무지 학교 숙제를 하려고 들지 않는다. 외출 금지도 시켜

봤고, 아들 녀석의 애장품도 압수해 봤고, 그가 좋아하는 생일 파티나 다른 사교 행사에 가지 못하게도 해봤다. 체벌만 제외하고는 (나는 체벌에 반대한다) 모든 시도를 해봤다. 하지만 아무런 소용이 없었다. 아들은 꿈쩍도 하지 않았다. 우리는 그 녀석이 옳지 않다고 생각하는 것을 강제로 하도록 만들 수 없었다. 그리고 내가 개인적으로 더 비참함을 느끼는 이유는…… 그 녀석이 옳기 때문이다.

내 아들은 라디오를 듣다가 자신의 색소폰을 꺼내서 무엇을 듣고 있었든 상관없이 그대로 연주할 수 있다. 색소폰이 여의치 않은 경우에는 주변에 잡히는 어떤 악기를 가지고도 라디오에서 들은 것을 그대로 연주한다.

하지만 숙제는 하지 않는다.

나는 아들한테 데생에 관한 책을 사줬는데 그 녀석은 밤중에 일어나서 그 책을 읽고는 집 안을 어슬렁거리며 이러저런 것들을 스케치한다. 아들 녀석이 그린 그림은 정말 놀랍다. 그가 그린 만화는 재미있을 뿐 아니라 교훈적이며, 마음을 잡아끄는 매력이 있다. 사람들이 그에게 만화를 계속 그려 보라고 얘기할 정도다.

하지만 숙제는 하지 않는다.

내 아들은 좀처럼 우울한 경우가 별로 없으며 자연스럽게 사람들을 잡아끄는 매력이 있다. 농담을 구사하는 말솜씨가 뛰어나고, 팝 문화와 관련해서는 한 번만 보면 마치 머릿속에 사진을 찍듯이 정확히 기억한다. 우리는 「심슨가족」에 나온 대사를 늘 흉내 내면서 서로 배꼽을 잡는다. 그러면 그 녀석은 3년 전에 봤던 영화의 모든 장면과 대사를 기억해서 나를 놀라게 한다.

하지만 숙제는 하지 않는다.

내 아들은 지적 호기심이 강하다. 새로운 것을 배우길 좋아하고 내게 늘 질문을 퍼붓는다. 「이건 왜 이렇게 되는 거죠?」, 「저건 왜 저래요?」

하지만 숙제는 하지 않는다.

내 아들은 비디오 게임에 환장한다. 나는 비디오 게임 회사에서 일하기 때문에 (당시에 제프는 일렉트로닉 아츠에서 근무했다) 넥스트 젠 비디오 게임의 모든 미션을 완료하려면 어느 정도의 시간이 걸리는지 알고 있다. 하지만 그 녀석은 반밖에 걸리지 않는다. 친구들과 시합을 열어서 그들을 한껏 짓밟아 준 다음에는 그 게임을 깨려면 어떻게 해야 하는지 자신이 알아낸 온갖 비기를 친구들에게 전수한다.

젠장, 하지만 숙제는 하지 않는다.

며칠 전에 나는 아들에게 숙제를 끝내라고 닦달했다. 아들 옆에 찰싹 달라붙어 앉아 내 자신도 고등학교나 대학교를 다니면서 (내 아들이 열두 살이라는 점을 기억할 필요가 있다) 한 번도 본 적이 없는 수학 문제를 풀려고 안간힘을 썼다. 나는 자정이 되도록 내내 아들을 야단치면서 그와 함께 앉아 있었고, 분노를 억제할 수 없었다. 마침내 우리는 그 문제를 푸는 데 성공했다. 그 문제는 2차 방정식으로 만들어진 포물선을 나누고, 그 결과값을 부등식 원리에 따라 생성된 그래프에 맞게 환산해야 하는 것이었다. 그 과제의 목표는 주어진 2차 방정식을 토대로 해서 강줄기의 교차점을 찾아내는 것이었다.

아들 녀석은 다음 날 아침 일찍 일어나서 거실로 내려갔고, 그 숙제에 자기가 보기에 좀 더 재미있는 요소들을 첨가했다. 강 깊은 곳을 탐험하는 만화 캐릭터들을 추가하고, 행복한 어린 오리(그는 이 오리에게 〈내 점수〉라는 이름을 붙였다)를 막 잡아먹으려고 하는 상어(이 상어에게는 담임 선생님 이름을 붙였다)를 그려 넣었다. 또한 낚시 도구를 정리하는 어부도 그려 넣고, 물고기와 다른 물속 생명체들도 분류해서 그려 넣었다. 그것은 단지 무의미한 낙서가 아니었다. 그 그림은 아들 녀석이 고심하고 있던 몇 가지 정보들을 명확히 하는 데 실질적인 도움이 되었다. 아들 녀석은 만화 캐릭터를 추가해서 그 숙제가 무엇을 가르치려고 하는지 보다 명확히 이해하고자 했던 것이다.

우리 가족 모두는 그가 만든 작품에 완전히 매료되었다. 예술적으로 창의적이고 매력적일 뿐 아니라 그 과제의 진정한 본질을 명확히 보여 주는 데 실제로 도움이 되었기 때문이다. 당연히 뿌듯한 마음이 들었고 담임 선생님의 반응이 몹시 기대되었다.

하지만 아들은 풀이 죽은 채 발을 질질 끌면서 집에 왔다. 아들에게 무슨 일인지 물었다. 「선생님이 내가 한 숙제를 좋아하지 않았어요. 크기가 다른 잘못된 종이에다 숙제를 했대요.」

나는 머리숱이 별로 없다. 하지만 많지도 않은 그 머리카락을 뿌리째 쥐어뜯고 싶은 심정이었다. 아들은 숙제가 워낙에 쓸모없는 짓이라서 하지 않는 것이다. 나는 여러 선생님과 교장 선생님, 학계의 회원, 할머니, 할아버지, 그 외에도 수백 명의 다른 사람들과 이야기를 나눴지만 〈내 아들이 학자나 펀드 매니저 둘 중에 하나가 될 거라고 어떻게 그렇게 확신하나요?〉라는 질문에 그럴듯한 대답을 해준 사람은 아무도 없었다. 내가 아는 한, 학자나 펀드 매니저는 학교에서 아이들에게 준비를 갖춰 줘야 하는 수많은 직업 중 단지 두 가지에 불과할 뿐이다.

부모로서 나는 두 세계 사이에서 어중간한 위치에 끼어 있다. 나는 학교가 우리 아들의 장래성에 심각한 해를 끼치고 있다고 100퍼센트 확신하지만 한편으로는 이 게임이 좋은 점수를 받는 아이들에게 유리하도록 조작되어 있다는 사실도 알고 있다.

나는 내 아이들을 성공하도록 만들어 주고, 그들이 자신의 고객과 사회, 자기 자신에게 가능한 한 최선의 가치를 제공하도록 도와줄 어떤 것에 집중

하고 싶다. 하지만 한편으로는 그들에게 일자리를 만들어 줄 어떤 것에도, 설령 그 어떤 것이 우리 아이들과 사회, 우리 아이들을 고용한 기업, 그들 주위에 있는 모든 사람에게 해가 될지라도, 집중해야 한다. 이런 상황이야말로 실패한 시스템의 정의 그 자체이며, 우리가 안전 운행이라는 명목하에 어떻게 우리 스스로를 절벽으로 몰아가고 있는지 보여 주는 전형적인 예다.[4]

위험 감수

아이들에게 위험을 감수하도록 허락하는 문제는 젊은 혁신가의 부모들과 대화를 나누는 과정에서 반복적으로 등장하는 또 다른 주제이며, 그들의 철학은 많은 〈헬리콥터〉 부모나 〈호랑이 엄마〉의 그것과는 극명하게 대조된다. 인터뷰 과정에서 만난 대다수 부모들은 아이들이 실수하도록 내버려 두고, 실패로부터 그들을 보호하려고 하지 않는 게 중요하다고 말한다.

여러분은 레슬리 리가 그녀의 아들 맥에게 생일 선물로 상자 하나와 밧줄, 막대기 등을 준 일을 기억할 것이다. 그녀는 오늘날 대다수 부모들이 자녀에게 그런 종류의 물건을 사주지 않는다는 점을 안타까워했다. 「오늘날에는 부모들이 지나치게 위험을 기피하려고 해요. 아이들에게 막대기나 밧줄은 허락되지 않죠. 하지만 나는 맥이나 그 친구들이 밧줄에 묶여 있는 광경을 한 번도 본 적이 없어요. 막대기 때문에 다친 사람도 없었죠. 곳곳에 수많은 부비트랩이 있었음에도 불구하고 말이에요!」

로빈 체이스와 로이 러셀은 낮은 단계의 위험을 권장하는 아이디어에 대해 설명했다. 로빈이 말했다. 「우리는 아이들에게 점차적으로 확대되는 걷기와 자전거 타기 특권을 줬어요. 예컨대 우리 아이들은 여덟 살이 되면 혼자서 도로를 건너거나 한 블록 떨어진 공원에 갈 수 있었죠. 아홉 살 무렵이 되면 두 블록 떨어진 도서관에 갈 수 있었어요. 그리고 열한 살이 되면 혼자서 음식 가게에 갈 수 있었어요. 열세 살부터는 지하철을 타고 시내로 나갈 수 있었죠.

하지만 교외에 사는 다른 부모들에게 이런 얘기를 해주면 그들은 충격부터 받아요. 나는 자녀들을 걸어서 등교시키는 문제에 관한 기사를 읽은 적이 있어요. 그 기사에는 아홉 살짜리 자기 아이가 길을 따라 내려가면 집 네 채 정도의 거리에 있는 학교를 걸어서 가도록 하는 일은 절대 없을 거라는 어떤 부모의 인터뷰가 실려 있더군요. 또한 자녀를 걸어서 등교시키는 엄마들을 비난하는 다른 부모들의 이야기도 있었어요. 아이들이 납치될까 봐 무서운 심정은 나도 이해해요. 하지만 가능성과 통계도 감안해야죠. 우리 나라에서 낯선 사람에게 납치되는 아이들이 일 년에 과연 몇 명일까요?」

젠 추도 비슷한 이야기를 했다. 「우리 아이들은 이런저런 일들을 자율적으로 결정해요. 어디를 갈 때도 오토바이를 이용할 건지, 지하철을 이용할 건지 스스로 결정하죠. 이런 자율성은 많은 자신감을 북돋워 주죠. 하지만 언제 얼마큼의 자유를 줄 것인지와 관련해서 일종의 긴장감을 암시하기도 해요. 그럼에도 건전한 긴장감이죠.」

리치 린치가 말했다. 「아이들은 인내심과 불굴의 의지를 바탕으로 실천할 필요가 있어요. 그들에게 성공과 실패를 경험할 수 있는 기회를 주어야 합니다. 나는 우리 아이들이 스물여섯 살이 되어서야 처음으로 커다란 실패를 겪고 괴로워하길 원치 않아요.」

로이 러셀은 다음과 같이 제안한다. 「부모가 그들의 자녀들로 하여금 〈실패〉를 과정의 일부로 여기도록 도와줘야 합니다. 아이들에게 이렇게 말할 수 있겠죠. 〈아직까지 직업을 구하지 못했는데 앞으로 어떻게 할 계획이니?〉, 〈네게는 어떤 새로운 기회가 있을까?〉」

위험을 감수하는 문제와 관련해 젊은 혁신가의 부모들은 먼저 자기 아이가 어떤 사람인지에 대해 아는 게 중요하다고 말했다. 어떤 사람은 다른 사람에 비해 책임감을 쉽게 받아들일 수 있고, 보다 일찍부터 독립적인 태도를 갖는 경우도 있기 때문이다. 로이 러셀의 설명이다. 「아이들마다 제각각 다를 수 있어요. 자기 주변에서 일어나고 있는 일에 대해 전혀 모르는 아이들도 있답니다.」

로빈 체이스가 독립적이며 자신감 넘치는 자신의 딸에 대한 이야기를 들려줬다. 아직 열 살이었을 때 그 딸은 부모에게 자기는 멕시코 사람들과 함께 살면서 스페인어를 배우고 싶다고 말했다. 로빈이 말했다. 「우리는 그 이야기를 무척 진지하게 받아들였어요. 그럼에도 그 당시에는 그녀를 위해 해줄 수 있는 게 아무것도 없었죠. 하지만 열다섯 번째 생일을 맞고 일주일이 지난 뒤에 그녀는 혼자서 과테말라 시티로 날아가서 버스를 타고 스페인어를 집중적으로 가르치는 학교를 찾아갔어요. 그 학교의 학생들은 모두 이십 대나 삼십 대였죠. 또한 버스로 한 시간 거리에 있는 마야인 마을을 정기적으로 방문하면서 그곳에서 아이들에게 영어를 가르쳤어요.

나는 이왕에 아이들에게 기업가적 능력을 개발해 줄 작정이라면 그와 더불어서 주도권을 행사할 수 있는 기회도 줘야 한다고 생각해요. 그리고 그 과정에는 늘 위험이 뒤따르죠.」 나는 그 이후의 이야기가 어떻게 되었는지 궁금해서 로빈과 로이의 딸 캐머런 러셀을 인터뷰했다. 올해 스물네 살인 캐머런은 매우 성공한 패션모델이며, 콜롬비아 대학에서 경제학과 수학을 전공했고, 작가이자 비디오 예술가다. 또한 정치적인 행동주의자이며, 2009년에는 빌 맥키븐이 설립한 환경 단체 〈350.org〉의 기금 마련을 위해 일단의 모델들을 모아서 비디오도 제작했다. 그들이 제작한 유튜브 동영상은 거의 100만 건의 조회수를 기록했다.[5]

레슬리 리가 말했다. 「부모는 삶에 아무런 위험 요소가 없다고 믿고 싶어 해요. 하지만 생명력 그 자체는 언제나 위험에 노출되어 있죠. 아이를 이 세상으로 불러온 건 당신이지만 자연의 섭리에 따라 그 아이는 언제든 영원히 당신 곁을 떠날 수 있어요. 아무리 부모라도 내 자녀에게 그런 일이 생기지 않도록 막을 수는 없는 법이죠.」

〈다른〉부모 되기

혁신가인 부모나 젊은 혁신가를 자녀로 둔 부모를 인터뷰하면서 나는 그들 대다수가 자기 주변의 부모들과 다른 방식으로 부모 노릇을 하면서 겪은 고충에 대해 빈번하게 언급하는 모습을 보고 충격을 받았다.

맨 먼저, 레아 펠프스가 남들과 다른 부모가 되기까지의 난관 — 그녀와 코드가 교육에서 중요하게 생각한 것과 그들이 정한 규칙들, 자녀와 얼마나 많은 시간을 함께 보낼 것인지 등 — 을 언급했다. 크리스틴 손더스는 그녀의 자녀들에게 다른 아이들이 가진 것보다 훨씬 적은 수의 인형을 사주면서 대신 딸들이 그들의 상상력을 이용하는 데 더 많은 시간을 보내길 원했지만 결과적으로는 〈시류에 역행한다〉는 느낌을 받았다. 수전 린치는 그녀의 딸을 원정 경기에 데려가지 않는다는 이유로 매건을 훌륭한 선수로 키우기 위해 최선을 다하지 않는다고 생각한 다른 엄마들로부터 받은 비난에 대해 언급했다. 수전은 많은 부모들이 자기 아이들을 〈성공이 예정된〉 챔피언으로 생각한다는 사실에 우려를 표시했다. 레슬리 앤더슨은 다른 부모들로부터 아이들에게 〈잠깐씩 손만 대보고 말게 한다〉는 비난을 종종 받는다고 말했다. 레슬리 리는 오늘날

〈위험을 기피〉하려는 부모들의 성향을 꼬집었다. 로빈 체이스와 로이 러셀은 그들 부부가 자녀들에게 얼마만큼의 재량을 주는지 보고 아연실색하는 부모들에 대해 언급했다. 그리고 교육을 둘러싼 이들 대다수 부모들의 관점은 진정한 배움보다 자격을 갖추는 데 관심이 더 많은 다른 부모들의 관점과 상충했다. 또한 교외의 대다수 부모들과 달리 이 〈색다른〉 부모들은 자녀 주위를 〈맴돌면서〉 보호하길 거부했다.

오늘날 젊은 혁신가나 기업가의 부모가 되기 위해서는 신념과 용기가 필요하다. 나는 양육과 관련해서 그런 신념과 용기가 어디에서 나오는지 모른다. 하지만 부모가 아이들의 학습과 발전을 지원하는 최선의 방법이 무엇인지 깨닫도록 도와주는 과정에서, 이를테면 빙 유치원에서 만나 본 교사들처럼, 청소년을 가르치는 교사들이 엄청난 차이를 만들 수 있고, 또 그렇게 하고 있다는 건 안다. 그리고 많은 부모들이 이러한 인터뷰를 읽으면서 자신감을 얻고, 아이들을 위해 무엇이 옳은지와 관련해서 자기 자신만 그런 관점을 갖고 있는 게 아니라는 사실을 인지할 수 있길 바란다.

안타깝게도, 내가 묘사한 방식대로 자녀를 양육하려면 무엇보다 신뢰가, 부모로서 자기 자신에 대한 신뢰, 즉 자신의 직관과 판단, 가치관에 대한 신뢰가 필요하다. 그다음에는 자녀의 특별한 관심사와 재능, 배우고 창조하고자 하는 열망, 완전한 잠재력을 깨닫고자 하는 내적인 유인에 이르기까지, 철저히 자녀를 믿어야 한다. 또한 부모로서 자신의 권위를 재고할 필요도 있다. 이 세상은 더 이상 〈아버지가 가장 많이 아는〉 세상이 아니다. 어떤 제한을 둘 것인지, 자녀가 결정하도록 하면서도 언제 〈안 돼〉라고 말할 것인지, 계속 내버려 두다가 언제 보호할 것인지, 언제 학교 밖에서 배우도록 지원하고 언제 숙제하라고 강요할 것인지,

언제 어른으로서 자신의 〈올바른 판단〉보다 자녀의 〈현명함〉을 믿어 줄 것인지, 이러한 결정은 젊은 혁신가의 부모로서 성공한 부모들이 일상적으로 씨름하는 문제들이다.

혁신의 미래는 이 새로운 부모의 역할에 대한 보다 깊은 이해를 촉진하는 데 달렸다. 하지만 부모와 교사만으로는 혁신 조직을 창조할 수 없다. 혁신가가 무럭무럭 자라기 위해서는 직장에서도 다른 식의 멘토링과 관리가 필요하다.

기업의 젊은 혁신가 관리와 육성

여러분은 STEM 분야의 혁신가들과 진행한 인터뷰에서 반복적으로 등장한 주제 중 하나가 대기업에서 근무하는 것과 관련한 그들의 회의적인 태도였음을 기억할 것이다. 조디 우는 대학교 2학년 때 규모가 큰 다국적 기업에서 인턴으로 일하면서 자신이 목격한 비효율성에 대해 언급했다. 또한 대기업에서 공학 프로젝트를 진행하면서 자신이 과연 어느 정도의 영향력을 가질 수 있는지에 대해 우려를 나타내기도 했다. 기업에서 근무하는 것에 대한 처음의 의구심에도 불구하고 샤나 텔러만은 오토데스크에서 제안한 일자리를 수락했지만 자신의 업무가 혁신적이고, 자신이 뭔가를 배우고 성장할 기회가 있을 때까지만 그곳에 있겠다는 뜻을 명확히 했다. 제이먼 실스는 기업에서 관리직으로 일하기를 일관되게 거부하고, 본인의 회사를 운영하겠다는 비전을 따랐다. 커크 펠프스는 소규모 신생 기업에서 일하려고 애플을 떠났다. 데이비드 센제는 아직 학생이지만 지극히 기업가다운 마음가짐을 갖고 있으며, 따라서 대

기업에서 자신의 경력을 마무리할 가능성은 별로 없어 보인다. 그리고 우리가 만나 봤던 세 명의 사회 혁신가들은 일반 기업보다 비영리 단체에서 일할 가능성이 훨씬 높다.

일에 대한 열정의 부족은 대기업에 다니는 밀레니엄 세대에게서 공통적으로 나타나는 현상이다. 아울러 그로 인한 기업들의 문제도 점점 심각해질 전망이다. 지극히 창의적이고 혁신적인 인재를 유치하고 보유하는 건 새로운 재화와 서비스 창조를 근간으로 하는 기업에게는 그 기업의 사활이 걸린 매우 중요한 문제다. 그리고 이 같은 추세는 갈수록 모든 기업으로 확대되고 있다. 돌비 랩스의 인적 자원부 부대표를 역임한 제프 헌터는 〈앞으로 미국에는 혁신을 요구하지 않는 직업이 하나도 없게 될 것〉이라고 말했다. 마찬가지로 토머스 프리드먼과 마이클 맨들바움은 최근에 발간된 그들의 저서 『미국 쇠망론』에서 정확히 똑같은 지적을 한다.

기업들이 보다 혁신적이 되기 위해서는 어떻게 해야 하는지와 관련해 많은 사람들이 책을 썼고, 1장에서는 최근에 출간된 인기 있는 몇몇 책들을 소개했다. 내 목표는 비즈니스를 혁신하는 법에 관한 학술적인 서적의 개수를 하나 더 늘리는 게 아니다. 내가 구체적으로 관심을 갖는 분야는 경영자가 젊은 혁신가들을 유치하고 그들의 창의적인 능력을 개발하는 과정에서 직면하고 있는 문제다. 다시 말하면, 통상적인 경영 관행에서 어떤 부분이 바뀌어야 젊은 혁신가들이 기업 환경에서 목표를 향해 나아갈 수 있는가 하는 것이다. 이 주제와 관련해 내가 인터뷰한 혁신적이고 성공한 기업가들은 무척 열정적이었고, 이 문제에 대해 일관성 있는 대답을 들려줬다.

기업가들의 변(辯)

톰 켈리는 세계에서 가장 혁신적인 기업 중 하나인 아이디오의 고위 간부이며, 보다 혁신적인 기업으로 변신을 꾀하면서 정확히 어떤 변화가 필요한지 꿰뚫어 볼 수 있는 유리한 위치를 선점하려는 많은 기업들을 상대로 컨설팅을 해왔다.

「고위 간부들 간에 상명하복적인 태도가 존재하는 기업들이 너무나 많습니다. 시간을 투자할 가치가 있는 모든 아이디어는 조직의 윗선에서 만들어지고 나머지 사람은 단지 도구에 불과하다는 믿음에서 비롯되는 현상이죠. CEO들은 자기가 다른 누구보다 모든 면에서 낫다고 믿고, 수족처럼 부릴 수 있는 사람만 충분히 있다면 모든 면에서 더 나아질 거라고 생각합니다.

혁신을 위해서는 정보가 조직의 아래위로 자유롭게 흐르는 게 무엇보다 중요한데 상명하복식의 경영방식은 새로운 아이디어가 제안되지 못하도록 엄격하게 제한하고, 회사 차원의 〈공동 지혜〉가 개발되지 못하도록 막는 경향이 있어요.」

「월스트리트 저널」에 소개된 최근 기사에 따르면 〈고도로 혁신적인 많은 기업에서 훌륭한 아이디어는 위에서 나오는 것이 아니라 조직의 각계각층에서 나온다고 전문가들은 입을 모은다. 대다수 기업들의 문제는 직원들의 아이디어가 회사의 결정에 반영되는 경우가 극히 드물다는 점이다. 조사에 의하면 미국의 일반 사원들이 내는 아이디어는 6년에 한 번꼴로 회사에 채택된다.〉[6]

제프 헌터가 말했다. 「경영 관리 시스템이 제대로 작동하지 않거나 과거의 유물에 불과한 기업들이 허다합니다. 단지 효율성만 제고해서는 소용이 없어요. 아울러 생산직 직원을 관리했던 방식 그대로, 즉 지휘 및 통제로는 혁신가를 관리할 수 없습니다. 혁신가는 다른 누군가가 자신을 관리하는 걸 원치 않아요. 자기가 존경하는 사람들과 일하면서 본질적으로 자기가 관심 있는 분야의 문제들을 풀어 가길 원하죠.」

엘렌 쿠마타는 캠브리아 컨설팅에서 기업의 중역들을 상대로 코칭하는 업무를 수없이 진행하면서 혁신을 낳거나 낳지 못하는 리더십을 구분하는 날카로운 눈을 갖게 되었다. 그녀는 1980년대에 애플을 상대로 컨설팅 업무를 진행하면서 스티브 잡스가 애플이란 기업을 대다수 기업들과 상당히 다르게 조직했음을 알게 되었다. 「혁신가의 발전에 필요한 부분과 기업 환경이 상충하는 경우가 종종 있어요. 기업은 투자에 대한 수익에 관심을 갖지만 혁신 과정은 수익과 직접적인 관련이 없을뿐더러 단기적으로 수익을 만들 가능성도 별로 없죠. 이 점을 잘 알고 있던 잡스와 그 밖에 다른 현명한 기업가들은, 그들의 기업 안에 혁신을 위한 보호 구역을 만들어 두었어요.

애플에서 근무하는 사람들을 인터뷰했을 때 가장 놀라웠던 점은 모든 직원이 자기가 관심 있는 사안을 중심으로 한 문제 해결이나 몰입을 매우 중요하게 여긴다는 거였어요. 전통적인 기업에서는 대부분의 관리자들이 승진과 더불어 갈수록 자신의 전문 분야에서 멀어집니다. 하지만 애플에서는 그렇지 않았죠.

세상이 빠르게 변화하고 있기 때문에 미리 앞서서 생각하지 않으면 무슨 일이 일어나고 있는지 깨닫게 되었을 때는 이미 누군가가 당신을 시장에서 몰아내고 난 다음일 거예요. 우리는 독창적으로 생각할 수 있는, 다른 관점에서 미래를 볼 줄 아는 사람이 필요하지만 조직은 이런 식의 사고방식이 용이하지 않게 되어 있죠. 기업은 그들에게 필요한 인재를 고용하려고 하지만 대다수 창의적인 사람들은 대규모 조직에 들어가는 걸 싫어합니다. 따라서 규모가 큰 조직일수록 가장 재능 있는 인재를 얻을 확률은 더 줄어들죠.」

제프 헌터와 마찬가지로 엘런도 지속적인 혁신이 필요한 세계에서는 〈산업적인〉 경영 관리 모델이 전혀 소용이 없을 거라고 주장했다. 「서구 중심적인 방식으로 기업을 경영하고 조직할 수 있다는 생각은 합리적이고 선형적인 논리에서 기인합니다. 하지만 그런 논리는 더 이상 유효하지 않아요. 오늘날의 개선과 혁신 과정은 불연속적이고, 따라서 비약적으로 진행되요.」

시스코 시스템스에서 앤마리 닐에게 부여된 주요한 책임 중 하나는 인재를 육성하는 일이다. 그녀 또한 비즈니스 문제를 둘러싼 예전의 선형적인 접근법이 더 이상 효과가 없다고 지적했다. 「이전 세대에서는 일과 관련한 문제가 간단했어요. 반복적인 작업이나 규모의 효율성, 예측 가능하고 신뢰할 수 있는 업무 처리에 관한 문제였죠. (조엘 포돌니의 표현을 빌리자면 〈오렌지에서 최대한 많은 주스를 얻는 방법〉이다.) 기업은 선형성(시간의 흐름에 따라 꾸준한 진전을 보이는 것)을 추구함으로써 성공할 수 있었어요. 하지만 오늘날의 환경에서 기업들은 근본적으로 다른 비즈니스 모델과 경쟁합니다. 만약 지금 있는 곳이 인도의 방갈로르라면 당신은 휴대 전화 한 개를 1달러에 살 수 있어요. 그럼 250달러에 휴대 전화를 팔려고 하는 미국의 티모바일T-Mobile은 어떻게 될까요? 아니면 BMW는 어떻게 될까요? BMW 자동차는 한 대에 대략 4만 달러에요. 하지만 인도의 대표적인 자동차 회사 타타는 2,500달러에 팔리는 자동차를 생산하죠. 이러한 새로운 비즈니스 문제들에 대한 해법은 대체로 비선형이고, 우리가 과거에 비즈니스 분야에서 사용했던 전통적인 수단으로는 해결되지 않아요. 따라서 문제는 우리에게 필요한 유연하고, 창의적이며, 비선형적인 사고방식을 어떻게 가르치고, 강화하고, 보상할 것인가 하는 점이에요.」

혁신을 위한 앤마리의 주장은 다음과 같다. 「업무를 처리하는 방식과 관련하여 규모에 의한 효율성을 지향하는 시스템에서 유연성과 창의성을 지향하는 시스템으로 조직적인 차원의 변화가 필요합니다. 개개인이 시스템 안으로 투입물을 밀어 넣는 문제가 아닙니다. 중요한 건 협동적이고 창의적인 결과물을 만들기 위해서 어떻게 경영할 것인가 하는 점입니다.」

이 책 전반을 통해서 우리는 젊은이들이 높은 수준의 전문성뿐 아니라 창의성과 결단력이 필요한 혁신을 어떻게 창출하고 있는지 알게 되었다. 그들 모두는 적어도 어느 정도의 대학 교육을 접했다. 하지만 나는 시스코 같은 첨단 기술과 관련된 기업에서 일하는 젊은이들뿐 아니라 모든 젊은이들이 혁신가가 될 수 있고 또 그렇게 되어야 한다고 믿으며, 대학에 간다고 해서 꼭 보다 나은 혁신가가 되는 건 아니라고 생각한다. 저명한 하버드 경제학자이자 최근에 발표된 책 『교육과 기술의 경주*The Race between Education and Technology*』의 공동 저자 래리 카츠Larry Katz가 내게 말했다. 「가치를 창출하는, 또는 혁신적인 직업의 원천에는 두 가지가 있습니다. 첫 번째로, 최첨단 분석과 새로운 재화와 서비스의 창출입니다. 두 번째는 공감이 필요한 모든 일, 예컨대 이발부터 택시 운전, 보육에 이르기까지 낮은 임금을 받으면서 몸으로 해야 하는 육체노동이죠. 전통적으로 중산층이 해오던 판에 박힌 일들은 기계나 해외 생산으로 대체될 수 있는 상품이 되었어요. 그럼에도 〈몸으로〉 하는 일 중에는 여전히 유익하고 가치를 창출할 수 있는 일들이 많아요. 일례로 양로원을 운영한다고 가정했을 때, 당신은 노인들을 계속 침대에 누워 있게 할 줄 밖에 모르는, 이를테면 월마트에서 최소 급여를 받는 사람들과 비슷한 임금 수준의 직원들을 고용할 수도 있고, 아니면 알츠하이머병을 잘 알고 노인에게 보다 양질의 삶을 제공할 줄 아는 고도로 훈련된 (그리고 월급도 많이 받는) 직원들을 고용할 수도 있어요. 비단 차세대 아이패드를 디자인하는 일뿐 아니라 이런 종류의 일에도 혁신은 존재합니다.」

〈몸으로〉 하는 일과 관련된 혁신을 모두 다루려면 이 책의 정해진 지면으로는 어림도 없다. 그럼에도 대형 전자제품 할인점 베스트바이의 이야기는 경영 관리에 대한 다른 식의 접근법이 어떻게 직원들로 하여금 혁신가가 되기 위해 에너지를 투자할 수 있게 해주는지 설득력 있게 보여 준다.

나는 처음에 톰 켈리를 통해 베스트바이에 대해 알게 되었다. 그의 이야기에 따르면 2000년에 이 회사는 대형 할인점에서 소형 판매점들을 거느린 쇼핑몰을 보유함으로써 규모를 확장하려고 했다. 그리고 CD와 DVD를 판매하는 기업 중 가장 크다는 이유만으로 뮤직랜드Musicland를 인수했다. 하지만 이미 그 당시에는 열여덟 살부터 서른 살에 이르는 주요 고객들이 더 이상 CD를 구매하지 않고 있었다. 이후에 뮤직랜드라는 짐을 마침내 벗어버리기까지 베스트바이는 무려 10억 달러에 달하는 손실을 입었다. 톰이 말했다. 「이 이야기에서 정말로 안타까운 부분은 베스트바이의 직원들 대다수가 열여덟 살에서 서른 살 사이라는 사실이에요. 그들에게 어떻게 음반을 구입하는지 구매 습관을 물어봤다면 그처럼 엄청난 손실을 초래한 실수를 피할 수 있었을 거예요. 베스트바이의 새로운 CEO 브래드 앤더슨은 사람들에게 〈앞으로도 여러분은 우리 회사가 실수하는 모습을 자주 볼 겁니다. 하지만 똑같은 실수를 되풀이하는 걸

볼 수는 없을 겁니다〉라고 말했죠.」

브래드 앤더슨은 판매원으로 시작해서 승진을 거듭해 2002년부터 2009년까지 베스트바이의 CEO로 근무했다. 그와 인터뷰하면서 나는 젊은 직원들의 재능을 활용해서 혁신을 창출하기 위해 그가 어떻게 노력했는지 자세한 설명을 부탁했다.

베스트바이의 혁신과 앤더슨

「내가 판매원으로 일하던 대부분의 기간을 돌이켜 보면 어떤 기업이든 일단 여러 판매점을 확보하고 나면 변수를 줄이기 위해서 운영을 지나치게 단순화하려고 했습니다. (조엘 포돌니는 이런 목표를 주어진 오렌지에서 최대한의 주스를 얻기 위한 전략이라고 불렀을 것이다.) 이제 우리는 회사를 재정비하고 생산성을 극적으로 개선할 수 있는 절호의 기회를 맞았어요.

새로운 커뮤니케이션 수단을 이용해서 우리는 우리를 위해 일하는 사람들과 보다 밀접한 관계를 유지할 수 있습니다. 베스트바이의 현장 직원들은 이제 CEO가 아는 만큼의 똑같은 정보에 접근할 수 있어요. 하지만 고객과 직접적으로 접촉하기 때문에 CEO가 접할 수 없는 정보도 얻을 수 있죠. 한편, 경쟁이 갈수록 심해지기 때문에 CEO는 경쟁력 있는 타개책을 찾아야 합니다. 따라서 이제 CEO는 직원들에게 어떻게 고객을 대하라고 지시를 내리는 대신에 한층 더 창의적인 방식으로 그들과 소통할 수 있고, 그렇게 해야 합니다. 헨리 포드는 자기는 직원들의 손만 필요하지 머리는 필요 없다고 말하곤 했어요. 소매업도 90년 동안 똑같은 식이었죠. 이제 우리는 달라져야 하고 고객의 요구에 부응해야 합니다. 규모의 경제도 인식하는 한편 현장 직원들에게 배운 것을 활용해야 하죠.」(새로운 오렌지를 재배해서 보다 많은 주스를 생산하는 것.)

브래드에게 전반적인 고객 경험을 개선하기 위해 직원들의 의견을 활용한 예를 들어 달라고 하자 그는 몇몇 젊은 직원들이 그들 매장을 찾는 여성 고객이 거의 없다는 사실을 어떻게 알게 되었는지 설명했다. 이유인즉슨, 디지털 카메라를 예로 들어서, 여성 고객들은 디지털 카메라로 찍은 사진을 이메일로 친구에게 보내는 방법을 알고 싶을 뿐인데, 그 제품의 화소가 몇 메가픽셀이니 하는 기술적인 이야기 때문에 대부분 흥미를 느끼지 못했던 것이다. 따라서 베스트바이는 고객에 따라 필요한 것과 관심사가 다르다는 사실을 직원들이 보다 잘 이해하도록 돕는 데 노력을 기울였다.

대부분의 사람들은 저마다 독특한 방식으로 회사에 기여하지만 적절한 환경과 리더십이 선행되어야 하죠. 당신이 사용하는 시스템이 아니라 당신을 위해 일하는 사람들을 중심으로 해서 사업을 운영해야 합니다.」

브래드는 직원들이 자신만의 독특한 재능이 무엇인지 찾도록 도와주기 위해 베스트바이에서 사용하는 〈장점 발견용〉 도구에 대해 설명했다. 또한 그는 할인점에서 담당하는 업무의 영역을 극적으로 확대해 놓기도 했다. 「기술적인 문제를 해결하길 좋아하는 사람도 있고, 다양한 고객을 상대하면서 매장에서 근무하는 걸 즐기는 사람도 있고, 고객을 방문해서 제품을 설치하는 업무를 선호하는 사람도 있어요. 어떤 경우든 직원들은 이런저런 문제들을 해결해야 하지만 문제의 성격과 작업 환경은 자신이 담당하는 업무에 따라 상당히 다르죠. 직원들이 보유한 기술의 범위가 넓을수록 고객에게 제공할 수 있는 것도 많아집니다. 아울러 직원들에게 자신이 좋아하는 일을 할 수 있도록 보다 많은 기회도 제공하게 되죠. CEO는 직원들의 잠재적인 재능을 경쟁력으로 활용할 줄 알아야 합니다. 당신의 회사가 단순한 소매점에서 탈피해 하나의 용역 회사가 되는 거죠.」

「이러한 변화를 이끌면서 가장 힘들었던 점은 뭔가요?」

브래드가 단호한 어조로 대답했다. 「단연 서열 제도죠. CEO로서 당신이 누군가를 중역으로 승진시키면 중역이 됨으로써 그에게 기대되는 비전이, 다른 직원들의 이야기에 귀를 기울이고, 그들을 육성하고, 그들의 전문성을 활용해야 한다는 생각과 상충하는 경우가 너무나 많아요. 금전적인 보상을 기대하거나 자신이 다른 누구보다 더 똑똑하기 때문에 성공했다고 믿는 사람이 아닌, 진정으로 아랫사람을 이끌고 육성하고자 하는 의욕이 충만한 사람을 구하는 건 정말 어려운 일이에요.」

군대의 혁신가

비즈니스계에서 지휘 계통의 서열과 지휘 및 통제에 의한 리더십은 일반적인 현상이며, 지금까지 살펴봤듯이, 내가 인터뷰한 사람들이 비난을 가하는 표적이기도 하다. 하지만 군대에서는 이러한 현상이 오랜 기간에 걸쳐 생리로 작용했다. 실제로 지휘나 명령이란 용어가 처음 등장한 곳도 군대였다. 하지만 이제는 군대도 전통적인 조직 구조를 혁신하고 재고해야 한다. 마틴 뎀시 대장이나 마크 허틀링 중장과 몇 차례 대화를 나누면서, 그리고 버지니아 주 콴티코 소재의 웨스트포인트 육군 사관 학교와 미국 해병 사관 학교를 방문하고 나서 나는 미국 군대가 전쟁터에서 명령을 하달하는 지휘나 통제에 의존할 필요가 없도록 군인들의 혁신 능력을 개발하기 위해 훈련 프로그램을 개혁하고 있음을 알게 되었다.

내가 뎀시 장군을 처음 만났을 때 그는 미 육군 교육 사령부의 사령관으로 있으면서 육군에서 수행하는 모든 군사 훈련을 책임지고 있었고, 마크 허틀링 중장이 모든 초기 훈련을 담당하는 부사령관으로 있었다. 두 사람 모두 육군에서 오랫동안 복무했으며 탁월한 경력을 보유했다. 최근에 뎀시 장군은 미국 합동 참모 본부로 자리를 옮겨 합참의장이 되었고, 마크 허틀링 중장은 유럽에 주둔하는 미 육군 사령관으로 진급했다.

뎀시 장군이 말했다. 「미 육군 교육 사령부에서 근무할 때 나는 새로 대령으로 진급한 부대 지휘관들에게 훈화를 했습니다. 그러면서 세 가지를 약속했죠. 첫째, 우리는 여러분이 원하는 대로 필요에 딱 맞는 부대를 제공하지 않습니다. 둘째, 여러분이 임무를 완수하기 위해 보유하길 원하는 것과 딱 맞아떨어지는 장비도 제공하지 않습니다. 셋째, 여러분에게 하달되는 지침은 여러분이 원하는 시점보다 항상 늦게 전달될 공산이 큽니다. 그러면 그들은 하나같이 머리를 긁적이면서 〈아무려면 어때〉라는 식의 반응을 보였고, 나는 이렇게 말해 주고는 했습니다. 〈해답은 바로 여러분입니다. 리더인 여러분이 알아서 헤쳐 나가야 합니다. 주어진 상황에 적응해서 창의적으로 방법을 찾아내 임무를 완수해야 합니다. 국가는 여러분을 믿고 있습니다.〉

적의 행동은 예측할 수 없습니다. 따라서 아프가니스탄의 어느 산길에서 지극히 전략적인 방식으로 작전을 수행하는 소위가 카불에 있는 4성 장군이 할 수 있는 것보다 훨씬 다양한 임무를 수행할 수 있는 경우도 얼마든지 많습니다. 우리에게 필요한 건 바로 거기에 있습니다. 다만 아직까지는 어떻게 그런 결과를 만들어 낼지 그 방법을 알아내지 못했을 뿐입니다. 웨스트포인트 생도들은, 나 역시 웨스트포인트 출신인데, 그 해답이 무엇인지, 자신이 찾고 있는 게 무엇인지 알아내고자 합니다. 〈여러분이 찾고 있는 게 무엇인지 말하라. 그러면 하느님께 맹세코 내가 그것을 만들어 낼 것이다.〉 우리는 전술적인 리더를 육성하는 법을 압니다. 하지만 전략적인 리더는 어떻게 육성할 수 있을까요?」

뎀시 장군은 오늘날의 군 환경에서 전략적인 리더에게 필요한 지식과 기술, 자질이 무엇인지 보다 잘 파악하기 위한 조치를 시작했다. 어떤 다양한 군사 훈련 프로그램들이 진행되고 있으며 어떤 부분에서 개선이 필요한지 알아내기 위해 그동안의 결과를 면밀히 조사하도록 지시했다. 더불어 2015년을 전면적인 시행을 위한 목표 시한으로 정했다. 그 결과로 작성된 문서 〈2015년 군사 교육 개요서〉는 모든 군사 훈련 프로그램이 철저하게 연구되었음을 보여 주는 설득력 있는 증거다. 이 문서의 서두에는 이러한 근본적인 변화의 맥락이 잘 드러나 있다.

미 육군의 경쟁 우위는 적보다 빠르게 배우고 한층 더 빨리 적응하는 능력과 직접적으로 관련이 있다. 현재의 기술 변화 속도는 잠재적인 적에 대해서 우위를 유지하려는 미 육군의 어려움을 가중시키고 있다. 과학 기술 덕분에 누구나 거의 아무런 장소의 구애도 받지 않고 정보에 접근할 수 있는 고도로 경쟁적인 전 세계의 학습 환경에서 미 육군은 자기만족이나 상상력의 부재, 도전에 대한 반감 등의 요인으로 인한 실패 위험을 감수할 수 없다.[7]

이 문서에는 즉각적인 변화를 위한 구체적인 권고안도 포함되어 있다.

2015년 군사 교육 개요서의 목표를 달성하기 위해서는 하부 구조와 정책의 근본적인 변화가 필요할 것이다. 하지만 경쟁력 있는 육군의 학습 모델을 구축하는 일의 시급함을 고려할 때 우리는 2015년까지 기다릴 수 없다. 지금 당장 시작해야 한다. 2015년 군사 교육 개요서의 목표를 달성하기 위해 필요한 대부분의 조치들은 지금도 얼마든지 실행 가능하며, 따라서 경쟁력 있는 학습 모델을 수립하기 위한 첫걸음을 즉시 시작해야 한다. 모든 행동주의자는 다음의 세 단계에 따라 지금 당장 시작할 수 있다.

(1) 대다수의 수업 시간을 협동적으로 문제를 해결하는 시간으로 전환하라. 그리고 피교육자가 그들이 배우고 있는 것의 타당성과 문맥을 생각하고 이해하도록 도와주는 (교관이 아닌) 조력자가 그 시간을 이끌게 하라.

(2) 사전 테스트와 평가 결과에 기초해서 개별적인 피교육자의 경험과 능력에 맞춰 교육 수준을 조정하라.

(3) 교관의 주도 하에 슬라이드 프레젠테이션으로 진행되는 수업을 대폭 줄이거나 없애 버리고, 실질적이고 건설적인 시뮬레이션이나 게임 공학 기술, 그 밖의 기술과 관련된 지식을 포함하는 복합적인 학습 방식을 활용하라.[8]

미 육군 교육 사령부는 이제 기초 훈련부터 고급 장교 훈련에 이르기까지 미 육군의 모든 훈련 프로그램을 완전히 재정비하고 있다. 기초 훈련을 개선하는 책임을 맡은 허틀링 장군이 군인의 혁신 능력을 개발하기 위해 어떤 변화를 추진하고 있는지 예를 들어 설명해 줬다. 「나는 교관들에게 피교육자가 (단지 명령을 따르기만 하는 대신) 결정을 내리도록 하라고 지시했습니다. 최근에 응급 처치 훈련을 참관한 적이 있는데 그 훈련은 장애물 코스와 신체 단련 훈련을 동시에 수행하도록 편성되어 있었죠. 그 훈련을 위해 다양한 부상을 입은 것처럼 꾸민 여자 마네킹들이 준비되었습니다. 병사들은 다양한 부상을 치료해야 했을 뿐 아니라 부상당한 마네킹들을 장애물 코스의 끝까지 운반해야 했어요. 들것을 운반하는 네 명의 병사들은 그 훈련 과정 내내 각각의 단계마다 벽을 넘거나, 철조망 아래로 또는 출입구나 창문을 통과해야 하는 과제와 맞닥뜨렸죠. 우리는 병사들에게 혁신을 위한 토대 ─ 올바른 해법이 절대 제공되지 않는 상황에서 생각하는 방법 ─ 를 가르치려고 노력합니다.」

이러한 대화를 나누면서 그리고 〈2015년 군사 교육 개요서〉를 읽으면서 나는 혁신할 줄 아는 병사와 장교를 육성하기 위해 훈련을 개혁하는 것이 시급하다는 군 지도부의 생각과 우리 사회의 학교와 기업에 너무나 만연한 자족감이 극명하게 대조를 보인다는 사실에 특히 충격을 받았다. 군의 입장에서 보면 훈련을 개혁하는 건 말 그대로 생과 사의 문제다. 만약 우리 지도자들이 교육 개혁을 우리 나라의 경제적 미래가 죽고 사는 문제인 것 ─ 실제로 나는 그렇게 생각한다 ─ 처럼 이야기하고 행동한다면 어떻게 달라질지 상상해 보라.

또한 만약에 우리 교육부장관이 미 육군 교육 사령부 문서에 분명하게 명시되어 있듯이 현행 교육 제도에서 무엇이 즉시 바뀌어야 하는지 명확히 알고 있다면 어떨지 상상해 보라. 육군에서 시행하고 있는 것과 똑같은 세 가지 변화를 모두 실천하기만 한다면 우리 학교가 어떻게 달라질지 생각해 보라. 〈교관의 주도하에 슬라이드 프레젠테이션으로 진행되는 수업을 확 줄이거나 없애 버리고, 실질적이고 건설적인 시뮬레이션이나 게임 공학 기술, 그 밖의 기술과 관련된 지식을 포함하는 복합적인 학습 방식을 활용하라.〉 우리가 지금까지 이 책에서 만나 왔던 모든 탁월한 교육자들은 그들의 수업에서 이 세 가지 변화를 이뤄 냈다.

하지만 이는 군대라서 변화를 이끌어 내기가 수월했다고 이야기하는 게 아니다. 뎀시 장군이 말했다. 「학습 모델을 바꾸는 것과 관련해 군 내부에서 들려오는 우려의 목소리도 많습니다. 처음에 이 일을 시작할 때 내가 상상한 것보다 훨씬 심각하죠. 현상을 유지하는 편이 훨씬 편하기 때문입니다. 교육이 완전히 망가진 게 아니라면 고치려고 하지 말라는 식입니다. 우리가 탐구적이고 창의적이며 혁신적인 본능을 잃어버린 건 아닌지 걱정입니다.」

미래의 지도자 육성을 위한 시스코의 액션러닝 포럼

대부분의 교사들은 자신이 배운 대로 가르치고, 대부분의 관리자들은 앞서 있던 관리자들이 했던 대로 행동하며, 대부분의 교관들은 자기가 훈련받은 대로 훈련시킨다. 처음에는 학교에서 그다음에는 직장이나 군대에서 늘 지시와 통제를 받는다면 다른 방식으로 가르치거나 관리하거나 이끄는 법을 어떻게 배울 수 있겠는가? 우리는 하이테크하이와 어퍼 밸리 교육자 연구소가 훌륭한 교육이란 무엇인가에 관한 전통적인 개념을 거부하고, 전혀 다른 형태의 교육과 학습 방식을 구현할 교육자를 양성하기 위해서 어떻게 새로운 모델을 만들어 가고 있는지 살펴봤다. 경영 관리 부문에 존재하는 이런 〈유물〉 문제를 극복하고, 브래드 앤더슨을 그토록 짜증나게 만들었던 전통적인 서열 제도를 타파하기 위해 앤 마리 닐과 시스코 협력 리더십 센터 책임자 로버트 코바크는 동료들과 함께 액션러닝 포럼이라고 불리는 본질적으로 완전히 새로운 경영자 육성 모델을 만들기 위해 노력해 왔다.

여덟 또는 아홉 명의 젊은 시스코 중역들로 구성된 팀들은 고위 경영 진에서 검토를 마친 개념에 근거해서 새로운 사업이나 재화를 창출하기 위해 16주 동안 함께 일한다. 팀원들은 수차례에 걸쳐 실제로 만나기도 하지만 저마다의 가정과 일터가 있는 전 세계 곳곳에 머물면서 〈가상〉으 로 만나기도 한다. 각 팀의 목표는 시스코의 잠재적인 새로운 사업에 대 한 계획을 세우는 것이며, 이 계획을 고위 경영진에게 제출함으로써 해 당 프로그램이 종료된다. 그리고 제출된 사업 계획 중 대략 절반 정도가 새로운 사업으로 채택되어 회사로부터 창업 자금을 지원받는다.

가장 최근에 이 팀들은 방갈로르에서 오리엔테이션을 가졌다. 말이 오 리엔테이션이지 〈디스오리엔테이션〉이라고 불리는 편이 더 적당할 것이 다. 로버트와 앤마리의 목표가 이 유능한 젊은 중역들의 사고를 개발 도 상국의 또 다른 현실과 무질서에 노출시킴으로써 혼란에 빠뜨리는 것이 기 때문이다. 앤마리가 설명했다. 「어린 자녀를 둔 엄마들이 길거리를 맨 발로 돌아다니거나 기저귀도 채우지 않은 갓난아이를 데리고 다니면서 도 하나같이 휴대 전화를 갖고 있는 모습을 보면 세상을 바라보는 시각 이 달라집니다. 시장에 따라서 소비자들의 욕구와 중요하게 생각하는 것 이 어떻게 다른지 경험하게 되는 거죠. 따라서 우리는 방갈로르와 베이 징에서 실제로 중역들을 그곳의 지역 사회로 데려가 무료 급식소나 학 교, 병원 등에서 일하게 함으로써 신흥 시장의 동력에 대해 〈교육〉합니다. 우리의 임무는 그들에게 새로운 사고방식을 자극할 환경을 제공하는 거예요.」

로버트의 설명이 이어졌다. 「전형적인 경영자 개발 프로그램은 90퍼센트가 교재와 사례를 통한 〈교육〉으로 이뤄집니다. 하지만 우리 프로그램은 그 비율이 10퍼센트에 불과하고, 나머지 90퍼센트는 새로운 사업을 창출하고 실질적인 문제를 해결하는 과정에서 배우는 거죠.」

앤마리가 덧붙였다. 「액션러닝 포럼에서 중요한 또 하나의 요소는 중역들에게 고찰하는 법을 가르치는 거예요. 만약 당신이 중역이란 직위에 걸맞게 스스로를 개발하고자 한다면 그 과정의 극히 일부는 보다 많은 것을 배우는 것과 관련이 있겠지요. 하지만 대부분의 과정은 한 인간으로서 내가 누구인지, 내게 중요한 게 무엇인지, 내 자신의 존재 이유는 무엇인지 등을 성찰하고, 그로 인한 깊은 깨달음을 리더십의 지표로 전환하는 것과 관련이 있어요.」

로버트의 보다 상세한 설명이 보태졌다. 「비즈니스처럼 격렬한 경쟁도 없습니다. 비즈니스에서 성공하려면 지극히 강인해야 하죠. 하지만 스스로에 대해 즉, 자신의 성향이나 자기가 자란 문화의 성향 더 많이 알수록 보다 나은 결정을 내리게 됩니다. 성찰을 많이 하는 중역일수록 자신이 이끄는 직원들의 삶에 자신이 어떤 영향을 미치는지 보다 잘 평가할 수 있고, 그에 따라서 더 많이 생각하고 덜 즉흥적인 결정을 내리게 됩니다.」

16주 동안의 교육 프로그램이 끝나면 각 팀은 매우 세부적인 사업 계획서를 고위 경영진에게 제출해서 평가를 받는다. 최종 검토 과정의 일부로 각 팀의 구성원들은 자신의 팀 동료들로부터 〈전방위적인 검토〉를 통해 포괄적인 피드백을 받고, 그들을 주의 깊게 관찰해 온 심리학자에게 조언도 듣는다.

이 교육 프로그램에는 몇 가지 목표가 있다. 그중 확실한 목표 한 가지는 자기 나라와는 전혀 다른 나라에서 비즈니스를 하는 데 따른 현실을, 책이 아닌 경험을 통해서, 보다 잘 이해하는 리더를 육성하는 것이다. 또 하나의 목표는 새로운 비즈니스를 창출하는 참가자들의 능력을 연마하는 것이다. 마찬가지로 중요한 세 번째 목표는 훨씬 더 자각적이고, 사려 깊고, 협동적인 전혀 새로운 리더를 육성하는 것이며, 이러한 특징이야말로 혁신가뿐 아니라 혁신가를 이끄는 리더에게도 반드시 필요한 부분이다.

결론: 권위의 재조명

허클베리 핀 같은 저항가는 미국 문학에서 위대한 영웅으로 그려진다. 대다수 인기 있는 소설이나 영화는 권위에 도전하는 저항자를 찬양하는데, 이러한 주제는 식민 지배에 저항한 미국의 탄생 과정에서 유래하는 듯하다. 그리고 어쩌면 미국 역사에 존재하는 이런 독특한 측면 때문에 전통적인 권위를 지극히 존중한다고 공언하는 다른 나라에 비해서 우리가 아웃라이어인 혁신가에게 보다 많은 관용을 베푸는 경향이 있는지도 모른다. 그럼에도 세상에 존재하는 허클베리 핀 같은 사람들은 존경을 받긴 하지만 닮고 싶진 않은 궁정 광대처럼 대체로 예외로 간주된다. 대부분의 미국 젊은이들은 여전히 권위에 복종하도록 교육받는다. 교사나 부모, 기업의 중역, 군대의 고급 장교로서 당신에게는 〈책임〉이 부여되고 모든 답을 알아야 한다. 당신의 임무는 아랫사람에게 당신이 최선이라고 생각하는 일을 하도록 〈지시〉하는 것이며, 그들의 임무는 당신의 이야기에 귀를 기울이고 복종하는 것이다. 당신의 권위는 당신의 직위나 직함, 서열에서 나오며, 일반적으로 누구도, 적어도 면전에서는, 이의를 제기하지 않는다. 사회가 매끄럽게 기능하는 건 권위에 대한 맹종에 달려 있다.

문제는 지극히 저항적인 혁신의 본질이 전통적인 권위에 새로운 문제를 초래하고, 혁신적인 기업의 성공적인 리더십을 위해서는 다른 종류의 권위가 필요하다는 점이다. 클레이턴 크리스텐슨의 저서 『혁신 기업의 딜레마』는 미국 산업계를 선도하는 기업들 중 몇몇 기업의 자신감 넘치는 CEO들이 자사 제품이 충분히 훌륭하다고 생각해서 장래성 있는 혁신에 투자하길 거부한 사례들을 보여 준다. 그 기업들 중 대다수가 오늘날 자취를 감췄다. 혁신을 달성하기 위해서는 무엇이 꼭 필요하고 가능한지에 대한 전제와 그러한 전제를 옹호하는 권위, 이 두 가지 모두에 대한 이의 제기가 필요하다. 혁신가이자 기업가, 엔젤투자자, 부모로서 모두 성공을 거둔 세미온 두카츠는 〈혁신과 불복종은 떼려야 뗄 수 없는 관계입니다〉라고 말했다. 당신이 만약 혁신가라면 복종은 당신의 천성이 아니다.

지금까지 올린 공대에서 몇몇 사람들에게 들었듯이, 혁신가를 가르치는 교사가 〈교단에 서 있는 박식한 사람〉에서 〈옆에 있는 조언자〉가 되기 위해 권위와 통제라는 수단을 포기하는 게 얼마나 중요한지 살펴봤다. 그리고 앞에서 배웠듯이 혁신가의 부모 역시 자녀에게 탐구하고, 스스로 깨닫고, 실수할, 심지어 실패할 여지를 제공하기 위해 거의 마찬가지로 전통적인 권위를 단념한다. 또한 혁신적인 기업들이 어떻게 현장 직원들과 정보를 공유하고 그들의 제안을 소중히 여기는지 살펴봤다. 템시 장군이 말했듯이 오늘날의 군대도 산속에 있는 소위가 멀리 떨어진 장군보다 전략적인 결정을 내리는 데 더 중요한 위치에 있을 수 있으며, 따라서 다른 방식의 훈련을 받아야 하고 의사 결정에 필요한 보다 많은 권위를 가져야 한다는 사실을 인지해야 한다. 끝으로, 우리는 시스코가 그들의 가장 전도유망한 중역들이 세상에 대해 갖고 있는 전제를 깨뜨리고, 한층 더 개방적이고 협동적이며 생각이 깊은 리더를 육성하기 위해 어떻게 노력하는지 살펴봤다.

그럼에도 성공적인 혁신을 위해서는 여전히 권위가 필요하다. 하지만 그 권위는 지위나 직함에서 나오는 그런 권위가 아니다. 전문성을 갖춤으로써 그리고 다른 사람의 이야기에 공감하면서 귀를 기울이고, 올바른 질문을 하고, 훌륭한 가치관의 원형을 만들고, 다른 사람이 자신의 재능을 보다 완전하게 깨닫도록 도와주고, 이를 위해 공동의 비전과 공동의 책무를 만들어 내는 능력을 갖춤으로써 만들어지는 권위다. 또한 각각의 팀에게 그들이 새로운 문제에 대한 보다 나은 해법을 찾도록 권한을 부여하는 권위다. 여러분이 부모든, 교사든, 장교든, 경영주든 상관없다. 혁신가를 육성하기 위해서는 당신이 지닌 권위의 원천을 재고해야 한다. 군대 용어인 단순히 조력자라는 말보다 코치라는 단어가 이 새로운 종류의 권위를 가장 잘 묘사해 주는 듯하다. 혁신가는 각각의 나이와 단계에서 뛰어난 코치가 필요하다.

문제는 지위가 만들어 준 권위를 가진 우리가 과연 이런 새로운 형태의 자생적이고 합리적인 권위를 개발할 수 있을까 하는 점이다. 과연 우리 교육 기관과 기업들이 새로운 형태의 권위를 인식하고 촉진할 수 있을까? 우리는 학교와 기업의 상명하복과 복종을 바탕으로 한 책무성 시스템에서, 일대일의 직접적인 대면을 위주로 하는 상호 보완적이고 상관적인 책무성 형태로 옮겨갈 수 있을까? 끝으로, 우리는 혁신의 또 다른 모습이기도 한 이의를 제기하거나 저항적이며, 심지어 복종을 거부하는 태도에 대해 단순히 관용을 베푸는 것에 더해서 그런 것들을 환영하고 찬양할 준비가 되어 있을까?

이런 본질적인 문제에 대한 최선의 해법을 개발하는 건 혁신가를 〈육성〉하는 데 반드시 필요한 작업이며, 앞으로 우리 나라가 어디까지 발전해 나갈 것인가 하는 문제에 지대한 영향을 끼칠 것이다.

이 책을 발간하고

에필로그
젊은 혁신가에게 보내는 편지

젊은 (그리고 가슴이 젊은) 혁신가에게

나는 어떻게 해야 이 세상에 젊은 혁신가들이 넘쳐 날지 연구한 사람으로서, 그리고 평생에 걸쳐 소소한 방식으로 혁신가가 되고자 노력한 한 사람으로서 당신에게 이 편지를 씁니다. 그렇기 때문에 이 편지는 내 머리뿐만 아니라 가슴으로부터 나온 것입니다.

제일 먼저, 무엇이든 자신의 비전을 좇고 자신의 특별한 열정을 추구하는 것이 얼마나 중요한지 알아야 합니다. 그렇게 하는 것이 정말 중요한 이유가 몇 가지 있습니다.

첫 번째 이유는 그렇게 하지 않으면 당신 스스로 행복하다고 느끼지 못할 것이기 때문입니다. 혁신을 포기하거나 관습에 굴복하는 경우 당신이 다르다는 사실에 불편을 느끼던 가족이나 다른 누구를 기쁘게 할 수 있을지 모르지만 대가가 뒤따를 겁니다. 자존감을 잃게 될지도 모르고, 의기소침해질 수도 있어요. 당신에게는 뭔가를 창조하고, 스티브 잡스의 표현대로 〈우주에 흔적을 남겨야 할〉 소명이 있습니다. 자신에게 요구되는, 하지만 충분히 가치가 있는 이런 일을 할 수 있다고 믿는 것이 때로는 얼마나 어려운지 나도 알아요. 하지만 호기심과 상상력에 뿌리를 둔 당신의 창의성은 인생의 의미와 방향을 제시합니다.

20세기 최고의 무용가이자 안무가 중 한 명인 마사 그레이엄이 이런 말을 했어요.

당신을 통해 몸짓으로 표출되는 활력과 생명력, 에너지, 태동이 존재하며, 시공을 통틀어 당신이란 존재는 유일하기 때문에 당신을 통해 표출되는 것 역시 유일무이하다. 따라서 만약 당신이 이러한 것들을 표출하길 거부한다면 이러한 것들의 표출은 다른 어떤 매개를 통해서도 이뤄지지 않으며 영원히 사라질 것이다. 세상에 존재하지 않는 어떤 것이 되는 셈이다. 이러한 것들을 표출하는 것이 얼마나 유익한지 또는 소중한지, 다른 사람이 표출하는 것과 어떻게 비교되는지는 당신이 결정할 문제가 아니다. 당신이 할 일은 자신만의 방식으로 분명하게 이러한 것들을 표출하면서 채널을 열어두는 것이다.¹

두 번째 이유는 비교적 단순한데, 국가가 당신을 원하기 때문입니다. 나는 당신이 미국의 경제를 살리고자 하는 생각에 의해 동기를 부여받지 않는다는 사실을 압니다. 당신의 부모님이 그랬던 것과 달리 돈도 그다지 중요하지 않죠. 다 좋아요. 반면에, 당신은 세상에 변화를 가져올 어떤 일을 하고 싶어 합니다. 보다 지속 가능한 지구를 만드는 데 기여하길 원하지요. 우리 나라뿐 아니라 전 세계에서 갈수록 늘어나는 빈부 격차를 줄이고자 합니다. 사람들이 보다 건강하고 만족스런 삶을 살 수 있도록 도와주려고 하죠. 나는 고맙게 생각해요. 우리에게는 그 모든 변화가 절실하게 필요한 까닭입니다. 한편으로, 이러한 목표를 추구하는 과정에서 당신이 창조하는 새롭고 비약적인 혁신이 이 나라에 새로운 일자리와 부(富)를 창출한다는, 그리고 당신이 그 같은 목표에 매진하길 내가 응원한다는 사실을 알아주세요.

혁신가와 혁신가의 창조물은 우리 경제의 근원이며, 오늘날에 이르러서는 이전보다 더욱 그렇습니다. 오늘날에 이르러서는 우리 나라에서 만들어 내는 것이 그다지 많지 않아요. 대부분의 생산은 우리 나라가 아닌 다른 곳에서 훨씬 저렴한 비용으로 이뤄집니다. 그 밖에도 다양한 형태의 일상적인 직업들이, 화이트칼라나 블루칼라 할 것 없이, 급속도로 해외로 이전되거나 자동화되고 있는 실정입니다. 게다가 소비 활동을 계속하기에는 부채 부담이 너무나 무거운 소비자들에게 보다 많은 재화와 서비스만 제공해서는 삶의 질을 유지할 수가 없어요. 어쩌면 이미 알고 있겠지만, 우리 나라의 노동력 중 거의 6분의 1이 현재 실직 상태이거나 미취업 상태입니다. 역사적으로 볼 때 대공황 이후로 그 어느 때보다 장기간에 걸쳐서 그런 상태를 유지하고 있죠. 따라서 당신이 전 세계가 원하고, 일자리와 부를 만들어 내고, 이 나라와 세계 곳곳에서 보다 행복하고 건강한 삶을 가능케 해줄 새로운 아이디어와 재화, 서비스 등을 창출해 주길 국가는 절실하게 원하고 있습니다. 당신이 없다면 우리 나라는 어쩌면 지속적인 경기 침체와 한없이 늘어나는 소득 격차를 그냥 지켜만 봐야 할지도 모릅니다.

당신 같은 혁신가의 부모들 대다수는 소비자였습니다. 지구의 안녕이나 자신의 미래에 대해 아무것도 모르는 소비자였죠. 그리고 이제는 당신 차례이며, 당신이 선택할 때입니다. 당신은 다른 무엇보다도 창조자가 되어야 해요. 이제부터는 혁신가로서 당신의 삶을 힘들게 만드는 요소들과 그와 관련해서 당신이 무엇을 할 수 있는지 이야기해 봅시다.

때로는, 혹은 자주 여러분이 외롭다는 것을 알아요. 당신이 다르게 생각하고, 다르게 세상을 바라보기 때문입니다. 전통에 얽매이지 않으면서 때로는 주변 사람들이 이해하지 못하는 것들을 믿고, 말하고, 실천하지요. 따라서 괴리감과 고독감이 생기는 건 어쩔 수 없습니다. 하지만 자신의 열정을 추구해 나가는 과정에서 자신감이 생기고 노련해질수록 자신과 동일한 열정이나 관점을 공유하는 사람을, 그리고 당신에게 전통에 굴복하지 않는 용기가 있다는 바로 그 점 때문에 당신을 존경하는 사람을 만나게 될 거라는 확신을 가져야 합니다. 그러한 동질의 영혼을 가진 사람들을 만나면 그들과 지속적으로 관계를 유지하고 서로를 도와야 합니다. 한 팀이 된다면 더 바랄 나위가 없겠죠. 자기는 혼자서도 얼마든지 자신이 원하는 것을 성취할 수 있다는 착각에 빠지면 안 됩니다. 그건 불가능한 일이에요.

맞아요, 학교는 또 다른 문젯거리죠. 어떤 현명한 사람이 한번은 내게 이렇게 말하더군요. 「학교를 선택하는 건 핑곗거리를 선택하는 것과 마찬가지다.」 정말 운이 좋아서 하이테크하이나 올린 공대, 미디어 랩 같은 곳에 다니는 게 아니라면 학교 생활이 정말 지루하거나 시대에 뒤떨어졌다고 생각하게 될 겁니다. 나는 〈당신이 추구하는 교육이 학교 공부 때문에 방해받지 않도록 하시오〉라고 말해 주고 싶지만 그렇게 간단한 문제가 아니에요. 그렇죠? 때때로 우리는 학교에서 중요하거나 유용한 것들을 배우고, 우리가 하고자 하는 어떤 것을 달성하기 위해서는 때때로 자격증과 학점이 제공하는 확실성도 필요합니다. 게다가 가끔은 뭔가 새로운 것을 배우는 것도 정말 재미있잖아요.

따라서 내가 해주고 싶은 조언은 어떤 과목이든 상관하지 말고, 먼저 자기가 가르치는 과목에 대해 진정한 열정을 가진 교사를 찾으라는 것입니다. 어떤 일에 열정을 가진 사람과 함께 있음으로 해서 영감을 얻는 경우가 많을뿐더러 단순히 깊은 전문성을 가진 사람보다는 그런 사람에게서 훨씬 많은 것을 배울 수 있을 겁니다. 자신이 선택한 과목에 충분한 시간을 투자하고 학점도 잘 받도록 노력해요. 그리고 그 외의 것들에 대해선 가능하면 지나치게 걱정하지 말아요. 강의에서 당신이 얻을 수 있는 것을 얻고, 수업 시간에 주어지는 모든 과제를 충실히 이행해서 자신의 것으로 만들도록 노력해요. 필요할 경우 일종의 특별한 허락을 요청해서라도 당신에게 요구되는 것들을 자신의 필요나 관심사에 최대한 맞춰서 바꾸거나 선택해야 합니다. 끝으로, 학교 안에서든 밖에서든 자신이 관심 있는 분야를 깊이 있게 공부하고 그 분야의 전문성을 길러요. 오랜 시간 지속적인 노력을 통해 지적으로 어려운 어떤 것을 완전하게 익혔을 때 그 만족감은 엄청납니다. 이런 식으로 나아가다 보면 학문적인 능력을 개발할 뿐 아니라 당신이 성공하는 데 필요하게 될 집중력과 인내력도 기르게 됩니다. 또한 당신이 정말로 뭔가를 좀 안다는 게 확실해지면 사람들도 당신의 이야기에 보다 귀를 기울이게 될 겁니다.

문제는 또 있답니다. 당신이 실패를 경험하게 될 거라는 사실이죠. 게다가 그 실패는 한 번으로 그치지 않습니다. 한편으로는 당신이 실패를 겪지 않고 있다면 어쩌면 너무 안전하게만 가고 있는 겁니다. 특히 대중 앞에서 실패를 경험하는 순간에는 정말 많은 상처를 받습니다. 지옥이 따로 없죠. 하지만 성공보다는 실패를 통해서 가장 소중한 어떤 교훈을 배우게 될 겁니다. 그리고 실패의 원인을 곱씹으면서 자기 자신에 대해서, 즉 자신의 장점과 약점이 무엇인지 보다 명확하게 깨닫게 되고 그에 맞춰 목표를 수정해 나갈 겁니다. 자신이 하고자 하는 것이 무엇이며 그

것을 성취하기 위해서는 무엇이 필요한지 보다 확실하게 알게 되는 거죠. 실패를 늘 반복되는 것쯤으로 생각하면서 배움의 기회로 여겨야 해요.

혁신가로서 당신이 해야 할 일 중에서 가장 어렵고, 또 가장 중요한 일 가운데 하나는 자기 자신과 비전을 믿는 겁니다. 실패에도 불구하고 자신감을 유지하는 일이 특히 어렵죠. 하지만 자신이 성취하고자 하는 것의 당위성에 대해 스스로 확신이 없으면 끝까지 해낼 수 없습니다. 당신의 자신감을 거만함과 혼동하는 사람들도 있을 테고, 그런 사람들이 당신이 완전히 틀렸다고 말하는 경우도 종종 있을 겁니다. 그런 비난은 그냥 무시해요.

하지만 겸손하게 말하려고 노력할 필요는 있어요. 당신이 성공하면 사람들은 당신에게 아부하고, 당신의 자만심을 부추기고, 당신이 얼마나 위대한지 떠들어 댈 거예요. 그런 쓸데없는 소리들도 그냥 무시해 버려요.

그럼에도 다양한 수많은 사람들의 이야기와 아이디어에 귀를 기울이는 연습을 해야 합니다. 공상적 혁신가가 되고자 했던 카를 마르크스가 한번은 이런 얘기를 했답니다. 「냉담한 사람들을 춤추게 만들려면 그들에게 맞는 멜로디로 노래를 불러 줘라.」 당신 주위의 멜로디에 귀를 기울여요. 당신이 만들고자 하는 변화를 촉진하거나 방해하는 경제적, 사회적, 문화적 요인들을 보다 잘 이해하기 위해서는 인류학자가 되어야 합니다. 문화와 인성을 이해하려면 역사책과 잘 쓰인 소설들을 읽어 봐요. 질문을 많이 하고 주의 깊게 관찰해요. 조언을 귀담아듣되 어떤 조언이든 곧이곧대로 믿지는 말아요. 열정적이되 독단적이면 안 됩니다. 자기 자신의 아이디어에 대해 신봉자인 동시에 회의자가 되어야 합니다. 늘 호기심을 가져요. 다양한 배경과 생각, 믿음 등을 가진 사람들을 이해하고 인정하려고 노력하는 건 정말로 매력적이고 재미있는 일입니다.

재미에 대해 말하자면, 무슨 일이든 어느 정도는 재미가 있어야 합니다. 시간을 내요. 산책을 하거나 다른 일을 하면서 자신의 시간을 가져요. 규칙적인 운동도 필요합니다. 음악을 들어요. 그림과 사진을 공부해요. 자원봉사에 참여해요. 이 모든 것들은 당신이 보다 집중하고 균형을 유지하도록 도와주고, 창의적인 에너지와 육체적인 에너지뿐 아니라 지구력도 줄 겁니다.

재미있는 것을 추구하면서 즐거움을 찾되 한편으로는 몇 가지 규칙을 지킬 필요가 있음을 알아야 합니다. 그중 하나는 일할 때는 정말 열심히 일한다는 규칙입니다. 맬컴 글래드웰은 그의 저서 『아웃라이어』에서 어떤 일에 정말로 능숙해지려면 1만 시간을 투자해야 한다고 설명합니다. 문득 영감이 날 찾아오길 기다리면서 시간을 낭비하지 말아요. 토머스 에디슨에 따르면 창의적인 작업은 1퍼센트의 영감과 99퍼센트의 땀이라고 합니다. 자기 일과 관련한 규칙적인 일정과 일과를 만들어야 할 겁니다.

또 하나의 규칙은 집중입니다. 당신은 선천적으로 호기심이 많고 창의적이기 때문에 다양한 것을 탐험하고자 하는 유혹에 빠져서 한 번에 여러 방향으로 나가려고 할 겁니다. 잠깐 동안은, 특히 대학 초년생일 때는 그런 것도 중요해요. 하지만 어느 시점이 되면 당신은 집중해야 하고 그런 상태를 유지해야 한답니다. 단지 잔재주로 사람들을 현혹시키고 싶은 게 아니라면, 또는 정신 이상이 되고 싶은 게 아니라면, 지속적으로 집중하지 않고는 어떤 중요한 것도 성취하지 못해요. 집중하고, 마무리를 지은 다음에 관심을 끈 다른 새로운 프로젝트로 옮겨 가야 합니다.

당신이 지켜야 할 마지막 규칙은 자기 성찰입니다. 자기 성찰은 명상을 하거나 규칙적으로 일기를 씀으로써, 또는 산책이나 요가를 통해서 가능해요. 퀘이커 교도들이 〈낮고 작은 내면의 소리〉라고 부르는 것에 귀를 기울이는 방법은 매우 다양해요. 어떤 방법을 택하든 규칙적으로 실천해야 하되 기분이 내킬 때까지 기다리지 말아야 합니다. 시스코 시스템스의 앤마리와 로버트가 말했듯이, 자기 자신에 대해 보다 잘 알수록 당신의 결정은 보다 현명해질 것입니다. 또한 이러한 자기 성찰은 당신이 통찰력을 길러서 언제 다른 사람의 말에 귀를 기울이거나 무시해야 하는지, 더불어 누구의 말을 듣거나 무시해야 하는지, 어떤 회사를 위해 일하고 어떤 회사는 피해야 하는지 알도록 도와줄 것입니다.

혁신가와 기업가가 된다는 건 축복인 동시에 저주입니다. 주위에 있는 사람들이 볼 수 없는 것을 보고, 할 줄 모르는 것을 해내는 능력을 가졌다는 점에서 축복이죠. 반면에 저주인 까닭은 당신의 잠재력과 당신이 어떤 것을 창조할 수 있는지 깨닫기 위해서는 많은 다양한 분야에서 열심히 노력해야 하기 때문이에요. 하지만 당신은 끝까지 해낼 수 있고 또 그렇게 해야 합니다. 당신의 개인적인 만족감과 국가와 지구의 미래는 하나같이 아무것도 정해진 게 없습니다.

이 책에 소개된 젊고 재능 있는 혁신가들 — 그들의 부모와 선생님, 멘토, 경영주도 포함해서 — 과 함께 보낸 많은 시간은 정말 특별한 경험이었다. 내가 양육과 교육, 멘토링에 대해 가지고 있던 생각은 완전히 바뀌었다.

이들 혁신가에게서 배어 나오는 열정을 느끼면서 나는 영감과 에너지를 얻었다. 그들과 어울리다 보면 어느 새 신명이 난다. 그럼에도 그들을 움직이게 하는 대부분의 요소들이 우리의 전통적인 제도와 접근 방법으로부터 도움을 받은 게 아니라 그것을 극복함으로써 얻어진 것이라는 사실이 안타까웠다. 학교는 우리 사회에 값비싼 희생을 요구하면서도 좀처럼 신나는 경험을 제공하는 곳이 아니었다.

새로운 아메리칸 드림

언제나 아메리칸 드림은 세대가 바뀔 때마다, 이전 세대보다 그다음 세대가 더 나아지는 것이었다. 여기에 필요한 것은 조금 더 교육하고, 조금 더 열심히 일하고, 조금 더 혁신하는 게 전부였다.

좁은 지역 안에서 상품을 개발하고, 생산하고, 직원을 채용하는 국내 기업들로 이뤄진 경제 체제에서는 그 같은 아메리칸 드림을 달성하는 게 가능했다. 하지만 지금 이 세대는 그들의 부모가 살았던 세상과 근본적으로 다른 세상에 살고 있다. 지금은 모든 게 연결되어 있고 고도로 경쟁적인 글로벌 경제의 시대다. 자본과 생산, 일자리가 가장 생산적이고 효율적인 곳을 찾아서 빠르게 이동하고 있다.

이 세대의 입장에서 아메리칸 드림을 달성한다는 건, 토머스 프리드먼의 관점에 따르면, 모든 것을 〈두 배 더 열심히, 두 배 더 빨리, 그리고 대부분의 경우에 두 배 더 많이〉 해야 한다는 뜻이다.

하지만 내가 본 이 젊은 혁신가들은 뭐든지 〈두 배〉로 해야 하는 세대로 편입하길 거부한다. 그들은 열정과 목표를 중시하고, 돈을 벌기보단 변화를 만들어 내는 데 우선순위를 두는 그들만의 새로운 아메리칸 드림을 정의해 가고 있다. 한 젊은 혁신가는 말하길 〈나는 내 자신과 가족을 부양할 수 있을 정도로 딱 필요한 돈만 벌면서 의미 있는 인생을 살고 싶습니다〉라고 했다.

이 새로운 아메리칸 드림이 대다수 사람들이 만족스런 삶을 영위하는 지속 가능한 경제를 부양할 수 있을까? 기업가와 벤처투자자로서의 경험에 비춰 봤을 때 나는 〈두 배〉와 〈딱 필요한 정도〉의 중간에 해당하는 어떤 것이 있어야 한다고 생각한다.

열정이 돈이 될까?

한 멘토의 설명에 따르면 〈세상은 새로운 아이디어로 가득하다. 문제는 어떤 한 혁신이 과연 가치 있는 뭔가가 될 수 있는가 하는 점이다.〉

이와 관련해 나는 이 젊은이들에게서 한 가지 맹점을 느꼈다. 그들이 내놓은 혁신 방안이 그들의 기업과 지역 사회, 그들 자신을 부양해 줄 가치로 어떻게 전환될 수 있는지에 대한 명확한 이해가 부족하다는 점이다.

기업가의 성공 사례는 봐왔지만 어떻게 새로운 부(富)가 창출되는지에 대해서는 완전하게 배우지 못한 까닭이다. 확실히, 학교에서는 자유 기업 제도에 대해 가르치지 않으며 관련 개념과 절차를 독학으로 배우는 건 너무 어려운 일이다.

나는 이 문제가, 즉 열정을 돈이 되게 만드는 문제가 오늘날의 혁신가 세대에게 가장 큰 장애물이 될 거라고 생각한다.

그들은 곧 알아낼 것이다

한 올린 공대 교수가 말했다. 「나는 정해진 주제를 가르치지 않습니다. 내가 여기 있는 이유는 학습 과정을 설명해 주기 위해서입니다. 나는 내 수업을 듣는 학생들이 나한테 정말로 딱 한 가지만 배웠으면 좋겠습니다. 자기 스스로를 교육하는 방법입니다.」

배우는 법을 배우는 건 내가 인터뷰한 모든 사람의 화두였다. 새로운 과학 기술의 폭발과 그 기술이 상업화되는 맹렬한 속도는 우리가 교육을 포기해도 될 만큼 대학에서 충분히 배울 수 없음을 의미한다.

이 젊은이들에게서 가장 인상적인 점은 그들이 새로운 것을 시도하고, 세상을 탐험하고, 예상치 못한 문제에 직면하는 것을 겁내지 않는다는 사실이다. 그들은 실패를 두려워하지 않는다. 실패도 배우는 과정에 존재하는 하나의 단계라고 생각하기 때문이다. 또한 스스로를 교육하는 데 능숙하며, 인터넷을 활용해서 배우고, 자신의 프로젝트에 필요한 지식을 가진 사람을 찾아내서 그들과 접촉하는 일에도 능숙하다.

이 혁신가 세대를 특별하게 만들어 주고, 그들의 미래와 관련해서 궁극적으로 내게 믿음을 주는 건 그들이 인생에서 어떤 문제가 닥치더라도 그 문제를 해결할 방법을 찾아낼 거라는 사실이다.

감사의 말

이 프로젝트의 복잡성으로 인해 나는 많은 사람들에게 도움을 요청했고 또 도움을 받았다. 가장 먼저, 이 책의 핵심이라고 할 수 있는 인터뷰와 대화를 위해 선뜻 귀한 시간을 내준 150여 분에게 감사한다. 젊은 혁신가와 그들의 가족, 멘토, 교사를 비롯해서 비즈니스와 군대의 리더, 그들 모두는 나의 관심을 따뜻하게 환영해 주었고 가치를 따질 수 없는 식견을 보여 주었다. 그들의 전폭적인 협조가 없었다면 이 책을 만드는 건 절대 불가능했을 것이다. 이 프로젝트의 공동 제작자이자 이 책 곳곳에 소개된 동영상을 제작해 준 로버트 A. 콤프턴에게도 정말 감사한다. 두 명의 은퇴한 비즈니스 리더 스탠셰런슨과 데니스 헌터의 도움에도 깊이 감사한다. 그들은 초고를 검토해 줬을 뿐 아니라 자료도 제안해 주었다. 매슈 번딕 역시 이 책의 대부분을 검토해 주었고 유용한 아이디어도 많이 주었다. 또한 로즈 엘스-미첼도 일정 부분을 검토해 주었고 경영 간부로서 소중한 관점을 제공해 주었다. 그 밖에도 앤마리 닐과 드와이트 게츠, 클레이턴 크리스텐슨, 폴 홀랜드, 린다 예이츠, 찰스 파델 등이 유용한 제안과 인터뷰를 주선해 주었다. 폴 보티노는 하버드의 과학 기술과 기업가 정신 센터에서 내게 소중한 사업적 제휴를 제안해 주었고, 이 프로젝트와 관련한 일을 하는 동안 많은 정보를 주었다.

또한 내 아이디어에 주목할 만한 식견과 밀레니엄 세대의 관점을 제공해 준 젊은 연구원들의 도움에 감사한다. 니하 자인, 앨리 킴멜, 치케 아구, 로라 화이트, 크리스틴 힐, 마이클 클라인이다. 출판 대리인 에즈먼드 함스워스는 이 책을 기획하고, 올바른 출판사를 선택하고, 이 책이 완성되기까지 내내 초고에 대한 조언을 해주면서 막대한 도움을 주었다. 스크리브너 출판사의 서맨사 마틴과 폴 위틀래치가 편집을 맡아 주었고 두 사람 모두 탁월한 비평과 조언을 해줬다. 스티브 볼트 역시 원고를 교열하는 데 탁월한 솜씨를 발휘해 주었다.

끝으로 그리고 가장 중요하게는, 아이디어를 함께 토론하고 비판도 해주면서, 아울러 그 많은 초고를 세심하고 끈기 있게 읽어 주며 모든 부분에서 진정한 협력자 역할을 해준 아내 PJ 블랭큰혼에게 깊이 감사한다. 그녀의 든든하고 확고한 지원이 없었으면 나는 이 책을 완성하지 못했을 것이다.

주

서문

1. Tamar Lewin, "Burden of College Loans on Graduates Grows," *New York Times*, April 11, 2011, http://www.nytimes.com/2011/04/12/education/12college. html. 2011년 9월 23일 현재 접속 결과.

2. Richard Arum and Josipa Roksa, *Academically Adrift: Limited Learning on College Campuses* (Chicago: University of Chicago Press, 2011).

3. 로버트 A. 콤프턴에 대해 더 알고 싶거나, 영상의 예고편을 시청하거나 그가 제작한 영상을 사용하고 싶은 경우 www.2mminutes.com을 방문하시오.

1장 혁신의 첫걸음

1. David Wessel, "What's Wrong With America's Job Engine?," *Wall Street Journal*, July 27, 2011, http://online.wsj.com/article/SB100014240531119047723 04576468820582615858.html?mod=djemITP_h. 2011년 9월 12일 현재 접속 결과.

2. Hope Yen, "Census: Recession Takes Big Toll on Young Adults," Forbes.com, September 22, 2011, http://www.forbes.com/feeds/ap/2011/09/22/general-us-census-recession-apos-s-impact_8696311.html. 2011년 9월 23일 현재 접속 결과.

3. Robert Pear, "Recession Officially Over, U.S. Incomes Kept Falling," *New York*

Times, October 9, 2011, http://www.nytimes.com/2011/10/10/us/recession-officially-over-us-incomes-kept-falling.html?_r=1. 2011년 10월 12일 현재 접속 결과.

4. Sabrina Tavernies, "2010 Data Show Surge in Poor Young Families," *New York Times*, September 19, 2011, http://www.nytimes.com/2011/09/20/us/poor-young-families-soared-in-10-data-show.htm?_r=1&adxnnl=1&adxnnlx=1316815137-EOmdk98v6pfzbGyIgDcrmg. 2011년 9월 23일 현재 접속 결과.

5. US Census Bureau report, "Income, Poverty, and Health Insurance Coverage in the United States: 2010," September 2011, http://www.census.gov/prod/2011pubs/p60-239.pdf. 2011년 9월 15일 현재 접속 결과.

6. Thomas Friedman and Michael Mandelbaum, *That Used to Be Us: How America Fell Behind in the World It Invented and How We Can Come Back* (New York: Farrar, Straus and Giroux, 2011), 138.

7. "Rising Above the Gathering Storm, Revisited: Rapidly Approaching Category 5," Members of the 2005 Committee, prepared for the presidents of the National Academy of Sciences, National Academy of Engineering, and Institute of Medicine, http://www.nap.edu/catalog/12999.html. 2011년 5월 3일 현재 접속 결과.

8. Information Technology and Information Foundation, "The Atlantic Century: Benchmarking EU and U.S. Innovation and Competitiveness," 2009, http://www.itif.org/files/2009-atlantic-century.pdf. 2011년 5월 15일 현재 접속 결과.

9. "The 50 Most Innovative Companies," *Bloomberg Businessweek*, April 10, 2010, http://www.businessweek.com/magazine /content/10_17/b4175034779697.htm. 2011년 5월 14일 현재 접속 결과.

10. "Ready to Innovate" (New York: Conference Board, 2008).

11. McKinsey & Company, "Innovation & Commercialization, 2010," http://www.mckinseyquarterly.com/Strategy/Innovation/Innovation_and_commercialization_2010_McKinsey_Global_Survey_results_2662. 2001년 5월 7일 현재 접속 결과.

12. Members of the 2005 Committee, "Rising Above the Gathering Storm, Revi-

sited."

13. Mr. Y, "A National Strategic Narrative," http://www.wilsoncenter.org/events/ docs/A%20National%20Strategic%20Narrative.pdf. 2011년 5월 4일 현재 접속 결과.

14. http://abcnews.go.com/Politics/State_of_the_Union/state-of-the-union-2011-full-transcript/story?id=12759395. 2011년 5월 13일 현재 접속 결과.

15. "GE Global Innovation Barometer, 2011," http://files.gereports.com/wp-content/uploads/2011/01/GIB-results.pdf. Emphasis added. 2011년 5월 10일 현재 접속 결과.

16. "The Creativity Crisis," http://www.newsweek.com/2010/07/10/the-creativity-crisis.html 참조. 2011년 5월 1일 현재 접속 결과.

17. 위와 동일한 웹페이지.

18. Melissa Korn, "Dean in London Champions Innovation," *Wall Street Journal*, May 4, 2011, http://online.wsj.com/article/SB10001424 0527487047406045 76301181974037002.html. 2011년 5월 5일 현재 접속 결과.

19. Richard K. Miller, "How Do You Recognize and Cultivate Potential Innovators?" (paper prepared and presented at Olin College, May 9, 2011).

20. Teach For America fact sheet, http://www.teachforamerica.org/newsroom/ documents/2010-11_Press_Kit_Updated_04.29.11.pdf. 2011년 5월 13일 현재 접속 결과.

21. Tony Wagner, *The Global Achievement Gap: Why Even Our Best Schools Don't Teach the New Survival Skills Our Children Need—and What We Can Do About It* (New York: Basic Books, 2008).

22. 아이디오 웹사이트. http://www.ideo.com/about/. 2011년 5월 11일 현재 접속 결과.

23. Tim Brown, "Design Thinking," *Harvard Business Review*, June 2008, 3.

24. Jeffrey H. Dyer, Hal B. Gregersen, and Clayton M. Christensen, "The Innovator's DNA," *Harvard Business Review*, December 2009, 62.

25. 위의 책.

26. "50 Most Innovative Companies," *Bloomberg Businessweek*.

27. 2011 survey reported by Tech Pluto, http://www.techpluto.com/most-desi-

red-employer-2011/. 2011년 9월 12일 현재 접속 결과.

28. Brown, "Design Thinking," 4.

29. Dyer, Gregersen, and Christensen, "Innovator's DNA," 67.

30. Bronwyn Fryer, "How Do Innovators Think," *Harvard Business Review* blog, September 28, 2009, http://blogs.hbr.org/hbr/hbreditors/2009/09/how_do_innovators_think.html. 2011년 5월 11일 현재 접속 결과.

31. Robert Sternberg, "Creativity Is a Habit," *Education Week* Commentary, February 22, 2006, http://www.edweek.org/ew/articles/2006/02/22/24sternberg.h25.html?r=192032759. 2011년 5월 11일 현재 접속 결과.

32. "Generation M2: Media in the Lives of 8- to 18-Year-Olds," Kaiser Family Foundation, 2010, http://www.kff.org/entmedia/8010.cfm. 2011년 5월 20일 현재 접속 결과.

33. Teresa Amabile, "How to Kill Creativity," *Harvard Business Review*, September-October 1998.

34. 위의 책, 79.

35. Alison Gopnik, "Your Baby Is Smarter Than You Think," *New York Times* Op-Ed, August 16, 2009, http://www.nytimes.com/2009/08/16/opinion/16gopnik.html. 2011년 5월 16일 현재 접속 결과.

36. Alison Gopnik, *The Philosophical Baby* (New York: Farrar, Straus and Giroux, 2009), http://us.macmillan.com/BookCustomPage.aspx?isbn=9780312429843#Excerpt. 2011년 5월 16일 현재 접속 결과.

37. "Excerpts from an Oral History with Steve Jobs," Smithsonian Institution Oral and Video Histories, April 20, 1995, http://american history.si.edu/collections/comphist/sj1.html#advice. 2011년 5월 17일 현재 접속 결과.

38. Dyer, Gregersen, and Christensen, "Innovator's DNA," 66.

2장 젊은 혁신가의 초상

1. Phillips Exeter's "Facts" publication, http://www.exeter.edu/documents/facts_2011WEB.pdf 참조 2011년 12월 14일 현재 접속 결과.

2. Steve Jobs's 2005 Stanford University Commencement Speech, *Stanford University News*, June 14, 2005, http://news.stanford.edu/news/2005/june15/

jobs-061505.html. 2011년 5월 30일 현재 접속 결과.

3장 STEM 분야의 혁신가들

1. http://www.wildpockets.com에서 더 많은 정보를 얻을 수 있다.
2. 카네기 멜론 대학 엔터테인먼트 테크놀로지 센터와 학제 간 학위 프로그램에 대한 더 많은 정보는 http://www.etc.cmu.edu/site/에서 얻을 수 있다.
3. 그의 책 『마지막 강의』와 동명의 유튜브 동영상을 통해, 랜디는 국제적인 명성을 얻었다. 랜디에 대한 더 많은 정보는 http://www.cs.cmu.edu/~pausch/에서 얻을 수 있다.
4. 조디 우가 설립한 회사의 홈페이지. http:// www.globalcyclesolutions.com.
5. http://d-lab.mit.edu/에서 D-랩에 관한 더 많은 정보를 얻을 수 있다.
6. http://www.time.com/time/specials/packages/article/0,28804,1984685_1984745_1984806,00.html. 2011년 8월 12일 현재 접속 결과.
7. MIT 10만 달러 도전은 학생들이 운영하는 기업가 정신 대회로, MIT 공학부의 감독하에 있다. http://www.mit100k.org/. 2011년 6월 10일 현재 접속 결과.
8. http://www.gmin.org/에서 글로벌 미니멈에 관한 더 많은 정보를 얻을 수 있다.
9. http://www.lebone.org/about/에서 레보네 솔루션스에 관한 더 많은 정보를 얻을 수 있다.
10. http://thelaboratory.harvard.edu/에서 아이디어 전환 연구소에 관한 더 많은 정보를 얻을 수 있다.

4장 사회 혁신가

1. David Bornstein, *How to Change the World: Social Entrepreneurs and the Power of New Ideas* (New York: Oxford University Press, 2004), 1.
2. http://ashoka.org/에서 아쇼카에 대한 더 많은 정보를 얻을 수 있다.
3. http://www.ted.com/에서 테드에 관한 정보와 수많은 발표 영상을 얻을 수 있다.
4. 아쇼카 유 웹사이트에서 발췌. http://ashokau.org/getting-involved/change-maker-campus-initiative/. 2011년 7월 6일 현재 접속 결과.
5. http://sgclifeexperience.wordpress.com/에서 시리타의 포트폴리오를 확인할 수 있다.

6. 루터 보건 의료 병원 웹사이트. http://www.lmcmc.com/CommunityPrograms/ Support/YouthandAdolescentServices/. 2011년 7월 9일 현재 접속 결과.

7. http://theswtlife.com/. 2011년 7월 9일 현재 접속 결과.

8. http://www.startingbloc.org/institute에서 스타팅블록과 그곳에서 제공하는 프로그램에 관한 정보를 얻을 수 있다.

9. http://www.youtube.com/watch?v=hZR214wjIfA에서 그의 발표 영상을 확인할 수 있다.

5장 교육 학신

1. 하버드와 MIT 졸업생들이 계절이 바뀌는 이유나 전기 회로를 만드는 방법과 같은 기초적인 개념을 설명하는 데 얼마나 애먹는지를 보여 주는 놀라운 영상을 확인하라. Harvard-Smithsonian Center for Astrophysics, Science Education Department, Science Media Group 제작, http://www.learner.org/sphider/ search.php?search=1&query=private+universe&x=0&y=0. 2011년 10월 17일 현재 접속 결과.

2. 아트 스타트 웹사이트에서 발췌. http://art-start.org/. 2011년 7월 9일 현재 접속 결과.

3. http://www.nytimes.com/2010/03/21/opinion/21friedman.html에서 프리드먼의 칼럼을 확인할 수 있으며, http://www.intel.com/about/corporateres-ponsibility/education/sts/index.htm에서는 인텔 과학 경시 대회에 관한 더 많은 정보를 얻을 수 있다.

4. 살만 칸의 테드 강연에서 발췌. http://www.ted.com/talks/salman_khan_let_ s_use_video_to_reinvent_education.html. 칸 아카데미에 관한 더 많은 정보는 www.khanacademy.org에서 얻을 수 있다. 2011년 10월 22일 현재 접속 결과.

5. Amy Harmon, "It May Be a Sputnik Moment, but Science Fairs Are Lagging," *New York Times*, February 4, 2011, http://www.nytimes.com/2011/02/05/ us/05science.html?_r=3&hp. 2011년 10월 17일 현재 접속 결과.

6. Mark C. Taylor, "End of the University as We Know It," *New York Times*, April 26, 2009, http://www.nytimes.com/2009/04/27/opinion/27taylor. html?scp=1&sq=the%20end%20of%20the%20 university%20as%20we%20 know%20it&st=cse. 2011년 7월 19일 현재 접속 결과.

7. http://moneywatch.bnet.com/saving-money/blog/devil-details/debt-in-america-students-buried-in-education-loans/4972/. 2011년 8월 7일 현재 접속 결과.

8. Richard Arum and Josiah Roksa, *Academically Adrift: Limited Learning on College Campuses* (Chicago: University of Chicago Press, 2011).

9. "Scholars Test Web Alternative to Peer Review," *New York Times*, August 24, 2010, http://www.nytimes.com/2010/08/24/arts/24peer.html?_r=1&pagewanted=all. 2011년 7월 19일 현재 접속 결과.

10. 위와 동일한 웹페이지.

11. 올린 공대 웹사이트. http://olin.edu/about_olin/history/olin_history.aspx. 2011년 7월 11일 현재 접속 결과.

12. http://olin.edu/about_olin/overview.aspx.

13. 강의 요강과, 존 스톡 교수가 그의 학생들을 어떻게 평가하는지에 관한 더 많은 정보는 http://faculty.olin.edu/~jstolk/failure2008/index.html에서 얻을 수 있다.

14. http://scope.olin.edu/about/에서 공학 분야의 졸업반 캡스톤 프로젝트에 대한 더 많은 정보를 얻을 수 있다.

15. http://nsse.iub.edu/html/about.cfm에서 평가에 관한 더 많은 정보를 얻을 수 있다.

16. http://www.olin.edu/about_olin/olin_news/olin_press_release.aspx?id=409에서 더 많은 정보를 얻을 수 있다.

17. http://www.nga.org/cms/home/news-room/audio--video/page_2011/col2-content/main-content-list/2011-winter-meeting-audio-and-vi.html. 2011년 10월 22일 현재 접속.

18. Vivek Wadhwa, "Engineering vs. Liberal Arts: Who's Right—Bill or Steve?," Techcrunch blog, March 21, 2011, http://tech crunch.com/2011/03/21/engineering-vs-liberal-arts-who%e2%80%99 s-right%e2%80%94bill-or-steve/. 2011년 10월 22일 현재 접속 결과.

19. Isaacson, Walter, "The Genius of Steve Jobs," *New York Times*, October 29, 2011, opinion column, http://www.nytimes.com/2011/10/30/opinion/sunday/steve-jobss-genius.html?pagewanted=all. 2011년 12월 4일 현재 접속 결과.

20. Vivek Wadhwa, "Career Counselor: Steve Jobs or Bill Gates?," *New York Times*, March 20, 2011, opinion column, http://www.nytimes.com/roomfor-debate/2011/03/20/career-counselor-bill-gates-or-stevejobs. 2011년 10월 22일 현재 접속 결과.

21. Vivek Wadhwa, "Engineering as Liberal Arts."

22. http://www.etc.cmu.edu/site/program/에서 프로그램에 관한 더 많은 정보를 얻을 수 있다.

23. http://www.media.mit.edu/about/academics/. 2011년 7월 28일 현재 접속 결과.

24. http://www.media.mit.edu/about/mission-history. 2011년 7월 28일 현재 접속 결과.

25. http://admissions.media.mit.edu/admissions/research. 2011년 7월 29일 현재 접속 결과.

26. http://www.media.mit.edu/research/groups/biomechatronics. 2011년 7월 29일 현재 접속 결과.

27. http://dschool.stanford.edu/classes/에서 디스쿨 교육 과정 목록을 볼 수 있다.

28. http://dschool.stanford.edu/our-point-of-view/#innovators. 2011년 8월 4일 현재 접속 결과.

29. Linda Tischler, "Ideo's David Kelley on 'Design Thinking,'" *Fast Company*, February 2009, http://www.fastcompany.com/magazine/132/a-designer-takes-on-his-biggest-challenge-ever.html?page=0%2C4. 2011년 8월 4일 현재 접속 결과.

30. 위와 동일한 웹페이지.

31. 하이테크하이 웹사이트. http://www.hightechhigh.org/about/. 2011년 7월 30일 현재 접속 결과.

32. 어퍼밸리 교육자 연구소 웹사이트. http://uvei.org/images/stories/pdf_downloads/uvei%20m.a.t.%20program%20description.pdf. 2011년 7월 30일 현재 접속 결과.

33. http://uvei.org/에서 각각의 자격 요건에 대한 정보를 얻을 수 있다.

34. 팀 아카데미 웹사이트. http://www.tiimiakatemia.fi/en/. 2011년 9월 8일 현재 접속 결과.

35. http://www.2mminutes.com에서 영상 예고편과 영상 사용에 관한 정보를 얻

을 수 있다.

36. 2009년도 OECD 국제 평가의 결과는 http://nces.ed.gov/pubs2011/2011004. pdf에 요약되어 있다. OECD 국제 평가 프로그램에 관한 더 많은 정보는 나의 책 『글로벌 성취도 차이』의 3장에서 얻을 수 있다.

37. 세계적으로 가장 자주 인용되는 국제 혁신 지표 http://www.globalinnova-tionindex.org/gii/GII%20COMPLETE_PRINTWEB.pdf와 http://www.bcg. com/documents/file15445.pdf에 의하면 핀란드가 미국보다 더 높은 순위를 차지했다. 2011년 9월 7일 현재 접속 결과.

6장 혁신의 미래

1. 빙 유치원의 웹사이트. http://www.stanford.edu/dept/bingschool/. 2011년 8월 13일 현재 접속 결과.

2. 나는 오랜 인터뷰를 통해 맥과 그의 어머니, 그리고 두 명의 교사와 이야기를 나눴다. 하지만 이 책에서는 지면의 제약 때문에 그 내용을 싣지 못했다. http://diybio.org/에서 맥의 혁신에 관한 더 많은 정보를 얻을 수 있다.

3. EQ는 〈감성 지능〉이라고 정의되며, 대니얼 골먼의 획기적인 연구에서 사용된 용어다. 이 주제에 대한 그의 저서들을 참고하라.

4. Jeff Hunter, "My Son Won't Do His Homework," http://www.talentism.com/ business_talent/2007/06/my_son_wont_do_.html. 2011년 8월 22일 현재 접속 결과.

5. http://www.youtube.com/watch?v=kdz555JBIwY. 2011년 8월 18일 현재 접속 결과.

6. Rachael Emma Silverman, "How to Be Like Apple," *Wall Street Journal*, Online Addition, August 29, 2011, http://online.wsj.com/article/ SB10001424053111904009304576532842667854706.html?mod=djkeyword &mg=com-wsj. 2011년 8월 29일 현재 접속 결과.

7. "The Army Learning Concept for 2015," TRADOC Pam 525-8-2, http:// www.tradoc.army.mil/tpubs/pams/tp525-8-2.pdf. 2011년 8월 28일 현재 접속 결과.

8. 위와 동일한 웹사이트, 8-9.

에필로그: 젊은 혁신가에게 보내는 편지

1. Agnes de Mille, *Martha: The Life and Work of Martha Graham—A Biography* (New York: Random House, 1991), 264.

『이노베이터의 탄생』예고편

How important is innovation? How important is oxygen to life?

혁신이 얼마나 중요하냐고요? 모든 생명체에게 산소가 얼마나 중요한가요?

If America doesn't produce high imagination people, we are going to be a very poor country.

고도의 상상력을 갖춘 인재를 길러내지 못한다면 미국은 장차 매우 가난한 나라가 될 것입니다.

Raising someone who have the intention that they will be an innovator is actually different than raising a child that you want to behave all the time and be quiet and compliant.

혁신가가 되고자 하는 누군가를 기르는 일은 늘 예의바르게 행동하고 조용하고 고분고분한 아이를 기르는 것과는 실제로 많이 다릅니다.

Some of the people that are the most malfunctious seem to some-

times have the best ideas.
심각한 장애를 겪는 사람들이 때로는 최선의 아이디어가 있는 것 같아요.

I want to feel like what I'm doing every day matters.
나는 내가 매일같이 뭔가 중요한 일을 한다고 느끼고 싶어요.

Of course, my guidance counselor told me to go straight to college, my dream manager might not have told me to do that.
단순한 조언자라면, 당연하지만, 무조건 학교에 다녀야 한다고 말할 때도 드림 매니저는 그러지 말라고 말할 수도 있어요.

I came to Tulane because I really wanted to go to a university that was committed to public service.
내가 툴레인 대학을 좋아하는 이유는 정말 다니고 싶었던 학교이기 때문이에요. 툴레인은 공익사업에 헌신적이죠.

The philosophy of High Tech High is founded largely on the idea of kids making, doing, building, shaping and inventing stuff along with teachers.
하이테크하이 철학의 기본바탕은 아이들이 교사와 더불어 물건을 만들고 짓고 발명하게 하는 것에 있습니다.

The MIT Media Lab spent far less time in formal classrooms learning theory and far more time on projects building things.
MIT 미디어랩에서 행해지는 수업에서는 이론을 배우는 데 훨씬 적은 시간을 할애하는 반면에, 무언가를 만드는 프로젝트에 훨씬 더 많은 시간을 투자합니다.

Knowledge in a sense is a commodity. You can get this on Google. It's about asking the right questions. It's about having the right insights or perceptions.

지식도 어떤 의미에서는 원자재입니다. 그런 것들은 구글에서 얻을 수 있습니다. 디자인적 사고는 올바른 질문을 묻는 일입니다. 올바른 통찰과 직관을 가지는 일입니다.

Let them fail. Because they're gonna learn more from that than we could ever teach them directly.

실패를 경험하게 놔두세요. 아이들은 실패를 겪으면서 우리가 직접 가르칠 수 있는 것보다 더 많은 것을 배울 테니까요.

Our success is measured more or less by the rate of innovation.

우리가 얼마나 성공했는지는 혁신의 정도를 통해서도 대략적으로 가늠할 수 있습니다.

QR코드와 소셜 네트워킹에 관한 콤프턴의 설명 page 9

Congratulations. You are now ready for a 21st century reading experience. Gutenberg invented the printed book in 1535, and reading a book hasn't really changed in over 500 years. But now with smartphones, the internet, video, and social media, the reading experience is about to radically change, and Creating Innovators is the first book of its kind. You will come across more than 60 Microsoft tags. Each tag will allow you to go to a video that will deepen and enrich your reading experience. To view each video, simply scan the Microsoft tag, and then you will be taken into a nursery school at Stanford, to the MIT Media Lab, to a village in Central America, and all the way to Africa. As long as you have a connection to the internet, you will be able to access these videos. And if you'd like to send these videos to your social networks, just press the share button. So grab your book, and have a smartphone handy, and you will be ready for a 21st century reading experience.

축하합니다. 여러분은 이제 21세기에 걸맞은 독서를 할 준비가 되었습니다. 1535년에 구텐베르크가 인쇄술을 발명한 이후로 500년 동안 책 읽는 방식은 전혀 변한 게 없었습니다. 하지만 이제 스마트폰과 인터넷, 동영상, 소셜 미디어 덕분에 독서 방식이 근본적으로 바뀔 수 있는 전기를 맞게 되었고 『이노베이터의 탄생』은 그 시작이 될 것입니다. 여러분은 60여 개의 마이크로소프트 태그를 만나게 되는데 각각의 태그는 여러분의 독서 경험을 보다 깊고 풍부하게 만들어 줄 동영상으로 여러분을 안내할 것입니다. 동영상을 확인하기 위해서는 단지 마이크로소프트 태그를 스캔하기만 하면 됩니다. 스캔과 동시에 여러분은 스탠퍼드의 유치원이나 MIT의 미디어 랩, 미국의 주요 도시, 아프리카의 곳곳으로 이동하게 될 것입니다. 인터넷과 연결되어 있는 한 여러분은 언제든 이 동영상에 접속할 수 있고, 친구들에게 이 동영상들을 보내고자 할 경우에는 〈공유하기〉 버튼을 누르기만 하면 됩니다. 책을 손에 들고 있고 가까운 곳에 스마트폰이 있다면 여러분은 이제 21세기식 독서를 경험할 준비가 되었습니다.

와그너, 왜 이 책을 썼는가 page 18

The one thing that can not be commoditized is innovation. It is increasingly clear to me that young people who are capable of innovating in whatever they do, not just high-tech stuff but in any kind of job, are really going to have richer, more satisfying lives and many better opportunities to earn a decent living, to have interesting and challenging rewarding work. So rather than all kids client-ready, what I've come to see is that we need to think about all students, all children, innovation-ready. And that poses a profound set of challenges for us, as parents, as teachers, as mentors, and employers. What must I do to enable my child, my student to be innovation-ready? If our goal, then, is to ensure that all of our young people are innovation-ready, that many, many more of them develop the capacities to innovate in whatever they do, then, what must we do differently as parents, teachers, mentors, and employers? This book explores those questions. Through the eyes of young innovators themselves, through the stories of their parents, through the remarkable profiles of some of their outstanding teachers, through conversations with their employers, we really can begin to construct a far deeper understanding of what it means to innovate, and more importantly, how do we develop the capacities of young people to become more innovative in whatever they do.

돈으로 사고팔 수 없는 것 중 하나가 혁신입니다. 무슨 일에서건, 첨단 영역뿐 아니라 다른 어떤 일에서도, 혁신할 줄 아는 젊은이들이 보다 만족스런 삶을 살고, 다양한 기회를 통해 흥미롭고 도전적인, 보람 있는 일을 하게 된다는 사실을 나는 점점 더 확신하게 됩니다. 내가 알게 된 것은 우리가 어떻게 모든 학생들이, 우리의 모든 자녀들이 수동적인 입장에서 벗어나 혁신을 위한 준비가 되도록 할 것인지 생각해야 한다는 점입니다. 그리고 이러한 문제는 부모로서, 교사로서, 멘토로서, 경영자로서 우리에게 심오한 도전 과제를 부여합니다.

내가 해야 할 일은 명확합니다. 내 자녀에게, 내 학생들에게 혁신가가 될 준비를 갖춰 주는 것입니다. 내가 이러한 임무를 성공적으로 달성한다면, 우리의 젊은이들이 혁신을 위한 준비가 확실히 갖춰진다면 지금보다 훨씬 더 많은 젊은이들이 무슨 일에서건 혁신할 줄 아는 능력을 갖게 될 것입니다. 그렇다면 부모로서, 교사로서, 멘토로서, 경영자로서 우리는 어떻게 다르게 행동해야 할까요? 이 책은 그런 문제들을 탐구합니다. 젊은 혁신가들의 눈을 통해서, 혁신가의 부모들이 들려주는 이야기를 통해서, 혁신가를 배출한 뛰어난 교사들에 대한 프로파일링을 통해서, 혁신가를 채용한 고용주들과의 대화를 통해서, 우리는 진정한 혁신의 의미를 깊이 이해하기 시작할 수 있습니다. 그리고 보다 중요하게는, 우리가 젊은이들의 혁신 능력을 개발해서 그들이 무슨 일을 하든 혁신가가 되도록 할 수 있는 방법을 이해할 수 있을 것입니다.

 ## 프리드먼의 혁신 원칙 page 26

How imperative is innovation to America? Well, you just look at one very simple statistic. All net new jobs, I believe, in the last 5 years, have been produced by start-ups, so start-ups are really the engine for all net new jobs in our economy. And start-ups, then bequeath start-ups, so getting that engine going, propelling it, keeping it going is really essential if you want to talk about basically overcoming our employment crisis and producing the kind of good quality jobs that sustain the middle class.

혁신이 우리 나라에 얼마나 절실하게 필요한지는 한 가지 통계만 보더라도 간단히 알 수 있습니다. 내 생각에 지난 5년 동안 네트워크 분야에서 등장한 최근의 모든 일자리는 신생 기업에 의해 만들어졌습니다. 따라서 신생 기업이야말로 새로운 일자리를 낳는 진정한 엔진이라고 말할 수 있습니다. 그리고 신생 기업은 또 다른 신생 기업을 낳고 있기 때문에, 이러한 엔진을 움직이게 만들고, 나아가도록 만들고, 계속해서 작동하도록 만드는 건 정말로 중요한 일입니다. 특히 근본적인 고용 위기를 극복하는 문제나, 또는 중산층을 지탱해 주는 양질의 일자리를 창출하는 문제와 관련해서는 더욱 그렇습니다.

카멘, 무엇이 인간의 정신을 움직이는가

page 31

How important is innovation? How important is oxygen to life? I mean I don't know any other way to define innovation other than "It is what drives us to the next level." From the first time a human being got in a machine that is heavier than air and moved a couple of hundred feet, it was one human life time later that a guy was walking on the moon and came back. That is a lot of innovation in sixty years. Our success is measured more or less by the rate of innovation. Innovation is what drives the human spirit, and those people, sadly, and there are plenty of them now in this country, that either take it for granted or think things are good enough, are living with a delusion.

혁신이 얼마나 중요하냐고요? 모든 생명체에게 산소가 얼마나 중요한가요? 나는 우리를 다음 단계로 나아가도록 이끌어 준다는 점에서 혁신의 진정한 가치가 있다고 생각합니다. 인류가 공기보다 무거운 기계를 만들어서 최초로 몇 백 미터를 나는 데 성공한 이래로 불과 몇 십 년 만에 인간은 달 위를 걷고 다시 지구로 돌아올 정도로 발전했습니다. 그 60여년 사이에 엄청난 혁신이 있었던 거죠. 우리가 얼마나 성공했는지는 혁신의 정도를 통해서도 대략적으로 가늠할 수 있습니다. 혁신이야말로 인간의 정신을 움직이는 요소입니다. 그리고 안타깝게도 오늘날 이 나라에는 주어진 현재의 상황을 당연하게 받아들이거나 충분히 괜찮다고 생각하는 수많은 사람들이 착각의 늪에 빠져서 살아가고 있어요.

파괴적 혁신에 관한 닐의 설명

page 35

I think innovation is bringing non-traditional solutions to traditional problems, simply put. The most interesting type of innovation is the disruptive innovation that Clayton Christensen talks about, and that is when you are fundamentally taking a product or service or solution and disrupting the marketplace in bringing that in a new way.

간단히 말해서 혁신은 전통적인 문제에 대해 전통적이지 않은 해법을 제시합니다. 가장 흥미로운 혁신은 클레이턴 크리스텐슨이 얘기한 파괴적인 혁신이에요. 이 파괴적인 혁신은 프로젝트나 서비스, 솔루션을 제공하면서, 또는 시장에 단절을 초래하면서 새로운 방식을 적용할 때 등장합니다.

 켈리, 아이디오의 혁신과 공감에 관하여 page 40

At IDEO, we look at innovation as a way of coming up with breakthrough ideas by being focused on people, on humans, on customers and on users. And so we think that when there's lots of ideas around - technological ideas that we work on, we work on new business ideas - we focus on trying to have empathy for people and what do they value, what's meaningful in their lives, and then we take those ideas and try to turn those into reality and realize real products and services for people.

아이디오에서 바라보는 혁신이란 사람에게 집중함으로써, 즉 인간, 고객, 사용자에게 집중함으로써 획기적인 아이디어를 구상하는 방식입니다. 따라서 우리는 기술적인 아이디어, 사업적인 아이디어들을 다룰 때 사람들에 대한 공감을 가지려 노력하고, 사람들이 가치를 두는 것, 사람들의 삶에 의미가 있는 것에 초점을 맞춥니다. 그리고 이러한 아이디어들을 채택해서 현실화하고 사람들에게 실제로 필요한 상품과 서비스가 무엇인지 알아내려고 노력합니다.

You know, so the generation that I represent is motivated largely by different values than emerging generations that are coming into the workforce. Our younger workers are largely motivated by creating value in what they do by bringing them their best selves through the organization, by having opportunities to try new things and be imme-diately given feedback for the value of the products and services and thinking that they bring to the organization. They want relationships with the employer, but they don't want necessarily long-term rela-tionships. They want relationships around the value of the work and the ideas that they bring and around the technology enablement that they can leverage in order to bring their thinking to the world at large.

아시다시피 제가 대표하는 세대는 새로운 인적 자원으로 부상하는 신세대와는 다른 가치에 의해 주로 동기를 부여받습니다. 우리의 젊은 인력들이 대체로 동기 부여를 받는 건 자신이 하는 일에서 가치를 창조할 때, 자신이 속한 조직을 통해 자신의 발전을 이룰 때, 조직에서 새로운 시도를 하면서 자신이 기여한 상품과 서비스, 아이디어의 가치에 대해 즉각적인 피드백을 받을 때입니다. 그들은 고용주와 인간관계를 형성하길 원합니다. 하지만 꼭 장기간의 관계를 원하는 건 아니에요. 그들은 자신의 아이디어와 업무의 가치와 관련된 관계를 원하고, 자신의 생각을 이 세상에 내놓기 위해 자신이 입지를 구축할 수 있는 기술 가능성과 관련된 관계를 원합니다.

At MIT, there's a hacking culture. Whether it's a police car on top of the dome, or putting a mock-up the Apollo lunar lander on the 40th anniversary of the moon landing, or when Lucas released his latest Star Wars they turned that dome into R2D2 - in secret, not with permission, but if necessary, seeking forgiveness if they're caught - but the goal is to do something that's brilliant and when you do pull it off and your're thought this through, you really come up with something that's eye-opening. "Wow," everybody says, "Ah, brilliant!"

MIT 장난 문화가 있어요. 돔 지붕 꼭대기에 경찰차를 올려놓는다 거나, 달 착륙 40주년 기념일에 아폴로 달착륙선의 모형을 놓는 다든지, 루카스 감독이 스타워즈 최신판을 내놓았을 때 돔 지붕을 R2D2로 변신시킨다든가 하는 것들이죠. 비밀리에, 허가 없이 하 는 거죠. 하지만 필요한 경우 걸렸을 때 용서를 구해야 하죠. 하지 만 기발한 무언가를 하는 게 그 목표입니다. 어떤 일을 성취해 내고 끝까지 매달리면 정말로 놀랄 만한 다른 무언가를 구상해 냅니다. 〈우와.〉 모두가 말하죠. 〈야아, 기발한데.〉

 혁신가에 대한 소개 page 67

I borrowed the title of this chapter from James Joyce's first novel "Portrait of the Artist as a Young Man" because in fact I see Kirk Phelps as an extraordinary 21st century artist. As you'll see in his story about his work as a product manager at Apple, the ways in which he was able to really understand and bring different kinds of technologies and different kinds of skills together in the creation of that first iPhone, I think it's true artistry. But the question is, you know, 'Is he an artist by nature?' I mean 'Was he born with these capabilities? Or is he more an artist by nurture?' meaning what his parents did for him, what Ed Carryer, this extraordinary teacher at Stanford, did for him and the demands and challenges that Apple placed on him. Were those in fact more important, more nurturing his artistic talents and capabilities than in fact the gifts he may have been born with? You got to be pretty self-confident, to say 'I'm quitting Phillips Exeter', 'I'm quitting Stanford', 'I wanna go work on the first iPhone'. But at the same time, you can't be so full of yourself because you know that innovation is about trial and error and you're gonna fail and you're gonna make mistakes and you're gonna have to put yourself out there all the time. And that's something that I think Kirk was really very good at. But it was because he had extraordinary support from his parents who deeply believed in him.

나는 이 장의 제목을 제임스 조이스의 첫 소설 『젊은 예술가의 초상』에서 따왔습니다. 실제로 나는 커크 펠프스가 비범한 21세기의 예술가라고 생각하기 때문입니다. 그에 대한 이야기에서 보게 되겠지만, 그가 애플에서 제품 담당 책임자로서 했던 일, 최초의 아이폰을 만드는 과정에서 다양한 종류의 과학 기술과 다양한 종류의 기량을 실제로 이해하고 하나로 통합할 수 있었던 방식, 그것이야 말로 진정한 예술가적 능력이라고 나는 생각합니다. 하지만 의문점은 〈그가 태생적으로 예술가였나?〉 즉, 〈그가 이러한 능력들을 갖추고 태어난 것인가? 아니면 양육에 의해서 예술가로 길러진 것인가?〉입니다. 여기서 양육이란 커크의 부모님이 그를 위해 한 일, 스탠퍼드 대학의 탁월한 스승 에드 캐리어가 그를 위해 한 일, 애플이 그에게 요구한 것과 도전 과제들을 말합니다. 이러한 것들이 사실상 그가 갖고 태어난 천부적 재능들보다 더 중요하고, 그의 예술적인 재능들과 능력들을 더 길러 준 걸까요? 〈필립스 엑서터 고등학교를 자퇴하겠어요〉, 〈스탠퍼드 대학을 중퇴할래요〉, 〈최초의 아이폰을 만들러 가고 싶어요〉라고 말하려면 확고한 자신감이 있어야 합니다. 하지만 동시에 반드시 자신만만할 수는 없습니다. 왜냐하면 혁신은 시행착오에 관한 것이고, 실패가 뒤따를 것이고, 실수가 있을 것이고, 항상 애를 써야만 한다는 것을 알고 있기 때문입니다. 그리고 내가 보기에 커크는 그 점에서 매우 뛰어납니다. 하지만 그렇게 될 수 있었던 이유는 그를 깊이 믿어 준 부모님으로부터 보기 드문 지지를 받았기 때문입니다.

샤나 텔러만 page 112

I've always really wanted to make a real impact in the world. That's the biggest desire I've had. I want to feel like what I'm doing every day matters and it matters in a bigger way than myself. So when I was doing art, the biggest struggle I had was that I felt like art has meaning to people but I wasn't really changing the world with my art. And so the desire I started having in high school and even in college was 'How can my art be more extended? How can creativity be more extended and have a bigger impact?'

She had this unique art-science-math brain and at the same time could go out and passionately throw herself into a soccer game and come out covered and spattered with mud and looking totally gross and feel like it had been a great day. She tried lots of stuff. She tried singing, which we were "Okay, well that's interesting", um, she... piano, so she was really kind of... She explored.

I never really had a like 'This is what I'm gonna do with my life' kind of a dream. I've always been sort of taking things one step at a time. And as opportunities come in, I kind of run with that, right, and it always worked that way. I never really had a fear that the next thing wasn't gonna come in or try too deeply to plan out what might be possible.

나는 항상 세상에 진정한 영향을 끼치고 싶었어요. 그것이 내가 가진 가장 큰 바람이죠. 내가 매일 하는 일이 중요한 일이고 그 일이 나 자신보다 더 커다란 방식으로 중요하다고 느끼고 싶어요. 그래서 내가 미술을 할 때 내가 가졌던 가장 큰 어려움은 미술이 사람들에게 의미를 갖긴 하지만 내가 내 미술을 가지고 세상을 정말로 변화시키고 있지는 않다고 느끼는 거였어요. 따라서 내가 고등학교 때부터 갖기 시작해서 대학 때까지 가졌던 바람은 〈내 미술이 어떻게 더 확장될 수 있을까? 어떻게 창의성이 더 확장되고 더 큰 영향을 가질 수 있을까?〉였어요.

그녀는 독특한 미술, 과학, 수학적 두뇌를 가졌고, 그와 동시에 밖에 나가서 열정적으로 몸을 내던져 축구 경기를 해서 진흙투성이를 하고 완전히 지저분하게 되어서는 즐거운 하루를 보냈다고 느끼는 애였죠. 그녀는 많은 것을 시도했어요. 그녀는 노래도 해봤고, 우리는 반대하지 않았어요. 흥미로운 일이었죠. 또, 피아노도 했고, 그녀는 정말 탐험을 하고 다녔죠.

나는 내 일생을 바칠 꿈 같은 것은 한 번도 가진 적이 없어요. 나는 항상 한 번에 한 가지씩 해왔어요. 그리고 기회가 찾아오면 그 기회를 향해 달려가는 타입이죠. 맞아요, 항상 그런 식으로 일해요. 나는 다음 기회가 오지 않을 거라는 두려움은 절대 느낀 적이 없고, 실현 가능한 것을 너무 깊이 계획하지도 않아요.

텔러만 부부의 양육 이야기 page 116

I idealistically thought that we would support the Baltimore City school system and send our daughter to Baltimore City. It really came down to a Jewish day school or the local community elementary school that was part of the Baltimore City public schools. And I went by myself and spent the day walking around unescorted looking in every classroom, looking at the groups, looking at the teachers, looking at the kids, watching them, and then met with the principal. And while I was sitting with the principal, his two sons came barreling in, jumped on his lap, hugged and kissed him and because it was a Jewish day school, they had forgotten to put their kippah, their skullcaps on. So they dove into a drawer where he kept extras for them and then ran out again. He never got flustered. It was just the norm. And I came home and said, "That's the kind of place she needs to go."

She kind of approached college somewhat independently and it took us on a kind of a wild goose chase around looking at a number of schools. She wanted to go to a program that had the liberal arts component and but she was also interested in art, so she wanted to go to the program that had art as a substantial piece of it. And I think we both felt that, you know, just let her sort of find her way through this and that we would just kind of prop her up if she kind of faltered, but I think we both were comfortable with letting her take the lead on that end and feeling comfortable that she was gonna come out okay with it.

내가 생각한 이상적인 상황은 우리가 볼티모어 시의 학교 제도를 지원하고 우리 딸을 볼티모어 시내의 학교에 보내는 거였어요. 실제로 유대교 사립 학교 아니면 또는 볼티모어 공립 학교인 지역 초등학교로 선택이 좁혀졌죠. 그러고는 나 혼자 가서 안내를 받지 않은 채로 걸어 다니면서 모든 교실을 들여다보고, 그룹 활동을 지켜보고, 선생님들도 보고, 아이들도 봤어요. 그러다가 교장 선생님을 만났죠. 내가 교장 선생님과 앉아 있을 때 그의 두 아들이 달려 들어와서 그의 무릎으로 뛰어들어 그를 껴안고 뽀뽀를 퍼붓더군요. 그 학교는 유대교 사립 학교인데 그 애들은 학교에 유대교 모자인 키파를 쓰고 오는 걸 깜빡했던 거예요. 그래서 교장 선생님이 여분의 모자를 넣어 두는 서랍으로 돌진해서 모자를 꺼내 들고는 곧장 다시 달려 나갔어요. 교장 선생님은 전혀 당황하지 않더군요. 그게 그냥 평범한 일이었던 거죠. 나는 집에 와서 말했어요. 〈그 학교가 샤나가 가야 할 곳이에요.〉

그녀는 어느 정도 독립적으로 대학을 선택했는데, 우리를 데리고 괜히 수없이 많은 학교들을 보러 다녔죠. 그녀는 인문학 요소가 있는 과정에 다니고 싶어 했지만 한편으로는 미술에도 관심이 있었어요. 그래서 미술이 상당 부분을 차지하는 프로그램을 듣고 싶어 했어요. 그리고 우리 부부는 그녀가 이런 식으로 자신의 길을 찾아 가게 내버려 두었고, 혹시라도 그녀가 넘어지더라도 그때 가서 일 으켜 주면 될 거라고 생각했어요. 우리 부부는 둘 다 그녀가 주도 적으로 대학을 선택하는 것을 걱정하지 않았고, 그녀가 아무 탈 없 이 그런 과정을 거쳐 나갈 거라고 편하게 생각했어요.

 조디우 page 126

I think it's really important for students to find out what is their passion, right? There's plenty of problems in the world and when no one's gonna solve all of them, so why not choose the one that means the most to you. I first met her as a student in the development class that I teach. She really wanted to take the pedal corn sheller and grain mill to Tanzania because she had learned about it in class and knew that corn was a staple crop in Tanzania and thought that people would be interested in it. Rather than just say, "Ooh, how could I get one," she was like, "Okay, I'm gonna build one of these." And she learned how to weld and we did a little of redesign of the machine so that you could break it down and fit it into a smaller box than the current version. From that point on, I was always impressed with the way that she sort of, she had a clarity of vision, she knew what to do to move forward. So, initially it was the mobile maize sheller. But then after that it became the idea of pedal-power technology. She felt like she could harness that power in order to, you know, create a whole slew of technologies, not just that one.

학생들이 자신의 열정이 무엇인지 발견하는 건 매우 중요하다고 생각합니다. 세상에는 수많은 문제들이 있고 한 개인이 모든 문제 를 다 해결할 수 없는 노릇이니까, 자신에게 가장 중요한 의미가 있는 어떤 한 가지를 선택하는 건 어떨까요. 내가 가르치던 국제 개발 수업에서 그녀를 처음 만났어요. 그녀는 그 페달식 옥수수 탈립기와 제분기를 탄자니아로 정말로 가져가고 싶어 했죠. 수업 시간에 그 기계에 대해 배웠고, 옥수수가 탄자니아의 주식이라는 것을 알고 있었기 때문에 탄자니아 사람들이 그 기계에 관심을 가질 거라고 생각했어요.

그녀는 〈이런, 어떻게 하면 하나를 얻을 수 있을까?〉라고 말하기보다 〈좋아, 내가 하나를 만들 거야〉라는 식이었죠. 그녀는 용접하는 법을 배웠고, 기계의 디자인을 변경함으로써 기계를 분해해서 더 작은 상자에 들어갈 수 있도록 만들었어요. 그 때 이후로 쭉, 나는 그녀가 명확한 비전을 갖는 방식에 늘 감명을 받았습니다. 그녀는 앞으로 나아가기 위해 무엇을 해야 하는지 알고 있었어요. 그러니까, 그것은 처음에는 이동 가능한 옥수수 탈립기였어요. 그러나그다음에는 페달 동력 기술이 되었죠. 그녀는 단지 옥수수 탈립기만이 아니라 수많은 기술을 창조하기 위해 그 동력을 이용할 수 있다고 생각했습니다.

에이미 스미스와 D-랩 page 132

MIT has a very entrepreneurial atmosphere in terms of the programs that we run here. I started D-Lab because as a graduate student I came back to MIT to get a little bit more of a background in mechanical engineering or stronger background so that I would feel comfortable working in the field. I just realized the power of this type of technology project as a way, as a vehicle to teach good principles of design. You know, if you're doing design for the developing world, things need to be reliable, affordable, easy to use, easy to maintain, but those are design principles for everything. It's important to break down some of those walls of academia and I think it's a good thing that I'm not a tenured faculty member. Yet my classes are, you know, are popular, are well-regarded and I think teach students really important things.

MIT는 이곳에서 운영되는 프로그램을 봤을 때 매우 기업가적인 분위기를 가지고 있습니다. 내가 D-랩 프로그램을 시작한 이유는 MIT로 돌아와서 대학원 수업을 들을 때 기계 공학 분야에서 보다 많은, 또는 보다 효과적인 배경지식을 쌓는다면 해당 분야에서 일하는 데 보다 수월할 것 같다는 생각을 했기 때문입니다. 나는 디자인의 올바른 원칙들을 가르치는 방식, 전달수단으로서 이런 유형의 과학 기술 프로젝트의 힘을 바로 깨달았어요. 아시다시피 개발 도상국을 위한 디자인을 하는 경우에는 믿을 만하고, 가격이 저렴하고, 사용하기 쉽고, 유지하기 쉬워야 한다는 점이 필수 조건이 됩니다. 그렇지만 그런 조건들은 다른 모든 것에 적용되는 디자인 원칙들이기도 하죠. 학계의 장벽을 부수는 것이 중요해요. 나는 내가 종신 재직권을 가진 교수가 아니라서 다행이라고 생각해요. 그렇더라도 내 수업들은 인기 있고, 높이 평가 받고, 학생들에게 정말 중요한 것들을 가르친다고 생각하거든요.

 탄자니아에서 조디 우 page 135

This is a maize sheller which takes kernels off their crop. You feed the corn through and it comes out, and allows people to shell maize at two or three times faster than beating with the stick or ten times faster than by hand. Maize is a staple food in Tanzania, up to 40% of many people's diets in east Africa. And what we've done is instead of putting a handle on the back where you're clinking it like this, we have put a sprocket. So a sprocket allows for this machine to be chain-generated. This machine is mobile. You can move it from place to place. And this is just one device. Just imagine all the other devices you can put on a bicycle.

이것은 옥수수의 알맹이를 심과 분리해 주는 옥수수 탈립기입니다. 이쪽으로 옥수수를 넣으면 이렇게 나옵니다. 그리고 알맹이를 분리하는데 시간이 적게 드는데, 막대기로 치는 것보다는 두세 배 빠르고, 손으로 하는 것보다는 열 배 빠릅니다. 옥수수는 탄자니아에서 주식이고, 동아프리카에 있는 많은 사람들의 식단에서 최대 40퍼센트까지 차지하고 있습니다. 설치할 때 뒤쪽 바퀴에 손잡이를 달아 주는 대신 톱니바퀴를 장착하면 이런 식으로 돌릴 수 있어요. 그러니까 톱니바퀴를 통해 동력을 얻게 되는 거죠. 이 기계는 이동 가능해요. 여기저기로 가져갈 수 있어요. 이것은 단지 하나의 장치입니다. 자전거에 부착할 수 있는 다른 모든 장치들을 상상해 보세요.

 ## 부모의 지원이 중요한 이유 page 137

MARSHALL AND GRACE WU INVESTED $50,000 INTO THEIR DAUGHTER'S BUSINESS.

I don't think about return, I'm thinking about if she can learn something, that's more important. She's young. Learning some experiences is the most important thing.

We always wanted her to come back. Even if she doesn't do it, it doesn't mean that she failed. It means that in the future you can do it again. We want her to come back. We don't feel like she's failed if she comes back. But she doesn't want to come back.

Nobody succeeds the first time. You have to stumble and get up, so I never think too much about a return. I think of it as an investment and a very easy investment too.

TO MAKE THEIR INVESTMENT, THE WU'S BORROWED $50,000 FROM THE BANK.

〈마셜과 그레이스 우 부부는 그들의 딸의 사업에 5만 달러를 투자

했다.〉

돈을 돌려받을 수 있을 거라고 생각하지 않아요. 그 애가 무언가를 배울 수 있다면 그게 더 중요하다고 생각해요. 그 애는 젊어요. 경험을 배우는 것이 가장 중요한 일입니다.

우리는 항상 그녀가 돌아오기를 원했어요. 비록 그녀가 그 일을 하지 않더라도 그것이 그녀가 실패했다는 걸 의미하지는 않아요. 미래에 다시 할 수 있다는 의미죠. 우리는 그녀가 돌아오길 바래요. 그녀가 돌아오더라도 그녀가 실패했다고 느끼지 않아요. 하지만 그녀는 돌아오길 원하지 않아요.

누구도 단번에 성공할 순 없습니다. 다만 바닥을 구르더라도 다시 일어설 줄 알아야 합니다. 그래서 나는 돈을 돌려받는 것에 대해 그다지 생각하지 않아요. 나는 그 돈이 투자라고, 매우 쉽게 결정할 수 있는 투자라고 생각합니다.

〈딸에게 투자하기 위해서, 우 부부는 은행에서 5만 달러를 대출받았다.〉

데이비드 센제

page 143

IN THE WEST AFRICAN COUNTRY OF SIERRE LEONE, CIVIL WAR RAGED FROM 1991 TO 2002 AND LEFT OVER 50,000 DEAD. THESE WERE THE FORMATIVE YEARS OF DAVID SENGEH'S CHILDHOOD.

There are lots of amputees in Sierra Leone. I do have a lot of amputee friends, from the war, where couple of thousand people were maimed. So when I got into Harvard I googled "technology and entrepreneurship at Harvard" and then Paul's name came up and I saw his name and then I called Paul. We had a long conversation and I wanted to build a prosthetics bank. I wanted to have a place where people came back to reservice their prosthesis. But in general what I really really enjoyed doing is thinking about how we can use high tech to solve some of the major challenges in Sierra Leone and in the emerging world. I mean high tech meaning how do you use high functional design, how do you use innovative approaches that are not just rudimentary solutions to problems but that enable people to do something meaningful for their lives.

〈서아프리카에 있는 나라 시에라리온에서는 1991년부터 2002년까지 내전이 맹렬히 계속되었고, 5만 명이 넘는 사망자를 남겼다. 이 시기는 데이비드 센제의 성격 형성 시기와 맞물렸다.〉

시에라리온에는 팔이나 다리를 잃은 사람들이 많습니다. 내 자신도 전쟁 때문에 팔이나 다리를 절단 당한 많은 친구들이 있어요. 그 전쟁에서 대략 2,000명 정도가 불구가 되었습니다. 하버드에 들어갔을 때 나는 인터넷에서 하버드에 있는 과학 기술 기업가 과정을 검색했고 폴의 이름이 뜨더군요. 그의 이름을 보자마자 곧바로 그에게 전화를 걸었어요. 우리는 긴 대화를 나누었고, 나는 인공 기관 은행을 만들길 원했어요. 나는 사람들이 와서 그들이 사용하고 있는 인공 기관들을 수리할 수 있는 곳을 만들고 싶었어요. 하지만 전반적으로 봤을 때 내가 정말로 즐겼던 것은 우리가 시에라리온과 제3세계가 직면한 주요한 몇몇 도전 과제들을 해결하기 위해 첨단 기술을 사용하는 방법에 대해 고민하는 과정이었습니다. 내가 말하는 첨단 기술이란 첨단 기능을 갖춘 디자인을 만드는 방법, 문제에 대해 기본적인 해결 방안이 될 뿐만 아니라 사람들이 그들의 인생을 위해 의미 있는 무언가를 할 수 있도록 가능케 하는 혁신적인 접근법을 사용 하는 방법입니다.

멘토의 중요성에 대해 설명하는 센제 page 146

One of my closest friends at Harvard is Paul Bottino. I think in the week, I would probably drop by his office at least three times, every week, all four years. And I would knock on this door, he may or may not be in a meeting, and I'd be like "Hey, Paul," and he would say "Come in, come in." And I'd come in and it's usually to talk to him for five minutes. It's usually "Hey, Paul. I just come to say hi and I was thinking about this crazy idea and I wanna know what you think." And that conversation would go on for an hour. He and I didn't have academic conversations at all. It was all about different ideas, different businesses, different concepts why specific things were important to me and where I could get resources from. He helped shape the Harvard experience that I created that I think every student should have.

하버드에서 나와 가장 친한 친구 중 한 명은 폴 보티노 교수입니다. 생각에 아마도 일주일에, 매주 적어도 세 번씩, 사 년 내내 그의 사무실에 들르고는 했어요. 내가 그의 문을 두드리면 그는 모임 중 일 때도 있었고 아닐 때도 있었어요. 그럼에도 내가 〈안녕하세요, 폴〉이라고 말하면 그는 늘 〈들어와, 들어와〉라고 말합니다. 그러면 들어가서는 평소에는 한 5분 정도 그와 이야기를 나눠요. 하지만 〈안녕하세요, 폴. 인사나 하려고 들렀어요. 그런데 내가 좀 황당한 아이디어가 있는데 당신이 어떻게 생각하는지 알고 싶어요〉라고 말하는 경우에는 대화가 한 시간 동안 지속되기 일쑤였죠. 그렇다고 그와 내가 학문적 대화를 나눈 건 아니에요. 다양한 아이디어와 다양한 사업들과 다른 개념, 왜 특정한 것들이 나에게 중요한지, 그리고 어디서 내가 필요한 것들을 구할 수 있는지에 관한 이야기들이 전부였죠. 그는 내가 쌓은 하버드 경험을 형성하도록 도와주었는데, 내 생각에 모든 학생들이 그런 경험을 가져야 합니다.

 하버드에 관한 센제의 이야기 page 151

Stereotypes you hear about Harvard: snobby kids who feel like they are entitled to the world and entitled to the major job. You do find a couple of them, but I never had to interact with them. So they didn't bother me. I was an engineering major and I did pretty good in school but I don't remember much at all from the things I learned in class. Those are not what stayed with me but rather it was the connections, the professors, the students. As cliché as it may sound but it's actually a pretty amazing place where you can have a conversation for two hours about why and how development is necessary in this specific certain way. Whether it was with a professor or with a student, it didn't seem to matter at all.

사람들이 갖고 있는 하버드에 대한 고정관념에는 마치 자신들이 세상을 다 가졌고, 좋은 직업을 가진 것이라 생각하는 잘난 체하는 애들이 등장하죠. 물론 그런 학생들이 몇 명 있기는 하지만 나는 그들과 교류할 일이 전혀 없었어요. 그래서 굳이 그런 학생들에게 신경도 쓰지 않아요. 나는 공학 전공이었고 학교생활을 꽤 잘 한 편인데도 수업 시간에 배운 내용들에 대해서는 기억나는 게 별로 없어요. 그런 것들은 내게 남아 있지 않고, 오히려 교수님들과 학생들의 관계가 기억에 남아요. 상투적으로 들릴지도 모르지만, 하버드는 왜 그리고 어떻게 어느 특정한 방면에서 개발이 필수적인지에 대해 두 시간 동안 대화를 나눌 수 있는 실제로 매우 놀라운 장소입니다. 이런 대화를 누구와 하는지는 전혀 중요하지 않았어요.

목표 의식에 관한 센제의 설명

page 155

It's all well and good to make one block of foot-ankle joint that is very fixed and that's made of raw-boned wood. Because people of Sierra Leone do not have a prosthetic device, why not just give them the basic rudimentary prosthetic device? Could we make prosthetic devices that allow the user to work in different terrains, to work in a rainy season, to do things on ground that is not leveled, but also have it be low cost and have it be enabling, have them to have another dimension to their lives beyond that "Oh, I can walk! Great!"? It's wonderful that they can walk again, but for Sierra Leone all the places to go for, they have to be able to do more than just walk. They have to be able to do their basic general life.

발과 발목을 연결하는 관절을 한 덩어리로 만드는 건 좋은 아이디어입니다. 그렇게 되면 단단히 고정이 될뿐더러 목재를 이용해서 거추장스럽지 않게 만들 수도 있으니까요. 시에라리온 사람들은 인공 장치를 가지고 있지 않으니까 그들에게 가장 기본적인 인공 장치를 주는 건 어떠세요? 사용자가 다양한 종류의 지형에서 일할 수 있게 하고, 우기에도 걸을 수 있게 하고, 평평하지 않은 땅 위에서 작업하게 하고, 거기에다가 낮은 비용이 들고, 잘 기능하게 하고, 사람들로 하여금 〈오, 나는 걸을 수 있어! 대단해!〉를 넘어서 또 다른 차원의 삶을 가져다 줄 수 있는 인공 장치를 만들 수 있을까요? 그들이 다시 걸을 수 있다는 것은 놀라운 일입니다, 하지만 시에라리온의 생활 환경을 생각한다면 그들이 단지 걷는 것 이상을 할 수 있어야 해요. 그들은 기본적으로 일상생활을 할 수 있어야 합니다.

 제이먼 실스 page 157

I was really getting into them because of Michael Jordan. And growing up without a father or a really prominent male role model, that was my father figure, that was my male role model. And the first time I saw him play, it was in the 1989 playoffs, and he hit the game, when he shot he jumped up in the air and I saw his shoes, and right then I wanted them like, "I got to have those shoes." And I didn't realize what the connection was with the shoes but I do now. When I had those Air Jordan shoes on, that was my way of being connected with him. I couldn't go see him, I couldn't go talk to him on the telephone, but that was my way of being a part of it. So if I had those shoes on, I could do what he did on the court in my life. So that was the connection of us. From then, I started collecting shoes. I'd bug my poor mother to death to buy me these 100 dollar shoes. But in exchange, I told her "I'd make good grade and stay out of trouble", and so I did.

내가 신발에 빠지게 된 것은 마이클 조던 때문입니다. 아버지나 혹은 두드러진 남성 역할 모델이 없이 자랐기 때문에 그는 나의 아버지상이자 남성 역할 모델이었어요. 내가 그의 경기하는 모습을 처음 본 것은 1989년 플레이오프 때였어요. 그는 경기를 장악했어요. 슛을 던지고 공중으로 날아올랐죠. 그때 그가 신고 있는 신발을 봤어요. 바로 그 순간 저는 그 신발을 원하고 있었죠. 〈저 신발을 꼭 가져야겠어.〉 당시에는 그 신발과 내가 어떤 연관이 있는지 깨닫지 못했지만 이제는 알아요. 에어조던 신발을 신는다는 건 내가 그와 연결되는 방식이었어요. 그를 만나러 갈 수도 없었고, 그와 전화로 이야기를 나눌 수도 없었지만 그렇게 함으로써 그는 내 일부가 되었죠. 그래서 내가 그 신발을 신었을 때, 그가 코트에서 해내는 일을 나도 내 삶에서 해낼 수 있었어요. 그것이 우리 세대의 연결이었죠. 그때부터 나는 신발을 모으기 시작했어요. 나는 가난한 엄마를 그때부터 들볶았어요. 백 달러짜리 이 신발을 사달라고 말이죠. 그 대신에 이렇게 말했죠. 〈성적도 올리고 말썽 안 피울게요.〉 그리고 그 약속을 지켰죠.

자신의 최신 발명품을 소개하는 실스
page 162

I always thought "If I am able to take an image from my mind and make something I love and then be able to share it with the world, that means everything to me." And these are actually safety shoes and you can wear them as work shoes, very composite toe and it's a lighter than steel and twice as strong. And everyone's favorite, and I think the coolest, feature we have here is the lacing system for these, but we've taken away the wires. So to take the shoe off you pull the back open, to tighten it press standing in and turn. So this makes it a lot easier to get in and out of your shoe and also cast down on the safety risk of having the shoe laces. But these shoes are 75% lighter than any other safety shoes on the market. I can't reinvent the foot but I can reinvent the shoe or the way the shoe was made.

나는 언제나 〈내가 생각하는 어떤 이미지를 그대로 표현할 수 있고, 내가 좋아하는 어떤 것을 만들어서 내가 중요하다고 생각하는 어떤 것을 세상과 공유할 수 있으면 좋겠다〉고 생각했어요. 이것들은 실제로 안전화이고, 작업화로 신을 수 있습니다. 복합 재료로 만들어진 발가락 부분하고, 여기는 강철보다 가벼우면서 두 배 더 단단하죠. 인기 제품이에요. 내가 생각하기에 가장 멋진 특징은 신발을 조이는 방식인데, 끈이 없다는 거죠. 신발을 벗으려면 뒤쪽을 열기만 하면 되고 신발을 조이려면 튀어나온 부분을 누르고 돌리면 됩니다. 이런 방식으로 신발을 신고 벗기가, 특히 신발 속으로 발을 집어넣기가 훨씬 쉬워져요. 신발을 신을 때의 안전 위험은 없습니다. 하지만 이 신발은 시장에 나와 있는 다른 어느 안전화보다 75 퍼센트 더 가벼워요. 발은 다시 발명할 수 없지만 신발은 발명할 수 있고 신발 만드는 방식도 바꿀 수 있어요.

혁신가를 키우는 것

page 165

Jamien as a little boy was always very curious. He wanted to see how things were made, and that was a problem at times because he'd tear something loose and try to figure out, you know, what made it tick. But he became very interested in modeling clay. When my sister gave him a little piece of clay one day to keep him out of her stuff, because they grew up basically together, he made an elephant out of the clay in a few minutes. And we looked at him and from then he started making shoes. And when I knew anything, he was bugging me about buying different colors of clay so that he could make the Jordan shoes. And he made those shoes life size and he made them a way that he could pull them apart to see the insides of it. So, I didn't think anything about it seriously at that point, but then when he kept doing it, I kept watching him sit and analyze the shoes as he did, then I realized that's what he was probably gonna be doing.

제이먼은 어릴 때 호기심이 무척 많았어요. 그는 물건들이 어떻게 만들어지는지 알고 싶어 했고, 그 때문에 가끔씩 골치를 앓았죠. 왜냐하면 그가 물건들을 분해해서, 말하자면, 어떻게 똑딱거리는지를 알아내려 하고는 했기 때문이에요. 하지만 그는 모형 제작용 점토에 많은 관심을 갖게 되었어요. 내 여동생이 자기 물건을 못 만지게 하려고 그에게 작은 점토 덩어리를 주었을 때였죠. 그 둘은 사실상 함께 자랐거든요. 제이먼은 몇 분도 안 되어 그 점토로 코끼리를 만들어 냈어요. 그리고 우리가 쳐다보고 있으려니까 다시 신발을 만들기 시작했어요. 내가 뭔가 깨달았을 때는 제이먼이 조던 신발을 만들 수 있게 다양한 색상의 점토를 사달라고 졸라대고 있었죠. 그는 그 신발을 실물 크기로 만들어서 신을 수 있을뿐더러 분해가 가능해서 신발 내부를 볼 수 있었어요. 나는 그 당시에는 그다지 진지하게 생각하지 않았어요. 하지만 제이먼이 그 일을 계속 반복하고, 앉아서 신발 분석하는 걸 계속 지켜보다 보니 그 일이 그 아이가 앞으로 하게 될 일이라는 것을 깨닫게 되었습니다.

나는 제이먼을 100퍼센트 지지해요 page 167

To watch him, and I get a little bit emotional with this, to watch him go through this process, and not be able to see the results that he's looking forward is tiring. But I do all I can to help him. I do still work multiple jobs so that I can help him pay his everyday bills, so that he can be able to put what low bid he has into his business. It's stressful to see him stressed sometimes, but I am behind him 100%, because I believe it's what he's meant to do and eventually it will come to play.

이 부분에 있어서는 약간 감정적이 되는데, 한 공정을 마쳤는데 그가 기대하는 결과를 얻지 못한 경우엔 그걸 지켜보고 있는 것이란 힘든 일이죠. 하지만 그를 돕기 위해 내가 할 수 있는 모든 일을 할 겁니다. 나는 제이먼이 생활비를 걱정하지 않도록 여전히 여러 가지 일을 하고 있어요. 그렇게 해서 그가 가진 약간의 돈이라도 자신의 사업에 쓸 수 있게 하기 위해서죠. 제이먼이 스트레스 받는 모습을 지켜보는 건 내게도 스트레스입니다. 하지만 나는 그를 백 퍼센트 지지해요. 왜냐하면 그 일은 제이먼이 하도록 정해진 일이고, 결국에는 잘 될 거라고 믿기 때문입니다.

 로라 화이트 page 177

Laura, her entire life, her entire track record of everything she has done, has been building from strength, the strength, the strength. And if you've focused on what you are really passionate about, if you are building something you really believe in, people are going to jump on board if you are really genuine about it. So I think Laura is not necessarily concerned about her own personal well-being because she is so concerned about the well-being of others. So I think it's like this wonderful network that is giving back to her as well.
I am not afraid of poverty, I am really not. I think that is really important. I want to improve the society that I live in. The end. I believe that I can make it work if it's doing the right thing.

로라는, 그녀의 일생은, 그녀가 해온 모든 실적은 그녀의 강인함에서 만들어졌어요. 만약 자신이 정말로 열정을 느끼는 어떤 일에 당신이 집중한다면, 자신이 믿는 어떤 것을 당신이 만들어간다면 다른 사람들도, 만약 당신이 진심이라고 느낀다면, 진심으로 동참할겁니다. 따라서 내 생각에 로라는 자신의 개인적인 행복에 대해서는 걱정할 필요가 없어요. 그녀가 다른 사람의 행복에 대해 관심을쏟고 있기 때문이죠. 이 멋진 네트워크가 다시 그녀에게 행복을 되돌려줄 거예요.

나는 가난이 무섭지 않아요. 정말로요. 내 생각에 이 점이 정말 중요한 것 같아요. 나는 내가 살아가는 사회를 개선하고 싶어요. 그거면 되요. 만약 그것이 올바른 길이기만 하다면 얼마든지 그렇게 할수 있을 거라고 믿어요.

툴레인 대학에 관한 로라의 이야기 page 183

I came to Tulane because I really wanted to go to a university that was committed to public service. And I'd had all these service experiences in high school, and basically I realized at that point that what I really want to do was to help other people appreciate the joy and the importance of looking out for each other as a community. And I really saw that as a value here. I ended up in political economy mostly because of the advisor Doctor Howard, who's fantastic, but also because I really appreciated how the classes allowed me to take my practical experiences of working in the community and look at them from a theoretical perspective. So that was also getting experience with real things but reflecting on them in a broader view.

내가 툴레인 대학을 좋아하는 이유는 정말 다니고 싶었던 학교이기 때문이에요. 툴레인은 공익사업에 헌신적인데 나는 고등학교 때부터 공익사업과 관련해 많은 봉사 활동 경험을 쌓았거든요. 무엇보다도 나는 고등학교 다닐 때 내가 정말로 원하는 일이 다른 사람을 돕는 거라는 사실을 깨달았어요. 하나의 공동체로서 서로를 위해 일하면서 즐거움을 만끽하는 거죠. 툴레인도 바로 그런 점을 중시한다는 것을 알게 되었죠. 나는 정치 경제학을 공부하는데, 주된 이유가 지도 교수인 하워드 교수님이 정말 멋지기 때문이에요. 물론 이런 수업을 통해 내가 지역 사회에서 일하면서 실질적인 경험을 쌓고, 이런 경험들을 이론적인 관점에서 고찰할 수 있다는 점도 중요한 이유죠. 다시 말해 실질적인 경험도 쌓고 보다 폭넓은 관점에서 돌아볼 수 있는 거죠.

자신의 멘토에 대한 이야기를 들려주는 로라 page 187

Doctor Howard is great. I remember the first time I went to his office. I was really taken aback because there were stacks of books everywhere and he, I later found out that he strategically places ones that he really wants people to see. He is really wonderful and I like him a lot because in the classes I've had with him, he really engages students as equals and co-creators of our class experience, rather than people who just kind of receive the knowledge that he has and spit it back out on the test.

하워드 교수님은 정말 훌륭한 분이에요. 교수님 방을 처음 방문했을 때가 기억나요. 방 안 곳곳에 책이 수북하게 쌓여 있어서 정말 깜짝 놀랐죠. 나중에 안 사실이지만 교수님은 사람들이 그 책들을 보도록 일부러 그렇게 해놓으셨더군요. 교수님은 정말 멋지세요. 교수님이 정말 좋아요. 수업 시간에 교수님은 우리 학생들을 진정 동등한 존재로 여겨 주시고, 교수님과 함께 우리의 수업 경험을 만들어 가는 존재로 우리를 대해 주세요. 우리를 단순히 모르는 지식을 배우고 시험에서 배운 내용을 뱉어내야 하는 존재로 대하지 않으시죠.

아쇼카 유와 로라의 리더십 page 199

Ashoka is a global organization of over 3,000 social entrepreneurs in 70 countries. And Ashoka U is the division within Ashoka that partners with universities to help transform them into being a place that inspires and catalyzes the next generation of change makers. Students really do want to make a difference and have a career. And so social entrepreneurship is an intersection that people can get jobs where they can have impact, or they can create ventures where they can hire other people to have jobs that make an impact.

And Laura, I believe at the age of 16, came to Ashoka as a youth venturer, and so she's been part of the Ashoka family for about 6 years. We have known Laura for about 3 years personally.

Yes, she is a social entrepreneur.

The most exceptional young person I have ever met.

아쇼카는 70개국에서 3,000여명의 사회 기업가들이 일하는 국제적인 단체입니다. 그리고 아쇼카 유는 대학들이 개혁을 통해 다음 세대의 체인지 메이커에게 영감을 주고, 촉매 작용을 할 수 있는 장소로 거듭나도록 도와주는 아쇼카 내의 한 분과입니다. 학생들은 진심으로 세상에 변화를 만들어 가길 원하고, 경력도 쌓길 원합니다. 그리고 사회 기업가 정신은 이런 학생들이 세상에 영향을 끼칠 수 있는 일자리를 구하거나, 벤처 기업을 설립하고 사람들을 고용해서 그들이 세상에 영향을 끼치도록 할 수 있는 하나의 교차점입니다. 로라는 16살에 청년 벤처가로서 아쇼카와 인연을 맺었고, 대략 6년째 아쇼카에서 일해 오고 있으며, 개인적으로 알게 된 건 3년째

입니다.

그녀는 진정한 사회 기업가죠.

로라는 그동안 내가 한 번도 만나본 적 없는 정말 특별한 젊은이에요.

시리타 게이츠

page 203

My name is Syreeta Gates and I'm 23 years old. I am from Jamaica, Queens, New York. And currently I am working on a project called Just BE Cause, which is a book about social entrepreneurship in the millennial generation, and I have an organization called SWT Life in which we help young people find their super powers, and I am in school. I knew my father but he wasn't active at all. He wasn't involved in my life so I think a lot of, well I know, that kind of, like, my DNA is from my mother. But she actually first started selling things and developed entrepreneurial skills when she was about in the 2nd grade. She was selling popcorn. I was buying popcorn from Costcos in Lower Bay. And I went to pick up her one day and this guy came over to the car and he says "Sweetie, don't forget me tomorrow" and he, sweeping the ground and I'm looking at him, wondering "What the heck is he talking about?"

I was always interested in entrepreneurship and in 4th grade I was selling popcorn, sold bookmarks, I sold two-way pagers, clothes. I was always interested in entrepreneurship.

And so he said "No no no, don't forget the popcorn, the popcorn." So when I questioned her about it, I come to find out that she was taking the popcorn to school selling it 4 dollars a pack. And from there she did bookmarks she did cake sales, she did patches and so forth. And so she has been doing this pretty much so throughout her life.

나는 시리타 게이츠이고 23살이에요. 뉴욕의 자메이카에서 태어났어요. 지금은 사회 기업가 정신과 밀레니엄 세대에 관한 『목적 그 자체가 되어라Just BE Cause』라는 책을 쓰고, 스윗 라이프라는 단체에서 젊은이들이 그들의 능력을 발견하도록 도와주는 일을 하고 있으며, 학교에도 다니고 있어요. 아버지는 전혀 활동적인 분이 아니었을 뿐 아니라 내 인생과 아무런 관련이 없어요. 따라서 내 유전자의 대부분은 엄마한테 물려받은 것 같아요.

하지만 시리타는 초등학교 2학년 때부터 실질적으로 기업가로서 수완을 발휘하기 시작했어요. 내가 코스트코에서 산 팝콘을 팔았죠. 어느 날인가 시리타를 태우러 학교에 갔는데 한 남자가 우리 차로 다가오더니 〈꼬마 아가씨, 내일 날 잊으면 안 돼〉라고 말하는 거예요. 그러고는 우리 주위를 서성거렸죠. 나는 그가 도대체 무슨 소리를 하는 건지 의아해하면서 그를 쳐다봤어요.

나는 기업가적인 활동에 늘 관심이 많았어요. 초등학교 때부터 팝콘을 팔고, 책갈피도 팔고, 호출기나 옷도 팔았죠. 항상 사업에 관심이 많았죠.

그랬더니 그가 〈아니에요, 팝콘 얘기요, 팝콘〉이라고 말하더군요. 그래서 딸아이에게 그게 도대체 무슨 말이냐고 물었더니 그녀는 학교에 팝콘을 가져가서 한 봉지에 4달러씩 받고 팔고 있다고 하더군요. 그때부터였어요. 시리타는 책갈피도 팔고, 케이크도 팔고, 패치를 붙인 옷도 팔고 그랬어요. 그러고 보면 시리타는 이런 일에 경험이 무척 풍부한 셈이에요.

브렌다 게이츠가 말하는 시리타의 어린 시절 page 204

Some advice that I tried to instill in her, is to be honest with herself and others, to always do her best, to never take anything for granted, always be grateful for whatever it is, and accept people for who they are because people will show you who they are all the time. And always understand that in every situation there are lessons, there are always lessons and it's your responsibility to get the lesson as soon as you can, and go on about your business, and apply it to your life.

나는 늘 시리타에게 그녀 자신과 다른 사람들에게 정직하라고 말했어요. 늘 최선을 다하라고, 어떤 것도 당연하게 받아들이지 말라고, 늘 감사하는 마음을 가지라고요. 언제고 그 사람의 본모습이 드러나기 마련이므로 사람들을 있는 그대로 받아들이라고, 모든 일에는 항상 교훈이 있기 마련이고 그 교훈을 가능한 빨리 배우는 건 본인의 책임이라고, 그리고 자기 사업을 하면서 자기만의 인생에 적용하라고 말해 줬어요.

 ## 드림 매니저에 관한 시리타의 이야기 page 206

Our dream manager is basically what guidance counselors are supposed to do. They're supposed to know your passion, your purpose and your strengths, and they're supposed to know you as an individual. So like, of course, my guidance counselor told me to go straight to college. My dream manager might not have told me to do that, knowing that I was interested in entrepreneurship, knowing that I was, you know, passionate about a variety of things. And its funny, so I dropped out. When I dropped out of college, I had no clue that there were programs where you could create your own major. My dream manager would have told me "You don't need... Don't go to school right now." But if she or he had known about a program where you could create your own degree, they might have told me to do that.

기본적으로 우리의 〈드림 매니저〉는 우리가 해야 할 일이 무엇인지 조언하고 상담해 주는 사람이에요. 그들은 우리의 열정과 목표, 장점이 무엇인지 알고 있으며, 인간적으로 우리를 잘 아는 사람이죠.

따라서 단순한 조언자라면, 당연하지만, 무조건 학교에 다녀야 한다고 말할 때도 드림 매니저는 그러지 말라고 말할 수도 있어요. 내가 기업가 활동에 관심이 있다는 사실을 알고, 내가 열정을 느끼는 많은 것들에 대해 알기 때문이죠. 이상하게 들릴 수 있을 거예요. 어쨌든 나는 학교를 중퇴했고, 학교를 중퇴했을 당시에 나는 자기만의 전공을 만들 수 있는 프로그램이 있다는 사실을 전혀 몰랐어요. 내 드림 매니저라도 어쩌면 그럴 필요 없다고, 지금 당장은 학교를 쉬라고 말했겠지만, 만약에 그런 프로그램이 있다는 걸 알았다면 학교를 그만두는 대신 그 프로그램을 들으라고 말했을 거예요.

 ## 시리타를 멘토링하는 그녀의 멘토들 page 206

I think one of the most important things that I did for Syreeta was just giving her the freedom to really do what she wanted to do, and I think that can be a scary thing for those of us who are in charge, and who have responsibilities, and who have to write reports, and have people looking down on us. It is scary to say: "Okay you go", but I think with Syreeta... You know, I was very young when I met Syreeta. I was, it was the first year of my job, and I was 23, and just out of college, I had a job way beyond I think, what I was supposed to. So it was, you know, something that I believed in hypothetically, this idea of letting young people, like, go and do their work, and protecting them but at that point I wasn't sure that it would work. And I think Syreeta was one of the first times that it really proved that this is, you know, fundamentally a truth about the way we do our work.

나는 처음에 시리타에게 자신이 하고 싶은 일을 할 수 있도록 자유를 준 게 정말 중요했다고 생각합니다. 〈걱정하지 말고 해봐〉라고 말하는 것은 책임을 맡고 있는 사람의 입장에서, 윗사람에게 보고해야 하는 우리 같은 사람의 입장에서 볼 때 약간은 겁나는 일일 수도 있어요. 시리타를 처음 만났을 때 나는 무척 젊었습니다. 직장에서 막 일하기 시작한 첫 해였어요. 나이도 23살밖에 되지 않았고, 대학을 막 졸업했을 때였죠. 어떻게 보면 나에게 주어진 것보다 더 많은 일을 했다고도 할 수 있어요. 하지만 나한테는 젊은이들에게 직접 해보도록 기회를 주고, 그들을 보호해야 한다는 투철한 믿음이 있었어요. 그럼에도 실제로 그런 방식이 효과가 있을지는 확신이 없었습니다. 그런 방식이 근본적으로 효과가 있다는 사실을 처음으로 증명해 준 사람이 바로 시리타였어요.

 ### 시리타의 팝 문화에 관한 이야기 page 212

I think one of the greatest philosophers of all times is Jay-Z. So basically how my brain works is that I take popular culture and mix it with, you know, like, history or education for that matter. So when I was running various programs, we would do a project, we would do a workshop on Biggie Smalls, the rapper, "Gentrification in Brooklyn" and why is all that at all relevant, or Cornel West and Jay-Z in reference to philosophy, or Lupe Fiasco in reference to social change. So just like bridging these - what people think are - humongous gaps and making it extremely relevant. I realize that works because that's what works for me. So if you tell me about if you tell me about the importance of credit I can give you a rap lyric that is extremely synonymous with that. So it makes sense for me.

나는 제이 지가 모든 시대를 통틀어 가장 위대한 철학자 중 한 명이라고 생각해요. 그러니까 기본적으로 나의 뇌가 작동하는 방식은, 대중문화를 가져와서 그것과 관련된 역사나 교육 문제와 섞는 방식이에요. 내가 여러 다양한 프로그램을 진행하게 된다면, 랩퍼

비기 스몰스와 브루클린 지역의 주택 고급화, 그리고 그들이 어떤 관련이 있는지에 관한 워크숍이나, 코넬 웨스트, 제이 지와 그의 철학에 관한 워크숍, 아니면 루페 피아스코를 통해 사회적 변화를 살펴보는 행사를 계획할 거예요. 사람들이 생각하는 커다란 차이점들 사이에 다리를 놓고, 그 둘을 관련시키는 거죠. 이런 프로그램들이 성공할 수 있는 이유는 나한테 의미가 있는 것들이기 때문인 것 같아요. 만약 누군가가 내게 신뢰의 중요성에 대해 말해 달라고 한다면, 랩 가사를 하나 말해 줄 수 있어요. 그 가사에는 정말 정확히 그 의미가 담겨 있고, 그래서 나한테 의미가 있어요.

 젠더 스로츠 page 217

We are right now in a town called La Colonia. The border to El Salvador is maybe only about 20 yards away on that side. La Barrona, where we're headed, is about 20 miles away here. We are going to catch one of these old recycled school buses to town. We call this one the Turtle Bus, not because it takes us to study turtle beaches, but mostly because it goes about two and half miles and hour and sometimes, you know, it would take us two hours to get to town. So it's a process to say the least. We are in between La Colonia and La Barrona. When I first got to La Barrona, there was a bridge here. Now to get just from La Colonia, which is about 20 miles away, we take a bus to a river that used to have a bridge, get into a little boat head aross the river, get into the exact same, like, school bus, sort of school bus, then ride another hour or so back into town.

I think it takes about two and half hours to get there. You burn through a lot of water. So most of what you will see, like, kids selling on the side of the street bags of water and in all the shops, so…

It's Jorge.

우리는 지금 라콜로니아라는 마을에 있습니다. 엘살바도르의 경계와는 저쪽으로 겨우 60미터 정도 떨어져 있을 거예요. 우리가 향해 가고 있는 라바로나는 여기에서 32킬로미터 정도의 거리에 있습니다. 우리는 저런 오래된 스쿨버스를 개조한 버스 중 하나를 타고 라바로나로 갈 예정입니다. 여기에서는 이런 버스를 거북이 버스라고 불러요. 우리가 연구할 거북이가 서식하는 해변으로 우리를 데려다 주기 때문이 아니에요. 진짜 이유는 이 버스가 시속 4킬로미터 정도로 움직이고, 때로는 라바로나까지 가는 데 2시간씩 걸리기도 하기 때문이에요. 그나마도 시간을 절약할 수 있는 방법이에요. 우리는 지금 카콜로니아와 라바로나 중간에 있어요. 내가 처음 라바로나에 갔을 때는 여기에 다리가 있었어요. 지금 막 라콜로니아를 떠나서 가고 있는데 여기에서 32킬로미터 정도 떨어져 있기 때문에 우리는 강까지 버스를 타고 이동하는 동안 잠깐 휴식을 취하고, 그다음엔 작은 배를 타고 강을 건너고, 다시 정확히 똑같은 스쿨버스를, 일종의 스쿨버스를 타고 대략 한 시간 정도를 이동해서 마을로 돌아갑니다.

내 예상으로는 라콜로니아에 도착하기까지 2시간 반 정도 걸릴 거예요. 여기에서는 물을 많이 마시게 됩니다. 길거리와 상점에서 물을 판매하는 광경도 쉽게 볼 수 있을 거예요.

호르헤를 소개합니다.

소더퀴스트, 교육의 미래에 대하여 page 227

I really feel strongly about education. And sometimes I feel kind of sad that I'm out of the picture because I feel like I got out at the right time as more and more constraints are being put on teachers in the class-room. There's less and less time spent on educating the whole child. If I were a college student I don't know that I would be looking at tea-ching. And I think that maybe if I did go into teaching, I might become

disillusioned much more quickly, because I would want to have time to do those creative things. I would want to have time, personally, I would want to have time to be able to construct an entire interdisciplinary unit about marine life rather than have to teach this chapter in the book about underwater animals and test it and move on to the next one. I think it would be very frustrating for me.

나는 교육 문제에 대해 남다른 감회를 갖고 있습니다. 때로는 지금은 관련이 없는 사람이 되었다는 사실에 슬퍼지기도 합니다. 적당한 때에 그 일에서 빠져나온 것 같긴 합니다. 교실에서 가르치는 일에 점점 더 많은 제약이 생겨나고 있었거든요. 아이를 전인적으로 성장시키는 일에 투자할 수 있는 시간이 점점 더 줄고 있었지요. 만약 내가 대학생이라면 과연 교직을 생각할지 모르겠어요. 만약 교직을 택하게 된다면 훨씬 더 빨리 환멸을 느끼게 되지 않을까 싶어요. 왜냐하면 지금 하고 있는 창의적인 일을 할 시간을 원했을 테고, 또 개인적인 시간을 원했을 테니까요. 수중 생물을 다루는 교과서 단원을 가르치고 시험을 치르게 한 뒤 다음 단원으로 넘어가는 일보다는, 해양 생물에 관한 학제 간 연구 단체를 구성할 수 있는 시간을 원했을 거예요. 만약 교과서에 얽매여 있었다면 나는 좌절감을 느꼈을 거예요.

 젠더와 주의력 결핍 과잉 행동 장애 page 230

Yeah, I always had problems, like, people would always note that I was always tapping on things and I was always 'Fidgeting.' This is what my teachers would say. "He's always fidgeting with his pencils and with his feet." "I'm sorry I'm fidgeting but you got me in a classroom for six hours and learn stuff I don't want to learn. This is terrible for me. It's a torture."

Everybody learns differently. If you learn better standing up, I don't have a problem with that. I just need to put you in the back so you are not standing up in front of someone else. If you have to walk back and forth in the back of the classroom or pace, or you get up on your knees on your chair, as long as it's not a safety issue, I'm fine with that.

In middle school, we tried acupuncture therapy, just to see if that would work. Because my parents didn't want to put me on hardcore medication - and I didn't want to be on hardcore medication - because from what my parents informed me and from what we read, it kinda changes who you are as a person when you take it.

I don't see a problem. I know that frustrates other teachers who want everything to be... to have a continuity to it. But it doesn't bother me, and I always encouraged it. If that's what you are. Even in meetings that I went to with Zander, if he had to get up and go out and walk around a while. I knew he needed that. He was more comfortable being a little more active. Adult sitting in a meeting wasn't his style, sometimes.

네, 저에게는 항상 문제가 있었어요. 늘 물건을 두드리고 무언가를 만지작거렸죠. 선생님들도 그러셨어요. 얘는 늘 연필을 만지작대고 발을 꼼지락거리고 도대체 가만히 있질 못해. 얌전히 있지 못한 건 죄송하게 생각해요. 그렇지만 교실에 여섯 시간이나 앉아서 관심도 없는 걸 배우라고 하잖아요. 도저히 못 참겠어요. 이건 고문이라고요. 사람마다 배우는 방식이 다 다릅니다. 서서 배우는 걸 더 좋아하는 학생이 있다면 저한테는 아무 문제도 안 됩니다. 다만 뒤에 서 있게는 하겠지요. 다른 아이들 앞에 서서 있으면 안 되니까요. 교실 뒤에서 이리저리 걸어야 한다거나, 의자 위에 무릎을 대고 앉아 있어야 한다 하더라도, 안전에 문제가 없는 한 저는 괜찮습니다.

중학교 때는 혹시 효과가 있을까 싶어 침 치료를 받기도 했어요. 저희 부모님은 제가 독한 약물 치료를 받는 걸 원치 않으셨어요.

저 역시도 그랬고요. 부모님이 제게 말씀하신 바에 의하면, 그리고 제가 책에서 읽은 바에 의하면, 약물 치료를 받으면 한 사람으로서의 내가 바뀐다고 하셨기 때문이에요.

모든 것이 일관성 있게 진행되기를 원하는 교사들을 좌절시키는 학생들의 행동이 있지요. 하지만 저는 그런 행동을 보더라도 고민하지 않습니다. 오히려 그 모습이 그 학생의 본모습이라면 저는 늘 그런 행동을 격려합니다. 젠더와 함께 간 모임에서도 그 아이는 자리에서 일어나 밖으로 나가 얼마 동안은 걸어야 했어요. 그에게 그런 것들이 필요하다는 걸 알고 있었죠. 그 아이는 움직이는 편을 한결 편안하게 여겼어요. 모임에서 가만히 앉아 있는 건 그 아이답지 못한 행동이었죠.

 학습 유형에 관한 스미스의 설명 page 231

I'm a person who doesn't retain knowledge from reading. Like, I can read a mystery novel and close it, five minutes later open it up and not know who did it. It's great, cause I only have to pack one book on trips. I think it's important to realize not all deliverables are words on paper, that a lot of times they are products. Even if it's not a big project, just small assignments. So I try to give opportunities for, I call it 'Hands-on homework' and there are a few times during the semester where they turn in a machine they made. So I think I would say that yes, everyone has it in them to be an innovator and a designer and what we need to do is we need to create the environment where people believe that to be true. Because I think unfortunately people stop believing that at various points in their life.

나는 독서를 해서 얻은 지식을 잘 보유하는 사람이 못 됩니다. 추리 소설을 읽고 나서 책을 덮고 5분이 지나 다시 펴면 범인이 누구였는지도 기억을 못합니다. 좋은 점도 있어요. 여행을 갈 때마다 책 한 권만 챙겨 가면 되니까요. 나는 우리가 지향하는 목표가 종이에 적힌 글자만은 아니라는 걸 깨달아야 한다고 생각합니다. 그 성과 가 결과물이 되는 경우도 많죠. 꼭 큰 프로젝트가 아니라 그저 작 은 과제일 수도 있는 거고요. 그래서 나는 체험 위주의 과제를 할 수 있는 기회를 주려고 노력합니다. 한 학기에 몇 차례 정도 학생들 이 직접 만든 기계 장치를 제출하는 과제를 내어 줍니다. 나는 누구 나 자기 안에 혁신가와 설계자를 가지고 있다고 생각합니다. 우리 가 해야 할 일은 그게 정말 사실이라고 믿을 수 있는 환경을 조성 해 주는 일입니다. 불행히도 사람들은 삶의 어느 지점에 이르면 그 믿음을 중단해 버리는 일이 많기 때문이죠.

 ## 린브룩 고등학교의 과학 교사 알론조 page 244

In the last two years, we've had ten Science Talent Search semifi-nalists and two finalists, which is basically like having our students win the Nobel Prize of high school science. One placed second in the country. All of our science teachers are really focused on getting the content across. I think no matter where you go after high school, you need to have a foundation of knowledge, and then from that foundation of knowledge we try to instill that ability to question what we are tea-ching. We do a lot of hands-on activities but I think our hands-on acti-vities are not the same as other high schools'. We've very deliberate about the choices we make, and the labs that we do, and they're not 'cook book hands-on.' They are more student-driven, student-initiated, but with the goal in mind. Our students are able to articulate what they are learning, and why they are learning that, which sometimes is not, like when I was in school, wasn't clear. I was just doing what the tea-cher told me to do. But at Lynbrook our students are able to connect what they are learning today with what they learned three weeks ago in a very purposeful way. I think that's unique.

지난 2년 동안 우리 학교에서 과학 영재 선발 대회 준결승 진출자 열 명과 결승 진출자 두 명이 나왔습니다. 사실상 고등학교 수준의 노벨상 수상자를 배출한 것과 같습니다. 전국에서 2등을 했으니까요. 우리 학교 과학 교사들은 하나같이 수업 내용을 정확히 이해시키기 위해 모든 노력을 쏟습니다. 고등학교를 졸업하고 어디로 가든지 지식적인 토대가 있어야 합니다. 그리고 우리는 그 지식적인 토대에 더해서 우리가 가르치는 내용에 대해 의문을 가질 수 있는 능력을 키워 주려고 노력합니다. 체험 위주의 활동을 많이 하는데 다른 고등학교에서 흔히 실시하는 활동과는 차이가 있습니다. 모든 선택과 실험실에 관해 꼼꼼하고 세심하게 신경을 쓰죠. 요리책을 보고 따라하는 식의 활동이 아닙니다. 학생들이 보다 더 뚜렷한 목표를 갖고 스스로 주도하고 이끌어 나갈 수 있는 활동입니다. 우리 학교 학생들은 자신들이 무엇을 배우고 있고 또 왜 배우고 있는지 분명히 말할 수 있습니다. 그런 것들은 때로 명확하지 않은 경우가 있지요. 내가 학교에 다니던 시절에도 그랬고요. 그저 선생님이 시키는 대로만 했던 거지요. 그렇지만 린브룩 고등학교의 학생들은 분명한 목적의식을 갖고 자신들이 오늘 배우고 있는 내용을 3주 전에 배운 내용과 연결시킬 수 있습니다. 바로 그 점이 우리 학교만의 특색인 거죠.

알론조의 혁신과 열정, 목표에 관한 이야기 page 247

I think innovation is the ability to look at a problem or a question in a new way, to have a passion for that question and make it meaningful. So my students don't just get to have a fire burning. I also ask them, the second question I asked them, if they find their fire, their passion,

"Why do we care?" What does this, who else besides you is going to find meaning out of this question? So it needs to relate back to a world problem or a local problem and that's when that fire becomes innovation because they then know what it means, why they are doing it in a larger scope. Yes, it means something to them, but how it means something to someone else? And that's where they find the most success in their projects.

내가 생각하는 혁신은 문제나 의문을 새로운 방식으로 바라보고, 그 의문에 대해 열정을 갖고, 그것을 의미 있게 만들어 갈 수 있는 능력입니다. 그래서 내가 가르치는 학생들은 단순히 타오르는 열정만을 가진 것이 아닙니다. 학생들이 자신의 불을, 일단의 열정을 발견하면 나는 그들에게 두 번째 질문을 던집니다. 자신이 왜 이 문제에 관심을 가지는지, 자신 외에 다른 누가 그 문제에서 의미를 발견할 것인지를 생각하게 합니다. 그래서 결국 우리는 세계 문제나 지역 문제로 다시 돌아오게 되지요. 그럴 때에 비로소 그 열정이 혁신이 됩니다. 그 일의 의미가 무엇인지, 자신이 왜 그 일을 하고 있는지 더 넓은 시야에서 알게 되기 때문입니다. 물론 그 일은 원래 그들에게 의미가 있었지만, 이제는 다른 사람에게도 의미 있는 일이 된 거죠. 학생들이 자신의 프로젝트에서 가장 큰 성공을 발견하게 되는 지점이 바로 거기입니다.

 실패의 중요성에 대한 알론조의 이야기 page 248

One of the most powerful things which I didn't expect in this process is the learning to fail, that the students don't know what it's like to not be successful at Lynbrook. They are used to doing well in school, and to have something not work for the first time in their life was really powerful in their learning. And I love, well, it's kind of weird to say but,

I do like watching them overcome a challenge because that's when they shine. They don't realize it but that's when they shine. One of the hardest things for me initially was to let them fail, and as I get new mentors, new teacher mentors, that's what I have to train them: "Step back, let them do it, don't step in, you know it's not gonna work but let them fail," Because they're gonna learn more from that obstacle and challenge than we could ever teach them directly.

이 과정에서 내가 예상하지 못했던 가장 중요한 성과 중 하나는 학생들이 실패하는 법을 배우게 된다는 겁니다. 린브룩의 학생들은 실패한다는 것이 어떤 건지 잘 모릅니다. 학교에서 잘 하는 것에 익숙해져 있다가 자기 인생에서 처음으로 뜻대로 되지 않는 일을 겪게 되는데, 이는 그들의 배움에 있어 정말 강력한 경험이 됩니다. 이렇게 말하는 게 이상하긴 하지만 나는 그들이 난관을 극복하는 것을 지켜보는 것이 정말 좋습니다. 바로 그 순간이 그들이 가장 빛나는 순간이기 때문이죠. 아이들은 깨닫지 못하지만 바로 그 순간에 그들은 가장 빛이 나죠. 처음에는 가장 어려운 부분이 아이들이 실패하도록 내버려 두는 일이었어요. 신입 교사들을 지도하면서 나는 한 걸음 물러나서 아이들이 알아서 하도록 내버려 두라고, 설사 제대로 되지 않을 거라는 걸 알아도 간섭하지 말고 실패를 맛보게 놔두라고 교육합니다. 아이들은 장애와 난관에 몸소 부딪쳐 보면서 우리가 직접 가르칠 수 있는 것보다 더 많은 것을 배울 테니까요.

보티노, 실천의 가치에 대하여 page 258

If you wanted to learn how to do something like ride a bike, you can read about riding a bike. I could give you all the instructions right down to every bit of muscle movement and energy and how to balance and whatever. You won't be able to do it. But as soon as you say "Hey, I want to ride a bike" and start doing it, and start acting then you're gonna start to get the implicit knowledge. So that's a physical example, but in an intellectual world it's all about queries and exciting different, you know, taking the different stimuli, different connections that you make, formulating a query and testing it and probing the knowledge of the universe. And you're getting information that's not on display anywhere. And that, I think, is the basis of the new model of learning.

무언가를 하는 법, 가령 자전거 타기 같은 일을 배우고 싶다면 자전거 타기에 관한 책을 읽을 수는 있습니다. 필요한 지식을 죄다 듣고, 근육의 움직임과 에너지, 균형을 잡는 법 등 뭐든 세세한 것 하나까지 다 배울 수도 있겠지만, 그렇다고 자전거를 직접 탈 수는 없을 겁니다. 그렇지만 자전거를 타고 싶다는 말을 하고 실제로 그 일을 시작하는 순간, 그 속에 담긴 지식을 흡수하게 될 겁니다. 이상은 신체적인 예였고, 지적인 세계에서는 의문을 품고 다양한 짜릿한 자극, 다양한 연결 고리를 만들어 내는 게 가장 중요합니다. 의문을 하나 제기하고 시험해 보면서 세상의 지식을 탐사해 보는 겁니다. 그 과정에서 그 어디에도 나와 있지 않은 정보를 획득할 수 있는데, 그거야말로 새로운 학습 모델의 기본 원리라고 생각합니다.

 올린 공대의 설립 과정에 대한 밀러의 설명 page 260

One of the remarkable things about this Olin's story has nothing to do with the college. It has to do with the foundation. You have to realize the small group of men, four people who controlled this resource, were all being paid to manage this. And they really had no boss because Mr. Olin had died in 1951. This was a lifetime job, and they chose voluntarily to end their job, to stop their own paycheck and to become donors to an institution that didn't exist. To me that's passion.

올린 공대의 이야기에서 놀라운 점 중 하나는 대학이 아니라 재단과 관련된 것입니다. 재단의 자금을 관리했던 그 네 명의 사람들은 모두 관리 업무를 위해 고용된 직원이었다는 점을 기억해야 합니다. 또한 올린 씨가 1975년에 사망했기 때문에 그들에게는 사실 대표도 없는 상태였습니다. 그들이 갖고 있던 직장이 평생직장이었음에도 그들은 자발적으로 일을 그만두고, 급여를 받지 않고, 당시에는 존재하지도 않았던 학교를 위한 기부자가 되기로 했습니다. 제가 보기에 그들이 보여 준 행동이야말로 열정입니다.

 올린공대의교육방식과동기부여에대해설명하는밀러 page 261

An engineer is a person who envisions what has never been and does whatever it takes to make it happen. It starts with an intrinsic motivation, starts with creativity and vision, starts with initiative and involves experimentation and trial and error. And it continually iterates until you get it right. The science part is simply the power tools behind you that make you do it faster and more efficiently. It's not in fact what engineering is all about. The curriculum at Olin requires that all students have series of courses in design. In fact, the day they arrive they begin designing and building things. They haven't yet had the calculus and the physics background material, but that's okay, because design thinking doesn't require science. Design thinking actually has a lot in common... it's not about remembering things. Memory is now a commodity. Knowledge in a sense is a commodity. You can get this on Google. It's about asking the right questions. It's about having the right insights and perceptions. Do whatever it takes to increase the level of student engagement so that they are intrinsically motivated, they ask the right questions, they're empowered to use technology to find them and they're committed to making a positive difference in the world.

공학자는 지금껏 없었던 것을 그려 보고 그것을 현실로 만들기 위해 필요한 모든 일을 다 하는 사람입니다. 그 일은 내적 동기에서 출발하고, 구체화된 창의성에서 비롯되며, 스스로의 결단으로 시작되며, 실험과 시행착오를 수반하는 일입니다. 또한 제대로 그 일을 해낼 때까지 끊임없이 반복해야 합니다. 과학적인 부분은 그저 그 일을 더 빠르고 더 능률적으로 하게 해주는 전동 도구에 지나지 않습니다. 하지만 공학은 그런 게 아닙니다. 올린 공대의 교육 과정에서는 모든 학생들이 필수 과목으로 일련의 설계를 배우는 과정을 거쳐야 합니다. 실제로 학생들은 학교에 처음 도착하는 날부터 물건을 설계하고, 만드는 일을 시작합니다. 미적분학이나 물리학 등 배경 지식을 아직 배우지 않았지만 그래도 괜찮습니다. 디자인적 사고를 하는 데 과학이 꼭 필요한 것은 아니니까요. 디자인적 사고는 사실 많은 공통점이 있습니다. 디자인적 사고는 세부 사항을 기억하는 것이 아닙니다. 오늘날 기억은 하나의 원자재입니다. 지식도 어떤 의미에서는 원자재입니다. 그런 것들은 구글에서 얻을 수 있습니다. 디자인적 사고는 올바른 질문을 묻는 일입니다. 올바른 통찰과 직관을 가지는 일입니다. 학생들의 참여와 관심의 정도를 높이기 위해 무슨 일이든 하십시오. 그래야 학생들이 내적 동기를 갖고, 올바른 질문을 던지고, 그 질문을 찾기 위해 과학 기술을 사용할 수 있고, 세상을 긍정적으로 변화시키는 일에 헌신할 수 있습니다.

동문들이 보는 올린공대

page 280

I hope Olin will always be a new innovative place where students appreciate the fact that, in being one of a small number of students at the school, they have a strong influence on the school, its direction, and its reputation. I think that is something that was very clear to my first class, that everything we did, the internships we got, the graduate schools we were admitted to, affected the reputation of the school. I hope that future students don't find Olin to be an overly safe place to go where they know that simply because past graduates have gotten into good graduate programs and good jobs, that they will automatically get the same. And I hope that they recognize the fragility of the small institution and work just as hard to keep it being as exciting wonderful place to be.

저는 올린 공대가 언제나 새롭고 혁신적인 곳이기를 바랍니다. 학생 숫자가 적은 이 학교의 학생 중 한 명으로서 자신이 학교와 학교의 목표, 학교의 명성에 커다란 영향을 끼칠 수 있다는 사실을 재학생들이 명심하길 바랍니다. 제가 입학하고 들은 첫 수업에서 강조되었던 점도 우리가 하는 모든 행동, 우리가 거치는 인턴 과정, 우리가 입학하는 대학원 등이 우리 학교의 명성에 영향을 끼친다는 것이었어요. 저는 제 후배들이 올린 공대를 일단 입학만 하면 확실한 미래가 보장되는 안전한 곳으로 생각하지 않기를 바랍니다. 그저 졸업생들이 훌륭한 대학원 과정에 들어가고 좋은 직장을 잡았다는 사실만 보고는 자신들도 자동적으로 똑같은 것을 얻을 거라고 생각하지 않았으면 합니다. 저는 그들이 이 작은 학교의 취약성을 깨닫고, 이곳을 흥미진진한 곳으로 유지시키기 위해 마찬가지로 열심히 노력하기를 바랍니다.

 하이테크하이는 어떤 곳인가? page 292

The philosophy of High Tech High is founded largely on the idea of kids making, doing, building, shaping and inventing stuff, along with teachers. The engineers that I know, the architects I know, the artists I know, the great educators that I know, the entrepreneurs that I know are all so perplexed and curious about how they could do it better the next time. And that type of perplexity leads to engagement, it leads to learning, it leads to innovation. We're trying to have that type of perplexity and curiosity get inculcated in our students in every day practices. Our first objective is to educate the kids we have here to the greatest extent of our ability and our second objective is to change the world.

하이테크하이 철학의 기본 바탕은 아이들이 교사와 더불어 물건을 만들고 짓고 발명하게 하는 것에 있습니다. 내가 아는 공학자, 예술가, 위대한 교육자, 사업가는 하나같이 이다음에 자신의 일을 더 잘 해내기 위해 어떻게 해야 할지 난감해하고, 그러면서도 그것에 대해 알고자 하는 호기심도 왕성합니다. 그런 종류의 난감함이 몰두로 이어지고, 배움으로 이어지며, 혁신을 이끌어 냅니다. 우리는 매일의 수업 활동을 통해 학생들 내면에 그런 종류의 난감함과 호기심을 심어 주기 위해 노력하고 있습니다. 우리의 첫 번째 목표는 우리가 맡고 있는 아이들에게서 최대한의 능력을 끌어내는 것이고, 두 번째 목표는 세상을 바꾸는 것입니다.

 ## MIT 미디어 랩 page 294

The MIT Media Lab at core has as an educational philosophy, the practice of learning by doing. You spend far less time in formal classrooms learning theory and far more time on projects building things around thematic interest areas. The founding ethos of the place was very much inventing the future of convergence between content and communications and computing. Yet today the newest faculty hires are roboticists, neuroscientists, architects, people building entirely different kinds of systems than were even imagined by the founders of the lab twenty-five or twenty-six years ago.

내 생각에 MIT 미디어 랩의 핵심에는 실천을 통한 실질적인 학습이라는 교육 철학이 자리 잡고 있는 것 같습니다. 이 연구소에서 행해지는 수업에서는 이론을 배우는 데 훨씬 적은 시간을 할애하는 반면에, 관심 있는 분야를 중심으로 무언가를 만드는 프로젝트에 훨씬 더 많은 시간을 투자합니다. 이 연구소의 설립 정신은 콘텐츠와 통신 수단, 컴퓨터가 융합된 미래를 창조하는 것이었습니다. 그럼에도 가장 최근에 영입된 현재의 직원들은 로봇 연구가, 신경 과학자, 건축가 등 25년이나 26년 전에 연구소의 설립자들이 상상했던 것과는 완전히 다른 종류의 시스템을 창조해 내는 사람들입니다.

 ## 켈리와 스탠퍼드의 디스쿨 page 299

The reason that we needed to start the d.school was that it just felt like education had been a kind of silo into different subjects where you kind of went deeper and deeper in the same subject. And I became much more interested in what happened when you brought different professors together, and different students together, that kind of radical collaboration that happens from having these different people interacting, what ideas could they come up if they build on each other's ideas. So we went around and got different professor and different students from all seven schools of Stanford and we put them on really interesting projects and that kind of diversity, that cognitive diversity results in really interesting ideas.

디스쿨을 시작해야 했던 이유는 교육이 다양한 과목들로 편성되었음에도 불구하고 일종의 사일로 같다는 생각이 들었기 때문입니다. 말하자면 동일한 주제를 점점 깊이만 파고 들어가는 거죠. 한편으로 나는 다른 전공을 가진 교수들이나 학생들이 한 자리에 모이면 어떤 일이 일어날지에 대해서 흥미가 생겼습니다. 그처럼 다양한 사람들이 상호 작용할 때 일어나는 철저한 협력에 대해서 말입니다. 그들이 서로의 아이디어를 바탕으로 연구를 하면 과연 어떤 아이디어가 도출될 수 있을지 궁금했죠. 그래서 우리는 스탠퍼드의 7개 단과 대학에서 전공이 제각각인 교수들과 학생들을 불러 모았고, 그들을 정말로 흥미로운 프로젝트에 투입했습니다. 그런 인식의 다양성을 통해서 정말로 흥미로운 아이디어를 얻을 수 있답니다.

디스쿨의 힘든 싸움에 관한 켈리의 설명 page 302

The real challenges of places like Stanford is to get professors to collaborate. If you picture the normal course of a university which I would call the 'stage on stage' approach: like there's an individual in the front and there's a group of students all sitting out there and they are behaving like they're sitting in chairs, they are not eating, and they keep their laptops closed, that's the kind of the thing. And the problem with that kind of approach is that there is not a lot of feedback so the professor goes home thinking that he did a good job. He or she did a good job regardless, right? In our situation, what's different is that we have multiple professors, always representing business, technology and human values. And so there are these three people at the front of the class or in the middle of the class and the students are,... we try to lower the status between the students and professors, so it's kind of more like kindergarten where there are teams sitting with each other and the professors wandering around. It's kind of, if it wasn't for the age difference, I don't think you could tell who the professor was.

실제로 스탠퍼드 대학이 도전하고 있는 과제는 교수들의 협력을 이끌어 내는 일입니다. 일반적인 대학 강의를 나는 일종의 무대 위의 무대 방식이라고 부릅니다. 그런 강의 장면을 그려 보면 앞에 한 사람이 있고 한 무리의 학생들이 모두 앉아 있습니다. 학생들은 예의 바르게 행동합니다. 의자에 앉아 있고, 음식을 먹지도 않으며, 노트북을 닫아 두는 그런 행동들이지요. 이 방식의 문제점은 피드백이 많이 없다는 것입니다. 그럼에도 교수는 자기가 수업을 잘 했다고 생각하며 집으로 돌아가지요. 어쨌거나 그 교수는 잘했잖아요, 그렇죠? 우리 학교가 다른 점은 언제나 다수의 교수들이 함께 수업을 진행한다는 점입니다. 항상 사업, 과학 기술, 인간적 가치를 각각 대변하는 교수들이 강의를 하죠. 이 세 명이 학생들 앞이나 가운데에 있습니다. 우리는 학생과 교수 사이의 거리를 가깝게 만들려고 노력했기 때문에 강의실 풍경이 유치원과 비슷합니다. 옹기종기 모여 앉아 있는 무리가 있고 교수는 그 주변을 돌아다닙니다. 나이 차가 나지 않는다면 아마 누가 교수인지 구분하기도 어려울 겁니다.

다행스러운 점 page 305

Once you have multiple faculty, well at the end of class you have to do what we call the 'd.brief' where you have to talk it out, about what worked or what you think didn't work. You now have a colleague with whom you can improve the class. And you can improve the class by the next session, not kind of wait for a whole year to try to have that thing again. So I really think that the big difference between kind of conventional ways of teaching and ours is this collaborative teaching project base and then the d.brief at the end of every class.

여러 명의 교수가 함께 수업하는 강의를 진행한 후에는 〈디브리프 d.brief〉라고 부르는 시간을 가집니다. 그 시간에는 어떤 점이 좋았고, 잘 안 된 점은 무엇이라고 생각하는지 솔직하게 이야기합니다. 더 나은 강의를 함께 만들어 갈 수 있는 동료가 생긴 셈이지요. 바로 다음 수업을 향상시킬 수도 있습니다. 잘못된 점을 고쳐 다시 시도하기 위해 1년을 기다리거나 하지 않아도 되는 거지요. 통상적인 강의 방식과 저희 방식의 커다란 차이점을 들자면, 이러한 협력 교수의 기반과 모든 수업의 마지막에 하는 디브리프입니다.

 미국의 경영대학원에 대한 닐의 이야기 page 316

I think business schools are a really tough place, because they fundamentally have a remat to build once and deliver to many. That's how they actually can stay economically viable. And they have a pedigree around a particular brand and they want to hold true to that pedigree. So Harvard University, our finest, one of our finest universities is putting out very smart leadership information. Fabulous. But it's based on traditional companies and based on traditional ways in which leaders have learned. Are students consumers of content or creators of content? Our business schools assume that they are consumers. So they bring students in and they feed them lots and lots and lots. This is how it's been done. The problem is how it's been done isn't relevant to what's gonna happen in the future. And so we need to keep in mind that our managers and leaders need to learn how to think and ask questions as opposed to just solve problems. And that's what Tony's point about consumers versus creators - how you search to create the future as opposed to consume content - is a brilliant point in his book.

저는 경영대학원이 정말로 힘든 곳이라고 생각합니다. 그 곳은 본질적으로 하나를 만들어서 많은 사람들에게 전해 주는 일을 합니다. 그렇게 해야만 경제적으로 계속해서 발전할 수 있지요. 또한 경영대학원은 어느 특정 브랜드를 중심으로 한 전통을 가지고 있으며 그 전통의 원리를 고수하고 싶어 합니다. 그래서 가장 우수한 대학 중 하나인 하버드 대학은 매우 영리한 리더십 정보를 내

놓고 있습니다. 아주 훌륭합니다. 하지만 그 정보는 전통적 회사와 리더들이 전통적인 방식으로 배우는 데 바탕을 두고 있습니다. 우리 학생들은 콘텐츠의 소비자인가요, 아니면 창조자인가요? 경영대학원에서는 그들을 소비자로 봅니다. 그래서 경영대학원에서는 학생들에게 수많은 콘텐츠를 끝도 없이 제공합니다. 이런 방식이 지금까지의 방식이었습니다. 문제는 이 방식이 미래에 일어날 일과 관련해서는 적절하지 않다는 것입니다. 우리는 우리의 관리자와 리더들이 생각하고 질문을 던지는 법을 배워야 한다는 점을 명심해야 합니다. 그런 것들이 문제 해결을 위한 거점이 될 수 있는 거지요. 또한 토니가 소비자와 창조자에 대해 말한 내용도 같은 맥락입니다. 콘텐츠를 소비하기 위한 발판으로서 미래를 창조하기 위해 노력하는 것 말입니다. 이것이 이 책의 놀라운 점입니다

기업가 정신과 관련한 핀란드의 교육

We're here to, how do I say this? Well, people are coming here, we're forming groups of five, six, seven people, about, in a group and they're going to start a business here.

Is it true that you're gonna be here all night long?

Yes, 24 hours. 26.

26 hours?

Yes.

What is the point of being here all night long?

It will exhaust you to the limit...

We're gonna be pushed to the limit... If you hang around for 24 hours with the same people over here, you learn to know the people that you're working with. So you get better teamwork. You have to be really social in these things, really. It's not that obvious for everyone. People may think that you can well, "I can make a company on my own and I can do it all

460

by myself, I don't need any help." That's not true. You learn it here.

우리는 이곳에서, 그러니까, 여기 모여서 대여섯 또는 일곱 명씩 그룹을 만들고 창업을 할 예정입니다.
오늘 밤 이곳에서 밤을 샐 거라는 게 사실인가요?
네, 24시간, 아니 26시간을 보낼 겁니다.
26시간요?
이곳에서 밤을 새면서 정확히 뭘 하는 거죠?
자신에게 있는 힘을 완전히 다 쓰는 거죠.
우리는 극한 상황에 처하게 될 거예요. 24시간을 이곳에서 똑같은 사람들과 보내게 되면 함께 일을 하면서 그들을 알아 가는 법을 배우게 되죠. 그러면서 팀워크가 더 좋아질 거예요. 이 일을 위해서는 정말 남들과 잘 어울려야만 해요. 모든 사람들이 이 사실을 분명히 인식하고 있지는 않죠. 사람들은 자신이 혼자서도 잘 할 수 있을 거라 생각해요. 나 혼자서도 회사를 만들 수 있다. 혼자의 힘으로 그 일을 해낼 수 있다. 다른 이의 도움은 필요 없다. 실은 그렇지 않죠. 여기에서 알게 될 겁니다.

핀란드 현상

page 320

There is a country where students start school at a later age, take fewer classes, enjoy a 3-month summer break, spend less time in school per day, have barely any homework, are rarely tested.
There is a country where teachers are respected professionals, quickly receive tenure, are rarely evaluated, earn average salaries, have a strong union.
There is a country where schools receive modest funding, develop their own curriculum, research and adopt new technologies, have no achievement gap, and leave no child behind.

This country ranks at the top of the world by almost every measure.
Welcome to Finland.

한 나라가 있습니다. 그 나라의 학생들은 상대적으로 늦은 나이에 학교를 다니기 시작하고, 비교적 적은 수업을 수강하며, 세 달에 걸친 여름 방학을 즐기고, 하루 중 학교에 머무는 시간도 적고, 좀처럼 숙제도 없으며, 시험을 보지도 않습니다.

한 나라가 있습니다. 그 나라의 교사들은 전문직으로 존경받고, 수월하게 종신 재직권을 보장받고, 좀처럼 평가를 받는 일도 없으며, 과하지도 모자라지도 않은 보수를 받고, 강력한 조합을 보유하고 있습니다.

한 나라가 있습니다. 그 나라의 학교는 적절한 자금 지원을 받고, 고유한 커리큘럼을 개발하고, 새로운 기술을 연구, 채택하고, 성취도의 차이도 없으며, 학생을 포기하는 법도 절대로 없습니다.

이 나라는 거의 모든 측면에서 세계 최고의 대열에 있습니다. 핀란드에 오신 걸 환영합니다.

앤마리 닐의 자녀를 젊은 혁신가로 양육하는 법 page 326

Raising someone with that intention that they will be an innovator is actually different than raising a child that you want to behave all the time and be quite compliant. So the first thing I think about is how do I help to create an environment for this child to be curious. I might ask a lot of questions and not be in anyway inhibited by the answers he comes up with. He's in a school system that also provides that same type of environment. So he gets it in school and then we continue to foster it at home. But the goal is to let him ask as many questions as possible and for us always think in terms of "Let's be curious about what's in front of us."

혁신가가 되고자 하는 누군가를 기르는 일은 늘 예의 바르게 행동하고 조용하고 고분고분한 아이를 기르는 것과는 실제로 많이 다릅니다. 우선 먼저 생각해야 하는 점은 아이에게 호기심을 키워 주는 환경을 조성하는 일입니다. 나는 질문을 많이 할 것이고 아이가 어떤 대답을 하든지 다 받아들일 것입니다. 아이가 속해 있는 학교 역시 그와 동일한 환경을 제공해 줍니다. 그러니까 아이가 학교에서 배워 온 것을 집에서도 계속해서 키워 주는 거죠. 그렇지만 목표는 아이가 가능한 많은 질문을 할 수 있게 해주는 것이고, 우리 앞에 있는 것에 관해 호기심을 가지자는 관점에서 생각하는 것입니다.

그럼에도 아이들에게는 제한이 있어야 한다 page 328

Well I think kids clearly need limits to push against. You can't teach kids to be free and entrepreneurial and thinking, without actually showing the boundaries that they can practice crossing. I mean, kids don't grow up very well in a totally free hippie environment of "Do whatever you want." Then, they actually, I think, grow up yearning for a sense of control. I think I expose them to ideas, I expose them to my whole diversity of experience, I take them travelling, let them meet people at various stages of entrepreneurial activity. And I like to encourage them to be curious, to think anything is possible, to think out of the box.

나는 아이들에게 장애물로 작용하는 한계가 반드시 필요하다고 봅니다. 어떤 사람도 자녀를 모든 면에서 자유로운 기업가로 가르칠 수는 없기 때문입니다. 그리고 나는, 실질적인 한계가 주어지지 않는 상태에서는, 아이들이 중구난방으로 행동할 수 있다고 생각합니다. 말하자면, 하고 싶은 대로 하라는 식의 완전히 자유분방한 환경에서는 아이들이 그다지 잘 성장하지 못한다는 뜻이에요. 따라서 아이들은, 내 생각에, 실제로 통제를 받는다는 느낌을 갈망하면서 성장할 것입니다. 나는 아이들에게 다양한 아이디어를 제시하고, 내가 겪었던 모든 다양한 경험들을 보여 줌으로써 그들이 스스로 여행할 수 있도록, 그들이 기업가 활동과 관련해 다양한 단계에 있는 사람들을 만나도록 해줍니다. 아울러 나는 아이들이 호기심을 가지고, 어떤 것이든 가능하다고 여기고, 정해진 틀에서 벗어나 독창적으로 생각하도록 격려하고자 합니다.

 ## 빙 유치원 방문 후기 page 334

Our founding director really believed in giving back to children what the modern world had sort of taken away. We interpret that in terms of time. We're in such a hurry all the time, and I think our school really gives chances, enough time to really get invested in something, to really figure it out. It's not a quick study or something. If you are interested in blocks, you can build with blocks for a two-hour period of time, and really sort of experiment with materials. We talk about this basic open-to-all materials we have for children every single day. There's blocks. There's clay. There's easel painting. There is sand and water. Those are there for all children. And we have a mixed age grouping with three, four and five year olds in our classroom.

Our natural environment is very simple. We have gardening, we have animals in every room, we have a large sand pool rather than a sand box. So children feel like they are in a natural setting, sort of like beach in a sense. In that environment children have a way to work with each other, that's very collaborative. You see, a very common theme Is "Let's build a nest." So children are around finding sticks and they're building nests. They're making communities. They're using sand. They're digging. They're making streams and rivers. Everything is extremely natural and, in a way, very soothing to children to be able to work with materials like that, and very enriching and creative as well.

우리 학교의 설립 이사는 현대 사회가 아이들에게서 빼앗아 갔던 것을 다시 되돌려 주는 일이 진정으로 중요하다고 보았습니다. 우리는 그 점을 시간의 관점에서 해석합니다. 현대인들은 늘 시간에 쫓겨 서두르고 있지요. 우리 학교는 아이들이 무언가에 정말로 몰두하고, 진정으로 어떤 일에 대해 생각할 충분한 시간을, 기회를 줍니다. 속성으로 배우는 그런 학습이 아닙니다. 블록에 관심이 있는 아이라면 2시간을 꼬박 블록 쌓기를 할 수 있게 해줍니다. 재료를 가지고 일종의 실험을 하게 하는 것이지요. 우리는 매일같이 아이들이 가지고 놀 수 있도록 준비된, 기본적으로 모든 아이들이 이용할 수 있는 재료들을 가지고 이야기합니다. 그중에는 블록도 있고, 점토도 있고, 물감도 있습니다. 모래와 물도 있고요. 모두 아이들을 위한 것이지요. 또한 우리는 세 살과 네 살 그리고 다섯 살 아이들을 섞어서 반을 구성합니다.

우리 학교의 자연 환경은 무척 단순합니다. 정원이 있고, 각각의 교실에는 동물이 있습니다. 모래 상자 대신에 커다란 모래사장도 있어요. 아이들이 마치 해변 같은 자연 속에 있는 느낌을 갖도록 하기 위해서입니다. 이런 환경에서 아이들은 다른 친구들과 함께 일하는 법을 터득해 갑니다. 협동하는 법을 배우지요. 아주 흔한 놀이 주제 중에 새 둥지 만들기가 있습니다. 아이들은 주변을 돌면서 나뭇가지를 찾아 둥지를 만들어요. 공동체를 만드는 거죠. 때로는 모래를 이용하고, 때로는 땅을 파고, 개울이나 강을 만들기도 하지요. 이 모든 활동은 자연 친화적으로 이뤄지고, 또 어떤 면에서는 그런 재료들을 가지고 뭔가를 할 수 있도록 아이들의 마음을 위로하고 차분히 가라앉히는 효과도 있어요. 게다가 깊이 있고 창의적인 활동이기도 하고요.

Life is 90% about ownership. That is: when your children feel they own something. There's no amount of work that you can ask them to do that they won't ask themselves to do first, if they feel a sense of ownership of it. So whenever my daughters have come to me with an idea they wanted to pursue, whatever it was, as long as it was anything in the realm of the rational and the sane, and I thought that they could' get something out of it whether it succeeded or failed, our answer has always been "Yes." I believe great parents know two words. "Yes, but." Yes, Great idea! Then you own it. But maybe, would you just think about this, tailoring it that way... You know, the worst kind of teaching, and editing, and parenting starts with "No, this is a stupid idea." When young people feel that they have an idea, and they want to own it, I think the most important thing a parent can do is, kind of, to say "Yes, but have you thought about this?" Cause then they will own it and they will take it so much farther and they will work so much harder than anything you as a parent could demand.

인생은 90퍼센트가 주인 의식입니다. 아이가 자신이 무언가의 주인 이라고 여긴다면 스스로가 원하지 않는 일을 부모가 억지로 아이 에게 시킬 수 없습니다. 제 딸아이가 나에게 와서 자기가 실행에 옮 기고 싶어하는 어떤 생각을 말해 줄 때면, 그 생각이 비합리나 어리 석음의 왕국에 있는 어떤 것이 아닌 이상, 그리고 성공하든 실패하 든 상관없이 그 일을 함으로써 어떤 것을 얻을 수 있겠다는 생각이 드는 이상, 우리의 대답은 항상 〈그래〉입니다. 저는 훌륭한 부모는 이 두 단어를 안다고 생각합니다. 〈그래, 그렇지만〉과 〈그래, 좋은 생각이야〉입니다. 이렇게 말하면 아이는 그 생각의 진정한 주인이 됩니다. 한편으로는 이런 부분도 생각해야 합니다. 최악의 가르침 이나 최악의 교육, 최악의 양육은 〈안 돼. 말도 안 되는 생각이야〉

라는 말에서 시작한다는 점입니다. 아이들은 자신에게 어떤 아이디어가 있다고 생각할 때 그 생각의 진정한 주인이 되고 싶어 합니다. 부모가 할 수 있는 가장 중요한 일은 〈좋은 생각이야. 그런데 이 점은 생각해 봤니?〉라고 말해 주는 것입니다. 그렇게 되면 아이들은 그 아이디어의 주인이 되어 그 아이디어를 더 깊이 있게 끌고 가보고, 부모인 당신이 요구하는 것보다 더 열심히 연구해 볼 것입니다.

베스트바이의 혁신과 앤더슨 page 369

In 2002 we had a perception that innovation came from a few of us at the top. So a number of us had the joys of being expected to innovate. And the good thing is that we then did some innovation that was terrible. Unbelievably ineffective. And that was then used as a licence to try to flip who was doing innovation. Because, the thing is when you had chance to innovate in your life, and you know you can go on and change environments, the world's much more exciting. So we began to deliberately flip the role, got rid of the people literally at the top who were supposed to innovate, and pushed where the only real fundamental innovation had to come from: the base of the business, as opposed to the top of the business. That was the fundamental change we engineered.

2002년에 우리는 혁신이란 우리들 중 최상부에 있는 몇몇의 힘으로 이뤄지는 것이라는 인식을 가지고 있었습니다. 그래서 우리들 중 몇 명이 혁신의 임무를 부여받는 영광을 누렸지요. 다행히 그 당시 우리가 시도했던 몇몇 혁신의 결과가 참담했다는 겁니다. 정말 믿을 수 없을 만큼 아무런 효과가 없었지요. 바로 그때가 혁신의 주체에 대한 개념을 완전히 뒤집어야 할 때였죠. 사람들은 자기 삶을 혁신할 기회가 있다면 환경을 바꾸려고 할 것입니다. 세상은 훨씬 더 흥미진진한 곳이 되겠죠. 그래서 우리는 심사숙고해서 규칙을 뒤집었고, 혁신의 주역이 될 거라고 여겼던 최상부의 사람들을 철수시켰으며, 근본적인 진정한 혁신은 오로지 기업의 최상부가 아니라 밑바닥에서 이뤄진다는 신념으로 밀고 나갔습니다. 그것이 우리가 일궈 낸 근본적인 변화였지요.

 ### 경영자 육성과 관련한 시스코의 혁신 page 377

Yes, the action learning forum is quite interesting because it disorients our executives in as much as it orients them to new business models and new business solutions. So for example we, in concert with our chief globalization officer, recently launched an action learning forum in India and China. The goal was to help our executives to learn the challenges and the opportunities in those emerging markets. We brought them over and we put them in Bangalore, India and they had to navigate from scratch. And while they did stay in a safe hotel, because we needed to do that for security purposes, everything else was disorienting for them. And so they could take what they knew, flip it upside down and come up then with new innovative business solutions to the problems that those markets were facing.

네, 액션러닝 포럼이 흥미로운 이유는 우리 임원들을 새로운 사업 모델과 새로운 사업 해법에 적응시키는 것만큼이나 그들을 혼란스럽게 만들기 때문입니다. 예를 들어 우리는 세계화 최고 책임자와 협력하여 최근에 인도와 중국에 액션러닝 포럼을 시작했습니다. 목표는 우리 임원들이 그 신흥 시장에 존재하는 도전 과제와 기회를 배울 수 있게 하는 것이었습니다. 우리는 그들을 인도의 방갈로르로 데려왔고, 그들은 아무것도 없는 상태에서 스스로 길을 찾아 나가야 했습니다. 그들이 비록 안전한 호텔이 머물고 있긴 하지만, 안전상의 문제로 그렇게 할 수밖에 없었지만, 다른 모든 상황들은 그들에게 혼란스러운 것들이었습니다. 그리고 그들은 자신들이 아는 것을 가져와서 완전히 뒤집어 보고, 그곳 시장에서 직면하고 있는 문제들을 해결할 참신하고 혁신적인 방안을 도출해 낼 수 있을 것입니다.

 이 책을 발간하고 page 382

The book you've just read and the videos you've just seen are really only a small portion of all of the material Robert A. Compton and I have developed for this topic of "creating innovators." On the web site you'll find much more in-depth material including longer videos on many of the topics that are covered in this book. You'll also have an opportunity to participate and to share your stories about young innovators you may have parented or taught or mentored. We want to learn about what it means around this country to really develop the capacities of all young people to become more innovative. We want to hear your stories. We want to share your stories. That's why we've created this website, creatinginnovators.com.

여러분이 지금까지 읽은 책과 시청한 비디오는 로버트 A. 콤프턴과 내가 〈이노베이터의 탄생〉이라는 이 주제를 위해 개발한 모든 자료의 극히 일부분에 지나지 않습니다. 웹사이트를 방문하면 이 책에서 다뤄진 많은 주제들에 관한 보다 긴 비디오를 비롯해 한층 더 깊이 있는 자료들을 찾아보실 수 있을 겁니다. 그뿐 아니라 여러분이 직접 참여할 기회도 있습니다. 여러분이 양육했거나 가르쳤거나 지도한 젊은 혁신가들에 관한 이야기를 공유하실 수 있습니다. 우리는 이 나라 곳곳에서 모든 젊은이들에게 혁신할 수 있는 역량을 진정으로 키워 준다면 어떤 결과를 얻게 될지 알고 싶습니다. 우리는 여러분의 이야기를 듣고 싶습니다. 여러분의 이야기를 함께 나누고 싶습니다. 바로 그 이유 때문에 이 웹사이트 creatinginnovators.com을 만들었습니다.

옮긴이 **고기탁** 한국외국어대학교 불어과를 졸업했으며, 펍헙 번역그룹에서 전업 번역가로 일한다. 옮긴 책으로는 『속임수에 대한 거의 모든 것』, 『공감의 진화』, 『멋지게 나이 드는 기술』 등이 있다.

이노베이터의 탄생

발행일　2013년 1월 30일 초판 1쇄

지은이　**토니 와그너**
옮긴이　**고기탁**
발행인　**홍지웅**
발행처　**주식회사 열린책들**

경기도 파주시 문발로 253 파주출판도시
전화 031-955-4000 팩스 031-955-4004
www.openbooks.co.kr

Copyright (C) 주식회사 열린책들, 2013, Printed in Korea.
ISBN 978-89-329-1610-1 03300